Les porteurs de valises

Hervé Hamon
Patrick Rotman

LES PORTEURS DE VALISES

LA RÉSISTANCE FRANÇAISE À LA GUERRE D'ALGÉRIE

Albin Michel

« *H comme Histoire* »

collection dirigée par Philippe Bourdrel

22, rue Huyghens, 75014 Paris

ISBN 2-226-00850-0

« Notre cause n'est sans doute pas toute blanche : mais la vôtre, de quelle couleur la voyez-vous ? »

Francis Jeanson
Notre guerre.

Avant-propos

La France caviardait le mot mais elle était en guerre. Un matin de 1960, les premières pages des quotidiens s'illustrèrent des portraits de femmes et d'hommes accusés d'aider le F.L.N. A l'occasion d'un procès retentissant, où les inculpés se muèrent en procureurs, on les désigna d'un nom : les « porteurs de valises ». En ce temps où l'on ne revalorisait pas encore le travail manuel, ce n'était pas un compliment. Des plumes sarcastiques s'indignèrent que des Européens s'abaissent à véhiculer les fonds, les écrits, et parfois les armes des colonisés.

Soldats mobilisés qui manifestent contre leur envoi en Afrique du Nord, appelés qui s' « insoumettent », conscrits qui désertent, civils enfin qui forment des réseaux de soutien aux « rebelles » sont les acteurs de la résistance, en « Métropole », à la guerre d'Algérie, les acteurs donc de ce livre. Retracer cet itinéraire n'a de sens que si, parallèlement, on dépeint le paysage traversé. L'action illégale se comprend en regard d'une action – une inaction ? – légale. Délibérément, le récit franchit peu la Méditerranée. On ne trouvera pas ici une histoire de la guerre d'Algérie, mais l'histoire inédite de ceux qui, en France, s'opposèrent à la guerre menée contre le peuple algérien.

Sauf dans les dossiers du ministère de l'Intérieur, la clandestinité – par définition – ne laisse guère d'archives écrites. Les auteurs ont pu toutefois accéder à certains rapports de police. Ils ont consulté les documents que plusieurs témoins, et non des moindres, ont conservés : procès-verbaux de réunions, bilans d'activité, correspondances, publications illicites. Mais la source principale est l'entretien avec les acteurs de cette histoire, longuement interrogés, et dont on consultera la liste en annexe.

Malgré une enquête de plus de trois années, une centaine d'interviews, le dépouillement de maintes « valises » bourrées de papiers, les auteurs connaissent trop l'étendue de leur sujet pour prétendre être exhaustifs. En dépit de leur acharnement à recouper les témoignages – au risque de lasser les plus consentantes de leurs « victimes » –, ils ne sont évidemment à l'abri ni d'erreurs ni d'omissions. Que « le porteur de valises inconnu » veuille bien leur pardonner les unes et les autres.

En mai 1978, l'un des auteurs rencontrait Henri Curiel pour la seconde fois. Curiel, qui approuvait ce travail, préparait avec lui un nouvel entretien prévu pour la semaine suivante. Deux jours plus tard, Henri Curiel était assassiné. Ses meurtriers n'ont toujours pas été retrouvés. L'ambition de cet ouvrage est de contribuer à établir la vérité sur une période essentielle de son action et de sa vie.

Adressant leurs remerciements à tous ceux qui ont accepté de subir leurs questions, quelquefois durant des heures et des heures, les auteurs souhaiteraient exprimer particulièrement leur gratitude à Francis Jeanson qui a su, pour eux, surmonter la répulsion que lui inspire l'esprit « ancien combattant ». Ils remercient encore les quatre historiens qui ont consenti non seulement à rapporter leurs propres souvenirs mais encore à passer au crible le manuscrit de ce livre : Madeleine Rebérioux, Jacques Julliard, André Mandouze et Pierre Vidal-Naquet.

H.H. P.R.

Première partie

LA DÉROBADE

(1954-1956)

LES TROIS COUPS

Pour un dimanche après-midi, l'affluence est inhabituelle. Ce 11 septembre 1955, des centaines de militaires portant l'uniforme de l'armée de l'air attendent, aux abords de la gare de Lyon, le train de quatorze heures qui doit les emmener à Marseille. Là, ils embarqueront pour l'Afrique du Nord. Ces soldats ne sont pas ce qu'on appelle en argot de bidasse « des bleu-bites ». Ils ont déjà rempli leurs obligations militaires et viennent d'être rappelés.

Quinze jours auparavant, le président du Conseil, Edgar Faure, a signé deux décrets : l'un décide le maintien de la classe 54/1 [1] qui ne sera donc pas, comme prévu, libérée en novembre. L'autre ordonne le rappel sous les drapeaux du contingent 53/2. Les jeunes hommes qui déambulent sous les verrières de la gare sont les premières victimes des mesures gouvernementales. Rendus à la vie civile depuis plusieurs mois, ils ont été, quelques jours plus tôt, rassemblés sur la base de Villacoublay. Le samedi, les gradés leur ont appris qu'ils partaient le lendemain pour l'Afrique du Nord, sans bien préciser s'il s'agissait du Maroc ou de l'Algérie. Consignés, ils n'ont pu profiter de leur dernière soirée. Et le dimanche matin, vers dix heures, on les a chargés dans des camions.

Négligence des responsables ou respect de cette tradition militaire qui veut qu'avant l'heure ce soit l'heure ? En tout cas, les rappelés arrivent très en avance à la gare. Les parents, épouses et fiancées sont là et les groupes se dispersent dans les cafés. A l'heure du départ, le train est vide. Les officiers courent en tous sens, exhortant – mais en vain – les hommes à monter dans les compartiments. Sur les quais, la tension grandit, les mots d'ordre fusent : « Nous ne voulons pas partir ; les civils avec nous ! »

Affolés par ce refus collectif, les gendarmes de l'air – la police

1. Premier contingent de la classe 1954.

militaire pour les aviateurs – interviennent. Des bagarres éclatent, mais il devient très vite évident que force ne restera pas à la loi. Des gendarmes mobiles sont mandés en renfort. La gare est bouclée, puis tous les civils évacués. Deux heures sont encore nécessaires pour que les rappelés acceptent de prendre place dans le train. Mais décidément, ils ne veulent pas partir. A peine le convoi s'est-il ébranlé que des dizaines de mains se tendent vers les signaux d'alarme. Trois cents mètres en trois heures. A ce rythme, on sera à Marseille pour les fêtes, s'esclaffe-t-on dans les wagons. Prévision optimiste que ne partagent pas les autorités militaires. Le train revient à quai et les rappelés sont invités à descendre. Ils croient avoir remporté la victoire ; elle sera de courte durée. A la sortie, les gardes mobiles attendent auprès de paniers à salade. Direction la caserne de Reuilly.

Un général s'est dérangé pour accueillir les « mutins ». Il s'avance et s'apprête à interpeller cette cohorte qui ne mérite pas vraiment le nom de troupe ; mais il n'insiste pas : poings serrés, visages fermés, invectives, mouvements divers. L'heure du retour à l'ordre n'a pas encore sonné. Les soldats sont réembarqués dans des autocars qui les ramènent à Villacoublay dans la soirée, toujours sous bonne escorte. Les aviateurs passent la nuit dans des baraques surveillées et au matin, on les entasse dans des avions qui décollent aussitôt pour Oran. A l'arrivée, la réception est soignée. Matraque à la main et mitraillette sur le ventre, les policiers de l'air sont au rendez-vous. Le premier acte de résistance collective contre la guerre d'Algérie s'achève.

« Résistance » ? Cette appréciation cède à la partialité, est le fruit d'une reconstruction partisane, presque un quart de siècle après les événements considérés. Ces « historiens de l'instant » que sont les journalistes ne se sont pas, eux, laissé abuser. Le reporter de *L'Aurore* ne s'y est pas trompé : « En attendant l'embarquement, on commit l'erreur de les autoriser à " aller se rafraîchir " dans les cafés environnants. Les rafraîchissements furent-ils trop abondants ? Le fait est que très nombreux furent ceux qui en revinrent avec la tête un peu chaude [2]. » Même bruit de bouteilles vides au *Parisien libéré* : « Certains rappelés s'égaillèrent dans les cafés des environs où, à cette heure, consommaient un grand nombre de Nord-Africains. On but, on s'échauffa [3]. » Deux témoignages concordants : pas de doute, ce n'est plus une mutinerie, c'est une beuverie. Peut-être pourrait-on relever que figure le même terme « chaud » *(L'Aurore)*, « échauffa » *(Le Parisien libéré)* et, dans le communiqué du ministère de la Défense nationale : « quelques têtes échauffées ».

2. *L'Aurore*, 12 septembre 1955.
3. *Le Parisien libéré*, 12 septembre 1955.

Nulle malice dans ce rapprochement linguistique. Simplement un constat : difficile de conserver la tête froide lorsqu'on écrit sur un sujet qui brûle encore. Nous n'avons pas vécu les événements du 11 septembre 1955 à la gare de Lyon, mais nous persistons à penser que notre interprétation est la bonne : les rappelés ont refusé de partir en Afrique du Nord. Leur exemple, d'ailleurs, va être suivi.

Trois cents soldats priant pour la paix... Le jeudi 29 septembre 1955, l'église Saint-Séverin, à Paris, abrite une messe à laquelle participent des rappelés et « maintenus » du 401ᵉ Régiment d'artillerie antiaérienne, en instance de départ pour l'Afrique du Nord. A l'issue de l'office, un tract insolite est distribué : « ... Notre conscience nous dit que cette guerre que nous avons à porter contre nos frères musulmans, dont beaucoup sont morts pour défendre notre pays, est une guerre contraire à tous les principes chrétiens, à tous les principes de la Constitution française, au droit des peuples à pouvoir librement disposer d'eux-mêmes, à toutes les valeurs d'une civilisation dont notre pays s'enorgueillit justement [4]. » Le texte, d'une haute tenue, n'a pas été rédigé par quelques extrémistes. Il ne prône du reste pas l'insoumission : « Nous n'appelons pas les soldats au refus d'obéissance individuelle aux ordres du gouvernement ; mais le peuple français doit savoir que si nous obéissons, ce sera la honte dans l'âme. » Cette digne modération ne sera pas entendue. Faute de les saisir en flagrant délit de boisson, la presse ignorera ces militaires [5].

Impossible de garder le silence, par contre, sur les événements qui, la semaine d'après, mettent Rouen à feu et à sang. Le vendredi 7 octobre, des disponibles du 406ᵉ Régiment d'artillerie antiaérienne, récemment rappelés, refusent de quitter la caserne Richepanse et de monter dans les camions qui doivent les conduire à la gare de Pont-de-l'Arche. Enfermés dans leurs chambrées depuis la veille, ils invectivent les officiers qui les pressent d'obéir. Les civils affluent autour de la caserne en chantant *L'Internationale*. Les rappelés répondent par *La Marseillaise*. Le maire communiste de Petit-Quevilly harangue la foule. Les gardes mobiles interviennent. Vers dix-neuf heures, plusieurs centaines d'ouvriers alertés par un tract que distribuent les militants du P.C.F. à la sortie des entreprises arrivent sur les lieux [6]. Les affrontements, beaucoup plus violents, reprennent. Vers minuit, le calme est rétabli. Cernés par des forces de l'ordre en nombre impressionnant, les soldats finissent par se jucher sur les camions qui les emmènent à la gare. Les gen-

4. Reproduit in *Le Bulletin*, novembre 1955.

5. Seize « meneurs » sont envoyés en Afrique du Nord. Le régiment traverse la Méditerranée le 2 octobre. Cf. Jean-Pierre Vittori, *Nous les appelés d'Algérie*, Stock, 1977.

6. Cf. Roland Leroy dans *France Nouvelle*, 29 octobre 1955.

darmes comptent sept blessés ; douze manifestants civils sont condamnés le lendemain après-midi à dix jours de prison ferme.

A l'heure même où se déroulent à Rouen ces graves incidents, se tient salle Wagram, à Paris, un meeting organisé par la S.F.I.O. contre l'envoi du contingent en Afrique du Nord. Marceau Pivert s'écrie : « Les soldats du contingent ont maintenant le droit de n'obéir qu'à leur propre conscience. » Le samedi 8 octobre, de nouveau à Rouen, le Parti communiste convoque une manifestation au parc des Chartreux pour « protester contre l'envoi du contingent en Afrique du Nord et contre l'intervention des forces de police lors des événements de la journée précédente ». Au soir, les manifestants se dirigent vers la caserne Richepanse. Des palissades de bois ont été dressées en hâte dans la matinée pour colmater les brèches du mur, ouvertes par les soldats avec un camion [7]. Elles sont aussitôt incendiées au moyen de bouteilles d'essence. Tard dans la nuit, des heurts sérieux se poursuivent avec les C.R.S. Le lendemain dimanche, le même scénario se reproduit : il ne faut pas moins de soixante cars de C.R.S. pour contenir les manifestants qui occupent le pavé jusqu'à deux heures du matin [8]. *Le Monde* daté du 11 octobre constate : « Une véritable guérilla urbaine a sévi pendant trois jours dans les rues de Rouen. » Et le 12 : « Une certaine carence de l'autorité militaire est à l'origine des incidents qui ont marqué le départ à Rouen du 406e R.A.A. » Opinion partagée par le ministre de la Défense qui propose des sanctions : un général est relevé de son commandement, deux colonels mis aux arrêts de rigueur et dix-huit meneurs poursuivis devant les tribunaux militaires [9].

Gare de Lyon, église Saint-Séverin, caserne Richepanse : ces trois coups de la révolte effleurent à peine une opinion qui ne s'est pas clairement aperçue que, le 1er novembre 1954, une guerre a commencé.

7. *L'Humanité,* 8 octobre 1955.
8. Robert Davezies, *Le Temps de la justice,* La Cité, Lausanne, 1961.
9. Vittori, *op. cit.*

Chapitre premier

L'ALGÉRIE HORS LA LOI

« Moi, le 1er novembre 1954, je pensais que la France s'étendait sur les deux rives de la Méditerranée et que sa population comprenait une minorité musulmane [1]. » Le prêtre qui parle n'est pas un de ces aumôniers militaires qui absolvent le para revenant d'une « corvée de bois [2] ». Robert Davezies appartient à ces ministres du Christ qui ont choisi de vivre dans leur siècle, au milieu des opprimés : il est prêtre au travail. Dans quelques mois, dans quelques pages, nous allons le voir s'engager, un des premiers, aux côtés du F.L.N.

Le 1er novembre 1954, il en est encore, sur l'Algérie, à 1830. Il n'est pas le seul, et de loin, à être décontenancé par l'événement. A dire vrai, il faudrait être devin pour déceler que les pétards foireux qui ont mal éclaté dans la nuit de la Toussaint annoncent une guerre de sept ans. Ou, plus simplement, informé.

Ceux-là ne sont pas légion, qui peuvent se prévaloir d'une bonne connaissance de la situation. Même si leur profession est justement d'apporter commentaires et analyses. Les organes de presse se contentent, au lendemain de l'insurrection, de rapporter les faits tels qu'ils ont été décrits par le gouverneur général Léonard. *France-Soir* affiche en une : « Brusque flambée terroriste en Algérie. » *Paris-Presse* comptabilise « Trente attentats cette nuit en Algérie. » Quant au *Monde*, précis, il annonce sur deux colonnes : « Plusieurs tués en Algérie au cours d'attaques simultanées de postes de police. » Les hebdomadaires d'opinion prennent le relais. Dans *Témoignage Chrétien*, le socialiste Charles-André Julien, historien spécialiste du Maghreb, prophétise : « Huit millions d'indigènes ne peuvent indéfiniment abandonner leur sort à un million de

1. Robert Davezies, *op. cit.*
2. Ainsi baptisait-on pudiquement, en Algérie, les exécutions sommaires...

non-Musulmans qui les considèrent comme des ennemis ou des citoyens diminués [3]. » Aujourd'hui une évidence ; alors une dangereuse et courageuse attitude. Un jeune journaliste pied-noir, qui débute cette semaine-là dans l'hebdomadaire de Jean-Jacques Servan-Schreiber, avertit : « Il y a encore quelque chance de faire des peuples européen et musulman en Algérie une communauté française. » Jean Daniel ne signe pas son papier intitulé : « La France peut encore gagner en Algérie [4]. »

Qui reprocherait à l'équipe de *France-Observateur* quelque tiédeur sur le problème des colonies ? L'anticolonialisme constitue avec le non-alignement – on dit à l'époque le « neutralisme » – le credo du journal. Pendant la guerre d'Indochine, l'organe fondé par Claude Bourdet, par l'ex-communiste Gilles Martinet et par le gaulliste Roger Stéphane, a mené une lutte incessante contre le conflit du Vietnam. Dans le numéro du 4 novembre, Bourdet écrit pourtant : « De telles violences sont condamnables et risquent de contrarier la cause même qu'elles prétendent servir. » Et il préconise la dissolution de la « grotesque » Assemblée algérienne, l'organisation d'élections vraiment libres et l'application loyale « du » statut.

Le fameux statut ! Adopté par le Parlement le 27 août 1947, il prévoit la création sur le territoire algérien de trois départements français regroupés sous l'autorité d'un gouverneur général ; en outre, l'Assemblée algérienne doit être élue, selon l'article 30, par deux collèges : le premier, formé par les Européens et une élite assimilée de 63 194 Musulmans – soixante députés ; le deuxième collège – également soixante élus – représente le reste de la population. Résultat : en arithmétique élémentaire, un Musulman pèse huit fois moins qu'un Français d'Algérie. Ce dispositif inégalitaire marquait toutefois un progrès certain. Défaut suffisant aux yeux des grands colons, qui ne négligèrent aucun effort pour qu'il reste lettre morte. Parfaitement « organisées », les élections de 1948, qui consacraient l'entrée en vigueur de la nouvelle loi, tournèrent à la mascarade. Les statuts meurent aussi. A la naissance.

Qu'un homme aussi sincèrement indigné par l'oppression coloniale que Claude Bourdet exige encore, en 1954, l'application du dispositif avorté de 1947, montre assez que sur la question algérienne, la gauche française est pour le moins en retard d'une évolution : c'est en spectatrice qu'elle assiste à l'éclosion d'une révolution qu'elle n'a pas senti venir.

Les communistes n'ont pas de meilleures lunettes. Le spécialiste des problèmes d'Outre-Mer, Léon Feix, produit un éditorial où il affirme que « la seule solution, c'est de faire droit aux légitimes revendications à la liberté des peuples tunisien, marocain et algé-

3. *Témoignage Chrétien*, 12 novembre 1954.
4. *L'Express*, 13 novembre 1954.

rien [5] ». Mais il faut attendre quelques jours pour que le Bureau politique se prononce officiellement dans un long communiqué. Ce texte a été souvent cité, et contradictoirement. Pour les communistes, il prouve que dès le début leur parti a combattu la guerre. Pour d'autres, qu'il a nettement blâmé les auteurs de l'insurrection. En fait, les deux aspects coexistent. Dénonciation des représailles contre la population : « Le Parti communiste dénonce les mesures de violence prises pour tenter de briser le mouvement national algérien... La politique de force pratiquée par le gouvernement ne résoudra pas davantage les problèmes qui se posent en Algérie, qu'elle n'a résolu ceux qui se sont trouvés posés en Indochine, en Tunisie et au Maroc. » Condamnation de la lutte armée : « En de telles circonstances, fidèle à l'enseignement de Lénine, le Parti communiste français qui ne saurait approuver le recours à des actes individuels susceptibles de faire le jeu des pires colonialistes, même s'ils n'étaient pas fomentés par eux, assure le peuple algérien de la solidarité de la classe ouvrière française dans sa lutte de masse contre la répression et pour la défense des droits. » C'est clair. La position des communistes français ne va pas varier pendant plusieurs mois. Elle repose sur un double refus : de la répression qui s'aggrave ; de la lutte armée qui se développe.

Quant au fond – le devenir de l'Algérie –, le P.C.F. se cantonne dans un flou théorique qui n'exclut ni les ambiguïtés ni les contradictions. S'il reconnaît « le bien-fondé des revendications à la liberté du peuple algérien », il préconise « une solution conforme à la volonté ou à l'intérêt de l'ensemble des hommes et des femmes vivant en Algérie », mais aussi « assurant la défense des intérêts de la France ».

Deux concepts sous-tendent l'analyse des communistes français à l'automne 1954. Le premier, qui a été formulé quinze ans plus tôt par Maurice Thorez, n'a rien cédé de sa pertinence aux yeux de ses promoteurs : l'Algérie est une « nation en formation ». Un événement : Thorez à Alger ; neuf mille personnes dont un millier de Musulmans sont venus, le 11 février 1939, écouter le secrétaire général de la section française de l'Internationale communiste : « Il y a une nation algérienne qui se constitue dans un mélange de vingt races. » L'idée que l'Algérie est un vaste creuset où se mélangent Européens et Musulmans sans prédominance des uns ou des autres estompe naturellement la réalité coloniale. La conséquence logique de cette analyse est qu'il faut repousser la revendication d'indépendance, au moins jusqu'à ce que la nation algérienne soit formée.

Deuxième élément fondamental : les relations avec la Métropole. Il apparaît lui aussi dans le discours d'Alger : « Oui, nous voulons une union libre entre les peuples de France et d'Algérie. L'union

5. *L'Humanité*, 3 novembre 1954.

libre, cela signifie certes le droit au divorce, mais pas l'obligation du divorce [6]. » Thorez s'exprime ainsi quelques mois avant le déclenchement de la Seconde Guerre mondiale. La conjoncture internationale prime : « J'ajoute même que dans les conditions historiques du moment, ce droit s'accompagne pour l'Algérie du devoir de s'unir plus étroitement encore à la démocratie française. » Le peuple algérien a tout intérêt à lier son sort et son avenir à ceux d'une France démocratique. L'argument n'est pas que de circonstance : il est « théorisé » à la Libération dans le cadre de « l'Union française ».

Ces termes figurent dans la Constitution de 1946. Ils désignent une sorte de communauté regroupant les restes de l'Empire dans une association paritaire avec la Métropole. Le P.C.F. se montre farouche partisan d'une solution qui lui semble tourner le dos au colonialisme de Papa. Entre mille citations de l'époque où les communistes participent au gouvernement, une éclairante déclaration de Jacques Duclos : « Nous devons écarter tout système de colonialisme fondé sur l'arbitraire ; si on voulait revenir au colonialisme, nous perdrions beaucoup ; avec l'Union française, au contraire, la France gardera ses positions sous le signe de la liberté : l'Union française sera une réalité vivante [7]. »

Est-il un système colonialiste qui ne soit « fondé sur l'arbitraire » ? L' « aveu » du dirigeant communiste n'est pas un lapsus. Il traduit sans fard la conception paternaliste que se forment les partis ouvriers de l'émancipation des peuples « tiers ». Au fond, la libération nationale est une chose trop sérieuse pour être laissée à ceux qui subissent l'oppression. La question algérienne est une affaire intérieure française qui ne saurait être réglée, comme les autres, que par un « bon » gouvernement démocratique. Telle est encore la thèse communiste lorsque claquent les coups de feu de la Toussaint.

Dans le drame qui se noue, le P.C.F., plus que toute autre formation de gauche, a sa part. L'existence d'un Parti communiste algérien, théoriquement indépendant mais étroitement surveillé, brouille encore l'analyse. Trop longtemps sous la tutelle du grand frère métropolitain – même s'il est autonome depuis 1936 –, le P.C.A. n'a pas su se dégager d'une vision hexagonale qui lui a coûté cher.

Le 8 mai 1945, dans un certain nombre de villes algériennes, les manifestations organisées à l'occasion de la fête de la victoire dégénèrent en émeutes. La foule échappe au contrôle des militants natio-

6. Étrange formulation : excluant le mariage, l'union libre n'exclut-elle pas le divorce ? A moins qu'il ne s'agisse d'un mariage déguisé...

7. Discours à l'Assemblée nationale. *L'Humanité*, 19 mars 1947.

nalistes et s'attaque aux Européens ; une centaine d'entre eux sont massacrés. La répression qui s'ensuit est horrible. Plusieurs dizaines de milliers de Musulmans sont exterminés. Dans les jours qui suivent cette tuerie, une délégation du P.C.A. à laquelle se sont joints deux représentants du P.C.F., Henri Neveu et Victor Joannès, est reçue à sa demande par le chef de cabinet du gouverneur général : « Elle s'est entretenue des provocations des agents hitlériens du P.P.A. et du P.P.F. et d'autres agents, camouflés dans les organisations qui se prétendent démocratiques, au service de l'impérialisme fasciste [8]. »

Le 12 mai, *L'Humanité* publie un communiqué du Comité central qui abonde dans le même sens : « Il faut châtier rapidement et impitoyablement les instigateurs de la révolte et les hommes de main qui ont dirigé l'émeute. » Le 31 mai 1945, *L'Humanité* encore se félicite de l'arrestation du leader nationaliste Ferhat Abbas. L'administration coloniale saura gré au Parti communiste algérien de son attitude. Le procureur militaire qui requiert contre les militants nationalistes interpellés au cours des émeutes distingue soigneusement entre P.C.A. et P.P.A., puisque le premier cherche « à préserver la souveraineté française en Afrique du Nord [9] ».

Par la suite, le P.C.A. redresse la barre et tente de se rapprocher des mouvements nationalistes, mais le « faux pas » de 1945 a creusé des cicatrices indélébiles dans la mémoire collective des Musulmans. Inversement, du côté communiste, la méfiance devant « tout acte propre à susciter une provocation » persiste longtemps. On en relève la trace dans les réactions du P.C.F. et du P.C.A. après le déclenchement de l'insurrection. En réalité, formation à deux composantes ethniques (au moins), le P.C.A. sera de plus en plus tiraillé entre ses militants européens qui ont tendance à se comporter comme la masse des pieds-noirs et sa base musulmane gagnée par le nationalisme. Il ne supportera pas cette contradiction et son engagement dans la lutte de libération nationale se traduira par l'érosion des effectifs européens. Ce phénomène n'empêchera pas que l'analyse du P.C.F. sur l'Algérie continue d'être largement influencée par le poids de la communauté européenne.

Présence d'une forte minorité pied-noire, analyse tâtonnante du fait algérien, ancienneté et profondeur des liens entre l'Outre-Mer et la France, ignorance crasse en Métropole des conditions de vie et des revendications musulmanes : tous ces facteurs contribuent à expliquer l'apathie ou le désintérêt de l'opinion française dans son

8. *Alger Républicain*, 12 mai 1945. Le P.P.A. est le parti nationaliste de Messali Hadj ; le P.P.F., Parti populaire français, pro-fasciste, fondé en 1936 par Jacques Doriot, n'existe plus en 1945. Il avait une assez forte implantation en Algérie.

9. *L'Écho d'Alger*, 7 août 1945. Cité par Emmanuel Sivan, *Communisme et nationalisme en Algérie*, Presses de la Fondation nationale des sciences politiques, 1976.

immense majorité. La propagande officielle et ses relais « naturels » remplissent leur fonction. Mais il est plus difficile de comprendre, par-delà les éléments déjà énumérés, les errements et incertitudes de la gauche, tous courants confondus. L'analyse de Claude Bourdet ne manque pas de pertinence : « Les hommes de gauche de ma génération ne percevaient pas le problème colonial. J'ai passé toutes les années de la Résistance sans songer une seconde à l'émancipation des peuples colonisés. L'idée qu'ils puissent aspirer à autre chose qu'à être français me paraissait incongrue. Pour expliquer cette mystification, je crois qu'il faut remonter à la Révolution française. Les hommes de 93 voulaient instituer un grand ensemble égalitaire où tous les citoyens seraient libres et bénéficieraient des mêmes droits. L'abolition de l'esclavage par la Convention a conféré une certaine réalité à ce dessein. Tels les autres mythes issus de la Révolution, celui-là s'imposa comme une vérité entière. Pendant cent cinquante ans, les petits Français ont continué à apprendre quel rôle généreux et civilisateur jouait la France. Et les militants et dirigeants de la gauche ont baigné dans la même idéologie de paternalisme universaliste [10]. »

Si la droite n'est pas toujours colonialiste, la gauche n'est pas anticolonialiste par nature. A l'aube du XXe siècle, le débat sur cette question a provoqué, au sein de la Deuxième Internationale, de splendides empoignades où les partisans d'expéditions conquérantes n'étaient pas tellement isolés. Quant aux organisations communistes, si elles ont reconnu très tôt le droit des peuples à disposer d'eux-mêmes, elles ont offert avec l'intégration des minorités nationales au sein de l'Union des Républiques socialistes soviétiques un exemple patent du divorce entre théorie et pratique.

En novembre 1954, les grands courants du mouvement ouvrier ne sont pas prêts à encourager les nationalistes algériens. Pourquoi attendre de l'équipe « réformiste » au pouvoir une attitude plus clairvoyante ?

□

En haut lieu, on n'ose l'appeler par son nom, mais c'est bien la guerre. Pierre Mendès France est président du Conseil. Il vient de signer la paix en Indochine, il négocie en Tunisie. Rien d'un « jusqu'au-boutiste » : un homme de dialogue qui a saisi le caractère inéluctable de la décolonisation. Sur l'Algérie, pourtant, il est intraitable. Parce que « l'Algérie, c'est la France ».

Ministre de l'Intérieur, François Mitterrand a la charge des

10. Entretien avec Claude Bourdet. Octobre 1978.

départements algériens. Il s'y est rendu, en tournée d'inspection, au mois d'octobre. Au moment de reprendre l'avion pour la Métropole, il a déclaré aux journalistes : « J'ai trouvé les trois départements français d'Algérie en état de calme et de prospérité. Je pars empli d'optimisme. » En réalité, souligne son biographe, Mitterrand est très inquiet. De retour à Paris, il confie à Mendès France : « Le climat est de plus en plus mauvais là-bas. Il va falloir agir très vite [11]. » Les « fils de la Toussaint » gagnent les deux hommes de vitesse. Face à la rébellion, ceux-ci répliquent par des mesures de maintien de l'ordre. A la place qu'ils occupent, c'est la moindre des choses : en quelques semaines, les effectifs militaires doublent en Algérie. Parmi les renforts, beaucoup de jeunes appelés. Au cours du débat parlementaire du 11 décembre, le ministre de l'Intérieur s'en explique : « Cette mission pénible *(de répression)* incombe à de jeunes soldats qui appartiennent pour la plupart au contingent... Avez-vous le droit, le droit moral s'entend, de disposer du contingent à cette fin ? m'a-t-on demandé. Cela me paraît évident puisqu'il s'agit d'une mission ayant pour objet de préserver l'unité de la nation, ce qui est le devoir essentiel des citoyens. »

L'argumentation est sans faille : l'Algérie est partie intégrante du territoire national ; ce qui s'y déroule relève d'opérations de police. Qui contesterait l'envoi des C.R.S. contre des paysans bretons ou des vignerons du Languedoc ? Les Aurès sont soumis au même régime : « Des Flandres au Congo... partout la loi s'impose et cette loi est la loi française [12]. »

Et cette loi, il faut qu'elle soit respectée. Pierre Mendès France et son ministre de l'Intérieur savent bien qu'ils ne résoudront pas la question algérienne par la seule politique du bâton. Au Conseil des ministres du 5 janvier 1955, François Mitterrand présente un programme de réformes économiques, sociales et culturelles qui concourent, en fait, à l'application du statut de 1947. L'objectif est bien l'intégration de l'Algérie à la France. Dans l'esprit du ministre, les Musulmans doivent bénéficier des mêmes droits que les Européens. Cependant, ils ne bénéficient pas toujours du même traitement.

Dans *France-Observateur,* Claude Bourdet dénonce les sévices subis par les militants nationalistes arrêtés. A la fin de son article, intitulé « Votre Gestapo d'Algérie », il accuse : « Ce sont MM. Mendès France et Mitterrand qui sont responsables devant l'opinion et l'histoire [13]. » La même semaine, le catholique François Mauriac

11. F.-O. Giesbert, *François Mitterrand ou la tentation de l'histoire,* Éditions du Seuil, 1977.
12. François Mitterrand, discours à l'Assemblée nationale, 12 novembre 1954.
13. *France-Observateur,* 13 janvier 1955.

rapporte dans *L'Express* des actes de torture. Il titre son papier « La Question. » Elle va demeurer posée pendant sept ans.

Le 2 février, un important débat sur l'Algérie s'ouvre au Palais-Bourbon. Les timides réformes suggérées par Mitterrand sont vivement critiquées par les députés ultras. En outre, le ministre de l'Intérieur, pour tâcher d'interrompre les exactions dénoncées par Bourdet et Mauriac, propose la fusion des polices algérienne et métropolitaine : les commissariats d'Outre-Mer ne seront plus la chasse gardée des colons. Leur porte-parole et porte-plume s'indignent. Comble de l'outrecuidance : « P.M.F. » a nommé comme gouverneur général de l'Algérie, le 25 janvier, l'ethnologue Jacques Soustelle qui a une réputation d'homme de gauche. A Alger, la révolte gronde contre « les bradeurs ». Le président du Conseil ne s'est-il pas abaissé à condamner, de la tribune de l'Assemblée, « les horribles excès qui ont parfois été commis, qu'on a exagérés par moments, j'en conviens, mais auxquels il faut mettre fin partout et rapidement » ? C'est la première et dernière fois, note l'historien Pierre Vidal-Naquet, qu'un personnage officiel dans une enceinte officielle reconnaît la pratique de la torture [14].

Quelques heures après cette déclaration, à l'aube du 6 février, le gouvernement Mendès France est renversé.

Edgar Faure lui succède le 23. Il déclare : « L'Algérie compose avec la Métropole une unité que rien ne saurait compromettre. » Sur le terrain, Soustelle, confirmé dans ses fonctions, insiste sur l'urgence de la politique d'intégration. L'escalade s'accélère. La rébellion s'étend. La répression s'aggrave. Le 31 mars, les députés décrètent l'état d'urgence : les préfets ont le droit de prononcer des assignations à résidence, d'ordonner des perquisitions nuit et jour, de déférer les suspects devant la Justice militaire. L'application de la loi est limitée aux « zones rebelles » ; mais les « zones rebelles » grandissent : d'abord la Kabylie, puis le Constantinois. Répression et réforme, réforme et répression : le gouvernement Edgar Faure, après celui de Mendès France, préconise une politique algérienne qui sera, peu ou prou, suivie par tous les présidents du Conseil de la IVe République. Nul besoin d'être expert pour deviner de quel côté va pencher la balance : incendier une mechta prend moins de temps que bâtir une école. De toute façon, les nationalistes algériens n'en sont plus là ; on les ignore à Paris. Bourgès-Maunoury, sitôt installé place Beauvau, est formel : « Il ne peut être question d'interlocuteurs ni à l'intérieur ni à l'extérieur de l'Algérie. » L'opinion française ne s'émeut guère ; l'immense majorité estime qu'il n'est pas dramatique, pour un Arabe, de se faire botter l'arrière-train. Les plaintes des suppliciés ne s'évadent guère des cercles où l'on

14. Pierre Vidal-Naquet, *La Torture dans la République*, Maspero, 1975.

assume toutes les souffrances du monde. Les communistes mobilisent contre le réarmement allemand [15].

Les Français n'ont pas mal à l'Algérie. Pas encore.

□

Stupeur, incompréhension, consternation. En cet automne 1955, on est, aux Éditions du Seuil, sous le choc. Deux habitués de la maison qui semblaient jouir, jusque-là, d'une certaine raison et accessoirement d'une considération certaine, déposent le manuscrit d'un livre goupillé comme une grenade. Le titre de ce brûlot, *L'Algérie hors la loi*, renvoie aux deux démonstrations complémentaires qui s'articulent dans l'ouvrage : malgré les proclamations officielles et la croyance populaire, les départements d'outre-Méditerranée ne sont pas soumis à la loi commune de la République. Un zeste d'histoire, deux notions de géographie, trois sous de bon sens suffisent à prouver que l'Algérie, ce n'est vraiment pas la France. Raison de plus pour inciter les auteurs, Colette et Francis Jeanson, à fournir un dossier exceptionnellement documenté. Si la colonisation n'a pas réussi l'intégration, qui sont donc ces hors-la-loi que l'armée régulière pourchasse ? D'où proviennent-ils et que désirent-ils ? Le livre des Jeanson est le premier essai d'analyse du mouvement national algérien.

A lire les publications précédentes de ce couple d'écrivains, rien n'indique une passion particulière pour l'Algérie. Colette Jeanson a publié, en 1954, un travail sur l'accouchement sans douleur. Quant à Francis, intime de la pensée sartrienne dont il a produit une exégèse pertinente et remarquée, il doit son renom intellectuel tant à sa collaboration, étroite, à la revue *Les Temps Modernes* dont il est le gérant, qu'à plusieurs écrits philosophiques. Il dirige enfin, aux Éditions du Seuil, une collection de grande qualité : « Écrivains de toujours », où il a lui-même donné un *Montaigne* et un *Sartre*.

L'intérêt des Jeanson pour l'Algérie ne date toutefois pas de la Toussaint 1954. C'est pendant la Seconde Guerre mondiale que Francis Jeanson, engagé dans l'armée d'Afrique, prend contact avec l'Algérie. Un an après le débarquement américain, il découvre qu'une très forte proportion des Européens sont toujours vichystes voire « collaborationnistes ». « La Résistance les inquiétait, remarquera-t-il ultérieurement, dans la mesure où ils y pressen-

15. On relève dans *France-Nouvelle*, du 1er janvier au 30 juin 1955, plus d'une trentaine d'articles contre le péril militaire allemand, deux sur l'Algérie, deux sur l'émigration algérienne.

taient une tendance révolutionnaire susceptible de s'opposer à l'exploitation colonialiste[16]. » Les Jeanson reviennent en Algérie en septembre 1948 et y séjournent plusieurs mois dans des conditions matérielles assez précaires. Ils veulent partager la vie des Musulmans pour mieux la comprendre. Au cours de ce périple, ils découvrent la réalité du pays en s'entretenant avec des militants nationalistes.

A cette époque, la grande figure de ce mouvement, c'est Messali Hadj. Agé d'une cinquantaine d'années, il inspire et dirige depuis un quart de siècle, à travers les prisons, les relégations et la clandestinité, l'aile la plus dure du courant émancipateur, celle qui réclame l'indépendance. Originaire de Tlemcen, combattant de la Grande Guerre, Messali Hadj travaille dans les années 1920 comme manœuvre à Paris. Une bonne école! Communiste, il suit les cours de celle de Bobigny où se forment les cadres du jeune parti. Dès le début de l'entre-deux-guerres, l'émigration algérienne, qui a commencé avec le siècle, se développe. Chassés par le bouleversement des structures agraires traditionnelles, boutés hors des terres fertiles, les fellahs débarquent de plus en plus nombreux en Métropole. 75 000 pour la seule année 1924. Dans ce milieu de déracinés atteints par la discrimination raciale et l'exploitation économique, surgissent, proches des ouvriers communistes français, les premiers noyaux nationalistes. A l'origine : l'initiative d'un membre du Comité central du P.C.F., Hadj Abdel Kader, qui crée en 1926 « l'Étoile nord-africaine » pour « défendre les intérêts matériels, moraux et sociaux des Musulmans nord-africains ». Deux ans plus tard, Messali entre en scène et conquiert la direction de cette organisation. Les rapports se dégradent promptement entre l'Algérien et les communistes français qui supportent mal de perdre le contrôle du mouvement. Et la rupture définitive intervient en 1936, en plein Front populaire. Entre-temps, « l'Étoile » a été dissoute, reconstituée, à nouveau dissoute; Messali a été emprisonné puis relâché. Un court répit sous le gouvernement Blum. Mais en 1937, le « messalisme » est une nouvelle fois interdit. Le leader nationaliste réplique en fondant aussitôt le Parti du peuple algérien (P.P.A.) qui met en veilleuse le mot d'ordre d'indépendance. Précaution inutile. Messali est interpellé en août 1937 lors d'une tournée de meetings en Algérie, et condamné à deux ans de prison. Il n'en sort que pour apprendre la dissolution de son parti, et pour être encore interné. Les autorités françaises n'y vont pas de main morte: seize ans de travaux forcés. Libéré en 1943, Messali est assigné à résidence. Il n'a pas cessé de diriger le P.P.A. clandestin et s'est, en particulier, opposé à ceux de ses militants que tentait une alliance contre les Français avec l'Allemagne hitlérienne. En 1944, c'est la rencontre

16. Interview à *L'Unitá*, 10 septembre 1960.

avec l'autre grande figure du mouvement d'émancipation : Ferhat Abbas.

Il a beaucoup évolué, le pharmacien de Sétif, depuis ce jour de 1936 où il se défendait farouchement d'être nationaliste: « Si j'avais découvert la nation algérienne, je serais nationaliste... Je ne mourrai pas pour la patrie algérienne parce que cette patrie n'existe pas. Je ne l'ai pas découverte. J'ai interrogé l'histoire, j'ai interrogé les vivants et les morts, j'ai visité les cimetières : personne ne m'en a parlé[17]. » Quand il écrit ces lignes, Ferhat Abbas appartient à la Fédération des élus musulmans dirigée par le docteur Ben Djelloul. S'y rassemble l'élite musulmane francophile, d'origine bourgeoise et favorable à l'intégration. Plaçant tous leurs espoirs dans l'œuvre française, les élus se contentent jusqu'à la Seconde Guerre mondiale de réclamer une représentation plus large des notables musulmans au Parlement français. La défaite de 1940 entame le prestige de la France; peu à peu, Abbas abandonne ses thèses assimilationnistes. Le 10 février 1943, il signe avec vingt-huit autres élus musulmans le « Manifeste du peuple algérien » qui exige, à la fin de la guerre, la création « d'un État doté d'une constitution propre qui sera élaborée par une Assemblée algérienne constituante élue au suffrage universel par tous les habitants de l'Algérie ». Il se heurte à une fin de non-recevoir. Et c'est alors qu'il se tourne vers Messali.

De la rencontre entre l'agitateur professionnel, habitué des cellules humides, et du bourgeois cultivé, sont issus, le 14 mars 1944, les « Amis du Manifeste et de la Liberté » (A.M.L.), renforcés par l'association des Oulémas. Fondé en 1931 par le cheik Ben Badis, ce courant aspire à l'émergence d'une nation algérienne par la sauvegarde d'une religion épurée et par la défense des traditions culturelles de l'Islam. Curieux cocktail que ces A.M.L. qui comptent bientôt un demi million d'adhérents. Un raz de marée. Mais au sein du mouvement, le P.P.A. conserve son autonomie et les militants de Messali, rompus à la clandestinité et au travail d'organisation, débordent vite les notables de Ferhat Abbas. Au congrès de 1945, Messali est sacré, en l'absence d'Abbas, « leader incontestable du peuple algérien ». Sa légende s'étoffe.

Deux mois après, le cauchemar. C'est le 8 mai 1945, le sang à Sétif et à Guelma, l'impitoyable répression. Les A.M.L. sont dissous, les militants pourchassés; Abbas, nous l'avons vu, est arrêté. Libéré l'année suivante, il crée l'Union démocratique du Manifeste algérien (U.D.M.A.) qui remporte un véritable triomphe aux élections législatives. Onze des treize députés algériens qui siègent au Palais-Bourbon sont des adhérents de l'U.D.M.A.

Confronté à ce succès, Messali décide de jouer, lui aussi, la carte de la légalité. Sous l'étiquette M.T.L.D. (Mouvement pour le

17. *L'Entente*, 23 février 1936.

triomphe des libertés démocratiques, paravent du toujours clandestin P.P.A.), il présente des candidats aux élections de novembre 1946. Le mouvement de Messali se divise ainsi en une branche légale et une autre, souterraine, vouée à « l'action directe ». En février 1947 naît officieusement l'Organisation spéciale (O.S.), secteur para-militaire où se formeront les hommes de la Toussaint. Les dissensions ultérieures du P.P.A.-M.T.L.D. sont inscrites dans ce partage des rôles en 1947.

Le mouvement nationaliste que découvrent Francis et Colette Jeanson durant leur voyage est encore traumatisé par la violence de la répression qui a sanctionné les émeutes de 1945. Il vient, par ailleurs, d'expérimenter amèrement les limites de l'intervention légale. Les élections de 1948 ont été complètement truquées. Le spectacle offert, à cette occasion, par l'Administration française, blesse profondément un homme aussi respectueux des institutions républicaines que Ferhat Abbas. Les Jeanson, qui s'entretiennent avec lui à plusieurs reprises, sentent mûrir chez cet amoureux déçu de la France une réflexion qui le conduira sept ans plus tard dans les rangs du F.L.N.

En 1950, Jeanson est invité en Algérie pour y donner une série de conférences sur le théâtre sartrien. Changement de décor. Il connaissait la misère, l'humiliation infligée aux Arabes, et la révolte qui grondait chez les militants. Voici l'opulence, l'arrogance : « Ce que j'ai vu et entendu au cours de ce voyage a constitué le deuxième volet de mon information sur l'Algérie. Le spectacle des administrateurs et des colons, de cette caste imbue de ses privilèges, illustrait parfaitement les analyses de mes amis nationalistes. C'est là aussi que j'ai clairement perçu l'ampleur de la répression de 1945. Un jour, un des colons m'a montré un tertre sur la place du village et m'a dit, triomphant : " Vous voyez, on les a eus. Un pour mille ! "[18]. »

Après cette tournée, décisive pour son approche du problème algérien, Francis Jeanson publie dans *Esprit* un article qui est déjà un cri d'alarme. Par la suite, et jusqu'au 1er novembre 1954, les Jeanson sont régulièrement informés par les militants nationalistes qui séjournent à Paris de l'évolution sur le terrain. L'insurrection ne les surprend guère. Depuis longtemps, ils jugeaient l'explosion inévitable. Mais une question les intrigue : qui sont donc ces hommes qui ont recouru aux armes ?

Écartelé entre activité légale et activisme clandestin, le parti de Messali Hadj était en proie, et de longue date, à un conflit interne. En 1953, la majorité des membres du Comité central — les « centralistes » — s'opposent au vieux leader ; ils lui reprochent sa mégalomanie, ses méthodes autocratiques. Un groupe de militants, issu

18. Entretien avec Francis Jeanson. Juin 1978.

de la fameuse Organisation spéciale démantelée par la police en 1950, renvoie les deux parties dos à dos et décide de prendre l'initiative. Ses membres créent, en mars 1954, le C.R.U.A. (Comité révolutionnaire d'unité et d'action) qui se fixe comme unique objectif la préparation du soulèvement armé. Le 1er novembre est leur œuvre. Mais bien peu sont au courant de leur existence. Même le ministre de l'Intérieur, François Mitterrand, pourtant bien informé de par ses fonctions, s'y trompe. Il ordonne, le 5 novembre, la dissolution du M.T.L.D. qui n'est en rien mêlé aux attentats de la Toussaint.

Désireux d'écrire un livre, les Jeanson souhaitent connaître les instigateurs de la rébellion. Francis, atteint par la tuberculose, ne peut enquêter. C'est donc Colette qui part : « Je suis arrivée à Alger en février 1955. J'ai d'abord rencontré mes amis de l'U.D.M.A. : Ali Boumendjel et le docteur Francis. Ils étaient très méfiants à l'égard de l'insurrection. Puis j'ai vu des gens du M.T.L.D. C'est sur un ton peu amène qu'ils m'ont demandé pourquoi je voulais contacter les hommes du C.R.U.A. ; pour eux, c'étaient des suicidaires. Finalement, j'ai téléphoné au professeur Mandouze. Il m'a envoyé un jeune médecin, Pierre Chaulet, qui m'a guidée jusqu'à un bidonville des environs d'Alger. Là, j'ai découvert de véritables militants et j'ai compris que le C.R.U.A. disposait d'une audience réelle. Enfin, l'avant-veille de mon départ, j'ai rencontré Salah Louanchi qui était pourchassé depuis l'interdiction du M.T.L.D. Il se cachait chez l'abbé Scotto, ami de Mandouze. Louanchi, qui était un modéré, se montrait cependant moins réservé que ses camarades centralistes sur le C.R.U.A. Il m'a dit : " Peut-être est-ce une opération suicide, mais c'est peut-être aussi le début d'un processus. " Je suis revenue à Paris et j'ai résumé mes impressions pour Francis : la Toussaint, ce n'est pas un incident[19]. »

En vérité, l'organisme que Colette Jeanson appelle C.R.U.A. s'est autodissous le 1er novembre. La « Proclamation au peuple algérien » que les hommes de la Toussaint lancent le jour du soulèvement est signée de trois lettres que l'on n'a pas fini de lire. Le Front de libération nationale est né. En réponse, Messali fonde le Mouvement national algérien. F.L.N. - M.N.A. : la lutte s'engage.

Au printemps 1955, alors qu'ils sont plongés dans la rédaction de leur livre, Colette et Francis Jeanson reçoivent un message d'Alger. Des militants fraîchement sortis de prison sont disposés à les rencontrer. Colette Jeanson : « Je suis repartie en mai. Je ne suis pas descendue à l'hôtel car la police m'avait repérée à la fin de mon précédent séjour. J'étais attendue et j'ai évolué de façon entièrement clandestine. J'ai vu Ben Khedda, le leader centraliste qui venait d'être libéré. Il avait sur le C.R.U.A. la même opinion nuancée que Salah Louanchi. Il m'a fourni une très solide information. Puis

19. Entretien avec Colette Jeanson. Juillet 1978.

Pierre Chaulet a mené une enquête dans le maquis et nous en a communiqué la teneur. »

C'est donc un ouvrage particulièrement bien documenté, bourré de notations inédites, que les Jeanson déposent au Seuil. A défaut d'être toujours révolutionnaire, la recherche de la vérité a quelque chose de dérangeant. D'autant que les auteurs, sous un « je » collectif, annoncent d'emblée la couleur : « Je ne prétends pas me pencher sur le problème algérien : on ne se penche pas sur ses propres problèmes. Je ne m'efforcerai pas d'être impartial : je ne vois pas comment un citoyen français pourrait l'être quand les jeunes recrues du Berry, de l'Ile-de-France ou de l'Artois sont envoyées là-bas pour mitrailler en son nom les populations civiles de quatre départements français. » Des phrases de ce type, le parti pris de ne pas produire un traité mais de jeter « sur le passé comme sur le présent des rapports avec les Algériens le regard des Algériens eux-mêmes », irritent ou bouleversent le comité de lecture. Jean-Marie Domenach — directeur d'*Esprit* — manifeste les plus extrêmes réserves. Jeanson menace de s'adresser ailleurs. Finalement, Paul-André Lesort l'emporte, bien qu'il ne partage pas les idées des auteurs. « Ce que vous écrivez, c'est la vérité? », demande-t-il à Francis... « Alors, il faut publier. »

L'Algérie hors la loi paraît en décembre 1955. Il n'est pas accueilli par des brassées de roses. Même à gauche. Dans *France-Observateur,* Daniel Guérin signale que l'ouvrage est courageux mais conteste sa partialité envers Messali. Jean Daniel, dans *L'Express,* hésite après lecture entre « le chagrin et le haussement d'épaule ». Directement concerné par un conflit qui ensanglante sa terre natale, Daniel — qui va prouver tout au long de la guerre une belle lucidité — reproche à Jeanson de « s'égarer dans une surenchère masochiste qui le conduit à des dénonciations gratuites et à des amertumes infantiles[20] ». Avec le recul, le directeur du *Nouvel Observateur* commente sa réaction : « Le livre de Jeanson a été le bréviaire des révolutionnaires, l'acte de naissance en même temps de la révolution algérienne et de l'État algérien. C'est un Français qui, dans sa sensibilité révolutionnaire, dans son extrême prescience du besoin de l'inconscient collectif de la révolution algérienne, a donné aux Algériens le matériau qui leur manquait pour établir une sorte de continuité entre un passé dépersonnalisé et un avenir idéologiquement reconstruit. Du point de vue du militantisme, je trouve cela très beau. Du point de vue de la réalité historique, c'est autre chose. Le livre de Jeanson était brillant et profond mais péchait par deux aspects : d'abord la spécificité arabo-musulmane en était exclue; ensuite, la continuité y était rétablie

20. *L'Express,* 13 janvier 1956.

comme si la France n'avait été qu'une sorte de parenthèse courte, sans enracinement[21]. »

A la fin de l'année 1955, en tout cas, *L'Algérie hors la loi* exerce une très importante influence sur les militants anticolonialistes. Presque tous ceux qui s'engageront dans les réseaux y puiseront les sources théoriques de leur action.

□

Envoyé spécial de *L'Express*, le journaliste Robert Barrat est au Maroc lorsqu'il apprend les massacres du 20 août 1955 dans le Nord constantinois. Toute la région, sous les ordres de Zigouht Youssef, chef de la willaya II, est en état d'insurrection. Quarante-cinq objectifs civils et militaires sont attaqués simultanément. Soixante et onze Européens sont assassinés ; la répression fait plusieurs milliers de victimes musulmanes. L'impact sur l'opinion française est brutal ; depuis plusieurs mois, les plus hauts responsables du pays répétaient que les troubles en Algérie ne provenaient que de quelques bandes rebelles coupées de l'immense majorité de la population. Or les événements du Constantinois, à l'heure où les Français sont en vacances, ont révélé un véritable mouvement populaire, violent, incontrôlé, sanglant, mais massif. Pour beaucoup de Français, la guerre d'Algérie débute ce jour-là.

L'importance du carnage n'échappe pas à l'observateur perspicace qu'est Barrat. Ancien secrétaire général du Centre catholique des intellectuels français, familier du Maghreb, il est en relation avec la plupart des responsables nationalistes d'Afrique du Nord. Il se précipite à Alger pour questionner le gouverneur général Soustelle. Le lendemain de son arrivée, des amis le contactent et lui proposent une entrevue avec des dirigeants du F.L.N. Il accepte et est bientôt introduit, en plein cœur de la capitale algérienne, auprès d'Abane Ramdane, qui n'est pas encore devenu le théoricien de la révolution, et d'Omar Ouamrane, chef adjoint des maquis de Kabylie. La discussion dure six heures pendant lesquelles Barrat ne cesse de prendre des notes. A la fin, il exprime le désir d'effectuer un reportage dans les zones tenues par le F.L.N. Accordé. La balade est organisée au-dessus des gorges de Palestro où le Français rencontre une quinzaine de maquisards. Un fameux scoop !

Mais avant d'être journaliste, Robert Barrat est un chrétien qui souffre de cette guerre. Abane Ramdane lui a exposé quelles sont

21. Entretien avec Jean Daniel. Octobre 1978.

les exigences du F.L.N. pour un cessez-le-feu : arrêt des opérations militaires, libération des détenus, reconnaissance du droit à l'indépendance. Barrat annonce aux responsables algériens son intention d'en informer les autorités françaises. Les chefs du Front sont d'accord et ajoutent même qu'ils sont prêts à toute entrevue susceptible de débloquer la situation. Robert Barrat : « De retour à Alger, j'appelai, le soir même, Jacques Soustelle... Je reconnus à peine sa voix tant elle était sèche. J'insistai pour être reçu par lui, lui disant que j'avais à lui communiquer, en ces lendemains du 20 août, des renseignements d'un grand intérêt politique pour la conclusion possible d'un cessez-le-feu. Jacques Soustelle refusa de me recevoir[22]. » Barrat regagne Paris et indique à Vincent Monteil, membre du cabinet de Soustelle, le contenu de ses discussions avec les chefs de la révolution. Il joint cette précision : sans réponse du ministre dans les quinze jours, il livrera au public ce qu'il sait.

« Un journaliste français chez les hors-la-loi algériens... » Le reportage de Barrat publié par *France-Observateur* le 15 septembre 1955 stupéfie. La rédaction de l'hebdomadaire, dans un « chapeau », justifie la divulgation d'un tel document : « Nous pensons que ce n'est pas servir la cause de tous ceux qui risquent leur vie dans les combats commencés que de laisser ignorer des aspects d'une vérité qui se manifestera tôt ou tard... Ce serait tromper l'opinion française que de laisser croire qu'il n'y a que du banditisme en Algérie. Il y a aussi et surtout dans les maquis des hommes qu'anime une revendication politique. »

Quelques jours plus tard, deux inspecteurs des Renseignements généraux sonnent chez Barrat. A la requête de Jacques Soustelle, le ministère de la Guerre a délivré un mandat d'amener. Le soir même, le président du Conseil, Edgar Faure, ordonne sa libération. A gauche, on proteste ; à longueur de colonnes, les journaux soulèvent l'éternelle question : a-t-on le droit de répercuter des informations recueillies chez l'adversaire ? *L'Express*, qui a refusé le reportage, salue ce « journaliste courageux ». Peu de monde, soulignera rétrospectivement Robert Barrat, s'est intéressé au fond du problème : « Ce qu'avaient dit les chefs de la rébellion était-il vrai ou non ? »

Pourtant la frange militante la plus réceptive commence à bouger. Pas les grandes masses, les gros bataillons que bercent les antiennes gouvernementales. Non : une poignée, les plus concernés, les plus décidés, les mieux informés.

Jacques Berthelet, ancien séminariste, est révulsé par la guerre coloniale. Depuis des années, dans le cadre d'organisations de jeunesse, il côtoie des Algériens. Dès avant l'insurrection de la

22. Témoignage de Robert Barrat, paru dans *Historia-Magazine* : « La guerre d'Algérie », n° 209.

Toussaint, il s'est familiarisé avec les problèmes maghrébins en participant aux activités d'un groupe très restreint mais fort bien documenté. S'y retrouvent des émigrés nationalistes de diverses tendances et des Français, chrétiens et marxistes. Ce noyau qui choisit l'appellation significative de « groupe Coopération » est animé par un ex-responsable d'Action catholique, Roger Colas, qui est l'ami et le correspondant à Paris d'André Mandouze.

Professeur d'université, cofondateur de *Témoignage Chrétien* pendant la Résistance, Mandouze s'est installé en Algérie après la Libération. Émergeant de la lutte contre l'occupant nazi, il s'attendait à relever les traces du passage du général de Gaulle. Il découvre une société fermée que la guerre n'a pas ébranlée : sur les murs dans les maisons, le portrait du maréchal Pétain voisine toujours avec le crucifix. Nommé à la Faculté d'Alger, il s'instruit auprès d'éléments nationalistes des réalités du monde colonial. Et déjà, en 1947, il signe dans *Esprit* un « papier » prophétique[23]. Vain avertissement. Mandouze réunit autour de lui un cercle qui s'efforce d'éveiller la communauté française à l'idée de la revendication algérienne, et lance en 1950 une revue. *Consciences Algériennes* paraîtra pendant une année, puis ressuscitera en 1954 sous le titre : *Consciences Maghrébines* [24]. Seul îlot, parmi les Français d'outre-Méditerranée, à reconnaître l'Algérie comme nation, cette équipe sans influence mesurable sur la masse des pieds-noirs tisse des liens chaleureux avec les militants algériens. Les amitiés politiques, les affinités intellectuelles qui se nouent alors vont peser lourd après la Toussaint 1954, préserver une passerelle entre nationalistes et anticolonialistes européens. Le domicile de Mandouze devient une plaque tournante où s'échangent les informations et se prépare le combat.

A Paris, le groupe Coopération où s'active Berthelet est donc le répondant idéologique de *Consciences Maghrébines*. Son intervention est politique mais aussi sociale, d'assistance aux travailleurs immigrés. Dans ce vivier où se côtoient communistes oppositionnels, rescapés du trotskisme, et promoteurs de ce qui se nommera prochainement la Nouvelle Gauche, la cause de l'indépendance algérienne pénètre les esprits. Cercle quasi confidentiel, ignoré du grand nombre. Limitée aussi, la petite équipe de chrétiens progressistes qui édite *La Quinzaine*. Eux non plus ne sont pas étonnés par les explosions du 1er novembre. Immédiatement, ils prennent parti avec une netteté qui alourdit leur dossier à Rome — d'où leur est si-

23. « Impossibilités algériennes ou le mythe des trois départements », *Esprit*, juillet 1947, dans le cadre d'une série demandée par Emmanuel Mounier sur le thème : « Prévenons la guerre d'Afrique du Nord ».

24. Cf. J.-R. Henry, étude encore non publiée.

gnifiée, en janvier 1955, l'interdiction pontificale[25]. Sans se décourager, ils relancent un périodique plus modeste, *Le Bulletin*.

Moins isolées, tout de même, les forces qui cherchent obstinément une « troisième voie » entre un stalinisme glacial et une social-démocratie travestie. Au terme de multiples tentatives, les pèlerins d'une nouvelle gauche se rassemblent sous ce vocable à la fin de 1954. Claude Bourdet et Gilles Martinet sont les principaux artisans de cette fusion. Les militants de cette traversée, sensibles aux questions coloniales, souvent chrétiens, pétris d'humanisme, épris d'idéaux aussi simples que l'égalité et la justice seront les ferments d'une mutation profonde : la petite gauche sauvera la grande.

Et puis, dans ce tableau des minorités dérangeantes qui tentent de donner mauvaise conscience aux mammouths idéologiques bardés de certitudes, les trotskistes. Éternels exclus du mouvement ouvrier, ils ne sont qu'une poignée à brandir le drapeau du fondateur de l'Armée rouge, mais ils se déchirent encore. En 1952, la Quatrième Internationale s'est scindée entre les partisans de l'entrée dans les partis communistes et ceux qui préféraient demeurer autonomes ; la majorité des deux cents trotskistes français a suivi Pierre Lambert dans la sécession. Les autres, les « entristes » adhèrent, avec Pierre Franck, au Parti communiste internationaliste (P.C.I.) qui préconise l'inclusion de ses membres dans le P.C.F.

Complexes, les chemins de la révolution ? Sur l'Algérie, au moins, le P.C.I. soutient une position limpide : c'est la seule organisation politique à se prononcer dès 1954 pour l'indépendance. Internationalistes par essence, anticolonialistes sans réserves, les trotskistes entretiennent depuis longtemps des relations avec le Mouvement national algérien. Michel Raptis, un ingénieur grec devenu commis voyageur de la révolution, préside en ces temps aux destinées de la Quatrième Internationale. On l'appelle aussi Pablo. C'est un visionnaire, amoureux d'analyses prophétiques... régulièrement démenties par les faits, très cultivé, qui a hérité de ses origines méditerranéennes un art spontané du contact direct : il jouera tout au long de la guerre d'Algérie un rôle non négligeable dans le soutien au F.L.N. : « Dès le déclenchement de l'insurrection, nous avons approuvé la lutte armée. Mais il n'était pas suffisant d'avoir une attitude correcte et d'apporter un appui politique. Il fallait s'engager totalement. Nous pensions, en effet, que toute révolution coloniale devait être soutenue. Mais en outre, le combat algérien nous concernait directement par l'influence qu'il pouvait exercer

25. Cf. André Mandouze in *La Quinzaine*, 15 novembre 1954 : « En Algérie, qui mettra fin aux deux formes actuelles du terrorisme autorisé : la police et la presse ? » Du même, le 15 décembre 1954 : « Algérie française ou " touchez pas au grisbi " ! »

sur le mouvement révolutionnaire en France[26]. » Forts de ce constat, parmi les tout premiers, les militants du P.C.I. vont « rendre des services » aux Algériens.

Ces éléments épars, chrétiens, communistes marginaux, trotskisants et promoteurs d'une gauche nouvelle qui tentent, depuis le 1er novembre et avec un insuccès persistant, d'expliquer aux « larges masses » ce qu'il advient de l'Algérie, perçoivent les manifestations de rappelés, à l'automne 1955, comme le réveil. Des incidents similaires à ceux de la gare de Lyon ou à ceux de Rouen se déroulent à Tours, Nantes, Valence. Dans les premiers jours d'octobre, tous les organismes de jeunesse que la gauche comporte se regroupent dans un Comité contre l'envoi du contingent en Algérie. Sous la pression du secrétaire général de la S.F.I.O., Guy Mollet, les Jeunesses socialistes s'en retirent. L'organisation de jeunesse du Parti communiste, l'U.J.R.F.[27] que dirige Paul Laurent, en prend prétexte pour quitter le Comité, bientôt suivie par la Jeunesse ouvrière chrétienne. Les mouvements subsistants, libertaires, trotskistes, Nouvelle Gauche, Auberges de jeunesse, jeunes de Force ouvrière, Étudiants socialistes qu'anime un garçon beaucoup plus à gauche que la maison mère, Michel Rocard, organisent quand même un meeting le 13 octobre à la Mutualité. Il est interdit. Le Comité passe outre et décide une manifestation de la place Maubert au boulevard Saint-Michel. Elle est durement réprimée et le Comité ne survivra pas à son éclectisme.

Les intellectuels enchaînent. D'anciens communistes qui se sont éloignés du P.C.F. au moment de la campagne contre Tito, ou qui en ont été exclus : Robert Antelme, Dionys Mascolo et Edgar Morin fondent, au début de novembre, un Comité d'action des intellectuels contre la poursuite de la guerre en Algérie. « Une lame de fond semblait vouloir se former dans le pays, relate non sans quelque exagération Edgar Morin. Des casernes étaient assaillies. Des jeunes rappelés chahutaient. D'autres voulaient se planquer. Le Parti communiste s'efforçait de canaliser le mouvement dans un sens légal pétitionnaire et lui brisait les reins. Nous voulions nous élever contre le principe même de la guerre coloniale et pour le principe même du droit des peuples[28]. »

L'Express du 7 novembre reproduit le manifeste du Comité qui réclame des « négociations immédiates avec les représentants des peuples d'Afrique du Nord, et en particulier avec ceux du peuple algérien ». Le Comité reçoit l'adhésion de nombreux intellectuels — de François Mauriac à Jean-Paul Sartre — et même celle d'un cer-

26. Entretien avec Michel Raptis. Octobre 1975.
27. Union des jeunesses républicaines de France.
28. Edgar Morin, *Autocritique*, Julliard, 1959.

tain nombre de communistes[29]. Le 23 novembre, une centaine de soldats maintenus sous les drapeaux désertent leur casernement de Courbevoie pour défiler sur les Champs-Élysées. Bouquet final de cet automne chaud : le 2 décembre, le président du Conseil dissout l'Assemblée nationale.

29. Les communistes sont eux-mêmes regroupés dans un Comité d'action contre la guerre en Afrique du Nord.

Chapitre 2

L'AFFRONT RÉPUBLICAIN

ENCORE alourdie par les agapes du réveillon de la Saint-Sylvestre, la France, le 2 janvier 1956, prend le chemin des urnes. La guerre d'Algérie a dominé la campagne électorale qui s'achève. A plusieurs reprises, les leaders du Front républicain où cohabitent socialistes, mendésistes, amis de Mitterrand et compagnons de Chaban-Delmas (républicains sociaux), ont formulé le vœu d'interrompre « une guerre imbécile et sans issue », comme l'a qualifiée Guy Mollet avec quelque pertinence. Le Parti communiste, de son côté, a développé une intense agitation pour la paix. Nul ne parle d'indépendance, mais l'idée de négociation trotte dans les esprits les plus lucides.

Au lendemain du vote, sanctionné par le succès relatif du Front républicain et par la poussée poujadiste, il existe sur le papier une majorité en faveur de la paix. Maurice Thorez, d'ailleurs, quelques jours avant le scrutin, a lancé un insistant appel sur les ondes de la radio nationale : « Nous déclarons une fois de plus que nous sommes prêts, au lendemain des élections, à nous entendre avec le Parti socialiste et les autres groupes de gauche pour donner au pays le gouvernement qu'il attend [1]. » Le mythe du Front populaire transparaît fugitivement. Mais René Coty, locataire de l'Élysée, s'accorde le temps de la réflexion avant de désigner l'homme qui sera chargé de former le futur gouvernement. Le mois de janvier 1956 se passe en rumeurs et bruissements. Pierre Mendès France, que *L'Express* devenu quotidien en octobre soutient avec vigueur, apparaît pour le parti du mouvement comme l'homme de la situation. En cette phase de vacance de pouvoir – qu'il semble devoir bientôt combler – il est au centre des contacts qui se nouent pour tâcher de trouver une solution en Algérie.

1. Discours à la R.T.F., le 23 décembre 1955.

Déjà, pendant la campagne électorale, une rencontre a eu lieu entre « P.M.F. » et deux représentants du F.L.N. L'entrevue, organisée par Robert Barrat, s'est déroulée au siège du Parti radical, place de Valois. Mendès France connaissait-il la qualité de ses interlocuteurs ? Il avait en face de lui Ahmed Taleb, responsable des étudiants du F.L.N. en Métropole, et Salah Louanchi, l'un des dirigeants algériens en France, celui-là même que Colette Jeanson avait vu clandestinement chez Mandouze, lors de son voyage à Alger. La discussion entre l'ancien président du Conseil et les deux militants nationalistes s'est limitée à une information mutuelle.

En janvier, les contacts reprennent. Robert Barrat et Jean Daniel demandent à Mandouze – encore lui ! – de sonder le F.L.N. et de venir à Paris avec d'éventuelles propositions algériennes. André Mandouze rencontre Abane et Ben Khedda, le leader centraliste qui s'est rallié au Front. Tous deux lui précisent leurs conditions. Le 26 janvier, Mandouze est à Paris ; il sait comment toucher rapidement Abane et Ben Khedda. Par l'entremise de Barrat, un rendez-vous est convenu avec Mendès France. Or, ce 26 janvier, c'est Guy Mollet qui est désigné par le président de la République pour constituer le gouvernement. Déception chez les progressistes. Mandouze rencontre néanmoins Mendès et lui transmet le message des chefs du F.L.N. Le 27 janvier, salle Wagram, il monte à la tribune lors d'un meeting en faveur de la paix. « Pour mener ma mission le plus discrètement possible, avoue-t-il aujourd'hui, j'ai adopté le camouflage le plus voyant qui soit. J'ai apporté au meeting le salut de la résistance algérienne [2]. »

Comment soupçonner un orateur aussi tonitruant de mener des pourparlers secrets ? Il revoit Mendès, nommé ministre d'État sans portefeuille, qui lui apporte la réponse de Mollet : guère encourageante. Le président du Conseil ne pense qu'à son voyage en Algérie, prévu pour le 6 février. André Mandouze, après s'être entretenu avec Gaston Defferre et Alain Savary, se rend lui aussi dans la capitale algéroise. Mais c'est pour revenir à Paris trois jours plus tard. Il vient d'apprendre de quelle manière les ultras se préparent à recevoir le chef du gouvernement. La manifestation délirante qui a raccompagné Jacques Soustelle à son bateau n'est qu'un avant-goût ; des hommes de main ont été recrutés pour fomenter l'émeute. Grâce à l'intervention de Pierre Mendès France, qui juge sérieuses ces menaces, André Mandouze s'en explique avec M. Faucon, chef de cabinet adjoint de Guy Mollet. On lui assure que l'on redoublera de précautions.

Le 5 février, plus de deux mille délégués venus de soixante-sept départements se rassemblent à Montreuil à l'occasion d'une journée d'action contre la guerre d'Algérie. L'initiative de cette

2. Entretien avec André Mandouze. Juin 1978.

manifestation revient à un Comité pour la solution pacifique des problèmes d'Afrique du Nord qui s'appuie sur un réseau d'organisations locales. La journée durant, les orateurs de chaque province relatent leur activité. Mais André Mandouze perturbe cette énumération un peu fastidieuse. Il dénonce le complot qui se trame, à Alger, pour le lendemain. Dans la salle se trouve Jacques Berthelet, le jeune chrétien du groupe Coopération : « A la fin du discours de Mandouze, une vive émotion s'empara des assistants qui se mirent à crier : "Tous à Matignon !" Mais les communistes prétextèrent la présence de quelques trotskistes pour clamer à la provocation et n'envoyer qu'une délégation. Mandouze, lui, était catastrophé. Il était convaincu que l'entrée dans la guerre était désormais inévitable [3]. »

Simple, écrasante lucidité. La suite est connue ; la journée du 6 février est inscrite dans l'histoire sous le signe d'une tomate rouge. La capitulation de Guy Mollet devant les ultras, la démission du général Catroux (nommé quelques jours plus tôt) et son remplacement par un nouveau ministre résidant, le syndicaliste et ex-résistant Robert Lacoste, haut en couleur et fort en anathèmes, tout cela procède de la même logique. En quelques heures cruciales, le retournement du porte-parole du socialisme français est complet. La paix était en vue. Ce sera la guerre.

Juguler la rébellion, tel est bien l'objectif majeur que se fixe Lacoste dès son arrivée en Algérie. Les réformes, très bien, mais plus tard. Quand l'ordre sera rétabli. Guy Mollet, après une inspection sur le terrain, partage ce point de vue. S'il n'ignore pas que toute solution implique la négociation, il s'engage dans une politique qui suppose l'accroissement de l'effort militaire [4]. Un projet de loi très spécial, ratifié par le Conseil des ministres, est déposé le 1er mars sur le bureau de l'Assemblée nationale. Le débat commence le 8. Robert Lacoste prononce un long discours où il plaide pour une présence musclée : « Le rétablissement de l'ordre ne saurait être subordonné à quelque condition que ce soit. » La rébellion gagnant du terrain, force est de recourir à la force. Soustelle met en garde le président du Conseil contre « la décadence irrémédiable », puis Guy Mollet, qui avait évoqué dans son discours d'investiture, le mois précédent, la « personnalité algérienne », s'écrie dans l'hémicycle : « Nous rejetons absolument l'idée d'un État algérien qui ne correspond à aucune réalité. » Et il pose la question de confiance sur l'ensemble du projet de loi. Les quatre premiers articles concernent diverses mesures économiques et sociales. Le cinquième est d'un autre ordre : « Le gouvernement disposera en Algérie des pou-

3. Entretien avec Jacques Berthelet. Décembre 1975.

4. Une seconde tentative de négociation secrète avec le F.L.N., conduite par Me Renée Stibbe à Alger – avec l'assentiment de Guy Mollet –, échoue en mars 1956.

voirs les plus étendus pour prendre toute mesure exceptionnelle commandée par les circonstances en vue du rétablissement de l'ordre, de la protection des personnes et des biens, et de la sauvegarde du territoire. »

Les dirigeants communistes ne nourrissent aucune illusion sur la portée de cet article 5. Jacques Duclos l'a même précisé à l'issue d'un entretien avec Guy Mollet : « L'article 5 du projet gouvernemental, qui tend à donner au gouvernement des pouvoirs plus étendus pour prendre toutes mesures exceptionnelles en vue du rétablissement de l'ordre, peut ouvrir la voie à de très graves événements qui, loin de favoriser le règlement du problème algérien, contribueraient au contraire à l'aggraver [5]. » Au Parti communiste, la discussion est vive. Secrétaire de la section de Montreuil, Simon Blumental a tenté d'organiser, dans la ville dont le député est justement Jacques Duclos, la lutte contre la guerre. La veille du vote, il est chez Duclos : « Je lui ai dit que la majorité du Bureau de section était contre les pouvoirs spéciaux et que les militants étaient très troublés. Duclos m'a répondu : "Au fond, il n'y a qu'une chose qui nous gêne, l'article qui prévoit le renfort des troupes" [6]. »

La question du vote des députés communistes est débattue au sein du Comité central. « Nous étions quelques parlementaires de province, raconte l'un d'entre eux, Jean Pronteau, une dizaine environ à nous opposer aux pouvoirs spéciaux. Peut-être parce que nous étions plus sensibles, dans nos régions, au mouvement qui se dessinait contre la guerre. Mais, en réunion de groupe, Duclos nous a convaincus [7]. » Le 12 mars dans l'après-midi, l'Assemblée nationale adopte la loi à une écrasante majorité. Au cours de son intervention pour justifier le vote favorable des députés communistes, Jacques Duclos soutient que le P.C.F. ne saurait sacrifier le « front unique » et « l'unité d'action » en rompant sur « un problème particulier » si important soit-il. Il n'est pas inintéressant de noter que sans les suffrages communistes, les pouvoirs spéciaux auraient cependant été entérinés.

« J'ai ressenti le vote du Parti comme une véritable trahison ! » Communiste depuis la Libération, Jacques Trébouta a été appelé sous les drapeaux le 1er novembre 1954 ; diplômé de l'I.D.H.E.C. [8], il a été affecté au service cinématographique des armées, au fort d'Ivry. C'est là qu'il apprend le résultat du scrutin. Il est effondré, et la cassure qui se produit en lui prépare son engagement ultérieur dans le soutien au F.L.N. [9]. Bien des communistes ont éprouvé la même impression d'abandon. Pour eux, le vote du 12 mars est une

5. *L'Humanité*, 7 mars 1956.
6. Entretien avec Simon Blumental. Janvier 1976.
7. Entretien avec Jean Pronteau. Septembre 1978.
8. Institut des hautes études cinématographiques.
9. Entretien avec Jacques Trébouta. Novembre 1975.

erreur historique qui les conforte dans la conviction qu'il faut faire plus et mieux pour les Algériens [10].

□

A l'heure du laitier, le 31 mars, des inspecteurs de la D.S.T. se présentent au domicile de cinq membres du comité de rédaction de *France-Observateur*; ils perquisitionnent dans les appartements de Gilles Martinet, Roger Stéphane, Hector de Galard. Chez Claude Estier, ils trouvent – pièce à emporter toutes les convictions – une collection de timbres soviétiques. Claude Bourdet, lui, est arrêté et transféré, menottes aux poignets, à la prison de Fresnes où il est inculpé sur plainte du ministre de la Défense nationale. M. Bourgès-Maunoury l'accuse d' « entreprise de démoralisation de l'armée ». Dans la soirée, il est relâché. Mais l'interpellation d'un des fondateurs du mouvement « Combat », déporté à Buchenwald et compagnon de la Libération, provoque quelque émoi. Jean-Jacques Servan-Schreiber réplique en ces termes : « La vraie, la grande entreprise qui porte atteinte, jour après jour, au moral des Français – civils et militaires –, c'est la politique irrésolue du gouvernement Guy Mollet [11]. »

Au Conseil des ministres, Mendès France proteste contre l'inculpation de Bourdet et François Mitterrand manifeste énergiquement son désaccord avec de telles méthodes. Le crime qui vaut une nouvelle fois à Bourdet l'honneur de visiter les prisons françaises est un délit de presse. Il a, en effet, osé dire noir sur blanc que « cent mille jeunes Français sont menacés d'être jetés dans la sale guerre d'Algérie, d'y perdre leurs meilleures années, peut-être d'y être blessés, voire tués, pour une cause que peu d'entre eux approuvent, dans un genre de combat qui révolte la plupart [12] ». L'article s'intitule : « Disponibles : quel sursis ? » Dix jours plus tard, le 12 avril, le Conseil des ministres répond à cette question. Il décide le rappel des disponibles.

Tout jeune Français ayant accompli ses obligations militaires demeure « disponible » pendant les trois années qui suivent sa libération. Il peut être rappelé à chaque instant. Le premier contingent

10. Le décret du 17 mars 1956, pris en application de la loi votée le 12, permet à Robert Lacoste de « prononcer l'assignation à résidence surveillée... de toute personne dont l'activité s'avère dangereuse pour la sécurité et l'ordre public ». Il en sera fait amplement usage.

11. *L'Express*, 6 avril 1956.

12. *France-Observateur*, 29 mars 1956.

visé par le décret 56372 du 12 avril est le 53/1. Les hommes qui le composent, âgés en moyenne de vingt-trois ans, ont quitté l'armée depuis au moins dix-huit mois. Ce modeste détail suffit sans doute à expliquer le caractère spontané de la fronde des rappelés qui, au printemps 1956 plus encore qu'à l'automne 1955, sème la perturbation dans quelques consciences et incidemment dans les chemins de fer.

Le 3 mai, à Lézignan, des manifestants bloquent un train qui emmène des soldats vers Marseille. Le 10, plusieurs centaines de personnes se rassemblent aux alentours de la gare de Saint-Aignan-des-Noyers, dans le Loir-et-Cher. Elles « accompagnent » un jeune disponible qui ne l'est plus. Les deux pelotons de gendarmes qui croisent par hasard dans le coin sont débordés : pierres et grenades lacrymogènes volent. Plusieurs heures durant, le trafic est interrompu entre Tours et Vierzon. Des renforts dispersent les manifestants et le Parquet de Blois ouvre une enquête.

Le 17 mai, des jeunes gens en colère s'opposent, dans la gare du Mans, au départ d'un convoi de rappelés. Les C.R.S. qui protègent le train sont copieusement arrosés de briques qu'ils échangent contre des grenades. Dix blessés légers, nombreuses arrestations. Des incidents comme ceux-là, il s'en produit quotidiennement. La presse, à l'exception du *Monde* et de *L'Humanité*, oublie de les mentionner sauf lorsque la violence des affrontements autorise les caractères gras. Le 18 mai, à Grenoble, c'est le cas.

Depuis le mois d'avril, les comités contre la guerre ont fleuri dans tout le département de l'Isère, animés par des communistes ou par des chrétiens de la Nouvelle Gauche. Le 20 avril, deux mille personnes ont empêché, en gare de Voiron, le départ de la micheline Grenoble-Lyon. Dans la nuit du 1er mai, cinq cents manifestants bloquent un convoi militaire à Beaurepaire et fraternisent avec les soldats aux accents de *La Marseillaise*. Le surlendemain, à Rives, les ouvriers débrayent pour immobiliser un train. Le 4 encore, deux cents travailleurs escortent à la gare de Grand-Lemps trois d'entre eux qui doivent partir. Cette énumération pointilliste est suffisamment éloquente.

Le 18, le Comité des jeunes pour la solution pacifique des problèmes d'Afrique du Nord appelle à un rassemblement pour dix-huit heures trente, place de la gare. L'union locale C.G.T. et la section grenobloise du P.C.F. approuvent le mot d'ordre. Des milliers de personnes affluent. Les incidents éclatent, se muent en bataille rangée jusqu'à minuit. Les manifestants empruntent du matériel aux chantiers proches, envahissent les voies, les obstruent, coulent du ciment dans les aiguillages. Cette fois, ce sont des grenades offensives qu'utilisent gendarmes et C.R.S. Un Algérien a le pied arraché par l'un de ces engins. Selon *Le Monde*, il a fallu réquisitionner une compagnie du 4e génie pour remettre les installations en état [13]. *Le Dauphiné Libéré* lance l'accusation de « sabotage » et la Fédération communiste s'en défend dans une longue déclaration [14].

Dans le département de l'Isère comme dans le reste de la France, les protestations s'amplifient. Le 23 mai, à Antibes, des centaines de manifestants se mobilisent à l'appel du journal communiste *Le Patriote* et s'opposent au départ de quinze rappelés. Vingt blessés. Le lendemain, au Havre, trois cents ouvriers du bâtiment bloquent un convoi. Le même jour, un train est stoppé en gare d'Amiens. Les soldats descendent et manifestent dans le centre de la ville. A Saint-Nazaire, le 28 mai, six mille métallos, dockers et maçons C.G.T. témoignent leur « sympathie agissante » à une vingtaine de rappelés. Ceux-ci prennent la tête d'un cortège que les C.R.S. – signale le correspondant du journal trotskiste *La Vérité des travailleurs* – chargent au clairon. Grenades, pierres, blessés, arrestations.

La liste est trop fournie pour que l'on relate chaque manifestation. Dans un entrefilet, le 27 mai, *France-Soir* en note à Angers, Port-de-Bouc, Brive, Voiron. *Le Monde* du 30 mai brosse un impressionnant tableau. Le scénario est un peu partout le même. A l'origine des démonstrations de civils, beaucoup de femmes, les militants communistes et ceux de la C.G.T., ceux aussi de la Nouvelle Gauche. Quant aux soldats, eux, ils n'ont pas besoin de consignes. L'épopée d'un convoi de disponibles, parti de Mourmelon pour Marseille le 22 mai, racontée ici à titre d'exemple, donne le ton. A Bar-le-Duc, première halte : les soldats ont dételé plusieurs voitures. On les raccroche, le train redémarre ; quatre kilomètres plus loin, nouvel arrêt : les signaux d'alarme ont été malencontreusement tirés. A Toul, trois cents disponibles montent – la gare est cernée par les C.R.S. Mais à Dijon, les signaux d'alarme fonctionnent encore et les rappelés se dispersent dans les cafés de la ville. A leur retour, un gradé entreprend de les sermonner vertement : le sermon est interrompu par des coups de feu tirés en l'air. Nouveau départ, nouvel arrêt près de Beaune : les freins à main ont été actionnés. Il semble que, finalement, le convoi ait atteint Marseille...

A Marseille justement, un grand type baraqué se distingue par son aptitude à faire gueuler les mots d'ordre. Il s'appelle Robert Bonnaud ; il est agrégé d'histoire et militant communiste. Debout sur les ridelles des G.M.C. qui transportent les rappelés de la région, cantonnés au camp de Carpiagne, vers les bateaux, il scande plus fort que tout le monde : « Paix en Algérie ! », « Fusillez Mollet ! » Mais il ne comprend vraiment pas pourquoi les dockers C.G.T. ne se mettent pas en grève [15].

Georges Mattéi, lui, est vaguement libertaire. Rappelé en juin, il

13. *Le Monde*, 20-21 mai 1956.
14. *Les Allobroges*, 21 mai 1956.
15. Entretien avec Robert Bonnaud. Juin 1978.

est parti d'Orléans, a manifesté tout au long du trajet pour embarquer sur *L'Athos* dans le port de Marseille. De l'autre côté de la Méditerranée, il va aussi voir du pays : « Arrivés en Algérie, les meneurs spontanés ont été repérés. J'ai été affecté à une unité d'élite et expédié en Grande Kabylie, zone opérationnelle [16]. »

A Mourmelon, dans les tout premiers jours de juillet, deux mille rappelés, parqués dans des conditions déplorables, se révoltent, prennent le contrôle du camp, affrètent des autocars et rentrent chez eux. Les autorités militaires leur ordonnent, sur les ondes de la R.T.F., de rejoindre leur cantonnement. Peu à peu, ils obéissent. Parmi ces jeunes gens, Jean-Claude Paupert, fils d'un cabaretier parisien, lecteur de *France-Observateur*. Comme Bonnaud, comme Mattéi, il sera, sitôt parvenu en Algérie, expédié au combat. Conservons ces trois noms en mémoire; l'expérience traumatisante que connaîtront ces hommes d'origine et de formation si diverses les conduira du témoignage sur la torture jusqu'à la solidarité avec le F.L.N.

La multiplicité et parfois l'intensité des incidents qui ponctuent le départ des rappelés traduisent une vive détermination chez les victimes des mesures gouvernementales et chez leurs proches [17]. Il est plus difficile d'apprécier l'écho des manifestations dans les profondeurs du pays. L'ampleur des cortèges, à Grenoble ou à Saint-Nazaire, révèle un réel impact, notamment en milieu ouvrier. Mais ailleurs, les défilés sont plus maigres. Enfin et surtout, les organisations de gauche invitent les civils à protester, mais nul ne suggère aux rappelés de « s'insoumettre » collectivement. Au contraire. Dans *L'Express*, Jean-Jacques Servan-Schreiber exprime l'opinion dominante lorsqu'il dénonce par avance ceux que tenterait « le refus de servir ». Cette condamnation implicite de leur action donnera à beaucoup de soldats l'impression d'avoir été « lâchés ».

Le 18 mai, une patrouille du 9e R.I.C. [18] tombe dans une embuscade à Palestro : dix-huit morts, deux disparus – tous des rappelés. La presse, si discrète sur le mouvement des disponibles, consacre à ce dramatique épisode des colonnes entières emplies de sang et d'horreur. Le gouvernement s'en empare pour démontrer que les fellaghas [19] sont des sauvages. Le président de la République lui-même déclare à Verdun, le 17 juin : « Là-bas, la patrie est en danger, la patrie est au combat. Le devoir, dès lors, est simple et clair. A ceux qui ne sont pas astreints à la discipline militaire, il commande à tout le moins ce minimum de discipline civique qui leur interdit tout acte et même tout propos susceptibles de jeter le

16. Entretien avec Georges Mattéi. Juin 1978.

17. Les manifestants arrêtés sont poursuivis en justice. L'un d'entre eux, Guy Bézier, est condamné à cinq ans de prison ferme.

18. Régiment d'infanterie coloniale.

19. Nom des partisans algériens. Sens originel : coupeurs de routes.

trouble dans l'âme des enfants de la patrie que la République appelle aux armes pour opposer à d'abominables violences la force française, inséparable de la générosité française. »

L'argument porte. L'opinion accepte. Les rappelés partent. Certains vont devenir des bourreaux. D'autres ne le supporteront pas et s'insurgeront. Le gouvernement socialiste de Guy Mollet assume le risque de jeter la jeunesse française dans le conflit, sans se soucier apparemment de la brutalité du choc. En 1956, la « guerre d'Algérie » a basculé dans la guerre. Le sentiment d'échec, d'occasion gâchée, qui étreint nombre de rappelés largués dans le djebel, est partagé par l'aile la plus engagée de la gauche. Pour elle, l'enlisement dans la guerre d'un gouvernement qui avait été élu pour faire la paix trace les limites de l'action légale.

Instructeur d'art dramatique, Jean-Marie Boeglin, au printemps 1956, gagne sa vie comme journaliste à *L'Union de Reims*. Après un court passage aux Jeunesses communistes, il a flirté avec la Fédération anarchiste. Mais sa vraie passion, c'est le théâtre. En 1951, au cours d'un stage international, il a rencontré un jeune Algérien, Mohammed Boudia, aussi fou des planches que lui. Premier lien avec l'Afrique du Nord. Boeglin : « En tant que journaliste, j'ai couvert toutes les manifestations de rappelés. Je me suis baladé dans la France entière. J'ai vu Rouen sous le couvre-feu. J'ai vu, à Mourmelon, le général Zeller foutu à poil par les soldats alors que les C.R.S. entouraient le camp. J'ai vu, entre Vitry-le-François et Bar-le-Duc, des trains brûler, oui vraiment brûler. J'ai vu à Grenoble le béton couler dans les aiguillages. La presse n'en parlait pas. Je pondais des papiers de quatre cents lignes, il en paraissait à peine quarante. Personne ne voulait partir. C'était terrible de constater que le mouvement ouvrier réagissait aussi peu à une protestation de cette ampleur. Pour moi, le printemps 56 fut déterminant [20]. » L'année suivante, Jean-Marie Boeglin commence à aider les Algériens.

□

La critique de la politique gouvernementale traverse aussi le gouvernement. Le 23 mai, Mendès France, qui vient de lancer le premier numéro des *Cahiers de la République* auxquels collaborent Simon Nora, Alain Touraine, Alfred Sauvy, démissionne avec éclat. Il ne tolère plus les outrances guerrières d'un Max Lejeune ou d'un Bourgès-Maunoury. Depuis l'arrestation de Bourdet, la répression contre ceux qui s'opposent à la poursuite de l'aventure algérienne

20. Entretien avec Jean-Marie Boeglin. Décembre 1978.

ne s'est pas interrompue. Les saisies pleuvent, frappant *L'Humanité, France-Observateur, La Vérité des travailleurs*. Julien Rouzier, instituteur de la Creuse, directeur du quotidien communiste *L'Écho du Centre,* est condamné à un an de prison pour « tentative de démoralisation de l'armée ». La parution de son journal est suspendue pour quinze jours.

Le 10 avril, cinq inspecteurs de la D.S.T. perquisitionnent chez Henri Marrou, universitaire catholique, spécialiste de saint Augustin. Quelques jours auparavant, il a signé dans *Le Monde* une « libre opinion » intitulée « France, ma patrie ». C'est un réquisitoire : « Je ne prononcerai que trois mots assez chargés de sens : camps de concentration, tortures et répression collective... Je ne puis éviter de parler de Gestapo ; partout en Algérie, la chose n'est niée par personne, ont été installés de véritables laboratoires de tortures avec baignoires électriques et tout ce qu'il faut [21]. »

Robert Barrat est lui aussi inculpé. Maurice Bourgès-Maunoury qualifie le journaliste de « destructeur installé dans le confort d'une conscience peu informée... » Ce qui lui vaut cette réplique de François Mauriac : « Ce qui a été insulté en Bourdet, Marrou, Barrat, c'est précisément ce que les Musulmans, en Afrique du Nord, honorent dans notre nation : le respect de l'honneur et la liberté de l'esprit [22]. » Le respect de l'honneur, le ministre de la Défense nationale n'en fait pas un usage excessif lorsqu'il ordonne l'interpellation, à la fin du mois de mai, de la journaliste Claude Gérard, ancienne résistante torturée par la Gestapo. Elle a publié dans l'hebdomadaire socialiste *Demain* un reportage sur les maquis du M.N.A.

Le retrait de Mendès France lève, pour les progressistes, les dernières ambiguïtés. L'équipe Mollet n'est qu'un cabinet de guerre. Les communistes prennent, eux aussi, leurs distances. Le 6 juin, lors du vote de confiance sur l'ensemble de la politique gouvernementale, le groupe communiste s'abstient. Waldeck Rochet précise même que s'il ne s'était agi que de la politique algérienne, le P.C.F. aurait voté contre car il « condamne la politique de force menée en Algérie ». En mars, à l'occasion du scrutin sur les pouvoirs spéciaux, Maurice Thorez avait argué qu'il ne fallait pas sacrifier le tout (l'alliance avec les socialistes) à la partie (la question coloniale). A présent, le raisonnement est inversé. La guerre d'Algérie occupe la première place dans l'analyse du P.C.F. Désormais, la critique du gouvernement va s'accentuer. Plusieurs données concourent à cette évolution. La simple évidence, d'abord : la coalition du Front républicain, reniant ses promesses, est un véritable affront aux électeurs qui l'ont hissée vers le pouvoir. Amorcées le 6 février, confirmées le 12 mars, les conséquences de ce retournement ne sont

21. *Le Monde,* 5 avril 1956.
22. *L'Express,* 20 avril 1956.

officiellement perçues par les dirigeants communistes qu'à la veille de l'été. Méandres de la dialectique...

Sur le plan théorique, la modification des thèses du P.C.F. est également sensible. Le concept de « nation algérienne en formation », qui fondait la réflexion depuis le discours d'Alger en 1939, est abandonné. Déjà, et pour la première fois, Jacques Duclos a parlé le 1er février de « fait national algérien ». C'est le titre même de l'article qu'un géographe communiste de grande réputation, Jean Dresch, publie en juillet dans *La Pensée* : « L'Algérie n'est pas la France, écrit-il... Mais voilà que s'élève une misérable dispute sur le qualificatif de remplacement. On reconnaît bien que l'Algérie a une originalité particulière. Mais on repousse avec horreur l'idée de nationalité, de fait national algérien... [23]. » En insistant sur l'antinomie entre colons et colonisés, c'est toute la thèse thorézienne que Dresch ébranle. Les Européens sont une minorité oppressive, non une composante à égalité avec les Musulmans.

L'autre pierre de touche du P.C.F. sur le problème colonial, l'« Union française », est peu glorieusement mise au rancart durant le XIVe congrès qui se réunit au Havre en juillet. C'est à Georges Cogniot que revient l'insigne tâche d'expliquer pourquoi l'expression dont le P.C.F. avait tant usé devient caduque. Il s'en sort par une argumentation linguistique et juridique dont la clarté n'est pas la qualité première. Il n'empêche. Le P.C.F. bouge. Les communistes algériens, eux, se battent.

En avril, un jeune membre du P.C.A., Henri Maillot, qui possède dans l'armée française le grade d'aspirant, déserte avec un camion de munitions et rejoint un « maquis rouge » dirigé par Gherroudj et Laban, tous deux cadres du Parti communiste algérien. Depuis les attentats de la Toussaint qu'il avait jugés « provocateurs », le P.C.A. a beaucoup mûri. Sous la pression de ses militants d'origine musulmane, il s'oriente vers l'offensive armée. Pendant une session clandestine de son Comité central, en juin 1955, il décide de se rallier à « la lutte nationale ». Informé par les services secrets de cette option, le ministère de l'Intérieur interdit en septembre le P.C.A. et le journal « sympathisant » *Alger Républicain*, dont le directeur est Henri Alleg. Enfin, en mars 56, à l'heure où les communistes français votent les pouvoirs spéciaux, les communistes algériens créent une organisation militaire, les Combattants de la libération. L'objectif est d'affirmer une présence communiste au sein de la lutte armée afin de négocier sur le même plan avec le F.L.N. Les moyens ? La création de maquis. Celui que gagne Maillot s'abrite dans une forêt de la région d'Orléansville. Maurice Laban est un ancien des Brigades internationales, Maillot est officier ; mais le maquis, mal équipé, est vite isolé. Trahie, la petite troupe sera mas-

23. Cité par René Gallissot dans *Hérodote*, troisième trimestre 1978.

sacrée. Cette affaire, dont le retentissement est considérable dans la presse nationale, embarrasse la direction du P.C.F. Elle préfère observer le silence.

D'autres Européens, non communistes, ont opté en Algérie pour l'action directe auprès du F.L.N. Ils proviennent pour la plupart du groupe fondé par André Mandouze autour de *Consciences Maghrébines*. Mandouze lui-même a dû fuir clandestinement. Ses fracassantes déclarations au meeting de la salle Wagram le 27 janvier, destinées à détourner l'attention de sa mission secrète, lui ont valu la haine des ultras. Et le 1er mars, sa maison est envahie par une centaine d'étudiants et sa voiture sabotée. Le 15 du même mois, un Comité d'action universitaire exige son renvoi. Cinq cents étudiants, aux cris d' « Algérie française », font irruption dans l'amphithéâtre où, avec un beau courage, il dispense son enseignement. Il réussit à s'esquiver sous la protection des étudiants musulmans. Mais le recteur suspend ses cours. Il est finalement muté à Strasbourg.

Ses amis, à Alger, ne baissent pas les bras pour autant. Pierre Chaulet – le médecin qui pilota Colette Jeanson en février 1955 – et sa femme Claudine sont de précieux alliés pour le F.L.N. C'est chez eux que se dérouleront en juillet les pourparlers F.L.N.-P.C.A. qui se solderont par l'intégration individuelle des communistes dans le Front. D'autres encore : André Galice, conseiller municipal, les Gauteron, Évelyne Lavalette hébergent, transportent, assistent les militants nationalistes. Des prêtres aussi : au presbytère d'Hussein-Dey, chez l'abbé Scotto, il se passe, du point de vue d'un Robert Lacoste, des choses pas très catholiques.

Le lundi 14 avril, trois prêtres de la Mission de France installés à Souk-Ahras, les pères Augros, Kerlan et Mamet sont accusés par la police de Constantine d'avoir fourni des médicaments à des rebelles de la willaya II. Ils sont bientôt expulsés du territoire algérien. Le cardinal Liénart, prélat de la Mission de France, s'interpose. Le ministre résidant réplique : « Je ne me laisserai pas tourner sur ma gauche par les curés... »

L'entrée du P.C.A. dans la résistance armée, même si le P.C.F. demeure fort discret à son propos, suscite quelque trouble chez les militants. Le débat sur l'Algérie, centré sur les pouvoirs spéciaux, alimente la grande discussion qui s'engage dans le Parti en 1956. *Le Monde* reproduit, à partir du 5 juin, le rapport « attribué » au camarade Khrouchtchev qui a tué – lors du XXe congrès du P.C.U.S. convoqué en février – l'immortel « petit père des peuples ». La préparation du congrès du Havre est agitée : s'interrogeant sur le stalinisme, des militants contestent l'orientation globale du P.C.F., y compris sur l'Algérie. Bientôt apparaîtront les premiers groupes oppositionnels. Pour le moment, ces communistes critiques, comme l'ensemble de leurs camarades, ignorent qu'un jeune membre de leur organisation a refusé de partir en Algérie.

Appelé sous les drapeaux en mars, Alban Liechti, jardinier, adresse le 2 juillet au président du Conseil une lettre cosignée par trente soldats : « A la veille de leur départ en Afrique du Nord, les soussignés, soldats du 5ᵉ régiment du génie et du contingent 56/1/A, souhaitent, en leur qualité de citoyens, que rien ne soit épargné pour parvenir dans les plus brefs délais au cessez-le-feu... » Le même jour, à titre personnel, Alban Liechti écrit au président de la République : « Je ne peux pas prendre les armes contre le peuple algérien en lutte pour son indépendance. » Embarqué de force vers l'Algérie, Liechti, qui maintient son attitude et dénonce la « guerre injuste », est emprisonné. On le condamne le 19 novembre 1956 à deux années d'incarcération. *L'Humanité* n'en souffle mot. Mais déjà, pour un certain nombre de Français, les révoltes individuelles – si courageuses soient-elles – ne suffisent plus.

Chapitre 3

PREMIERS SERVICES

En juillet 1956, Francis Jeanson quitte le sanatorium après six mois de soins. Miné depuis longtemps par la tuberculose, il avait cédé aux injonctions des médecins sitôt assurée la sortie de *L'Algérie hors la loi*. C'est donc de sa chaise longue qu'il a suivi, avec une attention extrême, les péripéties du Front républicain. Dehors, il renoue des liens – qui, grâce à Colette, n'ont jamais été vraiment rompus – avec les militants du F.L.N. Salah Louanchi, l'interlocuteur confidentiel de Mendès France au début de l'année, assume la responsabilité de la Fédération de France du F.L.N., encore embryonnaire.

Les prémices de l'implantation du Front en Métropole ont été difficiles. Dans le débat qui a déchiré le M.T.L.D. avant l'insurrection, les militants qui travaillent en France ont presque tous opté pour le vieux leader Messali Hadj. Au moment de la Toussaint, l'émigration algérienne est très largement sous influence messaliste. N'échappent à la domination du M.N.A. que quelques îlots comme le secteur universitaire ou la kasma de Sochaux, numériquement importante.

La tâche qui incombe à Mourad Terbouche, premier représentant du F.L.N. dans l'Hexagone, semble, en novembre 1954, démesurée ; sur les 450 000 Algériens qui vivent en France, le mouvement de Messali compte déjà 7 000 adhérents. Il est particulièrement bien implanté dans les centres industriels du Nord, de la banlieue parisienne, des régions lyonnaise et marseillaise. Terbouche, ancien responsable du M.T.L.D. dans l'est du pays, entreprend une vaste tournée afin de reformer des noyaux. Il ne réussit pas mal : au printemps 1955, lorsqu'il rend compte à Boudiaf, l'un des fondateurs du C.R.U.A., qui lui a fixé rendez-vous en Suisse, il a déjà recruté 2 000 militants. Terbouche remet son rapport et rentre aussitôt. Mais la police suisse, qui observe de très près les allées et venues des chefs du F.L.N., interpelle Boudiaf et Yacef Saadi (leader algérois, futur ennemi numéro un de Massu durant la bataille d'Alger). Le rapport d'activité de la Fédération de France est saisi et communiqué à la D.S.T. Le 26 mai 1955, Terbouche est arrêté.

Lui succède une direction collégiale où sont associés les noms de Doum, Bensalem, Gueras et Mechtati, qui divise la France en quatre zones : Nord, Paris-rive gauche, Paris-rive droite, Est et Sud. Mais cette nouvelle direction est à son tour démantelée par la police à l'automne 1956. Salah Louanchi reste seul responsable. Sa fiancée, Anne-Marie Chaulet – la sœur du jeune médecin qui aide le F.L.N. dans la capitale algérienne –, travaille comme secrétaire du groupe de chrétiens progressistes qui publie *Le Bulletin* et qu'anime Jacques Chatagner [1]. Par elle, Louanchi fréquente ces milieux catholiques où l'on ne cesse de dénoncer la guerre.

Les existentialistes lui sont également familiers. Par l'intermédiaire de Dionys Mascolo, chez qui il loge quelque temps, Louanchi prend contact avec *Les Temps Modernes*. Surtout, il voit beaucoup les Jeanson. Il lui arrive, ainsi qu'à d'autres militants algériens, de passer la nuit dans l'appartement que Francis et Colette ont loué au Petit-Clamart. Il demande aussi certains menus services : par exemple, d'être conduit en voiture d'un endroit à un autre. Bientôt, le « professeur » Jeanson est promu chauffeur de taxi. Il transporte, dans Paris ou en banlieue, des hommes du F.L.N. dont il ignore le nom. Il ne pose pas de questions mais, bien évidemment, il mesure la portée et les conséquences éventuelles de ses gestes. Francis Jeanson se réclame d'une philosophie où l'intention n'est rien sans l'action. Son analyse du problème algérien l'amène à une conclusion limpide : la lutte du F.L.N. est une lutte juste ; il est donc juste d'aider ceux qui la poursuivent. Raisonnement simplet, qui néglige la complexité de la situation ? Jeanson n'est pas de ces intellectuels experts dans l'art de débusquer les alibis que l'histoire ne manque jamais d'offrir. Ce qu'il fait n'est que la continuation logique, normale, de *L'Algérie hors la loi*. Le livre lui a valu, sur la question, une modeste notoriété et il donne assez souvent des conférences. A ses yeux, c'est une bonne couverture. Un écrivain qui parle tant ne peut agir...

Au fil des semaines, l'inflation des « services » s'accélère. Les journées de Jeanson n'y suffisent plus. Alors il sollicite ses proches : sa femme Colette, qui ne ménage pas sa peine ; Monique Des Accords, une étudiante en lettres amie des Jeanson, qui accomplit quelques travaux pour les Éditions du Seuil. Inutile de plaider longuement pour la convaincre – elle est acquise à la cause algérienne. Lorsqu'un jour de l'automne 1956, Francis lui demande d'héberger Omar Oussedik qui vient de plonger dans la clandesti-

1. Entretien avec Jacques Chatagner. Octobre 1978.

nité, elle acquiesce sans hésitation [2]. Dès lors, elle remplit de très nombreuses missions.

Et puis, il y a Bolo, Étienne Bolo. Lui aussi a connu Jeanson par le Seuil où il est lecteur. Professeur de philosophie au lycée Chaptal, il appartient depuis 1953 au Parti communiste. Mais il juge, sur l'Afrique du Nord, les positions du P.C. trop timorées. Avant même la Toussaint 1954, il écrit dans le journal de sa cellule : « En Algérie, la guerre sera nationaliste et révolutionnaire. » En 1955, Bolo apprend qu'un de ses anciens compagnons de faculté, un Algérien, a été arrêté, transféré en Algérie, et torturé à mort. Déclic personnel, qui déclenche le processus qui conduit à l'acte. Persuadé que l'indépendance de l'Algérie est nécessaire et inéluctable, Bolo est immédiatement volontaire quand Jeanson, en novembre 1956, le pressent pour « balader » dans sa voiture deux responsables de la Fédération, Salah Louanchi et Tayeb Boulharouf. Peu de temps après, sa femme Paule s'attelle également à la tâche [3].

Pendant quelques mois, jusqu'au début de 1957, ce petit cercle d'amis aide les Algériens de manière ponctuelle. Il ne s'agit pas, à proprement parler, d'un réseau puisqu'il n'existe aucune véritable structure clandestine. L'homogénéité du groupe est forte. La décision est réfléchie, politiquement motivée, théoriquement fondée. « En fait, notera plus tard Jeanson, toute la question est de savoir si l'on aide les Algériens par sentiment de culpabilité, par romantisme et goût de l'aventure, par désespoir, ou par esprit de sérieux, pour des raisons d'ordre politique... Qu'on les tienne ou non pour convaincantes, les raisons positives sont faciles à concevoir : 1° maintenir les chances d'une amitié franco-algérienne ; 2° réveiller la gauche française en lui rappelant quel est son rôle à l'égard de l'opinion publique, quels sont ses vrais alliés, et que l'anticolonialisme dont elle fait profession ne se pratique pas en restant sur la touche pour y compter les points [4]. »

Partisan d'une thérapeutique de choc, Jeanson se heurte vite aux insuffisances d'une action artisanale, démesurément faible en regard des ambitions projetées. Il éprouve le besoin d'accéder au stade d'organisation supérieur.

Ce qu'il ne sait pas, c'est qu'il n'est ni le premier ni le seul à soutenir concrètement le F.L.N.

2. Entretien avec Monique Des Accords. Juin 1978.
3. Entretiens avec Etienne Bolo. Juin 1977 et mai 1978.
4. Lettre à Jean-Paul Sartre publiée par *Les Temps Modernes*, mai 1960.

Dans les mois qui suivent le début de l'insurrection algérienne, des Français commencent à aider des militants nord-africains. Syndicalistes au contact de travailleurs arabes dans leur entreprise, membres d'associations d'entraide, anticolonialistes d'instinct, ces femmes et ces hommes se trouvent un jour « en situation » d'accomplir un geste, modeste mais symbolique, suivi bientôt de beaucoup d'autres ; un ami algérien leur demande de cacher un paquet, d'héberger un camarade, de remplir des papiers. Le reste vient naturellement. Résultant d'initiatives individuelles, non concertées, ce premier stade d'assistance, la préhistoire des réseaux, reflète un morcellement bien réel. Pour qui tente de recenser cette somme d'actions éparses, géographiquement dispersées, qui se méconnaissent mutuellement, il est difficile de dessiner une architecture cohérente et harmonieuse. Inévitablement, le récit prend une allure de puzzle, mosaïque d'ombres et de lumières où bien des cases manquent. Cet amateurisme spontané et anonyme durera longtemps après la formation de véritables organisations clandestines ; en fait jusqu'à la fin de la guerre. Hormis ceux qui ont la « chance » de rencontrer des Algériens sur leur lieu de travail ou d'habitation, deux catégories d'individus se distinguent principalement : les chrétiens et les trotskistes. Pour les uns et les autres, ce n'est pas vraiment un accident.

Au printemps 1955, un jeune employé, sans idées politiques très nettes, rencontre par hasard un Algérien qui lui demande, à titre personnel, de l'héberger. Jean-Jacques Rousset ne connaît pas grand-chose à l'Afrique du Nord, moins encore au mouvement nationaliste, mais par inclination spontanée il aime secourir les gens en difficulté. Son appartement, où il cohabite avec sa mère, Mme de Noeuter, 18, rue Saint-Ferdinand dans le XVIIe arrondissement de Paris, il le met volontiers à la disposition de son nouveau camarade. A cette aube de la guerre, rares sont les Français qui ont de ces gestes inconsidérés. Jean-Jacques Rousset, de l'avis même des Algériens, est probablement le premier Européen qui a aidé le F.L.N. en Métropole. Et comme il est unique en son genre, le grand appartement tortueux de Mme de Noeuter devient une sorte de quartier général de la Fédération balbutiante. On y dort, on s'y réunit, on y imprime des tracts que « Madame Mère » — c'est ainsi que les Algériens nomment affectueusement la vieille dame très digne — tape consciencieusement sur sa machine à écrire.

Sur le plan de la sécurité, les règles les plus élémentaires sont bafouées. Les militants, certes, vérifient que nul ne les suit, se méfient du téléphone. Mais comment passeraient-ils inaperçus dans un secteur aussi huppé ? Les concierges jasent. En septembre 1956, Jean-Jacques Rousset est cueilli dans une librairie de la rue Alexandre-Dumas en même temps que quatre Algériens et un Français, Raymond Mazur. Il paiera son hospitalité de trois années de prison.

Moins improvisée, l'aide fournie par les trotskistes débute aussi très tôt. « Idéologiquement mûrs », selon l'expression de leur dirigeant, Michel Raptis, les adhérents de la IVe Internationale entrent en rapport avec le F.L.N. pendant l'été 1955. C'est Yvan Craipeau, ex-trotskiste rallié à la Nouvelle Gauche, qui a servi d'intermédiaire. En novembre, le P.C.I. réunit un congrès clandestin Salle des Horticulteurs en présence d'un délégué du Front. Les orphelins de Trotski choisissent d'appuyer le combat des Algériens. La première tâche dont ils s'acquittent est la publication d'un tract reproduisant l'appel de la Toussaint 1954. Puis le F.L.N. leur confie l'édition d'un bulletin, *Résistance Algérienne*, présenté comme son organe. Ce travail échoit à un militant américain âgé, Sherry Mangham, fort respectable d'allure. Il loue une maisonnette à la campagne en Normandie et y mène une vie de paisible retraité. Mais ce père tranquille est un athlète peu commun. A mi-distance de Paris, un rendez-vous hebdomadaire est institué : on lui remet les stencils et il ronéotype, agrafe les pages. Lorsque tout est achevé, il livre lui-même sa cargaison au même endroit. En échange, il reçoit les textes du prochain numéro.

Ce travail solitaire, s'il offre l'avantage de minimiser les risques en supprimant tous relais, pèche par son caractère artisanal. Le propre d'une Internationale est d'être internationale : *Résistance Algérienne* est bientôt imprimé en Belgique. Les exemplaires franchissent la frontière en voiture ou bien sont acheminés par la poste chez des militants qui les diffusent autour d'eux. Et au début d'avril 1956, c'est le pépin. La D.S.T. saisit des numéros dans la boite postale de la IVe Internationale. Simone Minguet, Raymond Bouvet et Pierre Franck sont arrêtés, ainsi qu'une militante de la Nouvelle Gauche, Janine Weil [5]. Maurice Bourgès-Maunoury annonce lors d'un colloque radical que l'essentiel du système de presse du F.L.N. est démantelé. Le 9 mai, toutefois, les inculpés sont relâchés.

Les activités se diversifient. Les Algériens cherchent des planques. Henri Benoits, ouvrier trotskiste chez Renault, prête les clefs de son appartement. Une nuit, on lui amène un Algérien couvert de sang. Il a été atteint par une rafale de mitraillette, tirée depuis un car de police en patrouille dans les rues de Montrouge. Le blessé est parvenu à se traîner jusqu'à Suresnes où il travaille, et s'affale dans la baraque d'un gardien algérien qui avertit le Front.

5. Entretien avec Pierre Franck. Juin 1975.

Voilà donc l'éclopé remis à Benoits qui appelle un médecin « ami ». Un épisode entre pas mal d'autres... A Billancourt, où sont employés quantité de Nord-Africains, la liaison s'établit naturellement. Benoits n'est pas seul. Une femme, Francine Riquier, membre du P.C.F. et dactylo de la C.G.T., accepte de taper des textes pour le F.L.N. Elle est interpellée et la direction du syndicat impose aux siens des consignes très strictes : la lutte pour la paix en Algérie est une lutte de masse ; quiconque entend aider personnellement les Algériens est prié de déposer ses responsabilités syndicales au vestiaire. Benoits n'en a cure. Vingt ans après : « L'usine, c'était la liberté. Pas de surveillance policière à redouter. On pouvait donner tous les rendez-vous qu'on voulait... [6]. »

Cet homme infatigable, dont la conception du bonheur consiste à réaliser celui des autres, prépare aussi, au niveau technique, le premier numéro d'un journal qui sera célèbre : *El Moudjahid*. L'organe officiel du F.L.N., qui paraît à l'automne, est distribué par le « réseau des commerçants ». Le livreur, souvent européen, dépose les exemplaires par petits paquets dans les épiceries, teintureries, bars contrôlés par la Fédération [7]. La couverture est excellente même si, parfois, la collaboration du petit commerce est due autant à la contrainte qu'à la conviction. Par la suite, le groupe trotskiste va louer des bureaux rue du Faubourg-Saint-Denis. Derrière l'honorable façade d'une honorable société, la S.E.L. (Services éditions et librairie), les tracts F.L.N. sont tirés à près de cinquante mille exemplaires sur des ronéos ultra-modernes, et enlevés par camionnettes. Le camouflage demeurera efficace quelque temps. Mais voici mieux : une épicerie est prise en gérance dans le sud de Paris par un des militants trotskistes les plus actifs, Michel Fiant. Il se règle beaucoup de comptes dans l'arrière-boutique, mais ceux du magasin s'alignent dans un ordre très fantaisiste. L'intendance ne suit pas, se plaint de Fiant, le fonds s'épuise, il faut réinvestir. Dans le quartier, les ménagères s'étonnent du peu d'entrain de cet épicier dont les rayons clairsemés se dégarnissent misérablement...

Du côté des clercs, l'arrêté d'expulsion pris au printemps contre les prêtres de Souk-Ahras est rapporté en septembre 1956. L'événement dirige l'attention vers la Mission de France dont relèvent les suspects. Le père Augros a justement été le Supérieur du séminaire de la Mission, à sa fondation en 1941. Un séminaire pas banal : sa fonction initiale est, en principe, de former des prêtres capables d'évangéliser les régions déchristianisées, régions rurales pour la plupart. Mais, notamment sous l'impulsion de clercs qui ont vécu, en Allemagne, la vraie vie des prolétaires, c'est vers le monde ouvrier que s'orientent ces ecclésiastiques pas comme les autres.

6. Entretien avec Henri Benoits. Décembre 1975.
7. Témoignage de Gilbert Marquis. Mars 1979.

Les premiers prêtres-ouvriers apparaissent en 1943. Ils comprennent vite qu'avant de parler, ils doivent écouter. Installé à Lisieux, le séminaire de la Mission de France est moins une école destinée à convertir le monde ouvrier qu'à apprendre à se convertir à lui. Telle est l'image qu'en découvre le jeune Robert Davezies lorsque son évêque, en 1949, l'autorise à fréquenter l'établissement. Le bleu de travail y est courant, on lit Hegel, Marx et *L'Humanité*. Entre deux stages de théologie, on est tourneur ou marin. On possède sur le bout du doigt les arcanes de la C.G.T. Bref, il ne s'agit pas seulement de comprendre le monde, il s'agit de le transformer [8].

Le 1er mars 1954, Rome lance un ultimatum : les prêtres-ouvriers sont sommés de choisir entre le travail et l'Église. La majorité – environ cent vingt sur deux cents – opte pour l'usine. La Mission de France connaît une terrible crise. Son séminaire est transféré à Limoges, puis à Pontigny. Mais le sel, dispersé, ne s'affadit pas : les prêtres de ce courant sont parmi les premiers à se mobiliser contre l'oppression coloniale en Indochine, puis à déceler et à divulguer, parce qu'ils partagent la vie des travailleurs algériens dans les entreprises et dans les quartiers populaires, les signes avant-coureurs du soulèvement de la Toussaint.

Dès le printemps 1955, Jean Urvoas, l'un d'entre eux, s'engage dans le soutien au F.L.N. Comme Jeanson, il est de plus en plus sollicité. Son action se développe et il réunit une équipe efficace et soudée. Ce n'est qu'un début.

Un début dans la capitale mais aussi en province. Là encore, chrétiens, trotskistes, intellectuels contestataires ébauchent des réseaux. A Lyon, deux militants libertaires, Bourjois et Ramé, un trotskiste qui se cache sous le pseudonyme de « Sylvain », et un chrétien, Paulette, s'unissent pour aider les nationalistes nord-africains. Leur groupe connaît une rapide expansion, en particulier dans les milieux catholiques. A Marseille, c'est un militant de la Nouvelle Gauche, Lucien Jubelin, qui, lassé des discours, se lance dans l'action directe. Licencié en philosophie, sartrien, il coordonne son initiative avec celle d'ouvriers chrétiens qui hébergent des Algériens poursuivis.

□

Le 22 octobre 1956, l'avion qui transporte de Rabat à Tunis quatre « chefs historiques » du F.L.N. : Ben Bella, Khider, Aït Ahmed et Boudiaf, plus un historien qui est du voyage : Mostefa Lacheraf, est détourné sur Alger par la chasse française. Le prési-

8. Entretiens avec Robert Davezies. Mars et septembre 1978.

dent du Conseil, Guy Mollet – qui s'est écrié en juillet : « Jaurès aurait été fier de notre action en Algérie [9] ! » – est placé devant le fait accompli ; blême de colère, il endosse la responsabilité du premier détournement politique de l'histoire de l'aviation. Mitterrand s'insurge : « La France se couvre de honte », jette-t-il à Mollet qui réplique : « Vous n'allez pas me faire le coup de ce voyou de Savary [10] ? » Dernier otage libéral dans cet état-major travesti en gouvernement, Alain Savary démissionne en effet. Mitterrand demeure... solidaire.

Jean-Marie Boeglin, le reporter de *L'Union de Reims* qui nous a relaté la révolte des rappelés, est en train d'écrire sur les vendanges en Champagne lorsque la radio annonce l'arraisonnement : « Le speaker cite les noms de " dangereux terroristes ". Je dois avouer que ceux de Ben Bella et de ses compagnons ne me disaient rien. Soudain, il parle de Lacheraf. Je le connaissais, je l'avais rencontré aux *Temps Modernes*. Et voici que la radio traitait cet intellectuel, pacifique entre tous, de " dangereux terroriste " ! Je me suis dit : on nous ment de bout en bout. » La réaction de Boeglin est bien isolée. La France applaudit.

Et sur cette lancée, avec l'approbation presque unanime de l'opinion, Guy Mollet inscrit un nouvel exploit à son palmarès. Les paras tricolores sautent, en compagnie de leurs homologues anglais, sur Suez tandis que les chars soviétiques violent Budapest. Époque bénie pour les grands reporters. Le monde crépite à tous les bouts ; chaque camp puise dans les horreurs commises en face la justification de ses propres errements. L'attaque du siège de *L'Humanité* par des commandos d'extrême droite contribue à resserrer les rangs dans un P.C. pourtant ébranlé.

Au milieu de la mêlée, repoussant les alibis des uns et des autres, le cœur assez gros pour condamner les crimes de tous, une poignée fragile, toujours la même, d'intellectuels à la conscience éternellement malheureuse, constate qu'il est aussi difficile d'avoir vingt ans dans les ruines fumantes de Budapest que dans les mechtas bombardées des Aurès. Ces empêcheurs de réprimer en plomb sont l'objet de singulières sollicitudes.

André Mandouze est arrêté à Strasbourg le vendredi 9 novembre et transféré à Paris. Inculpé de « tentative de démoralisation de l'armée et de la nation », il couche le lundi soir à la Santé. Simultanément, des hommes de la D.S.T. perquisitionnent dans sa maison de Neauphle-le-Château. Plusieurs journaux, probablement sur la foi d'une même source, signalent que l'action judiciaire entreprise contre Mandouze résulte de déclarations soutirées à Ben Bella au cours de son interrogatoire. Par contre, la presse tait l'arrestation

9. *Le Monde*, 30 juillet 1956.
10. F.-O. Giesbert, *op. cit.*

de trois jeunes gens, pourtant opérée parallèlement : Cécile Verdurand, Anne-Marie Chaulet et Pierre Rime.

Cécile Verdurand a connu Mandouze en Algérie dans les années cinquante alors qu'elle travaillait comme régisseuse au Centre d'art dramatique d'Alger. Lectrice de *Consciences Maghrébines*, elle rentre en Métropole, peu avant le 1er novembre 1954, acquise à l'idée d'indépendance. Fin 1955, elle est devenue l'une des boîtes aux lettres du F.L.N. Pendant plusieurs mois, elle reçoit à son domicile le courrier qui émane de la direction extérieure de la révolution et qui est destiné à Salah Louanchi, le chef du F.L.N. en France. Suprême imprudence — mais pouvait-il prévoir sa capture ? — Ben Bella a consigné le nom et l'adresse de Cécile Verdurand sur son carnet personnel. Le 10 novembre, des hommes de la D.S.T. frappent à la bonne porte, à Passy, et Cécile Verdurand est écrouée après un interrogatoire rue des Saussaies. Les inspecteurs découvrent chez elle un paquet de lettres que Louanchi n'a pas eu le temps de récupérer. Inculpée, comme Mandouze, de démoralisation de l'armée, elle retrouve à la Petite-Roquette Anne-Marie Chaulet, la fiancée de Salah Louanchi [11].

Sous l'impulsion de Robert Barrat, les intellectuels catholiques se mobilisent pour défendre André Mandouze. Un comité est créé dont François Mauriac assume la présidence et Jean-Marie Domenach le secrétariat. Cent soixante et un membres de l'enseignement supérieur exigent, par pétition, la libération de leur collègue. Huit cents professeurs du secondaire les imitent. André Frossard, dont les thèses sont fort éloignées de celles du détenu, prend sa défense dans une tribune mordante : « Ce Mandouze d'où nous vient tout le mal [12]. » Georges Suffert signe, lui aussi, une « libre opinion » dans *Le Monde*. Sous le titre « Un récidiviste », Suffert, qui se prévaut de « quelque connivence » avec le chrétien arrêté, rappelle que Mandouze n'en est pas à son premier refus d'obtempérer : en 1941, à Lyon, contre Vichy et l'occupant, n'a-t-il pas été l'un des fondateurs de *Témoignage Chrétien* [13] ?

La campagne n'est pas sans effet. Après cinq semaines d'incarcération, André Mandouze est interrogé sur le fond par le juge d'instruction militaire, le commandant Giraud. Puis il est relâché, ainsi que Cécile Verdurand et Anne-Marie Chaulet [14]. Dès sa sortie de prison, entouré de ses avocats, Mes Pierre et Renée Stibbe [15], il met carrément « les pieds dans le plat ». Des contacts avec le F.L.N., il en a eus, bien sûr ; nul n'en est mieux informé que les hommes qui sont au gouvernement puisqu'il les a régulièrement tenus au courant.

11. Entretien avec Cécile Verdurand, décembre 1978.
12. *Le Monde*, 28 novembre 1956.
13. *Le Monde*, 5 décembre 1956.
14. Pierre Rime, fils du maire adjoint d'Alger, est également libéré.
15. Défenseurs, parmi les tout premiers, des nationalistes algériens.

« J'ai rencontré en janvier à Paris, raconte Mandouze, diverses personnalités du Front républicain qui devaient former l'actuel gouvernement ; essentiellement M. Faucon, présentement directeur adjoint du cabinet de Guy Mollet, MM. Mendès France, Defferre et Savary, pour les mettre au courant du danger de la situation. Je leur ai apporté des renseignements émanant des combattants eux-mêmes. C'est ainsi que je leur ai indiqué que les commissaires politiques du F.L.N. étaient d'accord pour que soient préparées des négociations sans aucun préalable. » Et Mandouze ajoute : « Ces commissaires politiques suggéraient, par mon intermédiaire, aux représentants du futur gouvernement, la possibilité d'employer le mot de " personnalité algérienne " que l'on trouve ensuite dans la déclaration ministérielle de M. Guy Mollet. »

Aux journalistes ébahis, Mandouze lance encore : « Vous voulez connaître quelle fut la position des personnalités françaises que je suis allé trouver ? Sachez que toutes m'ont déclaré : vos chefs F.L.N. sont trop exigeants. Quant à l'idée de parlementer avec eux, l'opinion française n'y est pas prête. MM. Defferre et Savary m'ont paru toutefois personnellement très favorables au principe de la négociation. M. Mendès France m'a paru plus réservé [16]. »

Peu après, les trois hommes politiques – dont deux, Savary et Mendès France, ont démissionné du gouvernement – confirment qu'ils se sont entretenus au mois de janvier avec André Mandouze dans un but informatif. Mais M. Faucon, du cabinet de Mollet, ne réagit pas, bien que directement impliqué.

Au mois de mai, une enquête avait été ordonnée contre Mandouze par le parquet de Blida. Dans ce cadre, une perquisition avait déjà eu lieu dans sa maison de Neauphle et les documents que l'universitaire avait soumis en janvier aux futurs membres du gouvernement avaient été saisis. Il s'agissait d'un historique de l'insurrection algérienne, d'une carte d'implantation du F.L.N. et d'un compte rendu d'opérations dans les Aurès. Ces papiers, rédigés par les responsables du F.L.N. eux-mêmes, étaient codés. « Devais-je aider le juge d'instruction à en percer le secret ? s'interroge Mandouze à la fin de sa conférence de presse improvisée. Ou bien le gouvernement était-il intéressé à ce que le secret fût conservé ? Pour savoir quelle attitude je devais adopter, je téléphonai à M. Faucon qui me reçut dans les deux heures qui suivirent. Il me parut surtout désireux de plaider devant moi le " dossier Mollet " contre le " dossier Lacoste ". Et M. Faucon a conclu par cette phrase impressionnante : " D'ici peu, on rendra les honneurs, à Matignon, aux chefs fellaghas. " »

Le soir même de sa libération, le professeur Mandouze participe, Salle des Sociétés savantes, à un meeting du Comité de défense qui porte son nom. Avec le génie du raccourci qui lui est propre, Fran-

16. *Le Monde*, 21 décembre 1956.

çois Mauriac tire la leçon des événements : « Au reste, pourquoi a-t-on inculpé André Mandouze ? Le gouvernement est allé très loin dans les contacts, beaucoup plus loin qu'on ne le sait dans le public... Une de ses politiques a inculpé l'autre ! » Ce que le public ignore, entre autres, c'est qu'en septembre, le secrétaire adjoint de la S.F.I.O., Pierre Comin, a rencontré à Rome Khidder et Yazid, diplomates du Front. Le « cher professeur » Marrou [17], rappelle à la tribune du meeting, que Guy Mollet est issu du corps enseignant : « Ceux qui ne peuvent tenir leur classe multiplient les tours de consigne... » En attendant le tour de vis.

Au mois de mai 1956, alors que les manifestations de rappelés fleurissent, Jacques Berthelet, l'ex-séminariste militant du groupe Coopération, est parti en Suisse organiser un réseau d'accueil pour déserteurs et insoumis. Il est persuadé que l'aggravation de la guerre et la « trahison » des partis de gauche vont susciter un vif courant de refus chez les conscrits. A la fin de l'été, il lui faut déchanter. Bien peu de soldats ont suivi l'exemple d'Henri Maillot ou de Noël Favrelière – un jeune parachutiste qui a préféré déserter avec son prisonnier plutôt que de le conduire à la « corvée de bois ». Ils ne sont que six réfractaires à s'être réfugiés en Suisse. Parmi eux, Joseph Lucas, cantonné à Palestro lorsque la patrouille de rappelés a été décimée. Après ce massacre, il a commencé, lui aussi, à tabasser les Algériens. Jusqu'au jour où, lors d'une permission, il s'est trouvé nez à nez avec un de ses amis arabes d'avant la guerre. Effrayé par l'engrenage meurtrier qui l'entraîne, Lucas déserte et franchit la frontière. En Suisse également, Louis Orhant. Il a quitté son unité en septembre. Ouvrier communiste, il apprend que sa cellule l'a exclu. Il revient clandestinement en France pour s'expliquer devant ses camarades. Son père, vieux militant du P.C.F., le signale aux gendarmes. Il fuit à nouveau. Ainsi s'installe, à Yverdon, une équipe qui va servir de base arrière pour les éléments qui aident le F.L.N.

Fin 1956, Salah Louanchi prie Jeanson d'organiser la publication de *Résistance Algérienne*. Sans doute considère-t-il que l'âge de la ronéo – avec le concours des trotskistes – est périmé. Jeanson transmet la demande à Berthelet qui est en rapport avec un imprimeur d'Yverdon, M. Cornaz. Berthelet, aidé par Louis Orhant et Serge Michel, ancien secrétaire de rédaction de *La République algérienne*, l'organe de Ferhat Abbas, s'acquitte de la mission. Reste à introduire les journaux en France. Berthelet prospecte d'abord du côté des contrebandiers. Un curé de Saint-Gingolph lui indique un passeur professionnel. Mais le « receveur », en France, se dérobe quand il apprend la nature de la cargaison. Après une seconde ten-

17. Surnom décerné à Henri Marrou par Maurice Bourgès-Maunoury après la courageuse tribune publiée par le professeur dans *Le Monde*, le 5 avril 1956.

tative infructueuse, Jeanson dépêche Bolo. « A Pâques 1957, Francis me demande de porter de l'argent à Berthelet, que nous appelions Lucien. Je pars avec une amie, Hélène Cuénat. Arrivé à Genève, Lucien me dit : " Tu ne pourrais pas ramener un peu de littérature ?" Tu parles ! L'arrière de ma 4-CV était bourré. Mon fils s'est allongé sur les canards. C'était vraiment imprudent. » Cette improvisation n'est pas fortuite. Depuis février, la Fédération de France est dans le brouillard : sa direction a été une nouvelle fois arrêtée.

En janvier 1957, Mohammed Lebjaoui est expédié en Métropole par le C.C.E. [18] pour réorganiser la Fédération. Important commerçant algérois, Lebjaoui s'est assez vite rallié au Front après le 1er novembre 1954. L'année précédente, il avait tenté de constituer avec les libéraux d'Alger un Comité pour la trêve civile. Camus s'était déplacé mais l'affaire n'avait pas eu de suite. Sitôt à Paris, Lebjaoui restructure la direction du F.L.N. hexagonal, avec Louanchi, Ahmed Boumendjel, Adlani dit Pedro, et Ahmed Taleb. Il crée l'A.G.T.A. et l'A.G.C.A. [19], mais ses activités s'interrompent là. Grand, Lebjaoui attire les regards. Et puis, il n'a aucune expérience de la clandestinité et donne ses rendez-vous dans des endroits aussi peu discrets que le Café de la Paix. Comme Salah Louanchi, il dépense beaucoup d'énergie dans des contacts avec les intellectuels de gauche, les journalistes, dont les plus sympathisants savent où le toucher. En réalité, selon le témoignage d'un militant de base algérien, à cette époque l'infrastructure du F.L.N. fonctionne pratiquement sans lui, et c'est en un sens préférable pour elle. Le 26 février, Mohammed Lebjaoui est interpellé dans un appartement proche de l'Étoile. Son passage à la direction n'a été qu'éphémère. Et Salah Louanchi, lui aussi, est arrêté rue François-Guilbert. Une vendeuse de parfumerie, Éliane Cressent, est également appréhendée : le magasin où elle travaille servait de boîte aux lettres.

La Fédération est décapitée. Pour les militants du F.L.N. comme pour les Français qui les aident, il est urgent de délaisser le bricolage pour le travail planifié.

18. Centre de coordination et d'exécution, organe suprême du F.L.N.
19. Association générale des travailleurs algériens et Association générale des commerçants algériens.

Chapitre 4

LES ÉLECTRODES D'ALGER

LES rappelés étaient partis au printemps sans fleur au fusil. A quelques-uns, tombés au champ d'honneur, la patrie reconnaissante offrit des couronnes. Pour le gros de la troupe, qui n'avait pas témoigné un entrain excessif, la reprise en main fut rude. Des officiers armés de rudiments de psychologie élémentaire s'astreignirent à muer ces tireurs de sonnettes en tireurs d'élite. Sur ces chahuteurs braillards, la hiérarchie abattit le gris manteau du silence. Perdus dans les crapahutages du djebel, on les oublia. Certains, à la mémoire irrespectueuse, entreprirent de se « rappeler » au bon souvenir de la nation. Ils avaient fait la guerre. Ils décidèrent de la raconter.

En septembre 1956, quelques chrétiens, prêtres ou laïcs, ont l'habitude de se réunir au 176 de la rue Saint-Jacques, dans la chambre de l'abbé Boudouresques. Polytechnicien, Bernard Boudouresques a fréquenté le séminaire de la Mission de France avant d'être embauché, en qualité de chercheur, par le Commissariat à l'énergie atomique de Saclay. Adversaire de la bombe, il milite au Mouvement de la paix. Pacifiste, il s'émeut des récits que lui transmettent, à leur retour d'Algérie, d'autres prêtres de la Mission. Il voit beaucoup l'abbé Davezies qui, après son ordination, a poursuivi des études scientifiques et travaille chez Pierre Aigrain dans les laboratoires de physique de l'École normale supérieure. Jean Urvoas, déjà soutien actif du F.L.N., et son ami Pierre Mamet, expulsé d'Algérie par Lacoste, sont du groupe. Et puis, naturellement, Robert Barrat. Ces hommes de foi sont bouleversés par les lettres que leur adressent des soldats, séminaristes ou membres de l'Action catholique : « J'ai vu sortir des prisonniers de la chambre où ils étaient interrogés. Ils étaient défigurés ; on ne reconnaissait plus les yeux, le nez – même le cou était enflé. » Du caporal R., soldat au 2e bataillon étranger parachutiste : « S'il existe un jour un nouveau tribunal de Nuremberg, nous serons tous condamnés : des Oradour, nous en faisons tous les jours. » Ce récit encore, d'un curé : « Il y a douze jours, dans un de nos bleds, une sentinelle a été blessée le soir. Le matin, de bonne heure, l'armée a fait sortir des maisons ou des gourbis dix hommes, comme otages, et les a abattus. » Un officier : « J'ai vu le 2e bureau parachutiste. La torture à longueur de journée pour faire parler. Le tuyau d'eau sous pression dans la bouche jusqu'à ce que l'eau sorte de partout. Les mains accrochées derrière le dos, pendu ensuite par les poignets, pour que les membres se désarticulent, et roué de coups. Plus une magnéto avec une phase à la verge, l'autre à la tête et des coups de courant. Puis, quand ils sont bien vidés, un couteau entre les épaules. » Un rappelé : « La distraction dominicale fut de torturer un prétendu fellagha de huit heures du matin à vingt heures. A cette heure, on l'acheva dans la fosse à merde après une tentative loupée de le pendre. » Un autre rappelé : « ... L'homme alors se tord de douleur et hurle à la mort. On ne sait plus si c'est un homme ou une femme qui crie, tellement la voix est altérée. » Du R. P. Hutin, fils du directeur d'*Ouest-France*, qui note dans son journal de bord : « Les hurlements de cochon qu'on égorge, entendus hier soir vers neuf heures, venaient bien du gosse. On l'a passé à la magnéto. » Des témoignages comme ceux-là, accablants, concordants, le petit groupe de la rue Saint-Jacques en lit des dizaines. « Comment voulez-vous que je me taise ? » crie, désespéré, un prêtre rappelé comme sous-lieutenant en Grande Kabylie.

Impossible, en effet... Robert Barrat propose à ses compagnons de fonder un Comité de résistance spirituelle et de diffuser en brochure les soixante et onze lettres qui sont parvenues. Journaliste, il se charge de la conception et de la fabrication. La plaquette est tirée chez un modeste imprimeur de la rue Bobillot, dans le XIIIe arrondissement de Paris. Avant de divulguer le dossier, le Comité l'adresse au président de la République, accompagné d'une lettre que dépose une délégation. On ne sait si René Coty manifesta une émotion particulière ; publiquement, rien ne transparut.

Sous le titre *Les rappelés témoignent*, la brochure sort dans les premiers jours de mars 1957. La préface est signée collectivement par Jean-Marie Domenach, Henri Marrou, Robert Barrat, André Philip, René Capitant, Paul Ricœur, René Rémond et bien d'autres, dont naturellement les prêtres de la Mission de France qui ont contribué à son élaboration.

L'intégrité et la renommée intellectuelles des signataires ne permettent pas que le doute soit jeté sur la véracité de ces récits, même s'ils sont anonymes. Le gouvernement s'emploie pourtant à brouiller les cartes. Le ministère de la Défense proclame, après enquête, que « les faits sont inexistants ou considérablement grossis et déformés ». D'ailleurs, au même moment, une commission parlementaire nommée à l'automne au sujet d'une « affaire de tortures » signalée à Oran rend ses conclusions. Les victimes, militants communistes ou catholiques, affirmaient avoir été soumises à la question. La presse fit état de sévices constatés par des médecins et les autorités furent contraintes d'agir. Guy Mollet désigna l'un de ses camarades socialistes, M. Provo, député-maire de Roubaix, pour diriger la commission. Celle-ci prononce donc son verdict en mars : « Après un examen approfondi du dossier, la délégation a estimé, à l'unanimité moins une voix, que rien dans l'enquête qu'elle a effectuée ne pouvait l'amener à conclure à des tortures subies. » La voix qui ne s'est pas jointe à cette conclusion unanime est celle du député mendésiste Léon Hovnanian. Il se désolidarise publiquement de ses collègues dans un communiqué d'une efficace ironie : « Les détenus déclarent que les lésions punctiformes des doigts et des pieds que l'on peut noter sont consécutives à l'application de l'électricité. Il est difficile de suivre, là-dessus, les experts médicaux qui attribuent ces lésions à une épidémie d'eczéma due au climat nord-africain. » Léon Hovnanian est l'unique médecin de la commission.

Les rappelés témoignent n'est pas le premier document dénonçant la torture à être diffusé. A la fin du mois de février 1957, *Témoignage Chrétien* reproduit dans son trente-huitième cahier le « dossier Jean Muller » – nom d'un dirigeant du scoutisme français, mort en Algérie en octobre de l'année précédente.

Ce carnet de route de la « pacification », tenu par un chrétien tué au combat, décrit sans fard les méthodes employées par l'armée française. Jean Muller : « Il faut que je vous parle longuement des tortures. Quatre sous-officiers et dix officiers, avec une section de rappelés, s'en chargent ; motif : c'est le seul moyen d'obtenir des renseignements. Au camp de Tablat, il y a en moyenne cent cinquante internés que l'on questionne ; courant de magnéto aux parties et aux oreilles, station au soleil dans une cage grillagée, station nu à cheval sur un bâton, pieds et mains liés, coups de nerfs de bœuf, "coup" de la porte : on coince la main et on appuie... » Cela s'appelle l'horreur. Pour avoir mentionné ce témoignage, *L'Humanité* du 26 février est saisie.

Reprenant beaucoup de ces dépositions, l'écrivain catholique Pierre-Henri Simon publie en mars, aux Éditions du Seuil, *Contre la torture* et soulève avec gravité le problème de la responsabilité collective : « Quant à nous qui avons lutté contre la monstruosité raciste, nous étions donc des dupes, et nous sommes aujourd'hui les vaincus d'Hitler, si notre patrie lui emprunte ses idées et ses moyens, et apostasie la foi humaine que nous avions crue immanente à son essence de nation. » A la Libération, les Français ont reproché aux Allemands le silence collectif de tout un peuple devant la barbarie nazie, rappelle P.-H. Simon. Hubert Beuve-Méry lui répond à la première page du *Monde* : « Nous ne sommes pas encore, comme le redoute Pierre-Henri Simon, " les vaincus d'Hitler ". Mais il était grand temps de donner l'alarme. Dès maintenant, les Français doivent savoir qu'ils n'ont plus tout à fait le droit de condamner dans les mêmes termes qu'il y a dix ans les destructions d'Oradour et les tortionnaires de la Gestapo[1]. »

Depuis le début de l'année, les paras sont entrés dans Alger. Le 7 janvier, sur ordre du ministre résidant, Robert Lacoste, le superpréfet de la capitale algérienne remet tous les pouvoirs de police au général Massu, commandant de la 10e division parachutiste. La bataille d'Alger commence. La torture devient l'essence même de la guerre. Massu rédige une note qui a le mérite de la franchise : « La condition *sine qua non* de notre action en Algérie est que ces méthodes soient admises, en nos âmes et consciences, comme nécessaires et moralement valables[2]. » Pour ce qui est des âmes, le R. P. Delarue, aumônier de la 10e D. P., s'en occupe. Dans une circulaire aux troupes, il justifie l'emploi de la torture. Ses supérieurs ne le suivent pas sur ce chemin tortueux. Le 15 mars, l'Épiscopat français réprouve sans les désigner « des moyens intrinsèquement mauvais ».

Munis de toutes les bénédictions, les hommes de Massu s'appliquent à démanteler l'organisation algéroise du F.L.N. Le 4 mars, les autorités militaires annoncent le « suicide » de Larbi Ben M'Hidi, responsable du Front, arrêté quelques jours auparavant par Bigeard. Celui-ci, accusé par les nationalistes du meurtre de leur chef dans sa cellule, rétorque que Ben M'Hidi a quitté son P.C. sur ordre d'en haut, après qu'une section de parachutistes lui eut rendu les honneurs. Mais il ne dit pas que le prisonnier a été confié aux soins d'une brigade spéciale.

Un corps disloqué, écrasé au pied d'un immeuble d'El Biar : Ali Boumendjel, avocat détenu depuis deux mois par les parachutistes, tombe le 23 mars du sixième étage au moment où deux de ses geôliers le conduisent à une nouvelle séance d'interrogatoire. Version officielle : suicide. L'émotion est considérable dans les milieux judiciaires où Ali et Ahmed, son frère, inscrit au barreau de Paris, sont bien connus. Presque aussitôt, René Capitant, professeur de droit public à Paris, écrit au ministre de l'Éducation nationale : « Ali Boumendjel a été mon étudiant à la faculté de droit d'Alger, à l'époque où je dirigeais le mouvement de résistance Combat en Afrique du Nord. La nouvelle de sa mort survenue dans ces conditions me bouleverse... Tant que de telles pratiques – auxquelles, même en pleine guerre, nous n'avons jamais soumis les prisonniers allemands – seront prescrites et tolérées contre les Algériens par le

1. *Le Monde,* 13 mars 1957.
2. Cité intégralement in Vidal-Naquet, *Les Crimes de l'armée française,* Maspero, 1975.

gouvernement de mon pays, je ne me sentirai pas capable d'enseigner dans une faculté de droit française. J'interromprai donc mon cours. Révoquez-moi si vous le voulez, si vous le pouvez. J'accueillerai avec satisfaction tout ce qui contribuera à rendre publique ma protestation contre les faits susceptibles de déshonorer la France, si elle reste passive devant eux. »

Cette interpellation directe par un ancien ministre du général de Gaulle embarrasse Guy Mollet qui, le 27 mars, à la tribune de l'Assemblée nationale, affecte de tancer les chefs militaires : « Toutes les consignes maintes fois répétées de monsieur le ministre résidant interdisent formellement toute atteinte aux droits de l'homme et au respect de sa dignité. » Plus tard, devant les militants socialistes de la Marne, il reconnaît les faits pour mieux les minimiser : « Sans doute des actes de violence, extrêmement rares, ont été à déplorer. Mais ils ont été, je l'affirme, consécutifs aux combats et aux atrocités des terroristes. Quant aux actes de torture prémédités et réfléchis, je dis que si cela était, ce serait intolérable. On a comparé à ce sujet le comportement de l'armée française à celui de la Gestapo. Cette comparaison est scandaleuse[3]. »

Paul Teitgen, secrétaire de la préfecture de police d'Alger, s'est rendu coupable de « comparaison scandaleuse » lorsqu'il a envoyé au président du Conseil, le 24 mars, sa première lettre de démission : « J'ai acquis la certitude, depuis trois mois, que nous sommes engagés dans l'anonymat et l'irresponsabilité qui ne peuvent conduire qu'aux crimes de guerre, écrit Teitgen. Je ne me permettrais jamais une telle affirmation si, au cours des visites récentes aux centres d'hébergement de Paul-Cazelles et de Beni-Messous, je n'avais reconnu sur certains assignés les traces profondes des sévices ou des tortures qu'il y a quatorze ans je subissais personnellement dans les caves de la Gestapo à Nancy. »

Ce ne sont plus des journalistes ou des intellectuels, « exhibitionnistes de l'intelligence et du cœur » selon l'expression de Robert Lacoste, qui dénoncent la torture. Fin mars, le général Pâris de Bollardière, gaulliste de la première heure, compagnon de la Libération, commandant le secteur de l'Atlas blidéen, demande à être relevé de ses fonctions. L'ancien chef des troupes aéroportées en Indochine entend protester contre le recours à des méthodes qu'il estime contraires aux traditions de l'armée. Dans une lettre que reproduit *L'Express* le 29 mars, il félicite son ancien subordonné, Jean-Jacques Servan-Schreiber, pour avoir publié son témoignage de rappelé : *Lieutenant en Algérie*. De Bollardière s'inquiète de « l'effroyable danger qu'il y aurait pour nous à perdre de vue, sous le prétexte fallacieux de l'efficacité immédiate, les valeurs morales qui, seules, ont fait jusqu'à maintenant la grandeur de notre civili-

3. Vidal-Naquet, *op. cit.*

sation et de notre armée ». Son ministre de tutelle, Bourgès-Maunoury, sanctionne cette déclaration par soixante jours d'arrêts de forteresse. Au gouvernement, Gaston Defferre et François Mitterrand déplorent cette sanction.

Au début d'avril, *France-Observateur* divulgue une autre lettre, adressée à Bourgès-Maunoury par Jacques Peyrega, doyen de la Faculté de droit d'Alger. L'universitaire relate une exécution sommaire dont il a été témoin, dans la rue, le 26 janvier. Pour toute réponse, le ministre de l'Éducation nationale révoque le doyen Peyrega à la demande de ses collègues. Mais plus personne ne doute que la guerre soit vraiment sale. Vercors renvoie sa Légion d'honneur au président de la République. Dans l'opinion de gauche, encore marquée par la résistance à l'hitlérisme, ces révélations successives provoquent un sursaut.

□

A cette époque, Madeleine Rebérioux enseigne l'histoire au lycée Marcelin-Berthelot de Saint-Maur. Communiste depuis sa jeunesse, reçue première à l'agrégation, elle a été sanctionnée en 1948 pour avoir émis quelques réserves sur la manière dont le ministre de l'Intérieur d'alors, Jules Moch, avait réprimé les grèves de mineurs. « Vous êtes trop impulsive, observe le recteur qui lui notifie un blâme. Pourquoi avez-vous écrit que Jules Moch était un assassin ? Il vous suffisait de mentionner qu'il avait donné l'ordre de tirer sur les grévistes... » Cette sorte d'impulsivité que les autorités académiques réprouvent, Madeleine Rebérioux y cède chaque fois qu'elle a le sentiment d'être confrontée à une injustice. En 1952, après la violente manifestation contre la visite à Paris du général Ridgway[4], plusieurs dirigeants communistes – dont Jacques Duclos – sont interpellés. En liaison avec Waldeck Rochet, Madeleine Rebérioux organise dans l'enseignement secondaire un Comité pour la défense des libertés qui survit à cet épisode. Hostile comme la majorité de sa cellule au vote des pouvoirs spéciaux, active pour soutenir les rappelés en révolte, elle s'insurge contre la torture. L'annonce du « suicide » d'Ali Boumendjel est le détonateur : « J'ai eu, ce jour-là, l'impression que quelque chose débordait. La situation devenait intolérable. Le soir même, avec les amis de l'ex-Comité de défense des libertés, on a échangé des coups de télé-

4. Successeur du général Eisenhower au commandement suprême des forces alliées en Europe, il avait, en 1950-1951, commandé la VIIIe armée américaine pendant la guerre de Corée.

phone ; on s'est donné rendez-vous à la Boule d'Or, place Saint-Michel, pour le surlendemain. On s'attendait à se retrouver une trentaine. Nous étions plus de cent[5]. » Les présents décident de se structurer en Comité pour la défense des libertés et la paix en Algérie, lequel porte à sa tête quatre femmes : Bianca Lamblin, Geneviève Tremouille, Andrée Tournès et Madeleine Rebérioux. Le Comité s'assigne pour tâche de sensibiliser les enseignants du second degré à la torture et plus généralement à la guerre. Des groupes locaux apparaissent et diffusent le bulletin qui est bientôt édité[6].

Le Syndicat national de l'enseignement supérieur se proclame solidaire de René Capitant et de Jacques Peyrega ; le Mouvement national judiciaire, cent soixante-quatorze scientifiques et chercheurs, l'Union nationale des étudiants de France agissent de même au cours du mois d'avril. Simultanément, *Esprit* publie un texte implacable : *La paix des Némentchas*. L'auteur en est Robert Bonnaud, cet agrégé d'histoire qui hurlait « Fusillez Mollet ! » sur le port de Marseille, parmi les rappelés de mai 1956. Expédié en zone opérationnelle, Bonnaud est libéré en décembre. De retour en France, il relate à son ami d'enfance, Pierre Vidal-Naquet, lui aussi agrégé d'histoire, ce qu'il a vécu en Algérie. Mendésiste, lecteur de *France-Observateur*, Vidal-Naquet, attentif « aux événements », écoute, accablé, le récit de son ami. Il l'incite à le coucher sur le papier et porte le texte (dactylographié par son épouse) à Jean-Marie Domenach. Le numéro sort en pleine campagne contre la torture.

Pour la première fois, un rappelé signe de son nom un document où sont dépeintes les méthodes de l'armée : « Les blessés qui n'avaient pu fuir étaient souvent atteints aux jambes, récupérables donc, malgré les pertes de sang et le froid nocturne qui bleuissait leurs chairs. Ils furent massacrés, dans des conditions odieuses qui dépassent une imagination normale mais non la réalité algérienne. Les cadres européens du G.M.P.R. qui dirigeaient le nettoyage se distinguèrent particulièrement. Ils s'acharnèrent à coups de pied sur les blessures et le malheureux suffoquait de douleur. Ils plaisantaient abominablement pendant la prise de photographie..., redoublaient de brutalité sous prétexte d'interrogatoire. Finalement, sortant le couteau de cuisine, ils l'aiguisaient longuement sur le roc, aux yeux du condamné. L'exécution était maladroite et lente, charcutait le cou et évitait la carotide... Comble de précaution, une balle de Mas 36, à bout portant, écrabouillait le visage, le transformait en une chose immonde, qui n'a pas de nom dans le langage de l'horreur. »

5. Entretien avec Madeleine Rebérioux. Octobre 1978.

6. Proche de Simone de Beauvoir, Bianca Lamblin animait elle-même un groupe pluraliste. Le nouveau comité, qui se réunit au siège de *Temps présent*, s'intégrera par la suite à un Comité de vigilance universitaire rassemblant des enseignants du secondaire et du supérieur.

Ces lignes insoutenables, dont la gravité de ton exclut toute complaisance sanguinaire, ne provoquent guère d'émoi. Pierre Vidal-Naquet est sidéré par l'édredon d'indifférence qui étouffe le cri de Bonnaud [7]. *Jours kabyles*, le récit de Georges Mattéi, autre rappelé envoyé en unité combattante, que *Les Temps Modernes* publient en juillet, ne semble pas non plus rencontrer d'écho au-delà des cercles déjà touchés. Pourtant, la mobilisation quasi générale du parti des intellectuels, mobilisation que relaient sur des registres différents mais finalement complémentaires *L'Express*, *Témoignage Chrétien*, *France-Observateur* et *Le Monde*, ne demeure pas inopérante. Les articles qui paraissent dans les colonnes de ces « quatre grands de la contre-propagande française » – Jacques Soustelle *dixit* –, mais aussi dans *Le Canard enchaîné* et dans la presse communiste, contraignent le gouvernement à broncher.

Guy Mollet annonce, le 5 avril, la constitution d'une Commission permanente de sauvegarde des droits et libertés individuels. Robert Lacoste, qui débarque en coup de vent au milieu des délibérations du Conseil des ministres, avertit ses collègues : « Si vous créez une commission d'enquête, je démissionne ! » Mollet le rassure et, de fait, le communiqué publié à l'issue des débats offre toutes garanties au ministre résidant : il précise que la commission a été instituée à la demande de Robert Lacoste, Max Lejeune et Maurice Bourgès-Maunoury, bref des trois hommes les plus hostiles à son fonctionnement. Surtout, la déclaration gouvernementale place sur le même plan « une campagne organisée par les ennemis de la France » et des manquements « individuels » au respect de la personne humaine. Les pouvoirs de la commission paraissent si restreints que des personnalités comme René Cassin ou le bâtonnier Thorp refusent d'y participer. En dernière instance, c'est à un conseiller de la Cour de cassation, Pierre Béteille, qu'en échoit la présidence.

A plusieurs reprises, depuis 1954, des rapports avaient été réclamés sur les cas de sévices par les plus hautes autorités du pays. En janvier 1955, François Mitterrand, alors ministre de l'Intérieur, chargeait d'enquête Roger Wuillaume, inspecteur général de l'administration. Dans son rapport remis à Jacques Soustelle le 2 mars, Vuillaume signalait le recours à des sévices mais proposait de « couvrir certains procédés ». Le même mois, Jean Mairey fournissait à Edgar Faure, président du Conseil, une étude sur la police algérienne, et, en décembre, soulignait dans un second rapport l'extension des tortures. Il concluait : « Chef responsable de la Sûreté nationale, il m'est intolérable de penser que des policiers français puissent évoquer par leur comportement les méthodes de la Gestapo. De même, officier de réserve, je ne puis supporter de voir

7. Entretien avec Pierre Vidal-Naquet. Septembre 1978.

comparer des soldats français aux sinistres S.S. » Pour la troisième fois, Jean Mairey se rend en Algérie en décembre 1956. Et son troisième rapport, achevé le mois suivant, « éclaire d'un jour tragique les méthodes trop fréquemment employées par certains chefs sous couvert de pacification ». Les éclaire si crûment que le directeur de la Sûreté nationale est interdit de séjour en Algérie et sera muté le 19 août.

Le gouvernement, s'il conserve secrète la teneur de ces enquêtes, n'ignore rien, rigoureusement rien des faits et méfaits commis au nom de la France dans des départements français. La commission de sauvegarde a donc plus vocation à calmer une aile de l'opinion qu'à informer réellement. Inaugurant officiellement ses travaux, le 10 mai 1957, Guy Mollet précise ainsi ses fonctions : « Votre tâche, déclare-t-il aux éminentes personnalités réunies, ne se limitera pas à connaître les abus qui pourraient vous être signalés ; vous pourrez aussi être appelés à vous prononcer sur le caractère calomnieux ou sciemment exagéré de certaines informations, de certaines accusations contre l'armée et l'administration françaises... »

Après une telle entrée en matière, les commissaires vont sur le terrain. Où ils comptent, évidemment, sur la collaboration de Robert Lacoste.

□

Le 19 juin 1957, deux membres de la fameuse commission, le général Zeller et le professeur Richet, visitent le centre de tri d'El-Biar.

Les paras du 1er R.C.P.[8] qui occupent cet immeuble encore inachevé – d'où est tombé, en mars, Ali Boumendjel – ont été prévenus la veille. Les détenus non présentables ont été évacués. Henri Alleg est emmené dans un édifice voisin ; Maurice Audin est transféré au poste de commandement du 1er R.C.P. Alleg, Audin : deux noms, deux symboles, qui vont devenir synonymes de torture.

Depuis sa dissolution en septembre 1955 et son choix de la lutte armée, le Parti communiste algérien vit dans l'illégalité. Ses militants, après l'accord P.C.A.-F.L.N. de juillet 1956, se sont intégrés dans l'appareil militaire du Front. Ils participent à la bataille d'Alger. L'un d'eux, Fernand Yveton, ouvrier d'origine européenne, est guillotiné en février. On avait découvert dans son casier une bombe qu'il devait déposer près de la machinerie de l'usine à gaz où il travaillait.

Le 10 juin, les parachutistes arrêtent le docteur Hadjadj, militant

8. Régiment de chasseurs parachutistes.

communiste accusé d'avoir caché dans sa villa une imprimerie clandestine. Torturé, il avoue avoir soigné un des dirigeants de son parti au domicile de Maurice Audin. Le 11 juin, vers vingt-trois heures, les « léopards » descendent chez Audin, assistant à la Faculté des sciences, communiste depuis 1950. Ils l'embarquent et installent une souricière. Le lendemain, Henri Alleg, ex-directeur d'*Alger Républicain*, recherché, tombe dans le piège. Il essaie de s'enfuir mais est rattrapé dans l'escalier.

Conduit au centre d'El-Biar, il est réceptionné par les lieutenants Érulin et Charbonnier, ainsi que par un policier, Lorca, qui s'est fait une dégaine de para. « Gégène », supplice de l'eau, chalumeau, penthotal, rien n'est épargné à Henri Alleg. Mais il ne parle pas. Au cours d'un interrogatoire, à demi inconscient, il perçoit la voix de Charbonnier : « Allez, Audin, dites-lui ce qui l'attend. Évitez-lui les horreurs d'hier soir. » Alleg relève la tête et distingue son camarade, méconnaissable, qui lui glisse, à bout de forces : « C'est dur, Henri[9]. » Plus personne ne reverra Maurice Audin.

Le 21 juin, les autorités militaires signalent que le jeune mathématicien s'est évadé lors d'un transfert en sautant d'une jeep. Mme Audin n'en croit rien. Le 4 juillet, elle porte plainte contre X., ce qui a pour effet d'arracher le dossier d'instruction à la juridiction des armées. La « disparition » de Maurice Audin suscite une vive émotion. Deux enseignants communistes, Michel Crouzet et Luc Montagnier, lancent une pétition bientôt connue sous le nom de « pétition des assistants ». Dans les colonnes du *Monde*, de nombreux universitaires – parmi lesquels Jean Bruhat et Pierre Vidal-Naquet – s'associent à cette protestation. Un professeur d'anglais au prytanée militaire de La Flèche, Jean-François Cahen, propose à Mme Audin de constituer un comité pour établir la vérité. Contacté, Pierre Vidal-Naquet, au départ sceptique sur les chances de l'entreprise (« il s'agit, remarque-t-il, d'un crime sans cadavre »), décide de s'engager à fond dans l'examen du dossier à fin de publication. De la confluence de toutes ces réactions et initiatives naît, en novembre, le Comité Audin, lors d'une réunion qui se tient au domicile du professeur Weill-Hallé.

Extraordinairement actif, ce comité va, à la fois, renouer avec la tradition dreyfusarde et anticiper sur le mode de fonctionnement et d'intervention des organisations soixante-huitardes et autogestionnaires.

Le 2 décembre, en présence d'un public nombreux où l'on reconnaît les visages de François Mauriac, Édouard Depreux, Louis Massignon, se déroule la soutenance de thèse *in absentia* de Maurice Audin. Le mémoire est lu par un de ses collègues de la Faculté d'Al-

9. Henri Alleg, *La Question*, Éditions de Minuit 1958.

ger. Solennelle et émouvante protestation de l'Université française...

La Commission de sauvegarde est saisie. La femme d'Audin rencontre le général Zeller, Maurice Garçon et le recteur Daure qui suit particulièrement le dossier. Mais, sur ce cas comme sur les autres, la Commission ne progresse qu'à pas de tortue. Le président Béteille fournit cependant, le 14 septembre, un rapport de synthèse à Guy Mollet. Inutile. Malgré maintes promesses de le publier, expressément formulées par des membres du gouvernement et réitérées, il reste dans un tiroir. C'est *Le Monde* qui, le 14 décembre, le communique au public. L'usage de la torture est établi sans conteste. Mais aucune conséquence n'est déduite de ce constat. Privés de tout pouvoir décisionnel, le gouverneur Delavignette et Maurice Garçon avaient d'ailleurs démissionné avec éclat de la Commission.

Un matin de juillet 1957, après une nuit blanche sur des feuilles qui ne le sont plus, l'écrivain Georges Arnaud sort dans la rue. Il tombe sur une pile de journaux, à l'encre encore fraîche, que le livreur a déposée devant un kiosque. Au-dessus, *L'Écho d'Alger*, qui applaudit la condamnation à mort, prononcée la veille, d'une jeune Algérienne, Djamila Bouhired. Indigné par le ton de l'article, l'auteur du *Salaire de la peur* décide sur-le-champ d'y regarder de plus près. Il téléphone à Me Vergès, avocat de la militante. Les deux hommes écrivent un plaidoyer qu'ils portent à René Julliard.

L'éditeur hésite : « C'est un paquet de merde, confie-t-il à Georges Arnaud, mais si personne n'en veut, je le prendrai [10]. » Le directeur des Éditions de Minuit, Jérôme Lindon, accepte, lui, sans préalable. *Pour Djamila Bouhired* paraît en novembre. Arnaud et Vergès y relatent l'itinéraire de la jeune fille : accusée d'avoir trempé dans les attentats meurtriers du Milk-Bar et de la Cafétéria, la poseuse de bombes, arrêtée en avril, est torturée et finalement condamnée à mort au terme d'un procès marqué par d'incessantes entraves à l'exercice de la défense. Lorsqu'on lui a lu la sentence, Djamila a éclaté de rire. « Ne riez pas, s'est exclamé le président, c'est grave ! » « Ce juge a raison, écrit Georges Arnaud, c'est grave... C'est à ce point que de toutes les questions soulevées par la condamnation à mort de Djamila Bouhired, celle de son innocence réelle a le moins d'importance. Ce n'est pas le reproche d'erreur judiciaire qu'encourt la décision de justice qui l'envoie à l'échafaud : c'est le reproche de n'avoir rien de commun... avec une décision de justice. »

C'est un journaliste peu suspect de complaisance envers le F.L.N. qui popularise le livre de Vergès et d'Arnaud, trois semaines après sa parution. Dans *L'Aurore*, André Frossard s'élève contre un cer-

10. Entretien avec Georges Arnaud. Octobre 1978.

tain art d'extorquer des confessions : « Quant aux aveux arrachés à force de sévices, on voit bien qu'ils peuvent être utiles dans un " procès de Moscou ", où l'on ne se préoccupe pas d'innocence ou de culpabilité, mais devant un tribunal français ? » Pierre Lazareff, dans *France-Soir,* adopte une attitude analogue : « Les tortionnaires n'ont jamais été justifiés par les égorgeurs. » La dénonciation des sévices n'est plus l'apanage de la frange la plus active de l'intelligentsia de gauche. Déjà, dans *Le Figaro* du 13 août, Louis Martin-Chauffier a relaté l'enquête menée par la Commission internationale contre le régime concentrationnaire, dite Commission Rousset. Même conclusion : la torture sévit.

Aboutissement de cette campagne : en octobre 1957, Robert Barrat et Maurice Pagat lancent un Centre d'information et de coordination pour la défense des libertés et de la paix, mieux connu sous l'appellation de Centre du Landy (il est installé au 14 de la rue qui porte ce nom, à Clichy). L'organisme se dote d'un mensuel, *Témoignages et Documents,* où l'on publie les articles saisis. La copie est abondante...

La dénonciation de procédés que l'on croyait abolis réussit à mobiliser des intellectuels qui ne sont pas tous de gauche. Mais, pour l'immense majorité de la population, cette contre-offensive est de peu de poids en regard des reportages incessamment étalés sur les atrocités commises par les fellaghas. Les Français tolèrent la torture, au mieux comme un mal inévitable, généralement comme le seul moyen de gagner la guerre contre les terroristes. La coupure est profonde entre la pointe de l'opinion sensibilisée par les sévices et les gros bataillons, y compris ouvriers, qui s'y résignent au nom de l'efficacité. Ceux que la guerre révolte trouvent dans le recours à la torture par l'armée de leur pays une raison supplémentaire, parfois suffisante, de s'engager plus avant.

Deuxième partie

LE RÉSEAU

(1957-1959)

Chapitre 5

CINQ CENTS MILLIONS PAR MOIS

« POUR la seconde fois en quinze ans, la France officielle condamnera-t-elle les Français à la trahison[1] ? » Dans un article d'*Esprit* qui paraît après les premiers témoignages sur la torture, Francis Jeanson répond par avance au principal reproche qu'encourront les « porteurs de valises » : ceux qui aident le F.L.N. ne sont-ils pas des traîtres à leur pays ? Mais l'heure des grandes confrontations idéologiques n'est pas encore venue. Pour Jeanson et ses amis, le recours systématique aux sévices est inhérent à la guerre coloniale. Il n'est pas de pacification propre, l'urgence commande ; les souffrances du peuple algérien ne cesseront qu'avec son émancipation.

Décapitée par les arrestations de Lebjaoui et de Louanchi, la Fédération de France du F.L.N. tourne, en ce printemps 1957, au ralenti. Cette fois, le C.C.E.[2] s'accorde le temps de la réflexion. Toutes les tentatives de négociations secrètes ont échoué. La trêve n'est pas pour demain. Il faut, à la tête des Algériens en Métropole, un homme qui « sache » la guerre.

En juillet 1957, Omar Boudaoud arrive à Paris. Ancien militant du M.T.L.D., ce Kabyle aux yeux bleus est un dur. Combattant de la fameuse O.S., un peu pataud, il ne connaît rien à la société parisienne. Mais il compense cette apparente inadéquation par un sang-froid à toute épreuve, une grande finesse d'analyse et beaucoup d'astuce. Nommé pour réorganiser la Fédération et la transformer en véritable front arrière, il s'entoure d'Abdelkrim Souissi (trésorier), Ali Haroun (propagande), Rabah Bouaziz (chef de l'organisation spéciale, l'O.S., qui exécute sabotages et attentats), et enfin

1. « Parapacification », *Esprit*, mai 1957.
2. Centre de coordination et d'exécution, instance suprême du F.L.N.

Adlani *alias* Pedro (infrastructure). Cette équipe restera en place jusqu'à la fin de la guerre.

Le premier problème auquel est confrontée la nouvelle direction, c'est le messalisme. Les partisans du M.N.A. sont encore nombreux dans l'émigration au début de 1957. L'implantation du F.L.N. accomplit des progrès rapides, surtout depuis le succès de la grève organisée en février [3], mais cette conquête de la Métropole s'effectue au prix du sang. Entre le 1er janvier et le 30 septembre 1956, les statistiques ministérielles ont chiffré à 618 agressions et à 42 morts le bilan du conflit entre musulmans – et tous les règlements de comptes ne sont pas enregistrés. Les raids de représailles succèdent aux attaques. C'est l'escalade. Un responsable régional du F.L.N. témoigne qu'à cette époque, la puissance du M.N.A. obligeait certains de ses camarades à dissimuler leur appartenance, non par crainte de la police, mais au sein même de la communauté algérienne. Selon ce militant, toute la zone – Paris et banlieue – située sur la rive droite de la Seine ne comprenait en janvier 1957 qu'environ trois cents membres du F.L.N. Voilà qui donne quelque idée de la faiblesse numérique du Front à un moment où les messalistes sont loin d'avoir perdu la partie en France.

Cette rivalité désoriente la gauche. Les premiers défenseurs des nationalistes algériens dans l'entre-deux-guerres étaient liés à Messali Hadj. Daniel Guérin, Jean Rous, Yves Dechezelles – condisciple de Camus au lycée et avocat de Messali –, ont gardé leur confiance au vieux leader. De même, une partie des trotskistes, dont le chef de file est Pierre Lambert, soutient le M.N.A. D'autres sont franchement déroutés. Jean Daniel : « On accuse souvent légèrement les ouvriers français de ne pas s'être engagés plus nettement aux côtés du F.L.N. Ce n'était pas seulement par penchant poujadiste ou par racisme. Ils ont assisté au conflit inter-algérien qui, à certaines périodes, a revêtu l'aspect d'une véritable guerre fratricide. Par exemple, je connais deux usines du Nord où les responsables syndicaux n'étaient pas du tout racistes ; ils ne savaient quel parti prendre, quelle opinion arrêter[4]. » Cette indécision s'accentue encore après Mélouza.

A l'aube du 29 mai 1957, une section de l'A.L.N. encercle le village de Mechta-Casbah dans le douar Mélouza, demeuré fidèle à Messali. Les trois cents hommes du village sont poussés dans la rue et massacrés. Ce carnage, qui « fait » la une des journaux du monde entier, n'est pas revendiqué par le F.L.N. qui en rejette la responsabilité sur l'armée française. Pourtant, c'est bien un responsable de willaya, Mohammedi Saïd, qui a ordonné l'exécution massive. La nouvelle de cette tuerie consterne les progressistes français, eux qui

3. Parallèlement à celle organisée par le F.L.N. algérois.
4. Témoignage de Jean Daniel.

se révoltent à ce moment précis contre les crimes des parachutistes. Barrat, Bourdet, Daniel, Martinet, Stibbe, Suffert, adressent au *Monde* un communiqué où ils demandent instamment aux dirigeants du F.L.N. de désavouer « de pareils procédés ». Robert Barrat s'en explique plus longuement dans le mensuel *La Commune* : « Ce que nous avons condamné chez les S.S. allemands, ce que nous dénonçons chez les parachutistes de Bigeard, je ne vois pas qu'aucune considération tactique puisse nous interdire de le condamner chez les combattants algériens[5]. » Mélouza, symbole cruel d'une guerre civile, ne marque pas le terme de l'affrontement entre les deux branches du nationalisme algérien. La bataille se prolongera en France jusqu'à ce que la police manipule le M.N.A. et l'utilise contre le Front.

Sitôt à Paris, Omar Boudaoud souhaite voir Jeanson. La rencontre a lieu dans une voiture garée devant le théâtre Sarah-Bernhardt. C'est l'avocat Ahmed Boumendjel, le frère du « suicidé », qui conduit Francis au rendez-vous. Le premier contact est rude. Jeanson n'a pas le temps de refermer la portière que son interlocuteur l'apostrophe: «Ce n'est pas possible de continuer comme cela. Vous faites un travail clandestin et vous continuez à avoir une activité publique, à donner des conférences. Tout ça, c'est fini. » Un peu interloqué par cette brutale entrée en matière, le Français approuve : dans le fond, il est d'accord[6]. Cet accrochage passé, les relations entre les deux hommes s'améliorent, puis deviennent amicales. L'été est consacré à des réunions, à des coups de sonde et, à l'automne, le réseau se structure lors de rencontres destinées à mettre les recrues «dans le bain».

Hélène Cuénat, c'est cette jeune femme qui accompagnait Bolo en Suisse pour en ramener des exemplaires de *Résistance Algérienne*. Étudiante en lettres, elle milite au Parti communiste dans une cellule de la Sorbonne. Sensible aux arguments du P.C., elle se méfie des actions «aventuristes», «coupées des masses». A Pâques, pressentie pour « rendre des services » aux Algériens, elle refuse. La révélation de la torture, même chez une militante aussi avertie, est déterminante[7]. Et la voici, en septembre, qui participe à une réunion rue Vaneau. Quelques jours plus tard, nouvelle rencontre chez Evelyne Sullerot, boulevard Saint-Michel. Elle y retrouve les Jeanson, Etienne et Paule Bolo, Monique Des Accords et son mari. Trois prêtres sont également là : Mamet, Davezies et Jean Urvoas. Ce dernier, plus prolétaire que nature et peu familier des intérieurs confortables, souffle à Robert Davezies, en sortant :

5. *La Commune*, juin 1957.
6. Témoignage de Francis Jeanson.
7. Entretien avec Hélène Cuénat. Mai 1978.

« Mais qu'est-ce qu'on est venu foutre chez une bourgeoise pareille ! »

Le « réseau des prêtres-ouvriers », qui opère sa jonction avec Francis Jeanson par l'entremise de l'ex-séminariste Jacques Berthelet, s'est constitué à l'initiative d'Urvoas. Le 1er juin 1957, un débat sur le problème algérien est organisé par le Mouvement de la Paix, rue Jean-Pierre-Timbaud, au siège de la fédération de la métallurgie C.G.T. Pendant l'intervention de Robert Barrat, Urvoas se penche vers son voisin Davezies : « On déjeune ensemble à midi ? » Et dans un restaurant tranquille, du côté de la Petite-Roquette, le prêtre-ouvrier pose à son ami et confrère LA question : « Es-tu prêt à aider directement les copains ? » Les copains, ce sont des Algériens du Front. Davezies accepte le rendez-vous que lui fixe Urvoas devant un cinéma de Barbès et, sans délai, s'attelle à une ronéo entreposée chez des instituteurs qui habitent dans le quartier de la Goutte-d'Or : « Un jour, l'agent de liaison du F.L.N. nous demande de tirer 50 000 exemplaires d'un tract. On y travaille jour et nuit, sur une machine qui fait un terrible vacarme. On en vient à bout. Et l'Algérien chargé de vérifier la bonne qualité du travail recule, stupéfait, devant notre " livraison ". Il n'en fallait que 5 000 exemplaires ; un zéro de trop avait été porté sur le bulletin de commande. Que faire des 45 000 tracts qui nous restent sur les bras ? Urvoas connaissait un étang paisible dans la région de Corbeil. Nous les avons entassés dans des sacs et sommes partis, en pleine nuit, les jeter à l'eau. Bien lestés, les sacs ont coulé tout de suite. Quinze jours après, *France-Soir* signalait une étrange découverte à la surface d'un étang de Corbeil... [8]. »

Le 2 octobre 1957, toute la troupe, clercs et laïcs confondus, se réunit en assemblée plénière chez Jeanson, au Petit-Clamart. Cette date apparaît à beaucoup comme celle de la vraie fondation du réseau. Un secteur d'activité est attribué à chacun en fonction de ses compétences et de ses disponibilités.

□

D'abord l'hébergement. Il s'agit de fournir aux responsables de la Fédération des planques pour dormir et des lieux de réunion. Pas de difficultés majeures. Qui ne connaît, parmi ses relations, deux ou trois personnes sûres capables de prêter leur clef ou de loger quelqu'un sans drame de conscience ? Héberger un Algérien, ce n'est pas obligatoirement aider le F.L.N. – ce peut être soustraire

8. Témoignage de Robert Davezies.

un homme à l'arrestation, à la torture. La politique de Lacoste fournit bien des arguments convaincants...

Francis Jeanson, qui supervise personnellement cette branche, dispose vite d'un nombre d'appartements satisfaisant. Mais planquer les militants du Front ne suffit pas ; il faut encore leur permettre de se déplacer. Dans Paris, quelques véhicules particuliers y sont affectés. Étienne Bolo, Hélène Cuénat, se souviennent d'avoir servi de chauffeurs. Les consignes proviennent directement de Jeanson, qui leur indique le lieu et l'heure de la « course ». Parallèlement, le F.L.N. utilise aussi dans la capitale un ou deux taxis appartenant à des Algériens ; il s'y règle, tout en roulant, maints problèmes.

Les choses se compliquent lorsqu'il faut que les responsables de la Fédération franchissent une frontière. En octobre 1957, juste après la réunion du Petit-Clamart, Jeanson débarque à Bordeaux, sa ville natale, chez Jacques Vignes, un ami d'enfance qui dirige sans enthousiasme une petite entreprise familiale. Vignes : « Francis survient en coup de vent et me lance : " Je pars dans une heure pour la frontière espagnole. Je dois faire rentrer le patron du F.L.N. pour toute la France. Viens avec moi. Pas le temps d'exiger des explications. " Nous voilà en route. » Pendant deux heures qui semblent interminables à Vignes, ils attendent Omar Boudaoud à quelques centaines de mètres d'un poste-frontière, feignant de rechercher un briquet égaré. Le numéro un de la Fédération surgit enfin et ils le ramènent à Bordeaux chez Jacques Vignes. Ce dernier retrouve Jeanson à son hôtel et une discussion s'engage, qui dure une bonne partie de la nuit. S'il est informé du déroulement de la guerre, Vignes ne voit pas comment il pourrait peser sur le cours des événements. « Francis m'a convaincu ce soir-là, reconnaît-il vingt ans plus tard, que la lutte des Algériens était une lutte de libération et qu'il fallait les soutenir[9]. » Une (excellente) recrue de plus.

Presque aussitôt, Vignes abandonne sa carrière bordelaise et « monte » à Paris. Le bateau est sa passion. Il devient journaliste sportif, spécialiste de voile, sous le pseudonyme de Philippe Vigneau. Et parallèlement, il organise pour les Algériens une filière sur l'Espagne qui offre toutes les garanties de sécurité. Il étudie la question avec le sérieux d'un scientifique, écarte le transport ferroviaire trop aléatoire, et préconise l'utilisation d'automobiles. Il parcourt minutieusement une région où il est chez lui, repère les lieux, teste les itinéraires routiers et les passages frontaliers — cela, de préférence en compagnie d'une jeune femme : est-il meilleur prétexte pour se perdre par les chemins douaniers ? Enfin, l'endroit idéal est déterminé. Comme la distance entre les Pyrénées et Paris est trop longue pour accomplir le voyage d'une seule traite, Vignes

9. Entretien avec Jacques Vignes. Mars 1978.

loue une villa près d'Hendaye qui ne sert que peu de temps, puis une seconde dans un paisible lieu de villégiature : Ascain. Paule Bolo s'y établit avec ses enfants. La villa-relais ne sera donc pas inhabitée et les allées et venues attireront moins l'attention. Le système est au point et ne demande qu'à fonctionner.

Il fonctionne. Le « voyageur » du F.L.N. qui doit quitter la France est chargé à Paris par Bolo, Davezies, Vignes, ou encore par un chauffeur de taxi algérien qui conduit son propre véhicule. L'équipage fait halte à la villa pour la nuit. La suite, Robert Davezies la raconte : « Nous prenions la route vers onze heures du matin. Une voiture nous précédait : elle nous donnerait l'alarme si un barrage se présentait. Trois ou quatre kilomètres avant le poste-frontière, nous trouvions la voiture ouvreuse arrêtée en un point où la route se rapproche " en sifflet " de la frontière. Nous descendions, les Algériens et nous. Les voitures repartaient. Nous entrions dans le sous-bois, marchant à quelque distance les uns des autres. Nous franchissions la frontière, descendions le versant espagnol. Soudain, au détour d'un sentier, nous apercevions de gros véhicules, des Mercedes, portant parfois des plaques du corps diplomatique. Les Algériens embarqués, nous revenions par le même chemin. Nos voitures nous attendaient à notre point de départ[10]. »

Dans l'autre sens, le processus est le même. Les responsables du Front, après s'être réunis à Madrid où le F.L.N. possède un bureau, ou bien après un trajet plus important via le Maroc, traversent les Pyrénées, dorment dans la villa d'Ascain et sont convoyés le lendemain vers Paris, toujours protégés par une voiture ouvreuse. L'atmosphère au cours du voyage est fraternelle mais, entre militants algériens et anticolonialistes français, on se parle assez peu. La tension requise par l'action, d'élémentaires raisons de sécurité, la fatigue aussi, limitent les épanchements. Le plus souvent, les membres du réseau ignorent l'identité des « frères » qu'ils transportent, et la finalité de leur déplacement. Quelquefois, la « une » des journaux leur révèle qui étaient ces compagnons d'un jour...

Les passages s'opèrent sans anicroche, au rythme régulier de quatre à cinq par semaine. Jamais il n'y aura le moindre embarras et le même mécanisme sera réutilisé ultérieurement, quand le réseau sera contraint de changer de frontière. Au début, les Français se servent de leurs voitures personnelles, mais ensuite, grâce à des prête-noms, des véhicules de puissante cylindrée sont achetés ou loués. Robert Davezies se rappelle encore le matin où Rabah Bouaziz, le patron de l'O.S., lui demanda d'acquérir deux voitures dans la journée. La Fédération de France, en effet, n'est pas à court d'argent.

L'argent, c'est le principal « travail » du réseau. Au fur et à

10. Témoignage de Robert Davezies.

mesure que le F.L.N. conforte son emprise politique sur les quatre cent mille Algériens qui vivent en Métropole, la collecte des fonds devient une considérable entreprise. Dans chaque bidonville, dans chaque hôtel, dans chaque immeuble, les percepteurs du Front, par la persuasion et par la force, recueillent les cotisations mensuelles : deux mille anciens francs pour les salariés, un versement au prorata du chiffre d'affaires pour les commerçants. L'argent récolté au niveau du quartier est centralisé à l'échelon de la ville, puis de la région. A ce stade, seuls interviennent les Algériens. Après, c'est au réseau de jouer.

Toutes les sommes collectées à Marseille, Lyon, Bordeaux et dans d'autres villes, sont convoyées jusqu'à la capitale par des « porteurs de valises » français. A Paris, les agents de liaison stockent leur précieux chargement dans des appartements réservés à cet office. Là, l'argent est comptabilisé. Francis Jeanson : « Le fric arrivait en vrac dans des valises. Perdu au milieu des billets, se baladait un petit bout de papier sur lequel était inscrit le montant théorique. On comptait et recomptait jusqu'à ce qu'on parvienne au chiffre exact. Il fallait ensuite faire des liasses convenablement présentées, en éliminant toutes les coupures où des militants zélés avaient écrit « Vive le F.L.N. ! » ou « Vive l'Indépendance ! » D'autres membres du réseau, à l'odorat chatouilleux, sont restés traumatisés par l'épouvantable odeur que dégageaient ces monceaux de billets.

Début 1958, les sommes ainsi amassées s'élèvent chaque mois à plus de quatre cents millions de l'époque. Six à huit grosses valises sont nécessaires pour transporter tout l'argent. Et un problème demeure : comment expédier ce trésor de l'autre côté des frontières ? La valise diplomatique semble un procédé séduisant et l'ambassade de Tunisie est mise à contribution. Jusqu'au jour où dix millions s'évanouissent pendant le transit. Le F.L.N. dépêche un enquêteur. A ce sujet, une réunion qui a laissé à Francis Jeanson un souvenir plutôt pénible se tient près de la place Saint-Sulpice, dans l'appartement qu'Olivier Todd prête à l'occasion[11].

La valise diplomatique est abandonnée. Francis Jeanson s'adresse à un courtier qui, moyennant ristourne, transmet les fonds à une banque suisse. Cela marche sans ennui. Une fin de semaine, toutefois, le courtier n'est pas disponible. Jeanson avertit Boudaoud qu'il faut ajourner la transaction jusqu'au mardi suivant. Mais le chef du F.L.N. entre dans une colère terrible : « Pas question d'attendre mardi, c'est aujourd'hui que l'argent doit passer ! Si tu n'en es pas capable, je vais m'en charger moi-même. » Jeanson

11. Todd, qui n'est pas encore journaliste professionnel, se reconnaît dans la Nouvelle Gauche. Ses activités sont parfois secrètes : réunion, à son domicile, de soldats contestataires après la mutinerie des rappelés à Rouen, « recel » de valises, et même transport clandestin jusqu'à la frontière suisse d'un responsable algérien. (Entretien avec Olivier Todd. Avril 1979.)

ne se démonte pas : « Tu peux toujours prendre cinquante hommes et forcer la frontière. Mais je me demande quel directeur de banque acceptera ton fric après la lecture des journaux. » Boudaoud garde le silence près d'une demi-heure, puis concède : « Bon, d'accord. Mais mardi, pas mercredi[12] ! »

Les rapports entre les deux hommes ne sont pas ordinairement aussi heurtés. Ils se rencontrent très fréquemment, plusieurs fois par semaine. Omar communique à Francis ses besoins pour les jours d'après. Beaucoup d'opérations sont effectuées sans qu'il soit utile d'y revenir; quand un mécanisme est au point, il tourne tout seul. L'Algérien et le Français s'entendent bien. Curieusement, le Kabyle un peu rustaud, rompu à la vie de maquis, et l'intellectuel sartrien, féru de philosophie, sympathisent. Jeanson apprécie chez son partenaire une loyauté qui ne se dément jamais, même dans les moments les plus délicats. Réciproquement, les préventions de Boudaoud à l'encontre de Francis sont tombées. Il aime son efficacité, son esprit d'initiative. Vers cette époque, il confie à Vignes : « Le contact qu'on m'avait indiqué en arrivant à Paris était sans doute l'homme le plus repéré de France. Mais il travaille bien. » En vérité, sous des comportements désinvoltes qui hérissent quelquefois ses camarades, Jeanson est obsédé par la préservation de la clandestinité du réseau : « La sécurité absorbait 75 % de mon temps », admet-il à présent. Ainsi, excédé de voir Boudaoud se promener en tenue de paysan endimanché, arborant notamment des chaussettes de couleur assez vive pour baliser n'importe quelle filature, Jeanson l'entraîne chez un tailleur et l'habille de pied en cap.

Le réseau s'est structuré, étoffé, et recrute toujours par relations individuelles. « Nous n'avons jamais eu de problème de main-d'œuvre, commente aujourd'hui Jeanson. Si nous avions pu passer des petites annonces, nous aurions refusé du monde. » Mais ces Français qui aident les Algériens sont-ils membres du F.L.N. ou jouissent-ils d'une réelle autonomie? La question rebondira jusqu'au cessez-le-feu. A l'aube de l'année 1958, elle se pose de façon très concrète.

Un jour de février, au cours d'une de leurs rencontres périodiques, le chef de la Fédération de France, après avoir expédié les affaires de routine, annonce à Jeanson : « Francis, il faut que nous ayons une conversation très sérieuse sur votre fonctionnement. Cela ne peut pas continuer. Tu te rends compte de la situation? Tout passe par toi : l'hébergement de l'ensemble du Comité fédéral, les filières, les dépôts, l'envoi du fric à l'étranger, tout. Si tu es arrêté et si on te fait parler, que se produira-t-il? » Les militants du F.L.N., familiers des commissariats d'Algérie, savent bien que personne

12. Relaté par Francis Jeanson.

n'est capable de résister à la torture. Ou en tout cas, que personne n'est en mesure de prétendre y résister. En France, et s'agissant de Français, le problème est moins aigu. C'est ce que Jeanson tente d'expliquer à Omar: « Mais moi, je ne serai pas torturé. Comment veux-tu qu'on me fasse parler ? » Boudaoud insiste cependant : « Il faut quand même bâtir un autre type d'organisation avec des secteurs absolument indépendants les uns des autres, cloisonnés. Chacun travaillera sous la responsabilité d'un Algérien. » Jeanson a immédiatement compris : c'est la fin du réseau français. Il oppose un veto catégorique : « Je suis absolument en désaccord, et ce pour deux raisons. La première est d'ordre technique : les Algériens se font piquer plus facilement que nous – c'est l'évidence. La seconde est politique : il me semble capital que ce soient des Français qui assument les responsabilités du travail. Il y va de l'avenir des relations entre nos deux peuples. » Omar réfléchit longuement, en silence, comme à son habitude. Puis concède : « Soit. Mais il faut s'organiser différemment[13]. »

Dès lors, le réseau français est doté d'un budget mensuel géré personnellement par Francis Jeanson. Environ trois millions de centimes sont alloués aux porteurs de valises, c'est-à-dire moins de un pour cent des sommes collectées. Cet argent sert à payer un salaire de permanent à ceux qui abandonnent leur métier pour se consacrer au soutien. Jeanson lui-même, Bolo, Hélène Cuénat perçoivent 75 000 anciens francs. Pas de quoi mener grand train. Et encore, le F.L.N. souhaitait donner moins ; mais Bolo, l'âme revendicatrice, a poussé des hurlements. Le reste de la cagnotte rembourse, sur notes justificatives, les frais de déplacement et d'hôtel, les achats ou locations de voitures et d'appartements. La clandestinité coûte cher. Les illégaux du monde entier le savent pertinemment : les palaces sont moins surveillés que les gourbis, les grosses cylindrées que les guimbardes ; une dame élégamment vêtue franchit mieux les barrages qu'un individu mal fringué ; les restaurants trois étoiles sont plus discrets que les bouis-bouis de quartier, les wagons-lits sont moins contrôlés que les deuxièmes classes. Inutile d'avoir fréquenté une école d'espionnage pour s'en convaincre. Leopold Trepper, chef du célèbre Orchestre rouge, ne dînait que dans les restaurants de marché noir, à clientèle nazie de préférence.

Il sera reproché à Jeanson et à ses amis d'avoir été des résistants de luxe, bien que leur « train de vie » n'ait jamais excédé le nécessaire.

13. Dialogue rapporté par Francis Jeanson.

Henri Curiel n'encourt certes pas cette critique... L'irremplaçable Robert Barrat a fait la connaissance de ce professionnel de la révolution en juin 1956, peu avant que Nasser nationalise le canal de Suez. Communiste égyptien, Curiel a convaincu le journaliste du bien-fondé de cette décision : que la voie d'eau revienne au pays qu'elle traverse relève de la simple justice. Les deux hommes se plaisent ; préoccupés l'un et l'autre par les luttes de libération nationale, particulièrement au Proche-Orient et au Maghreb, ils échangent fréquemment des informations. Le Français ne manque pas d'être impressionné par la déjà longue expérience politique de son interlocuteur.

Né quelques semaines après le déclenchement de la Première Guerre mondiale, au Caire, dans une famille juive sépharade de nationalité italienne, Curiel grandit sous le signe du cosmopolitisme. Juif en pays arabe, il est tôt marqué par cette dualité. Élève au collège des jésuites de Fagallah, puis licencié en droit, il opte à sa majorité pour la nationalité égyptienne – tandis que ses parents sont demeurés citoyens italiens. C'est un choix politique, à l'heure où l'Égypte exige de la Grande-Bretagne son indépendance. Curiel se range dans le camp des damnés de la terre. En ce temps-là, ils possédaient une patrie indiscutée : l'Union soviétique. Curiel devient communiste. Malgré les tempêtes et les excommunications, il ne déviera pas de ce chemin. En 1943, il organise une première école de cadres, fondement du M.E.L.N. [14] qui devient M.D.L.N. [15] en 1946, après la fusion avec d'autres groupes communistes, et constitue le premier noyau du mouvement communiste égyptien depuis la liquidation du P.C.E. en 1924.

L'année suivante, l'O.N.U. préconise le partage de la Palestine en deux États distincts, l'un juif, l'autre arabe. Le M.D.L.N. appuie cette solution. Sur un territoire arabe, c'est un acte de témérité. En 1948, lors de la première guerre arabo-israélienne, sionistes et communistes, que la propagande du roi Farouk se donne pour tâche de confondre, sont internés. Henri Curiel est arrêté pour la troisième fois. Libéré en 1950, il est embarqué de force sur un navire italien et débarqué à Gênes, où les autorités lui accordent une autorisation provisoire de séjour. Mais on lui signifie qu'il doit trouver au plus vite un autre pays d'accueil, sous peine d'emprisonnement. Aucun gouvernement ne veut de cet indésirable. Les démarches entre-

14. Mouvement égyptien de libération nationale.
15. Mouvement démocratique de libération nationale.

prises auprès des pouvoirs publics français sont vaines : la D.S.T., dont le directeur est alors Roger Wybot, détient — déjà — un dossier Curiel. Celui-ci passe outre et pénètre clandestinement avec sa femme sur le sol français.

Exilé et clandestin, il n'en continue pas moins de participer aux activités de son organisation.

En juillet 1952, de jeunes officiers emmenés par Nasser renversent le régime du roi Farouk. Le mouvement des « officiers libres », organisateur du coup d'État, compte des partisans du M.D.L.N. Des années plus tard, Curiel s'expliquera sur ce « noyautage » : « Les officiers libres qui avaient pris le pouvoir le 23 juillet 1952 étaient loin de constituer un groupe homogène. Leur direction comprenait deux membres du M.D.L.N. : Youssef Saddik et Khaled Mohiedine. Deux autres, Gamal Abdel Nasser et Abdel Hakim Amer, étaient considérés comme des éléments à recruter... Dans les rangs des officiers libres, nombreux étaient les communistes ou les sympathisants, en particulier dans la " cavalerie " (les blindés)[16]. »

Mais le Bureau colonial du P.C.F., comme d'ailleurs la section correspondante d'autres P.C. européens, notamment anglais, qui suivent pour le Kominform [17] les organisations communistes égyptiennes, ne saisissent pas la nature du nouveau régime [18] et présentent le coup d'État comme le résultat des rivalités entre impérialismes anglais et américain dans la région. Cette thèse négative, qui reflète parfaitement la sous-estimation par les P.C. européens du rôle politique des communistes en Égypte, est également soutenue par une organisation rivale du M.D.L.N. qui, elle, est sans influence chez les officiers libres.

Henri Curiel n'est pas en odeur de sainteté auprès des dirigeants du P.C.F. Cette suspicion se renforce à l'occasion de l'affaire Marty. André Marty, accusé d'activités fractionnelles avec Charles Tillon, est écarté en 1952 de tout poste responsable. Les anciennes relations des deux « condamnés » sont épluchées. Les procureurs ont de bons fichiers : en 1943, Marty a séjourné au Caire chez Henri Curiel — et celui-ci, tout naturellement, a revu Marty en France. Ces contacts sont intégrés au réquisitoire. Le 21 novembre 1952, *L'Humanité* révèle qu'« André Marty a dû reconnaître avoir entretenu une liaison avec un couple d'Égyptiens douteux dont il fit la connaissance lors de son passage au Caire en 1943 ». L'allusion à Curiel est transparente. Et « douteux », dans le vocabulaire de l'époque, est pratiquement synonyme de « policier ». Peu après, une directive émanant de la direction du P.C.F. « met en garde,

16. Cité dans le mémoire de maîtrise de Marie-Dominique Gresch, *Le P.C.F. et l'Égypte*, sous la direction de René Galissot.

17. Bureau d'information des partis communistes, créé en 1947, et dont le siège était à Bucarest.

18. Bien compris, en revanche, par Roger Vailland in *Choses vues en Égypte*.

pour des raisons de vigilance, certains organismes du Parti qui n'étaient pas avertis de la question égyptienne». Dans de nombreuses cellules, les militants d'origine égyptienne doivent, s'ils ne veulent pas encourir l'exclusion du parti français, rompre les ponts avec le groupe organisé par Curiel à Paris.

C'est à l'automne 1957 que Robert Barrat présente ce « proscrit » à Francis Jeanson. Le patron du réseau est en quête de renforts et Curiel possède quelques cordes à son arc. La rencontre est fructueuse. Jeanson : « J'ai perçu Curiel comme un orthodoxe en rupture de ban, internationaliste coupé de tout parti. Il était très séduisant et a manifesté d'emblée une efficacité remarquable. » Autour de Curiel, un noyau de communistes égyptiens d'origine juive, exilés comme lui, poursuit ses activités militantes en direction de l'Égypte et du Proche-Orient. Le principe d'un soutien actif au F.L.N. est débattu et accepté. Trois membres du groupe s'y consacrent et notamment Didar Fawzy, ex-femme d'un officier libre du corps des blindés, qui travaille avec Curiel depuis les années quarante[19].

Le charme naturel d'Henri Curiel opère sur les membres du réseau. Il parle d'une voix douce, mélodieuse; il accorde à chacun le temps nécessaire. En toute occasion, il ne se départ pas d'une courtoisie extrême. Ce déraciné trouve chez les anticolonialistes français la fraternité du combat commun. Mais il ne s'intègre pas. Avec ses deux camarades, il offre ses services, mais n'oublie pas que la ligne juste est la ligne communiste. Certitude grosse de conflits futurs...

L'heure est à l'action. Le révolutionnaire professionnel se distingue par son aptitude à pénétrer tous les milieux sociaux. Henri Curiel y excelle, avec un art consommé des « public relations » et une rare faculté de persuasion. Fils de banquier, il a su préserver, malgré son engagement militant, de précieuses relations dans la finance internationale. Bénéficiant de concours bancaires qu'on ne peut aujourd'hui encore révéler, il perfectionne le système conçu par Jeanson pour évacuer l'argent du F.L.N. hors de France.

Chaque mois, le même scénario se reproduit. Les billets qui proviennent des bidonvilles et des gourbis sont soigneusement empilés dans des emballages anodins. Henri Curiel affectionne, en particulier, les cartons de chez Dior. Un chauffeur de maître les transporte directement à la banque où l'Égyptien a ses entrées. Une minute après, un correspondant en Suisse, le père dominicain Kirch[20], réceptionne les fonds. Désormais, les cinq cents millions de centimes collectés transitent par un coup de télex. La technique est tellement rodée qu'il arrive assez souvent que Curiel suggère à Jeanson: « Tu ne crois pas qu'on pourrait patienter un jour ? Le cours

19. Entretiens avec Didar Fawzy. Mai et septembre 1978.
20. Pseudonyme donné par les auteurs.

du franc est en train de monter. » Et voilà le philosophe existentialiste et le communiste apatride s'amusant à spéculer sur le change...

□

A Matignon, la valse devient folle... Guy Mollet, tombé dans l'hémicycle en mai 1957, est remplacé par Bourgès-Maunoury qui passe le témoin en novembre à Félix Gaillard. Sur le terrain, Lacoste assure la continuité et attend le dernier quart d'heure qui, lui, se fait attendre. Comme le poisson, la IVe République pourrit par la tête. Raymond Aron scandalise en préconisant l'indépendance de l'Algérie[21]. A Alger et ailleurs, les sectateurs de la croix de Lorraine préparent la relève. Le 8 février 1958, l'aviation française bombarde le village tunisien de Sakiet-Sidi-Youssef qui abrite une base de l'A.L.N. Quatre jours plus tard, les Éditions de Minuit publient *La Question.*

Henri Alleg, on s'en souvient, a été « interrogé » au centre de tri d'El-Biar. Après un mois de détention, et de pressantes démarches de ses amis, il est transféré en juillet au camp de Lodi. Il réussit à en faire sortir une copie de la plainte qu'il a déposée auprès du procureur général d'Alger. La publication de cette lettre dans la presse française et étrangère projette le cas Alleg sur le devant de la scène. A la suite d'une vaste campagne d'opinion, il quitte le camp de Lodi pour être incarcéré à la prison Barberousse d'Alger. Il peut communiquer avec ses avocats, Mes Douzon et Dosse, qui appartiennent à un collectif de défenseurs communistes. Feuillet par feuillet, ils ramènent de la prison le récit d'Henri Alleg sur les méthodes des parachutistes. Sur le conseil de René Julliard, Mme Alleg fait porter le manuscrit – par Me Matarasso – à Jérôme Lindon. Le directeur des Éditions de Minuit, qui vient d'éditer Germaine Tillion et Georges Arnaud, est un bourgeois libéral, lié à la Nouvelle Gauche, et plutôt spécialisé dans le Nouveau Roman que dans la littérature politique[22]. Mais l'atrocité de la guerre heurte de plein fouet cet humaniste, et avive la tradition de résistance propre à l'homme et à l'entreprise qu'il anime.

Devant le texte d'Alleg soigneusement tapé à la machine, Lindon hésite cependant : « Ce document respirait la vérité, mais je savais que s'il y avait procès, je perdrais ; je ne détenais aucune preuve. Avais-je le droit de " mouiller " les gens qui travaillaient aux Édi-

21. Raymond Aron, *La Tragédie algérienne,* Plon, 1957.

22. Germaine Tillion, *L'Algérie en 1957* ; Georges Arnaud et Jacques Vergès, *op. cit.*

tions et qui ne partageaient pas mes opinions politiques ? Si je coulais, je les vouais au chômage. Alors j'ai pris la décision de ne mettre personne dans la confidence, sauf le chef de fabrication[23]. » Jérôme Lindon soumet le texte dont le premier titre est *Interrogatoire sous la torture* à Pierre Vidal-Naquet. A la sortie du livre, le Comité Audin tient une conférence de presse. Le journaliste qui représente *Le Monde* est Alain Jacob. Son article, mesuré dans la forme, n'en est que plus efficace : « Henri Alleg *(raconte)* avec une précision et une abondance de détails qui emporteront bien des convictions[24]. » Dans *L'Express*, Jean-Paul Sartre salue « Une victoire[25] ». On fait la queue aux portes des Éditions de Minuit dont *La Question*, après *La Modification* et *En attendant Godot*, devient un « best-seller ». Lindon s'autorise même un spectaculaire pied de nez au gouvernement : il loue des panneaux publicitaires jusque sur les Champs-Élysées. Les avenues parisiennes s'ornent ainsi de la photo géante d'un individu emprisonné pour atteinte à la sûreté de l'État[26].

Faut-il attribuer ce retentissement au fait que la victime est européenne, intellectuelle et communiste ? Toujours est-il que *La Question* est le premier document de ce type à conquérir une telle audience. Quand les autorités se résolvent, le 27 mars 1958, à ordonner la saisie du livre, soixante-six mille exemplaires sont vendus[27]. Pour riposter à l'interdiction, Lindon demande aux grands de la littérature contemporaine de protester en commun. Sartre, sans même en lire le libellé, Mauriac, Malraux et Martin du Gard signent une « adresse solennelle à Monsieur le président de la République » rédigée en ces termes : « Les soussignés protestent contre la saisie de l'ouvrage d'Henri Alleg *La Question* et contre toutes les saisies et atteintes à la liberté d'opinion et d'expression qui l'ont récemment précédée ; demandent que la lumière soit faite, dans des conditions d'impartialité et de publicité absolues, sur les faits rapportés par Henri Alleg ; somment les pouvoirs publics, au nom de la Déclaration des droits de l'homme et du citoyen, de condamner sans équivoque l'usage de la torture qui déshonore la cause qu'il prétend servir... »

Albert Camus, sollicité par le directeur des Éditions de Minuit, a refusé par lettre de s'associer à cette démarche[28].

23. Entretien avec Jérôme Lindon. Septembre 1978.

24. *Le Monde*, 20 février 1958. Une semaine plus tard, le quotidien de la rue des Italiens sera plus abrupt encore : « Ce témoignage révèle chez les tortionnaires du journaliste communiste non seulement l'habitude d'abominables pratiques, mais une bassesse d'esprit indigne d'hommes portant ou empruntant l'uniforme français. »

25. *L'Express*, 6 mars 1958 (numéro saisi).

26. *Le Canard Enchaîné* publie une photo de cet affichage « sauvage ».

27. En outre, 90 000 exemplaires seront diffusés par *Témoignages et Documents* qui reproduit intégralement l'ouvrage.

28. Relaté par Jérôme Lindon.

Au bout de quelques semaines, Jérôme Lindon récidive. Pierre Vidal-Naquet, en collaboration avec lui, s'est attelé depuis plusieurs mois à la reconstitution de l'enquête sur la disparition de Maurice Audin. Le travail s'achève : le jeune mathématicien a bien été assassiné et ses bourreaux ont agencé un simulacre d'évasion pour masquer leur crime. Lindon souhaite apposer sur le livre une bande : « Massu et ses complices ». Les libraires craignent une saisie de plus et force est de la modifier en : « Massu et ses hommes ». *L'Affaire Audin*, sous la signature de Vidal-Naquet, est achevé d'imprimer le 12 mai. Le lendemain, pour Massu et ses hommes, c'est le grand jour...

Chapitre 6

L'OREILLE DE « CASA »

LES événements du 13 mai surprennent Jeanson en Espagne. Tandis que les manifestants d'Alger envahissent le bâtiment du Gouvernement général et propulsent Massu à la tête d'un comité de salut public, tous les chefs de willaya disponibles tiennent conclave sur le territoire espagnol. Lorsque Omar Boudaoud et Francis Jeanson parviennent au lieu de la réunion, la plupart des cadres militaires sont rassemblés. L'entrée du Français est ponctuée par un « Je ne savais pas que j'étais dans un salon parisien, ici ! » Omar remet l'interpellateur à sa place et les choses au point : le responsable du réseau français assistera aux délibérations [1]. Aussitôt après, Jeanson rentre en France où de Gaulle est en marche vers le pouvoir. La situation, particulièrement incertaine, exige des mesures de sécurité.

A Pâques, déjà, la police a effectué une descente au Petit-Clamart, dans l'appartement des Jeanson. Repéré, Francis plonge dans une clandestinité totale ; séparé de sa femme, il vit avec Hélène Cuénat et sous une fausse identité dans un logement que Curiel leur a procuré. Ultérieurement, un prête-nom suisse achètera un appartement rue des Acacias. En mai, Jeanson est contraint de se décharger d'une partie de ses tâches. Davezies hérite de la collecte et de la livraison des fonds et Vignes s'occupe de réorganiser les passages. Par crainte d'un durcissement du régime, le Comité fédéral du F.L.N. se résout, en effet, à s'installer à Düsseldorf et il est urgent de créer des filières sur l'Allemagne. En France, c'est désormais un coordonnateur, sous les ordres directs d'Omar Boudaoud, qui dirige le F.L.N.

Militant du P.P.A. dès l'âge de seize ans puis membre de la

1. Devenu chef de l'État algérien, Houari Boumediène, présent à la réunion, rappellera cette scène à Francis Jeanson.

fameuse Organisation spéciale, Haddad Hamada [2] est adhérent du C.R.U.A. quand il est arrêté sur dénonciation le 6 novembre 1954. Torturé, emprisonné, libéré dix-huit mois plus tard, il débarque en France pendant l'été 1956 ; c'est lui que Boudaoud choisit pour remplir, dans l'Hexagone, la fonction la plus exposée. Un homme solide, expérimenté, astucieux; un roc en cette période mouvante.

Face à de Gaulle, la gauche non communiste tergiverse puis se rallie, hormis quelques personnalités, notamment Pierre Mendès France et François Mitterrand. Alors que le recours au « solitaire de Colombey » apparaît à Hubert Beuve-Méry comme le seul rempart contre la dictature, *France-Observateur* développe une thèse exactement contraire : « Au bout du gaullisme, la dictature [3]. » Analyse similaire dans *France Nouvelle* qui titre le même jour : « Barrage à de Gaulle et à la dictature ! » Le Parti communiste est persuadé qu'il se trouve confronté à une tentative factieuse. Il appelle ses militants à se mobiliser « contre le fascisme » et décrète d'exceptionnelles consignes de sauvegarde. Les principaux dirigeants quittent leur domicile. Aragon couche à l'ambassade soviétique.

C'est dans ce contexte que Curiel suggère à Jeanson de rencontrer, au plus haut niveau, un responsable du P.C.F. Le communiste égyptien a du flair : il sent qu'aucune circonstance ne saurait être plus propice à une ouverture. D'abord, parce que sur le plan théorique le parti de Maurice Thorez a considérablement évolué depuis deux ans au sujet de l'Algérie. Après l'abandon de la notion équivoque d' « Union française », en juillet 1956, il s'est produit, lors de la session du Comité central convoquée le 15 février 1957, un événement capital : la nation algérienne, qui était depuis plusieurs siècles « en formation », a terminé sa mutation. Maurice Thorez l'a révélé lui-même : « Et maintenant, en accord avec l'histoire, avec la vie qui se développe et qui avance, nous avons modifié notre formule et nous parlons à juste raison du fait national algérien, de la nation algérienne constituée. » Laurent Casanova en tire sans délai la conclusion logique : « La seule question qui se pose aujourd'hui est de savoir si le peuple algérien accédera à l'indépendance avec l'aide de la France ou contre elle [4]. » Enfin, stade suprême de cette évolution, le F.L.N. est reconnu comme le seul organisme représentatif du peuple algérien, et ce « par toute la résistance algérienne, y compris le P.C.A. [5] ». Parallèlement, la presse communiste rompt le silence sur les jeunes adhérents du Parti qui ont préféré la prison à la « sale guerre ». Le 30 septembre 1957, quatorze mois après son arrestation, *L'Humanité* réclame la libération d'Alban Liechti. Le jeune jar-

2. Son véritable nom est Youssef Haddad. Nous conservons cependant celui sous lequel il est alors connu.
3. *France-Observateur*, 22 mai 1958.
4. Discours à l'Assemblée nationale, 20 mars 1957.
5. *L'Humanité*, 22 janvier 1958.

dinier qui avait écrit au président de la République pour lui signifier sa volonté de ne pas combattre en Algérie a été imité par plusieurs dizaines de jeunes communistes, dont quelques fils de cadres de l'appareil (singulièrement Pierre Guyot dont le père, Raymond, siège au Bureau politique). Et puis le P.C.F. se solidarise à présent sans réserve avec les « Algériens d'origine européenne, parmi lesquels les communistes algériens, qui participent aux combats de la libération de leur patrie [6] ».

Cette évolution publique, dont l'importance est manifeste, ne s'est pas accompagnée d'un engagement pratique aux côtés du F.L.N. Loin s'en faut. Mais en mai 1958, les inquiétudes immédiates l'emportent. Pour contrer ce qu'il estime être l'irruption du fascisme, le P.C.F. ne peut pas compter sur grand monde en France. Le F.L.N., en revanche, représente une force considérable. C'est ce raisonnement que Curiel a deviné.

Francis Jeanson, de son côté, n'analyse pas le 13 mai d'une manière très différente du P.C.F., et il éprouve le besoin de briser son isolement politique. Au sein même du réseau, il a constaté quel déchirement vivent nombre de militants communistes, écartelés entre l'attachement à leur parti et le désir d'aider efficacement les Algériens. Si Hélène Cuénat ou Étienne Bolo ont tranché en ne reprenant pas leur carte, d'autres s'abstiennent d'agir pour la conserver. Aussi, lorsque Curiel lui propose une entrevue « au sommet », Jeanson y voit au moins un intérêt : exiger que le Parti communiste tolère les activités illicites d'un certain nombre des siens.

Henri Curiel s'occupe de l'organisation matérielle de la rencontre, avec un luxe de précautions. Thorez ne souhaite évidemment pas que la France entière apprenne que les communistes se concertent clandestinement avec le principal complice français des « terroristes » algériens.

Francis Jeanson a rendez-vous le 30 mai 1958 dans un appartement proche du bois de Boulogne. Hélène Cuénat s'assure que la voie est libre ; enfin, voici Jeanson en présence de Laurent Casanova. Corse d'origine mais né en Algérie, ami personnel de « Maurice », « Casa » est un interlocuteur de poids. Longtemps viscéralement et sincèrement stalinien, il est persuadé maintenant que la remise en cause entamée par Khrouchtchev est inéluctable ; il est d'ailleurs fort apprécié au Kremlin. Bref, Jeanson n'a pas affaire à un sous-fifre.

D'entrée de jeu, Casanova se livre à un minutieux examen de la conjoncture politique, qui s'achève par ces mots : « Nous n'éviterons sans doute pas le gouvernement de Gaulle. Mais il ne pourra pas tenir. Il n'a pour le soutenir que des généraux rebelles, des paras, des tortionnaires. Il ne trouvera pas d'appuis dans le peuple.

6. *Les Cahiers du communisme*, février 1957.

Du reste, la réaction dans le pays se dessine déjà [7]. » Les deux hommes abordent l'entretien au fond, Jeanson explique les positions du F.L.N. et sur quelles bases il est chargé de contacter le P.C. : « Sans doute, déclare-t-il à Casanova, les camarades algériens ont beaucoup de critiques à formuler sur l'attitude passée du P.C.F. mais le moment des critiques est révolu. Aujourd'hui plus que jamais, il est clair que le peuple algérien et le peuple français se trouvent face au même ennemi. C'est un gouvernement républicain, s'appuyant sur le peuple, qui fera la paix en Algérie. » Et le patron du réseau insiste : « Il faut que le P.C. avance en même temps les deux mots d'ordre : lutte contre le fascisme et indépendance de l'Algérie. Le mot d'ordre de paix en Algérie est insuffisant. » Casanova acquiesce : « Tout cela est dans notre ligne politique actuelle. » Jeanson évoque alors l'énorme potentiel que représentent les centaines de milliers de travailleurs algériens en France et plaide pour que cette force ne soit pas abandonnée à elle-même : « Il faut que son action soit coordonnée avec celle du peuple français. »

Là aussi, Casanova exprime son accord de principe. Mais il émet quelques réserves sur « l'attitude confuse » du F.L.N. à l'égard du général de Gaulle. Et il précise : « Les méthodes du Front et celles du Parti communiste diffèrent grandement ; le F.L.N. travaille davantage selon les méthodes de la guérilla et de la lutte clandestine. Il n'explique pas publiquement ses positions et sa politique. Le Parti, lui, a le souci de rendre les choses publiques. » « Ce reproche n'a pas de sens, rétorque Jeanson. Le F.L.N. est en guerre et ne dispose pas des mêmes moyens d'expression qu'un parti légal. »

A ce stade de la discussion, le philosophe se découvre : « Les camarades algériens considèrent que la classe ouvrière française reste leur alliée naturelle. Sur la base de cette analyse, je suis mandaté pour faire les propositions suivantes : il est souhaitable que cet entretien soit suivi d'autres, et qu'ils débouchent sur des contacts directs entre responsables algériens et responsables du P.C.F. ; au cours de ces entretiens, les principes d'une action commune seront étudiés. » Après approbation de Casanova, Jeanson poursuit : « Il serait également souhaitable que les positions du F.L.N. soient expliquées à la classe ouvrière dans des publications diffusées par le P.C.F. » Jeanson, on le constate, n'hésite pas à hausser la mise. Mais il a conservé le gros morceau pour la fin : « Éventuellement, les Algériens sont prêts à accepter une aide matérielle des communistes français. »

Casanova enregistre la demande, mais il n'est pas mandaté, lui, pour s'engager aussi loin : « Il faut discuter de cette dernière propo-

7. Après chaque rencontre avec les dirigeants du P.C.F., Jeanson en établissait le procès-verbal écrit. C'est sur ces notes, provenant des archives personnelles et inédites du chef du réseau, que s'appuie tout ce développement. Les auteurs les reproduisent *à la lettre*.

sition, répond-il. Mais elle ne me semble pas à l'heure actuelle réalisable. »

Fin de la rencontre. Les deux hommes examinent ensemble les modalités techniques de l'entretien suivant, et se séparent. Immédiatement après, rédigeant le procès-verbal de la conversation, Jeanson conclut : « Cet entretien est positif, en ce que le principe d'une action commune est acquis. Il y a tout à gagner à multiplier les entretiens de ce genre ; le Parti semble encore mal informé des problèmes qui se posent aux Algériens et des conditions de leur lutte. Cependant, l'extrême prudence des dirigeants du P.C. et les difficultés réelles que le Parti affronte actuellement (même s'il en est pour une part responsable) définissent exactement les limites de cet entretien ; un gros travail reste à faire avant d'en venir à une véritable action unie. »

Le 5 juin, nouvelle rencontre. Mais l'interlocuteur a changé : c'est Waldeck Rochet que Jeanson retrouve dans l'arrière-salle d'un café de Montparnasse. Colette Jeanson, cette fois, a été l'intermédiaire ; elle a préparé le rendez-vous avec le dirigeant communiste au siège de *La Terre*, l'hebdomadaire qu'il régit. Elle a jugé Waldeck Rochet disponible, ouvert au dialogue [8]. Pourtant, la discussion avec Francis Jeanson débute mal. Impénétrable, son partenaire défend avec vigueur la politique menée par son parti : « Grâce à nous, de Gaulle est revenu moins vite au pouvoir. Ce qui nous a laissé plus de temps pour nous organiser. » Et il attaque carrément : « Le silence du F.L.N. pendant toute cette période est grave ; les ultras l'ont utilisé. » Alors, et alors seulement, il baisse sa garde : « Que voulez-vous de nous ? Je puis vous promettre que nous ne cesserons pas de réclamer la négociation pour l'indépendance de l'Algérie. Je ne peux pas vous en dire plus. Mais nos mots d'ordre ne varieront pas. Nous agissons selon nos moyens. La classe ouvrière comprend des éléments avancés – le P.C. regroupe l'avant-garde – mais il faut tenir compte des éléments retardataires, nationalistes voire racistes. »

Comme Jeanson se montre déçu par l'extrême prudence de son vis-à-vis, Waldeck Rochet sort de sa réserve. Il certifie que la conversation avec Casanova a été rapportée en haut lieu et que celle-ci sera également répercutée. Et d'un seul coup, il demande : « Ne serait-il pas possible d'envisager des contacts entre un représentant du P.C.F. et un dirigeant du F.L.N. ? » Comblé, Jeanson répond évidemment par l'affirmative. Rendez-vous est pris pour la semaine suivante.

Comme après sa rencontre avec Casanova, Jeanson – qui remet au F.L.N. des procès-verbaux détaillés – transcrit aussitôt cet échange : « L'entrevue est positive mais elle a donné longtemps l'impression

8. Témoignage de Colette Jeanson.

d'aboutir à une impasse. A vrai dire, il faut la replacer dans son contexte, à savoir la personnalité de W. dont la position au P.C. lui impose la plus grande réserve : donc de mettre son interlocuteur à l'épreuve (il l'a fait avec froideur et constance), de rester sur ses gardes, de ne jamais rien laisser apparaître de ses sentiments sans jamais rien laisser échapper du dialogue. De plus, c'est un paysan, habitué à mûrement réfléchir, à penser son avenir à long terme (certains prédisent son accession au secrétariat général) ; il lui arrive de contrer des propositions " révolutionnaires " qu'il défendra pied à pied par la suite [9]. »

Et brutalement les événements s'accélèrent. Waldeck Rochet en a-t-il référé le jour même à Thorez qui a décidé de brusquer les choses ? En tout cas, Laurent Casanova est mandaté pour une nouvelle entrevue, fort urgente puisqu'elle a lieu le lendemain 6 juin. L'alternance des « négociateurs » obéit-elle à une vieille règle de sécurité ou à un dosage politique ? Nous n'en savons rien. Ce qui est sûr, c'est que Casanova fonce droit au but : « Le Parti communiste est prêt à rencontrer les camarades algériens, annonce-t-il sans détour. C'est à eux de choisir le lieu et la date. » Dès lors, les répliques s'enchaînent sans discours inutiles :

« Ces rencontres s'opéreront à l'extérieur et le plus tôt possible, dans les huit jours, expose Jeanson, qui est mandaté par le Front.

— Qui aurons-nous en face de nous ? reprend Casanova. Je pose cette question par souci d'efficacité. Si l'on veut que des décisions pratiques sortent de ces rencontres, il est préférable de mettre en présence des gens de responsabilité équivalente.

— Du côté algérien, le camarade qui viendra sera le numéro un de la Fédération de France.

— A votre avis, quel serait l'équivalent pour nous ? Un membre du Bureau politique, du Comité central ? (« Casa » cite quelques noms, dont celui de Waldeck Rochet...)

— Je l'ai vu hier, objecte Jeanson. J'ai dû fournir un rude effort pour vaincre sa résistance. Peut-être vaudrait-il mieux que les Algériens n'aient pas à en faire autant !

— Je suis au courant de votre rencontre. Ne vous trompez pas sur Waldeck. C'est un homme très sensible, très fin dans ses appréciations, très bien placé pour un contact de ce type. Si vous le jugez utile, concède " Casa ", je pourrais me déplacer moi-même. Mais je préfère laisser ce soin à d'autres et continuer à vous voir. »

Le nom de Waldeck Rochet est arrêté en commun. Et Jeanson avertit Casanova : « Les camarades algériens ne se contenteront pas de prises de position théoriques, si justes soient-elles. Il faudra que les actes suivent. » Comme pour tester enfin le degré d'engagement

9. Ces lignes traduisent une analyse psychologique fine et prophétique : Waldeck Rochet sera élu secrétaire général en 1964.

du responsable communiste, Francis Jeanson lui demande s'il peut lui dénicher un hébergement en Belgique : ce n'est, bien sûr, qu'une mise à l'épreuve. Le test n'est pas négatif : « Casa » promet d'y songer.

A l'issue de ce débat, Jeanson note : « Le P.C. suit l'affaire ; les dirigeants sont tenus au courant. L. [10] est venu chargé d'un certain nombre de réponses positives. L. manifeste un réel souci de voir ces entretiens aboutir à une collaboration avec le Front (choix de l'interlocuteur, du lieu, accueil favorable à la demande d'hébergement). Cependant, il ne manque pas une occasion de formuler des critiques politiques à l'égard du Front. Simultanément, il se déclare soucieux de comprendre la réalité algérienne et manifeste le désir de poursuivre les entretiens. »

□

Francis Jeanson pèche par optimisme. La rencontre, en Suisse, entre Waldeck Rochet et Omar Boudaoud sera décommandée. Que s'est-il passé dans le secret du Bureau politique ? Casanova s'était-il trop avancé ? A-t-il été désavoué par Thorez ? Ou, plus simplement, ce dernier a-t-il modifié son attitude tandis que se modifiait le paysage français ? Le « danger fasciste », fin mai, justifiait un rapprochement avec le F.L.N. A la mi-juin, il est patent que de Gaulle n'est pas un dictateur sanguinaire. Les menaces qui semblaient peser sur l'existence légale du Parti s'évanouissent. Bref, il n'y a plus péril en la demeure.

Le 10 juin, le Comité central se réunit pour la première fois depuis le 13 mai. P. [11], député du Nord, est décidé à « parler ». Dans son bureau de l'Assemblée nationale, il soumet l'intervention qu'il a préparée à deux autres membres du Comité central, parlementaires comme lui, et avec qui ses rapports sont amicaux et francs, Jean Pronteau et Maurice Kriegel-Valrimont. Tous deux se déclarent d'accord sur le contenu mais déconseillent à P. de se découvrir. « De toute façon, lui disent-ils, on ne te soutiendra pas. » P. s'obstine et prononce son discours devant le Comité central ; le ton en est très modéré mais il s'étonne tout de même de la facilité avec laquelle de Gaulle a reconquis le pouvoir. Le P.C.F. n'aurait-il aucune part dans ce phénomène ? En descendant de la tribune, P. sent qu'il vient de se suicider politiquement. Tour à tour, Jeannette Vermeersch, Aragon, Casanova, le critiquent. « Ce que tu nous

10. Pour Laurent (Casanova).
11. A sa demande, nous respectons son anonymat.

as servi, c'est la marchandise de *L'Observateur* », lance Marcel Servin. L'après-midi, sur les conseils de quelques amis, P. reprend la parole pour atténuer ses propos du matin, mais insiste sur l'idée d'une négociation publique avec « les interlocuteurs d'en face » (c'est-à-dire avec le F.L.N.). Lorsque les travaux du Comité central s'achèvent, P., un peu esseulé, regagne sa voiture. Mais près de son Aronde, il voit Pronteau qui l'attend : « Tu habites toujours Ivry ? Alors retrouvons-nous au Masséna, porte d'Italie. » P., attablé dans le café, est effectivement rejoint par Pronteau, flanqué de Malleret-Joinville et de Kriegel-Valrimont [12]. Ils sont ainsi quelques membres du Comité central à constituer un groupe informel, opposé à la ligne thorézienne. Depuis 1956, ils unissent leurs efforts pour mettre en œuvre la déstalinisation, mais ils ne sont pas organisés en fraction.

P. a été très secoué par les attaques violentes qui l'ont frappé : « Mais pourquoi, demande-t-il, Servin et " Casa " me sont-ils rentrés dedans ? » « C'est pour se couvrir eux-mêmes », répond Kriegel. P. n'a aucun mal à comprendre l'explication. Il sait mieux que quiconque la nature des échanges clandestins entre Casanova et Jeanson. Car il a lui-même, depuis la fin du mois de mai, eu plusieurs conversations avec le chef du réseau.

P. n'est pas seulement député du Nord ; on l'a désigné, en 1954, comme président de l'association France-U.R.S.S. Stalinien comme tout un chacun, il n'éprouve guère de doutes jusqu'au jour fatal où *Le Monde* reproduit le rapport « attribué au » camarade Khrouchtchev. En tombant, la statue du petit père des peuples provoque chez lui un traumatisme indélébile. Il se sent impliqué dans l'affrontement qui se déroule au sommet du parti frère. Par prosoviétisme, il devient aussi farouche partisan de Khrouchtchev qu'il a été fidèle de Staline.

En 1958, P. engage fréquemment la conversation, à France-U.R.S.S., avec une des permanentes de l'association (mais non membre du P.C.F.) : Colette Jeanson. D'abord très prudent, il laisse peu à peu deviner ses réticences sur la politique du Parti, notamment sur l'Algérie. Colette enregistre et, juste après le 13 mai, propose à P. de rencontrer Francis. Une première prise de contact, rapide, a lieu le 27 mai. Le lendemain, pendant que de la Nation à la République des dizaines de milliers de personnes défilent pour « barrer la route au fascisme », Jeanson et P. discutent dans un appartement de la banlieue sud. Le député communiste souhaite connaître la valeur du réseau et s'inquiète de l'état des forces du F.L.N. On parle ensuite de la position de ce dernier à l'égard de De

12. Le premier est ancien général F.F.I. ; le second, alors rédacteur en chef de *France Nouvelle*, fut l'un des dirigeants militaires de la Résistance et reçut la reddition de von Choltitz, commandant du « grand Paris », aux côtés de Leclerc.

Gaulle, que P., comme « Casa », estime floue. Et l'on en vient à la politique du P.C.F. P. déclare à Jeanson qu'à ses yeux et à ceux de ses amis, la responsabilité du Bureau politique dans le retour du général de Gaulle est écrasante : « Le fascisme est une expression des guerres coloniales, il en sort ; il sort donc de l'Algérie [13]. » Jeanson apprend à P. que des pourparlers se déroulent avec la direction du Parti, et que son prochain interlocuteur sera Casanova : « Quelle est sa situation vis-à-vis de votre groupe ? » « Il n'est pas des nôtres, répond P., mais il fait ce qu'il peut pour répercuter nos idées pour lesquelles il a de la sympathie. » Et P. ajoute : « Il faut lui demander le maximum et me prévenir aussitôt de ses réponses. Moi, de mon côté, je vous tiendrai au courant des réactions au sommet. »

Ainsi s'enclenche un jeu triangulaire. Le chef du réseau poursuit parallèlement deux sortes de contacts : les uns avec la direction du P.C. ; les autres avec P. qu'il considère comme représentatif du courant critique qui traverse le Parti. Entre la conversation du 30 mai avec Casanova et celle du 5 juin avec Waldeck Rochet, Jeanson voit P., le 3 juin, dans le café de la « Douce France » boulevard Exelmans. Leurs analyses politiques concordent. Mais P. ne cache pas que sa position et celle de ses amis sont de plus en plus inconfortables. Les rapports personnels se dégradent. Il n'adresse plus la parole à Jeannette Vermeersch. Il y a pire : « Je crains que certains membres du Bureau politique ne soient pas capables de faire face aux événements. Lorsque j'aborde avec eux la question de la contribution physique que la situation va exiger, ils éludent la réponse. A mon avis, leur valise est prête. » Le 6 juin, immédiatement après son contact avec Casanova, Jeanson en débat encore avec P., très satisfait de l'allure que revêtent les discussions. Pour lui aussi, la déception finale sera vive. Et sans doute est-ce cette ultime dérobade qui l'amène à « parler » — c'est-à-dire à prononcer des phrases qui n'apprennent rien à personne mais qui valent par cela même qu'elles sont prononcées devant le Comité central.

Cette « sortie » ne demeure pas confidentielle dans les sphères responsables ; membres des commissions, permanents, journalistes, collaborateurs des revues savent en quelques jours que le président de France-U.R.S.S. a émis des réserves sur la politique de Thorez. Ceux qui contestent cette politique depuis des années ne manquent pas une si belle occasion. Le camarade P. ne tarde pas à recevoir la visite de deux universitaires, Jean Chesneaux et X. [14], qui sont les envoyés d'un groupe oppositionnel animé par Victor Leduc.

13. Comme pour ses entretiens avec Casanova et Waldeck Rochet, Jeanson a consigné par écrit ses rencontres avec P. ; nous reproduisons ici fidèlement ces notes — qui recoupent d'ailleurs en tout point le témoignage oral de P.

14. X. est toujours membre du P.C.

Résistant courageux, rédacteur en chef, à la Libération, de l'hebdomadaire politique et culturel *Action*, membre de la commission idéologique du Comité central, Leduc – « Valdy » pour ses proches – a commencé à « dévier » avant les révélations de Khrouchtchev. Ce qui ne l'empêche pas, au contraire, de se jeter à fond dans la bataille de la déstalinisation. Le congrès du Havre, en juillet 1956, confirme la volonté de Thorez d'interdire tout dégel. Un certain nombre de communistes hostiles au stalinisme, mais aussi au vote des pouvoirs spéciaux, se regroupent à l'automne 1956 pour éditer un bulletin, *L'Étincelle* ; la plupart sont des intellectuels en renom : Henri Lefebvre, Anatole Kopp, Yves Cachin, François Châtelet, Victor Leduc bien sûr, et d'autres qu'aujourd'hui encore il nous faut taire. Participe également à la rédaction et à la diffusion de *L'Étincelle* un noyau de militants du XIe arrondissement, emmenés par Gérard Spitzer. Celui-ci, qui a côtoyé Leduc à la section idéologique, n'est pas un communiste de la dernière heure. Engagé à quinze ans, en 1943, dans les F.T.P., il est adhérent du P.C. depuis la Libération. Il travaille au bureau de presse hongrois à Paris et connaît bien les problèmes des pays de l'Est. Opposant aussi précoce qu'il a été précoce combattant, il a diffusé autour de lui des écrits contestataires, en particulier du philosophe Georges Lukacs.

Peu avant *L'Étincelle*, deux communistes de la Sorbonne, Denis Berger et Félix Guattari, trotskistes par ailleurs, ont lancé leur propre feuille oppositionnelle, *Tribune de discussion*, dont l'audience déborde largement le cadre universitaire. Entre l'équipe de *Tribune* et celle de *L'Étincelle*, la méfiance règne tout d'abord. Puis des contacts sont noués et une réunion plénière est convoquée dans la banlieue parisienne. Tout le monde est d'accord au moins sur deux points : la dénonciation du stalinisme et l'insuffisance de l'engagement du P.C.F. contre la guerre d'Algérie. L'urgence entre toutes est celle d'un débat, d'un débat démocratique. Pour y contribuer, *L'Étincelle* et *Tribune de discussion* fusionnent en avril 1957. Un numéro commun paraît, mais des divergences subsistent et conduisent, dès l'automne, à une séparation. La défaite du « groupe antiparti [15] » à Moscou justifie, pour les animateurs de *L'Étincelle*, la cessation de l'opposition clandestine. Ils considèrent que si les promoteurs d'une libéralisation triomphent à Moscou, les partis communistes de tous les pays vont en subir l'onde de choc. En outre, Victor Leduc et ses camarades reprochent à la *Tribune* d'être manipulée par des trotskistes. Enfin, Leduc a été prié de se présenter au « 44 [16] » et l'insistance avec laquelle on lui a conseillé de parler juste devant le bureau lui a permis de déceler immédiatement

15. Molotov, Malenkov et Kaganovitch, principaux adversaires de Khrouchtchev, éliminés par celui-ci.

16. 44, rue Le Peletier, siège du Comité central.

l'emplacement du micro. Il nie tout en bloc, mais se sait suspect. Les mal-pensants de *L'Étincelle* estiment « dangereux de prolonger indéfiniment l'existence d'un organe clandestin dans le parti » et choisissent de se séparer. Ils préfèrent se consacrer au travail théorique et public ; au début de 1958, la même équipe sort un mensuel, *Voies Nouvelles*, diffusé à un millier d'exemplaires et où apparaissent les signatures de Jean-Toussaint Desanti et d'Henri Lefebvre.

Les militants rassemblés autour de Gérard Spitzer refusent toutefois de se saborder. Ils conservent des relations avec ceux de la *Tribune de discussion* et avec les « trotskistes » Berger et Guattari — qui sont du reste au bord de l'exclusion de la IVe Internationale. De ce regroupement naît un cahier ronéoté, *Le Bulletin de l'opposition communiste*, qui devient en janvier 1958 *La Voie communiste*. C'est Jean-Paul Sartre qui finance le premier numéro, qui comporte quatre pages et dont la diffusion est publique. Guy Leclerc, critique dramatique à *L'Humanité*, et Jean Poperen participent à quelques réunions. Poperen s'éloigne avec François Furet pour fonder *Tribune du Communisme*. En mars 1958, Sartre, alerté par Claude Lanzmann sur l'origine trotskiste de certains membres de *La Voie Communiste*, retire son soutien financier. Une ultime rencontre avec lui ne modifiera pas sa décision. Désormais, la principale ressource de « La Voie Co » sera la clinique de Laborde, à Cour-Cheverny, où exerce Félix Guattari. Et les militants de ce courant s'engagent de plus en plus activement dans la lutte contre la guerre d'Algérie [17].

S'il s'est officiellement dissous, le groupe de Victor Leduc continue de se réunir, ne serait-ce que pour les comités de rédaction de *Voies Nouvelles*. Les deux émissaires venus « sonder » P. l'invitent à l'un de ces comités. P. voit Leduc, lui parle de Jeanson et organise une rencontre. Elle se déroule dans la banlieue ouest et se prolonge par un second entretien, au Vésinet, chez un couple d'enseignants communistes. Jeanson ne prend pas de gants, comme avec Casanova... « Acceptez-vous, oui ou non, de nous aider ? » demande-t-il à Leduc. Celui-ci répond que ses amis et lui ne constituent pas un groupe structuré obéissant à une discipline stricte ; il va transmettre. Effectivement, le « groupe Valdy » discute de la proposition de Jeanson et chacun se prononce en conscience. Mais ces intellectuels communistes, s'ils sont d'accord avec l'entreprise de Jeanson, jugent que leur fonction propre est de se battre à l'intérieur du P.C. pour entraîner l'ensemble du parti dans une action de masse contre la guerre [18]. De toute façon, le contact n'est pas rompu. Jeanson revoit de temps à autre P. et Leduc. Il rencontre aussi régulièrement

17. Entretiens avec Denis Berger (juin 1975) et avec Gérard Spitzer (février 1976.)
18. Entretien avec Victor Leduc. Septembre 1978.

Laurent Casanova, sans qu'on puisse préciser si ce dernier est mandaté ou non par la direction du P.C.F. [19].

Fin juin 1958, Jeanson doit constater que les échanges avec les communistes français n'ont pas été vains, et parfois même chaleureux, mais que sur le plan de l'action concrète, le bilan est maigre. Or l'action prime.

□

Un après-midi de ce printemps 1958, Jacques Charby, jeune comédien qui acquiert une petite notoriété dans les milieux du spectacle, répète sur un plateau de télévision. Mais il dévide ses répliques sans parvenir à s'y intéresser ; ce qui l'obsède, c'est la guerre d'Algérie. Lorsqu'il reconstituera plus tard le cheminement intellectuel et affectif qui l'a intégré au réseau, il se souviendra que c'est ce jour-là, sous la lumière des projecteurs, qu'il a cédé à l'impérieux besoin d'aider les Algériens. Anxieux, nerveux, tourmenté, Charby est un impulsif. Pour autant, son désir d'action n'est pas subit.

Son père, ouvrier typographe, a fondé avec Pierre Monatte et Alfred Rosmer [20] la revue *Révolution prolétarienne* ; dès son plus jeune âge, Jacques a été environné de militants anarcho-syndicalistes. La Seconde Guerre mondiale décime sa famille. Sa mère, résistante, se suicide au moment d'être arrêtée. A la Libération, Charby s'inscrit aux Jeunesses socialistes mais en est promptement exclu. La politique le passionne, mais sa vie, c'est le théâtre. En 1945, il participe à la création du Grenier de Toulouse avec Daniel Sorano et quelques autres. Sur les planches, il se lie avec un acteur truculent, André Thorent, qui ne va pas tarder à surgir dans notre histoire. En 1953, Charby épouse Aline Bouveret, une pied-noire élève de Mandouze. Par sa femme, Charby s'initie aux questions coloniales, rencontre des hommes du M.T.L.D. et des Européens gagnés à leur cause comme les Chaulet. Adhérent de la Nouvelle Gauche, abonné à *France-Observateur*, le comédien, tout en entamant une prometteuse carrière, organise des pétitions, distribue des tracts, colle des affiches, mais perçoit douloureusement l'inefficacité de cette action. Le 13 mai le bouleverse ; pas d'autre moyen pour contrer le fascisme que de faire la paix. La paix implique le droit des Algériens à leur indépendance. Donc, il faut aider le F.L.N.

19. Témoignages de P. et de Francis Jeanson.

20. Syndicalistes révolutionnaires « défaitistes » durant la guerre de 1914-1918. Ils fondent *Révolution Prolétarienne* après leur exclusion du P.C., en 1924.

« Je voudrais aller au maquis... » Un peu amusée, Anne-Marie Chaulet contemple le grand type frêle qui lui présente, en plein Paris, cette étrange requête. Elle souhaite cependant ne pas décourager une bonne volonté qui n'est pas si fréquente: «Tu n'as pas la constitution physique ad hoc, mais il y a mieux à faire, lui dit-elle. Des Français travaillent avec un certain Vincent. Je vais te donner le contact [21]. »

Anne-Marie Chaulet, fiancée de Salah Louanchi qui est arrêté depuis un an, sait comment joindre Jeanson. Elle arrange un premier rendez-vous avec Colette, au bar du Pont-Royal. Situé sous l'hôtel du même nom, entre le boulevard Saint-Germain et la Seine, ce café qui accueille touristes et vieilles dames est aussi une « annexe » de la maison Gallimard, sise à deux pas. Sartre avait pris l'habitude, après la guerre, d'y installer ses quartiers, entraînant ses disciples. Francis Jeanson, clandestin, continue à y venir. C'est que le bon whisky, la musique douce et la semi-pénombre ne constituent pas les seuls charmes de l'établissement : il compte aussi deux entrées ; ou, si l'on préfère, deux sorties – l'une, par un escalier, donne sur la rue ; l'autre débouche directement dans l'hôtel. Impossible, en cet antre, de ne pas repérer les intrus. Charby ne semble pas surpris d'atterrir dans un cadre où il est de bon ton de vider du même trait son verre et les grandes querelles idéologiques. Qu'importent les apparences. Le contact avec «Catherine» (Colette Jeanson) est bon. «Vincent», autrement dit Francis, ne se dévoile qu'au second acte. Jacques Charby est rebaptisé François. Il ne sait pas qu'il vient de signer pour dix ans avec l'Algérie. Son premier boulot consiste à trouver des planques. Facile : il n'y a pas plus accueillant que les artistes.

Cécile Regagnon est également comédienne. Sur scène, elle s'appelle Cécile Marion. Elle aussi a débuté à Toulouse, par un tour de chant. Puis on lui a confié une émission, très populaire, de radio régionale. Issue de la « bonne société », Cécile n'éprouve aucun penchant pour la politique. Trois années de suite, en 1952, 1953 et 1954, elle a effectué des tournées en Algérie. Sans que rien ne la trouble vraiment. Mais en 1958, la révélation de *La Question* la blesse. Réflexe humanitaire, réaction morale, elle a envie de bouger. Pas complètement au hasard, Charby lui téléphone, un soir d'été, et lui demande de loger quelqu'un la nuit même. Elle connaît Charby, elle comprend, elle accepte. Cette nuit-là, elle héberge Colette Jeanson. Cécile Marion ne se doute pas, elle non plus, que sa vie a basculé [22].

Depuis avril, Laurence Bataille, étudiante en médecine, a franchi le pas. Un ami lui a proposé de servir de boîte aux lettres pour le

21. Entretien avec Jacques Charby. Juin 1975.
22. Entretien avec Cécile Marion. Juin 1978.

F.L.N. Elle y a consenti et sous peu, elle a reçu la visite de Francis Jeanson. Laurence Bataille, tentée par la comédie avant la médecine, a joué dans une troupe dont la vedette était Alain Cuny, et qui s'est produite en Algérie l'année de l'insurrection. « Ce que j'y ai vu dépasse en horreur la France sous l'occupation », confie-t-elle à ses amis. Indignée, elle adhère au Parti communiste. Déçue, elle le quitte quand les députés du P.C.F. votent les pouvoirs spéciaux. Rapidement, Laurence collabore avec Robert Davezies à la collecte de l'argent [23]. Elle a l'esprit de famille et pense à son cousin, Diego Masson, qui lui aussi ronge son frein. Diego est musicien. Mais ses dons sont multiples...

Le sous-lieutenant Jean-Louis Hurst retrouve à Paris, dans les derniers jours d'août 1958, le deuxième classe Gérard Meier. Les deux soldats, qui sont en permission, se sont connus voici un an au cours d'un stage dans les transmissions, à Laval. Quoique venus d'horizons différents, ils ont sympathisé. Hurst est le fils d'un notable préfectoral alsacien. Dans son adolescence, il a roulé sa bosse au Proche-Orient, fréquenté des étudiants arabes, apprécié leur musique. A son retour, il donne des cours d'alphabétisation et devient instituteur dans une bourgade. Son statut d'enseignant lui vaut un sursis, mais il le résilie. Il est communiste. Il se sait déserteur en puissance. Il décide de se mettre à l'épreuve jusqu'au bout : il demande à servir dans les paras et, sur les conseils de son parti, il suit les E.O.R. et en sort officier. A Laval, donc, il remarque le soldat Meier que semblent rebuter les fiers-à-bras pressés d'aller « casser du bicot ».

Meier est d'origine juive, mais son père a fait baptiser toute la famille pendant la guerre pour éviter la déportation. Baptême de circonstance. Au départ seulement : quand il est appelé sous les drapeaux, Gérard Meier est un militant catholique fervent, qui consacre ses loisirs à l'action sociale dans les cités ouvrières, et qui lit *France-Observateur*. La haine de la guerre coloniale le rapproche de Jean-Louis Hurst. Le catholique est plus impulsif : « Je ne vois pas pourquoi je tirerais sur des gars avec qui je tape la belote au bistrot. » Le communiste est plus « politique », plus cultivé. Il parle à Meier de Marx, de Brecht, de la guerre naturellement. Les aléas des déplacements militaires ne brisent pas leur amitié. Meier est muté à Paris, caserne Dupleix. Hurst est envoyé à Badenhof, au quartier général des forces françaises en Allemagne. Ils s'écrivent régulièrement, se voient de temps à autre, au hasard des permissions. Survient le 13 mai. Hurst, affecté aux transmissions, est aux premières loges pour découvrir la liaison entre les mutins d'Alger et certains officiers supérieurs. Avec des soldats du contingent, Hurst organise la disparition des télégrammes en provenance d'Alger qui lui

23. Entretien avec Laurence Bataille. Septembre 1978.

paraissent douteux. Cette intervention le convainc que contre la guerre, il est possible de résister [24].

Après mûre réflexion, il sonne, au mois de juin 1958, à la porte d'André Mandouze qui enseigne à Strasbourg depuis que le sol algérien lui est interdit. Hurst ne s'encombre pas de préalables : « Je suis officier. Je dispose d'une voiture. Je suis stationné à proximité de plusieurs frontières et je veux aider les Algériens. »

Mandouze, un peu interloqué par cette offre royale, réclame huit jours de réflexion. En réalité, ce délai lui est nécessaire pour toucher Jeanson qui, précisément, cherche à constituer une filière sur l'Allemagne. Le week-end suivant, Mandouze apprend à Hurst l'existence du réseau. Sans retard, il le « branche ». D'abord avec Robert Davezies, puis avec Jacques Vignes, les passages sont étudiés à la frontière sarroise. Saisissant instantané : un officier de l'armée française transporte des rebelles algériens que ses collègues, sous le même uniforme, traquent dans les djebels. En août, il reçoit sa feuille de route pour l'Algérie. Résolu à déserter, il écrit à Meier, lui aussi sur le départ. Rendez-vous à Paris. Hurst affranchit son ami : « Je déserte, je passe en Suisse. Il existe une organisation qui me prendra en charge. » Meier : « Moi non plus, je ne partirai pas. Je ne deviendrai pas un tortionnaire. J'en ai trop vu revenir, des militants catholiques et communistes, qui se vantaient d'avoir tourné la magnéto. Je refuse l'engrenage. Tes amis sont-ils disposés à m'accueillir ? » Hurst se renseigne et fournit une adresse à Meier [25].

Septembre 1958. Le sous-lieutenant Hurst quitte son unité. Le voici officiellement déserteur. Meier, lui, profite de sa dernière permission pour embrasser sa mère, en Normandie. Il s'habille en civil, rentre à Paris et se rend rue de Grenelle, à l'adresse indiquée. Une jeune femme, qui dit se nommer Barbara, ouvre la porte. Le lendemain, pourvu d'un point de chute en Suisse, Meier prend le train pour l'étranger. Il gagne Yverdon où le groupe des premiers réfractaires, avec Louis Orhant et Jacques Berthelet, a élu domicile en 1956.

24. Entretien avec Jean-Louis Hurst. Juin 1978.
25. Entretien avec Gérard Meier. Décembre 1975.

Chapitre 7

LA GUERRE EN FRANCE

LE 25 août 1958, à deux heures du matin, un commando attaque à la mitraillette le garage de la préfecture, boulevard de l'Hôpital, à Paris. Le gardien est tué. Un peu plus tard, une patrouille de police tombe dans le bois de Vincennes sur deux voitures stationnées tous feux éteints à proximité de la Cartoucherie. Les occupants ouvrent le feu, les policiers répliquent, une course-poursuite s'engage. A Vitry, une cuve de la British Petroleum explose. La même nuit, à trois heures douze, le veilleur du dépôt d'essence de Mourepiane, dans la banlieue marseillaise, termine sa ronde lorsque trois explosions retentissent : les réservoirs sont en feu. A Toulon, Narbonne, dans l'estuaire de la Seine, d'autres attentats visent des stocks de carburant. La Fédération du F.L.N. vient de « porter la guerre en France ». Les journaux du lendemain, en première page, dénombrent les fusillades, explosions et incendies en plusieurs endroits du territoire. On exige des mesures d'urgence. Le 26, en l'absence du général de Gaulle, un Conseil interministériel se réunit sous la présidence de Guy Mollet [1]. La France est quadrillée, des barrages installés sur les routes ; des rafles monstres sont organisées dans la nuit du 28 au 29. Sous le contrôle personnel du directeur général de la police municipale, trois mille Nord-Africains sont regroupés au centre Beaujon. Deux mille autres sont parqués au Vel' d'Hiv' par les policiers parisiens que ce « retour aux sources » ne semble nullement troubler. L'opinion se félicite de ces opérations de « légitime défense ». Inefficaces, au demeurant. Les attentats continuent : réservoirs en feu au Petit-Quevilly, fusillade rue de Lyon à Paris, agressions contre des permissionnaires et des commissariats. Le 3 septembre, la préfecture de police recommande fermement aux Nord-Africains de ne pas circuler entre vingt et une

1. Ministre d'État dans le gouvernement de Gaulle.

heures trente et cinq heures trente du matin : pour deux cent mille Algériens de la région parisienne, c'est le couvre-feu. Durant la première semaine de septembre, cent trente-neuf arrestations sont effectuées à Paris et cent soixante et onze en province. Le 11 septembre, une nouvelle opération de police menée dans vingt-six départements entraîne deux cent vingt interpellations tandis que le lendemain un autre coup de filet « ramène » cent vingt suspects [2]. Les Français vivent dans la psychose de l'attentat. S'ils savaient à quels périls ils ont échappé...

A Mostaganem, le 7 juin, le général de Gaulle concède à la foule enthousiaste le fameux « Algérie française ». C'est la dernière fois que cette expression sort de sa bouche, mais pour les chefs de la rébellion, c'est une fois de trop. Depuis le 13 mai, ils ont observé une attitude prudente, voire expectative. Ils ont guetté un geste, un mot. Vainement. Ils décident de se manifester avec éclat et, de surcroît, en France même. Car les chefs des willayas de l'intérieur se plaignent que les Algériens vivant en Métropole « se la coulent douce ». Confrontés aux unités d'élite, les maquisards estiment que tout membre du Front doit se considérer en guerre, où qu'il se trouve. « Nous risquons notre peau ; pourquoi pas eux ? » Cette remarque amère vise, comme un leitmotiv, la Fédération de France. En juillet, le sort en est jeté...

Haddad Hamada, coordonnateur de la Fédération : « Nous avons reçu l'ordre du C.C.E. de préparer l'offensive en France. En juillet, je suis passé en Allemagne pour étudier les objectifs avec Boudaoud. Le C.C.E. nous avait abandonné le choix des moyens. Pendant un mois, nous nous sommes soigneusement concertés. Les meilleurs éléments étaient sélectionnés et formaient des commandos sous la direction de Bouaziz. Nous avons très longuement discuté sur le type de " cible " que nous devions viser. Un moment, il a été fortement question d'incendier toutes les forêts de France pour répondre à l'armée qui brûlait les nôtres. Finalement, nous avons choisi de nous attaquer en priorité à des objectifs militaires et industriels [3]. » D'autres actions, avec le concours de Français, étaient également prévues contre des centrales électriques ; de quoi priver de courant des régions entières...

A la mi-août, Francis Jeanson a rendez-vous avec Omar Boudaoud. Stupéfait, il découvre les projets du F.L.N. :

« Je dois te mettre au courant des nouvelles directives, annonce le numéro un du Comité fédéral. Nous allons porter la guerre en France. Nous voulons créer un climat d'insécurité, ouvrir un second front, semer la panique dans la population. Nous n'avons

2. *Paris-Presse* titre, le 12 septembre 1958 : « Contre les saboteurs du F.L.N., barrages sur toutes les routes ».

3. Entretien avec Haddad Hamada. Novembre 1978.

pas d'alternative : notre peuple subit depuis quatre ans la guerre coloniale. Il faut que les Français sachent eux aussi ce qu'est la guerre. Tant pis s'il y a des victimes.

– Tu as bien fait de me prévenir, rétorque Jeanson. Je suis en complet désaccord. Vous courez au désastre : pendant quarante-huit heures, vous réussirez des actions spectaculaires ; mais après, vous serez fichus. Dans une France bouclée, vous ne pourrez plus bouger. »

Tendu, Francis Jeanson plaide de toute son énergie : « Vous allez compromettre définitivement les chances de relations ultérieures entre le peuple français et le peuple algérien. Toute mon action depuis deux ans est fondée sur cette conviction : sauvegarder l'amitié franco-algérienne. Vous allez tout foutre en l'air. Le voudrions-nous qu'il nous deviendrait techniquement impossible de poursuivre. Ne comptez pas sur moi. J'arrête le réseau.

– Nous avons ce soir une réunion. Je vais transmettre tes objections, concède Boudaoud après une longue empoignade. Retrouvons-nous dans quarante-huit heures. »

Le surlendemain, Omar et Francis se revoient dans une villa de la banlieue nord qui appartient au fils... d'un général. Boudaoud arrive souriant : « J'ai envoyé quelqu'un à Tunis. Ils sont d'accord avec tes critiques. Nous donnerons des consignes très strictes à nos militants : en aucun cas, la population civile ne sera frappée. Il n'y aura pas d'attentats à l'aveuglette [4]. »

Au fond, l'Algérien est aussi soulagé que le Français.

□

Lundi 15 septembre 1958, neuf heures trente... La DS noire de Jacques Soustelle s'engage dans l'avenue de Friedland. Le ministre de l'Information, assis à l'arrière, lit un journal du matin. Il ne remarque pas que, place de l'Étoile, les policiers sont moins nombreux qu'à l'ordinaire : un quart d'heure plus tôt, deux militaires ont été attaqués dans les couloirs du métro et toutes les forces de l'ordre du secteur donnent la chasse aux agresseurs. A côté du chauffeur, M. Letouche, l'inspecteur Goniol, chargé de la sécurité du ministre, observe la chaussée humide et glissante. Juste avant l'entrée du ministère, la voiture stoppe à un feu rouge. Le chauffeur tourne machinalement la tête et aperçoit un Algérien qui s'approche. L'homme tient à la main un pistolet de gros calibre. « Attention ! », crie M. Letouche. Soustelle lève les yeux et dis-

4. Dialogue rapporté aux auteurs par Francis Jeanson.

tingue, en gros plan, le canon de l'arme pointée sur lui. Il plonge. L'homme tire mais manque sa cible. Alertés par le bruit, les gardiens en faction devant le ministère accourent et ouvrent le feu. Mais un groupe de protection, que personne n'avait détecté, lâche plusieurs rafales de mitraillette pour couvrir la fuite de l'homme au pistolet qui s'engouffre dans le métro. Il blesse un contrôleur de la R.A.T.P., abat un passant qui tente de s'interposer, en atteint encore trois autres et achève sa course folle sur le quai de la ligne de Neuilly. Rattrapé, il est à moitié lynché et les policiers sont contraints de l'arracher des mains de la foule pour le transporter, inanimé, salle Cusco. On apprendra par la suite qu'il s'appelle Mouloud Ouraghi.

Pendant ce temps, Jacques Soustelle, un peu hébété, se redresse et sort de la voiture. Un projectile a troué sa veste et des éclats de verre lui ont entaillé le front. Le ministre s'ébroue, écarquille les yeux : à moins de vingt mètres, voici un autre Algérien qui entrouvre son imperméable, braque une mitraillette, et tire. Pour la seconde fois, Soustelle se plaque au sol. Les balles sifflent, ricochent. L'agresseur s'enfuit vers l'avenue Hoche, dirige son arme sur un automobiliste, au volant d'une Aronde, et grimpe : « Fonce ou je te tue ! » Un motard se lance sur les traces du fuyard, parvient à sa hauteur et, par la vitre arrière, lui vide un chargeur dans le ventre. Celui-là se nommait Abdel Cherrouk. Un troisième membre du commando, Ben Zirough, est épinglé alors qu'il détale par la rue de Tilsitt.

Dans un bistrot voisin, un Français attend confirmation de l'attentat. Sa mission consiste à téléphoner à l'agence France-Presse un communiqué de « victoire ». Mais la radio fonctionne dans le café et c'est la voix de Soustelle lui-même qu'il entend soudain : « J'ai été l'objet, il y a quelques instants, d'un attentat terroriste minutieusement préparé. Il va de soi que, quelles que puissent être les tentatives du F.L.N. pour m'en empêcher, je poursuivrai jusqu'au bout mon action pour l'Algérie. »

Le militant français a compris. Il va déchirer le texte de son communiqué dans la cuvette des W.-C. A onze heures, le ministre de l'Information, qui a changé sa chemise tachée de sang et orné son front de sparadrap, reçoit les journalistes dans son bureau. Il revient de loin. Vingt ans plus tard, Haddad Hamada raconte aux auteurs de ce livre : « L'idée de descendre Soustelle émanait de la Fédération de France. Nous avions dressé une liste de personnalités ouvertement Algérie française. Il était en tête. Son cas n'a suscité aucune discussion. »

Deux des agresseurs sont entre les mains de la police. Bien qu'ils soient fort éprouvés, on les interroge brutalement. Plusieurs jours de rang, ils sont tabassés sans relâche. Les policiers veulent à tout prix découvrir comment l'opération a été conçue, de quelle infrastructure disposent les commandos en Métropole. Puisque la guerre est en France, ils utilisent les méthodes éprouvées de la bataille d'Alger. Les deux Algériens parlent. Ils révèlent à leurs tortionnaires que le commando chargé d'exécuter Soustelle a quitté la France en février pour s'entraîner militairement dans le camp de Larache, au Maroc. Il est rentré en Métropole au mois d'avril, et ce sont des Français qui ont assuré son passage.

Coups, sévices, « détails »... Après la frontière, révèlent-ils, ils ont dormi dans une villa de la région.

Ben Zirough est promené en voiture aux environs d'Ascain mais il ne reconnaît rien. On le ramène à Paris : coups, sévices, encore des détails... Il a logé dans un appartement près de la porte de Vincennes.

Nouvelle interminable balade le long des rues qui jouxtent les boulevards extérieurs. Une nuit, vers quatre heures, le prisonnier épuisé désigne un immeuble : « C'est là. » Le 4 octobre à l'aube, poussant devant eux une pauvre chose qui ne ressemble plus à un homme, les policiers, brandissant leurs pistolets, font irruption chez Jean D., un « sympathisant » du réseau.

Le commando qui a raté Soustelle a effectivement transité par la filière espagnole en avril. Jacques Vignes et Robert Davezies ont introduit dans l'Hexagone une douzaine d'Algériens par la voie désormais classique, ignorant leur qualité et leur but. Robert Davezies : « Je n'avais pas à savoir qui ils étaient, où ils allaient ni d'où ils venaient. Je n'avais pas du moins à le leur demander. Je voulais que ce peuple soit libre, j'avais à mettre ma conduite en conformité avec mes idées. Que de jeunes Algériens dont j'ai été le passeur aient tiré sur Soustelle, cela ne me concerne pas. Je ne suis pas algérien, je ne participe pas aux décisions politiques et militaires des Algériens, je suis français [5]. »

Le 22 septembre, Robert Davezies transporte d'Allemagne en France Rabah Bouaziz, le patron de l'O.S. Avant de se présenter au rendez-vous fixé par le passeur, Bouaziz insiste pour effectuer un détour de quarante kilomètres : il souhaite rendre visite à un professeur de physique qui prétend pouvoir expédier du matériel par-dessus la frontière au moyen de fusées... Pour ce déplacement, trois voitures ont été mobilisées. Diego Masson et Barbara [6] sont du voyage. Après la halte chez le lanceur d'engins, le cortège, en retard sur l'horaire prévu, emprunte un chemin qui serpente dans le sous-bois. Soudain, à l'issue d'une courbe, surgit un barrage de C.R.S. Trop tard pour entreprendre quoi que ce soit. La première voiture, conduite par Diego Masson, passe. La seconde est contrôlée. A l'avant : Barbara et un Allemand, passeur attitré du F.L.N. en

5. *Le Temps de la justice*, *op. cit.*
6. Pseudonyme de l'époque et que les auteurs ont conservé.

Sarre. A l'arrière : Bouaziz, responsable direct de tous les attentats qui s'étalent à la une des journaux depuis presque un mois. Davezies, qui ferme la marche au volant du troisième véhicule, franchit le barrage sans encombre. Il a le temps de voir Bouaziz sortir ses faux papiers. Ils sont impeccables, et la couverture est excellente. Malgré plusieurs jours de vérification, la police ne réussit pas à percer l'identité du chef de l'O.S. Sans doute quelques policiers, s'ils lisent ces lignes, apprendront-ils qu'ils ont relâché, faute de preuve, l'ennemi public numéro un.

Dès les premiers jours d'octobre, la D.S.T. identifie Robert Davezies comme l'un des passeurs qui ont opéré au printemps sur la frontière d'Espagne. Les journaux reproduisent son signalement, proclament son arrestation imminente. Il est hors de question qu'il poursuive collectes de fonds et franchissements de frontières. Jeanson lui propose de se mettre au vert dans le Jura, chez Roger Vailland. L'écrivain, qui a connu Curiel en Égypte, accueille volontiers les amateurs d'air pur. Mais Rabah Bouaziz le prie de sortir et de rejoindre la Fédération de France à Cologne. Il obéit. Il travaillera dès lors en relation directe avec elle.

L'expédition a lieu le 15 octobre, avec deux voitures. Devant, Diego Masson, qui néglige de plus en plus l'archet. Derrière, c'est Vignes qui conduit. Les routes de l'Est sont à ce point surveillées qu'ils choisissent de sortir de Paris par l'autoroute de l'Ouest. Mais là encore, les routes ne sont pas sûres. Diego Masson aperçoit un barrage, parvient à faire demi-tour et adresse à Vignes un éloquent appel de phares. Il était temps. A cinq cents mètres, des herses condamnent la chaussée. Par des voies départementales, ils gagnent Maubeuge. Près de cette ville habite un pasteur dont la maison est pratiquement située sur la frontière belge. Il héberge le groupe et le lendemain c'est lui qui emmène personnellement Davezies de l'autre côté. Durant le trajet, il ne cesse de répéter, le regard fixe : « Frère, nous sommes dans la main de Dieu. Que nous soyons libres ou prisonniers, quelle importance ?... » « C'est la seule fois, pendant cette guerre, que j'ai eu peur », commente, ironiquement, l'abbé Davezies.

Étienne Bolo, lui, est déjà hors jeu. Dans les derniers jours de septembre, trois voitures bourrées de policiers stoppent devant son domicile, à Bagneux. Comble de malchance : Jeanson est là. Il s'esquive par-derrière. Bolo, qui était absent, ne comprend pas comment l'appartement a été repéré. Probablement une de ces filatures où la D.S.T. « donne du mou » au suspect afin qu'il persiste à se croire libre et dévoile ses contacts. En tout cas, l'affaire est sérieuse. Bolo se réfugie au Maroc.

Le 13 octobre, en fin de journée, l'abbé Boudouresques, ingénieur au centre atomique de Saclay, se dispose à quitter son laboratoire quand le directeur le convoque à son bureau. « A cette heure ! s'étonne le prêtre. Mais je vais manquer mon car pour Paris ! » « On vous raccompagnera », répond le directeur. On le raccompagne, en effet. Dans un véhicule de la D.S.T. Mouloud Ouraghi, l'homme qui a tiré sur Soustelle avant de s'enfuir dans le métro, a avoué sous la torture qu'il a dormi, en avril, rue Saint-Jacques, dans la chambre de Bernard Boudouresques. Rue des Saussaies, Wybot, le grand patron, organise une confrontation. Le prêtre reconnaît à peine l'Algérien tant son visage est marqué [7]. La D.S.T. perquisitionne rue Saint-Jacques, et aussi 92, rue Balard, dans un studio que, sous le pseudonyme de Bourdon, l'abbé a loué pour le compte du F.L.N.

Boudouresques, Davezies : deux prêtres de la Mission de France. Il n'en faut pas plus pour que les policiers, qui se demandent apparemment si cette branche « spéciale » de l'Église n'est pas la colonne vertébrale du soutien aux fellaghas, procèdent à vingt-trois descentes dans les communautés qui dépendent du cardinal Liénart, archevêque de Lille. La prélature de Pontigny est cernée par les C.R.S. Le secrétariat de la Mission, dans la capitale, est fouillé et délesté, à tout hasard, de nombreux dossiers. Le cardinal Liénart, retenu à Rome par l'élection de Jean XXIII, proteste dès son retour à Paris. Il écrit au général de Gaulle : « L'Église, même en temps de guerre, ne peut renoncer à exercer la charité envers ceux qui font appel à son hospitalité et à son assistance... Autrefois, on reconnaissait à l'Église, en raison de sa mission de charité humaine, le droit d'asile. Si on ne le lui reconnaît plus aujourd'hui, elle, du moins, à ses risques et périls, entend rester fidèle à son idéal, persuadée qu'il sert à sa manière la cause de la réconciliation et de la paix. »

Gêné, le chef du gouvernement répond en recommandant la prudence.

Quatre jours après l'arrestation de l'abbé Boudouresques, un policier des Renseignements généraux de Lyon informe la presse d'une « nouvelle affaire de curés ». Une quinzaine d'Algériens appréhendés et interrogés ont mis en cause trois prêtres du Prado — institution religieuse qui se caractérise par un strict vœu de pauvreté. Les pères Carteron, Chaize et Magnin sont accusés d'avoir

7. Entretien avec Bernard Boudouresques. Mai 1978.

servi de répartiteurs de fonds. Depuis près de dix ans, l'abbé Carteron gère à Lyon un centre d'accueil pour les Nord-Africains qui est devenu, en quelque sorte, le « service social » des Algériens de la ville. Toute la communauté maghrébine le connaît sous le nom de « M. Albert ». A la demande de militants nationalistes qui veulent secourir leurs camarades détenus et leurs familles, il a créé une caisse d'entraide pour les emprisonnés. Les abbés Chaize et Magnin ont offert l'hospitalité à ce service en prêtant un des bureaux du Prado, où sont entreposés les fonds et les listes des bénéficiaires. Tout cela au vu et su des supérieurs de l'institution. Et aussi de la police, puisque le chef de la brigade lyonnaise de répression du terrorisme a signalé, dès 1957, que fonctionne une véritable « sécurité sociale » du F.L.N. Par ailleurs, l'abbé Carteron a témoigné, à plusieurs reprises, en faveur d'Algériens inculpés.

Pourquoi cette activité qui n'est guère clandestine apparaît-elle subitement délictueuse ? Sans doute parce que les autorités, après le « scandale » de la Mission de France, souhaitent accréditer l'idée d'une sédition multiforme attisée par les curés. Les presbytères sont encore les meilleures planques pour les « fellouzes » et cela, la police républicaine ne le « digère » pas. Le père Magnin est inculpé d'atteinte à la sûreté du territoire tandis que l'abbé Carteron, en accord avec ses supérieurs, attend la fin de l'enquête de police avant de se présenter devant le magistrat instructeur, le juge Martzloff, qui le laisse en liberté provisoire. « Je me félicite, déclare-t-il au juge, de dépendre d'un magistrat plutôt que de policiers dont je redoutais les sévices. Sévices dont je me suis rendu compte à l'issue de certains interrogatoires. »

L'accusé se mue en accusateur : l'abbé Carteron a constitué un solide dossier sur les traitements que pratique la police lyonnaise. D'ailleurs, les Algériens dont les aveux ont déclenché l'enquête, les frères Djillali, Mouloud et Ali Semmoud, se rétractent dès que leur état le leur permet.

Le cardinal Gerlier, archevêque de Lyon, dénonce les méthodes d'interrogatoire : « Pour étayer ces accusations, certains membres de la police – je dis certains membres – n'auraient pas hésité à faire souscrire aux suspects musulmans des déclarations dont le caractère mensonger est aisé à discerner. Pour y parvenir, ils n'auraient pas reculé devant l'emploi de la violence et des sévices les plus graves... Je me crois en droit d'affirmer que tel de ceux qui ont subi ces traitements a été mis dans un état physique et moral grave. » Le ministre de l'Intérieur riposte par un communiqué où il indique que le F.L.N. conseille à ses membres de se plaindre systématiquement de tortures. Hélas, les expertises médicales sont formelles. Le procureur Gaultier s'en explique auprès de quelques journalistes assemblés, le 28 octobre, dans son bureau : s'il convient d'écarter « le gros mot de torture », des violences ont été indubitablement constatées sur deux des quatre Algériens qui ont récriminé. Où passe la limite entre « violences » et « torture » ?

Une autre limite, celle qui sépare l'assistance humanitaire aux Algériens de l'aide au F.L.N., est estompée par cette affaire du Prado. Jean-Marie Domenach définit le problème avec acuité dans *Esprit* : « Aller aux Algériens, ce n'est pas seulement aider tel ou tel misérable..., c'est fréquenter des hommes qui ont puisé dans la ségrégation, dans l'humiliation, la conscience de leur particularité et de leur dignité. La charité, la vraie charité missionnaire ne se contente pas de secourir les besoins élémentaires : elle est en même temps une approche et une reconnaissance de l'homme dans sa personnalité – et il y a dans la personnalité de la plupart des Algériens vivant en France ceci qu'ils sont nationalistes. Aidant des malheureux, il devait arriver à ces prêtres d'aider des nationalistes. Aidant des nationalistes, ne sont-ils pas coupables d'avoir aidé le F.L.N. [8] ? » Si chaque Algérien travaillant en France est un militant potentiel du Front, c'est une armée ennemie de quatre cent mille hommes qui campe de Marseille à Lille.

L'attentat contre Soustelle est une des dernières manifestations spectaculaires de l'offensive du F.L.N. en Métropole. Le renforcement prévisible du quadrillage policier, la réprobation générale, incitent le commandement de la révolution à interrompre, fin octobre, une action qui, de toute manière, était conçue comme ponctuelle. Le Front a eu beau diffuser, le 25 août, un message annonçant que « les civils ne seront pas intentionnellement visés, malgré la responsabilité quasi unanime du peuple français, complice par passivité de la poursuite de la guerre barbare d'Algérie », cette argumentation n'est pas recevable par la gauche française. Ferhat Abbas, hissé le 19 septembre à la présidence du G.P.R.A. [9], confirme dans une interview au journal berlinois *Der Tag* que « les attentats sont dirigés exclusivement contre des objectifs économiques et militaires, et que la population civile doit être épargnée ».

Cette mise au point demeure sans effet. Pour l'opinion française, la distinction entre objectifs civils et économiques n'est pas évidente. Aux yeux du F.L.N., le carburant qui s'est évanoui en fumée alimente les engins de guerre ; aux yeux de M. Tout-le-Monde, c'est l'essence de son automobile. Cependant, le bilan que dresse le Front – dans un bulletin ronéotypé à diffusion restreinte, réservé aux cadres de la Fédération de France – est loin d'être négatif : « 1° Ce fut d'abord un coup de semonce qui secoua l'apathie du peuple français et le sortit de sa tranquille accoutumance à la situation algérienne ; 2° Mais surtout, on s'est rendu compte dans les capitales mondiales que la guerre d'Algérie pouvait – lorsque les Algé-

8. *Esprit*, janvier 1959.
9. Gouvernement provisoire de la République algérienne.

riens le décidaient, et quand ils le désiraient – gronder au cœur même de Paris... On s'est rappelé qu'une sale guerre, capable de contaminer l'Occident, se poursuivait en Algérie. 3° Une autre conséquence fut la réaction de notre peuple et de notre armée. Il n'est pas un foyer algérien qui n'ait compris qu'un pas décisif venait d'être franchi... Peut-être certains des nôtres ont-ils trouvé dans l'action en France la satisfaction d'un désir de vengeance, né des horreurs indicibles que leur avaient fait subir leurs " pacificateurs ". Mais les commentaires explicatifs de notre action par les commissaires politiques ont fini par en donner une conception plus réaliste, plus politique et finalement plus conforme à nos véritables objectifs [10]. »

Francis Jeanson, lui, ne marque aucune surprise devant les soubresauts de l'opinion, même de gauche. Par avance, il avait communiqué ses craintes à Omar Boudaoud, et il ne peut que constater combien elles étaient fondées. Bien qu'il ait obtenu que les commandos de choc prennent quelques précautions, la campagne de presse alimentée par les attentats n'a fait qu'accentuer l'isolement des anticolonialistes. Certes, de nouvelles recrues ont renforcé le réseau. Mais Jeanson sent bien que la protestation contre la guerre est de médiocre ampleur. Il s'était lancé dans l'aventure incertaine de l'illégalité avec la conviction que l'exemple d'une poignée d'individus secouerait la léthargie du pays. En cet automne 1958, l'hibernation se prolonge. La guerre est objet de discussions, voire de préoccupations, pas de mobilisation. Les journées pour la paix organisées par le Parti communiste ne modifient pas grand-chose. La classe ouvrière reste la grande muette. Mieux : elle s'en remet au sauveur suprême pour se dépêtrer du bourbier algérien.

Au total, les réactions contre le 13 mai ont été molles ; la classe politique, hormis quelques notables exceptions, s'est ralliée au Général en trois mouvements et deux allers-retours. Le Parti communiste, seule force à s'être opposée au coup d'État, s'adapte mal à la nouvelle situation. Il assimile de Gaulle à un banal traîneur de sabre, porté au pouvoir à la pointe des baïonnettes, et ne comprend pas que la France change de République et d'époque. Il est bien tôt pour l'apercevoir, et ceux qui, en son sein, se risqueront à ce genre d'analyse se feront taper sur les doigts.

□

Le propre d'une action clandestine est d'être clandestine... Les militants du réseau expérimentent douloureusement la vérité de ce

10. Source privée.

truisme. Ils rendent des services appréciables au F.L.N. Fort bien : c'est leur première raison d'être. Mais la plupart de ces femmes et de ces hommes, engagés en tant que Français, souffrent de ne pouvoir mesurer l'impact de leur entreprise, de ne pouvoir même l'expliquer ou la justifier.

« Il nous fallait publier la clandestinité », commente aujourd'hui Francis Jeanson. De cette exigence est née l'idée d'un bulletin qui répercuterait les thèses des porteurs de valises. Sans conteste, la paternité en revient à Jeanson lui-même, qui invente également le titre : *Vérités Pour*. Titre d'ailleurs fort loin de réunir l'unanimité des suffrages. Robert Davezies, encore en France quand il l'entend prononcer, croit à une plaisanterie : « Ce n'est pas possible, Francis ; personne ne comprendra ! » Mais Francis y est attaché. Dans le premier numéro, il éprouvera toutefois le besoin de fournir le mode d'emploi : « *Vérités Pour ?* Oui : vérités pour nous, pour notre avenir, pour la lutte que nous avons à mener dès maintenant contre toutes les forces de destruction de l'humain. » C'est un peu abstrait, mais le journal, s'il n'échappe pas toujours à un certain pathos, est riche en informations concrètes.

Le « comité de rédaction » constitutif se réunit dans un appartement de la rue du Cherche-Midi que Jacques Vignes a loué pour l'occasion. Outre des « piliers » du réseau tels que Vignes ou Hélène Cuénat, Jeanson a convié des normaliens comme Alain Badiou, fils du maire socialiste de Toulouse, et dont l'exclusive intervention sera d'écrire dans *Vérités Pour*. Un numéro 0 – en fait quatre pages ronéotypées – est publié début septembre pour annoncer la sortie régulière du bulletin et motiver son existence. Évoquant les « risques de fascisation », l'unique article énonce : « La prise de conscience de ce danger commun a conduit de jeunes militants de gauche à s'unir pour un travail purement technique et sans rapport avec les regroupements politiques esquissés çà et là : il s'agit de rechercher, de rassembler, de contrôler et de diffuser l'information vaste et précise que nécessite une lutte difficile contre des adversaires résolus, bien organisés et dotés de moyens financiers puissants. »

Le sous-titre : « Centrale d'information sur le fascisme et l'Algérie » explicite ce programme. Enfin, le premier éditorial décrit les buts des promoteurs de *Vérités Pour* : « Notre volonté est de prouver par les faits que seule la fin de la guerre d'Algérie et par conséquent la reconnaissance de l'indépendance algérienne peut supprimer le danger fasciste ; que seule une reconnaissance positive et constructive de l'indépendance algérienne, en ouvrant la voie à des rapports fraternels entre les deux peuples, sera susceptible de garantir en Algérie une présence française ; que le seul moyen de parvenir à ce résultat est l'union de tous les travailleurs français, de toutes les forces de gauche sans aucune exclusive... »

Vaste, ambitieux, et généreux projet, en regard de l'état d'esprit qui règne dans le pays et surtout dans une gauche battue et morcelée ! En regard aussi du rapport des forces dont on dispose de part et d'autre. Car, il est temps de l'avouer, *Vérités Pour* sera un organe... clandestin. Le journal publié par Francis Jeanson et ses amis est conçu, écrit, fabriqué et diffusé dans l'anonymat le plus strict. La petite équipe qui rassemble la documentation et rédige les papiers se charge aussi des problèmes matériels. Jusqu'à ce que Curiel dégotte un petit imprimeur sympathisant – un ancien résistant, ex-communiste –, le bulletin est ronéotypé ; des nuits entières pour actionner le duplicateur, toujours trop bruyant, pour agrafer des milliers de pages, pour recopier les adresses et cacheter les enveloppes.

La clandestinité a aussi ses manœuvres. Les premiers numéros sont tirés à deux mille exemplaires, mais le chiffre se gonflera vite jusqu'à cinq mille. La liste des destinataires, personnalités politiques et syndicales, cadres et militants des partis de gauche, communistes et chrétiens, est établie par la convergence des répertoires des uns et des autres. Telle relation, tel ami proche ou lointain dont on se dit que peut-être...

Francis Jeanson possède, en particulier, un carnet bien garni, fruit d'années de travail dans l'édition et aux *Temps Modernes*. Il s'autorise également quelques facéties. Ainsi expédie-t-il un exemplaire de *Vérités Pour* orné de cette dédicace : « A André Malraux, en souvenir de ce qu'il fut. » Et il signe, évidemment persuadé que le révolté des *Conquérants* ne se précipitera pas chez son collègue de l'Intérieur. Aux auteurs qui lui demandent de confirmer l'anecdote, il concède aujourd'hui avec un sourire : « J'étais bien assez gamin pour le faire ! » Contrairement à un Curiel, moine de la révolution qui a épousé l'Histoire, Jeanson n'oublie jamais la dimension ludique de son action, même dans les phases critiques. En bon existentialiste, lui qui a écrit *La Signification humaine du rire*, il estime que les actes pèsent et que le reste est commentaire. D'où une distanciation, un sens de l'humour et parfois de la dérision qui n'est pas sans choquer ses amis. Robert Davezies, tout au début du réseau, le questionne à brûle-pourpoint : « Au fond, Francis, pourquoi fais-tu cela ? » Et Jeanson, imperturbable : « Parce que cela me fait plaisir. » De quoi couper le souffle à un abbé, même de choc.

Tous les envois de *Vérités Pour* ne sont pas aussi « gratuits » que l'exemplaire destiné à Malraux. La diffusion coûte cher car il n'est pas question d'expédier les enveloppes de la poste du VIe arrondissement. Des équipes sont constituées qui sillonnent le pays et jettent les bulletins dans des boîtes aux lettres constamment différentes. Cette technique, qui requiert beaucoup d'énergie, brouille les pistes et donne une impression de puissance. A la D.S.T., on est surpris par l'ubiquité des correspondants du réseau en province.

Correspondants qui ne sont d'ailleurs pas forcément mythiques : les groupes régionaux assureront leurs propres éditions. Certains « abonnés » déplorent le caractère clandestin de la publication. Pas un nom, pas une adresse, pas une signature — ou presque pas. Nombre de lecteurs, d'accord avec le contenu des articles, souhaiteraient trouver le contact. Bien des années après le cessez-le-feu, des militants du réseau rencontreront encore des victimes de cette frustration, condamnées à lire des analyses sans pouvoir les transcrire en gestes. Inversement, c'est une bouteille à la mer que Jeanson et les siens lancent chaque mois. Dialogue entre un aveugle et un muet qui ne relève pas du théâtre de l'absurde : c'est la loi du genre imposé par la loi. Jeanson : « Il nous fallait rendre publique une action dont la justice officielle condamnait le principe et dont les participants étaient traqués par la police. »

Le premier numéro de *Vérités Pour* paraît le 20 septembre 1958. Dans un long papier intitulé « 120 jours de renouveau », l'auteur anonyme et collectif étudie la situation créée par le 13 mai. Il remarque que depuis le retour du général de Gaulle, la guerre s'est intensifiée en Algérie, et note que le chef du gouvernement a octroyé beaucoup de gages aux colonels. Puis l'analyse s'affine. Certes, les capitalistes soutiennent le Général, mais « le grand capital est dans la nécessité de mettre fin le plus rapidement possible à la guerre d'Algérie ». Vingt ans après, c'est une évidence. A chaud, c'est une compréhension très novatrice du phénomène gaullien. Ils sont peu nombreux ceux qui ébauchent, à l'époque, un raisonnement de ce type dont la conclusion suggère que de Gaulle réalisera la paix, fût-ce en contrepartie de l'indépendance. La gauche, dans son ensemble, n'y voit goutte. Témoin ces lignes de Jean-François Revel, parues dans une revue éphémère, *Le 14 juillet*, qui, d'André Breton à Brice Parain, de Marguerite Duras et Claude Lefort à Edgar Morin et Maurice Nadeau, rassemble du « beau monde ». Revel, donc, écrit : « Nous risquons d'assister, nous assistons déjà au passage d'un semi-fascisme, masqué en République, au fascisme ouvert de la dictature militaire... Désormais, la droite a engagé la lutte contre les institutions elles-mêmes. De Gaulle est déjà débordé par les partisans du fascisme totalitaire. » Et Jean-François Revel prophétise : « Seule une action révolutionnaire profonde, dirigée contre le colonialisme et le capitalisme *tout entiers*, sous toutes leurs formes, peut donc prévenir ou pourra renverser la dictature. Action impraticable d'ailleurs, sinon inconcevable, sans une transformation radicale de l'inspiration et des méthodes du Parti communiste... [11]. »

11. Numéro un. Le bimensuel est géré par Dionys Mascolo. Dans ce même numéro, Claude Lefort développe une analyse contraire à celle de Jean-François Revel.

C'est bien, à gauche, la tonalité dominante. Pour l'opposition, communiste ou pas, il est exclu que de Gaulle accomplisse la décolonisation [12]. Jeanson, lui, est convaincu du contraire. Et cette conviction est le résultat de fréquentes conversations avec des « gaullistes de gauche ». Paul-Marie de La Gorce, très bien introduit, lui fournit de précieuses informations. De son côté, Henri Curiel, grâce à des journalistes du *Canard Enchaîné* qui ont leurs entrées dans les allées du « château », élabore d'éclairantes notes de synthèse. Mais avant l'information, il y a eu l'intuition. Francis Jeanson : « J'ai acquis la certitude que de Gaulle achèverait la guerre et accorderait l'indépendance en écoutant à la radio le célèbre discours du " je vous ai compris ". Il y avait tant d'ironie dans sa voix, on sentait tellement qu'il allait rouler ceux qui l'acclamaient sur le forum d'Alger, le 4 juin 1958, que j'en suis arrivé à cette conclusion. »

Plus d'un mois sépare la sortie du numéro deux de *Vérités Pour* du premier. Un incident technique a retardé la parution. Entre-temps, le référendum du 28 septembre a ratifié par quatre-vingts pour cent des suffrages la nouvelle Constitution. « Les quatre-vingts pour cent nous ont surpris », confesse l'éditorial du bulletin. Les amis de Jeanson ne sont pas les seuls qu'étonne le triomphe du Général. La direction du P.C. accuse le coup : un million d'électeurs communistes ont glissé vers de Gaulle. Publiquement toutefois, peu de chose transparaît dans le discours du Parti : le mécompte est attribué au F.L.N., coupable d'avoir effrayé l'électorat. Devant le Comité central, Maurice Thorez, un rien désinvolte, s'exclame : « Dois-je redire que la politique du Parti est juste ? » Comme si le verdict populaire ne légitimait pas, d'une certaine façon, le coup de force du 13 mai. Le gaullisme installe ses pénates.

Inaugurant un rite qu'il observera tout au long de son règne, le chef du gouvernement tient le 23 octobre une conférence de presse où il lance son fameux appel à la « paix des braves ». Le F.L.N. est invité à déposer les armes dans l'honneur. Après, mais après seulement, on discutera. En réalité, souligne un commentateur averti, « s'il y eut une offre, elle sonnait comme l'exigence d'une reddition sans conditions [13] ». Et c'est bien ainsi que les dirigeants de la rébellion perçoivent les propos du Général. Les espoirs de négociation s'estompent.

Dans les coulisses, cependant, quelques approches ont eu lieu. Fin septembre, au colloque méditerranéen organisé par le maire de Florence, Mehdi Ben Barka, leader de l'aile gauche de l'Istiqlal marocain, a ménagé un entretien entre les délégués français et

12. A quelques saillantes exceptions près : Jean Daniel dans *L'Express* et Serge Mallet dans *Les Temps Modernes*.

13. Pierre Viansson-Ponté, *Histoire de la République gaullienne*, tome I, Fayard, 1970.

M. Ahmed Boumendjel. Ben Barka s'est ensuite déplacé à Paris où il a été reçu pendant quarante minutes par le général de Gaulle. Ce dernier connaît parfaitement les exigences du G.P.R.A., mais il hésite sur la tactique à suivre. Avec une perspicacité encore une fois assez remarquable pour l'époque, *Vérités Pour* relève : « L'objectif essentiel *(pour de Gaulle)* est de mettre fin à la guerre dans les meilleurs délais possibles tout en maintenant l'Algérie d'une manière ou d'une autre dans l'orbite française. Les intentions du Général ne semblent pas très arrêtées, en revanche, sur le choix des moyens. Le problème qui se pose à lui est en effet d'aller assez loin dans la voie des concessions pour convaincre les Algériens, mais pas trop loin, cependant, pour ne pas dresser d'un seul élan tous ceux des " oui " qui étaient partisans de l'intégration. » La notation est sagace. En attendant, la navigation à vue se poursuit.

Chapitre 8

LA GANGRÈNE

GÉRARD Spitzer, fondateur de *La Voie Communiste* en janvier 1958, entraîne une centaine de militants, communistes ou anciens membres du P.C.F. pour la plupart, ainsi que quelques militants trotskistes. L'organisation débat de son éventuelle collaboration avec le F.L.N. Tous s'accordent pour apporter au Front un appui politique total mais seul un noyau est affecté à l'aide directe.

Le lien est noué par l'intermédiaire de Roger Rey. C'est un officier de carrière, qui a été radié de l'armée en 1952 – ramassé au cours d'un collage d'affiches contre la venue à Paris du général Ridgway, il a été condamné à soixante jours de forteresse puis placé en « non-activité ». Sa femme appartient à la cellule du XIe arrondissement, celle de Spitzer ; mais Roger, lui, n'est pas adhérent du P.C. Il entre comme employé chez Lebaudy, une entreprise sucrière où les Algériens représentent la grande majorité du personnel. Il monte un syndicat, discute avec les travailleurs nord-africains, mais constate que la plupart restent fidèles au M.N.A. Nous sommes en 1956. Coopté au secrétariat de la fédération C.G.T. de l'alimentation, il y rencontre Mouloud Kaben, ex-membre du Parti communiste algérien et responsable des interventions syndicales du F.L.N. A la fin de 1957, Kaben et un autre syndicaliste du Front, Omar Beloukrani, sont arrêtés et transférés en Algérie. Annie et Roger Rey orchestrent une campagne de protestation ; à cette occasion, ils conjuguent leurs activités avec un noyau de militants catholiques du XIIIe arrondissement dont le porte-parole est Elia Perroy [1]. Remarqué pour son attachement à la cause algérienne, Roger Rey, début 1958, est sollicité par le F.L.N. Un premier contact avec Moussa Khebaïli, chef de la willaya Paris-périphérie, en prépare un second,

1. Un Comité pour la paix se crée dans le XIIIe. Par la suite, avec d'autres cercles, est lancé un Comité de liaison pour la paix en Algérie.

plus « officiel », où *La Voie Communiste* délègue trois des siens : Gérard Spitzer, Denis Berger, et Roger Rey lui-même. Il est convenu que les Français s'engageront dans le soutien concret au Front.

Hébergements, planques, collectes de fric sur la rive droite, stockage de fonds, etc. Denis Berger et l'un de ses camarades, Jean Vuacheux, sont appointés par la willaya et travaillent avec Khebaïli. Ils achètent des voitures, louent des maisons, assurent des voyages en commun. Une dizaine de militants de *La Voie Communiste* se consacrent ainsi au combat clandestin tandis que le gros de l'organisation se cantonne dans l'action « de masse », notamment par la formation de comités de quartier contre la guerre. Cette « spécialisation » correspond au tempérament des uns et des autres, et offre aux illégaux une couverture convenable. Néanmoins, ce partage ne va pas sans divergences. En septembre 1958, un débat éclate. La flambée de terrorisme algérien suscite l'inquiétude de nombreux adhérents qui craignent, comme Simon Blumental, ancien secrétaire de la section communiste de Montreuil, que le F.L.N. ne se mette à dos la classe ouvrière française. Une discrète réunion, convoquée à Sceaux, tranche en faveur d'une poursuite du soutien, y compris aux opérations de guerre, nul n'étant contraint d'y participer.

Le 5 décembre 1958, Denis Berger, l'un des hommes de *La Voie Communiste* les plus « mouillés » auprès du F.L.N., a rendez-vous dans la soirée avec Moussa Khebaïli au café « Le Babel », en face de la Cité universitaire. Les deux militants se rendent ensemble au 146, rue Saint-Denis, chez Abdel-Kader Belhadj, l'un des responsables étudiants du Front. C'est un inspecteur de la D.S.T. qui leur ouvre la porte. La surveillance du territoire a déclenché depuis quelques jours une vaste opération, résultat d'une enquête de plusieurs mois.

Au début de l'été, un Algérien, Boussaïd Bachir, est victime d'un attentat dans le nord de la France. Transporté à l'hôpital dans un état critique, il délire interminablement avant de mourir. A son chevet, un inspecteur note les noms qui s'échappent des lèvres de l'agonisant. Ces révélations entraînent des arrestations à Lille, Maubeuge et Belfort. La D.S.T. est sur les traces du patron de la willaya Nord que toute la presse appelle Omar Régnier. Il se nomme en réalité Omar Haraigue et est l'un des chefs de l'O.S. Il utilise, à Paris, une planque que la police finit par dénicher : au 17 de la rue Lucien-Sampaix, dans le Xe arrondissement, un appartement loué en janvier 1958 par une Française, Cécile Decugis, monteuse en cinéma. Du cinéma, les spécialistes de la D.S.T. en font aussi. A l'aide de caméras dissimulées dans une camionnette à l'enseigne d'une entreprise de peinture, ils filment les allées et venues autour de l'immeuble. Puis ils perquisitionnent et saisissent, dans un placard à double fond, une masse considérable de documents et de fausses cartes d'identité. En même temps que Cécile Decugis, trois autres

Français sont appréhendés. Une employée de l'E.D.F., Georgette Gérard, est également impliquée. Quant aux Algériens, c'est par dizaines qu'ils sont embarqués, un peu partout en France.

La D.S.T. se garde bien, toutefois, de coffrer tous les militants repérés. Elle en suit à distance, mais sans relâcher son contrôle. Méthode éculée qui n'en finit pas de prouver son efficacité. La longue traque débouche sur le coup de filet de décembre où viennent s'empêtrer, outre Denis Berger et Moussa Khebaïli, une quinzaine de nationalistes, étudiants en majorité. Conduits à la D.S.T. menottes aux mains, Berger et Khebaïli sont aussitôt séparés. Le Français est interrogé par le commissaire Las Casas. Le maître céans, Roger Wybot, l'honore même pendant quelques instants de sa présence. La fenêtre du bureau est – intentionnellement : nous sommes en décembre – ouverte. Des cris proviennent de l'étage supérieur. « Vous n'avez pas le droit », hurle un Algérien dans le couloir. « Tu vas voir si on n'a pas le droit », réplique une voix rude. Bruits sourds, cris de douleur. « Qu'est-ce que vous leur faites ? », demande Berger. « Des papouilles », répond, dans un rire épais, le commissaire. Et après quelques secondes : « Tu y passeras peut-être aussi, si tu ne me dis pas la vérité. »

Denis Berger n' « y passe pas ». On le traite courtoisement ; le vouvoiement succède au tutoiement. Dans sa poche, les policiers découvrent un mot griffonné sur un papier sans en-tête, et qui leur semble compromettant : « Tu viens d'être exclu. Rendez-vous au Saint-Germain pour aller au C.C. afin d'entériner la décision. » Par cet étrange libelle, la IVe Internationale signifiait à Berger qu'il est indésirable dans les rangs trotskistes. Le militant n'a pas l'intention de s'en expliquer rue des Saussaies. Il prétexte une blague.

Mais tout n'est pas drôle dans les locaux de la Sécurité du territoire. Le 10 décembre, par un interstice dans la porte de sa cellule, Denis Berger aperçoit son camarade Khebaïli, courbé en deux, incapable de se tenir debout. Le lendemain matin, il croise un autre Algérien, Boumaza, dans les lavabos. Ce dernier lui glisse, visiblement éprouvé : « J'ai été massacré à l'électricité. Ils veulent me faire parler à tout prix. » Et il montre, sur ses mollets, des marques violacées longues de quelques centimètres. Le soir même, en l'absence de preuves, Berger est libéré. A la D.S.T. le spectacle continue [2].

2. Témoignage de Denis Berger. Cf. également *Témoignages et Documents*, décembre 1959.

Arrivé avec Denis Berger, Moussa Khebaïli est accueilli par Roger Wybot [3]. On le conduit dans une salle obscure, au dernier étage de l'immeuble. On l'y déshabille avec brusquerie : « Les policiers me lièrent les mains, puis les pieds. M'ayant fait accroupir, ils m'attachèrent ensuite les poignets aux chevilles. Un policier à face de bouledogue fit passer une barre de fer entre mes jambes et mes bras en flexion. J'étais, suivant leur expression, " à la broche ". La broche fut posée sur des cales de bois, placées sur deux tables d'un mètre trente environ. Les policiers firent alors passer le courant électrique dans la barre. En même temps, deux autres policiers m'appliquaient des électrodes un peu partout sur le corps et même dans la bouche, dans l'anus et sur mon cœur. L'un d'eux me fit remarquer : " J'ai connu la torture chez les nazis; maintenant je l'applique. " [4] »

Khebaïli ne parle pas. Le lendemain, après une nouvelle séance d'électricité, on le ramène dans une cellule : « Ils me déshabillèrent et me placèrent les jambes et les reins sur la table, la partie supérieure du corps courbée en arrière dans le vide, les épaules et la tête touchant le sol. Ils me mirent la tête entre les pieds d'une chaise, sous les barreaux ; tandis que ses aides m'immobilisaient les mains, leur supérieur me fit des torsions des muscles dorsaux et trapèzes. »

Le responsable de la willaya Paris-périphérie ne flanche pas. Le jour suivant, on le traîne jusqu'à un bureau du deuxième étage : « Entouré du sous-directeur et de tous les policiers qui m'avaient " interrogé ", M. Wybot m'attendait. " Est-ce que tu les reconnais ? me dit-il en me montrant un par un tous les assistants. Ils vont te reprendre et te soigner, à moins que tu ne parles. Tu as jusqu'à midi. " » Le calvaire de Khebaïli se prolonge encore plusieurs jours.

Bachir Boumaza n'est pas mieux loti. Arrêté le 2 décembre, à dix heures du matin, au domicile d'un de ses amis, 146, rue Montmartre, Boumaza travaille directement avec le collectif d'avocats qui défend les militants du F.L.N. Il s'occupe spécialement du secours matériel aux détenus et à leur famille. Il est emmené en voiture, les yeux bandés, dans une maison où on le torture à l'électricité. Plus tard, au siège de la D.S.T., le supplice reprend, quotidien.

Interpellé le 4 décembre à trois heures et demie du matin, Be-

3. Dans ses mémoires, *Roger Wybot et la bataille de la D.S.T.*, Presses de la Cité, 1975, Wybot prétend avoir, en décembre 1958, démantelé l'organisation du F.L.N. en France. Pure affabulation.

4. *La Gangrène*, Éditions de Minuit, 1959.

naïssa Souami, étudiant en sciences politiques, est lui aussi « passé à la broche ». En des termes d'une précision clinique insoutenable, il décrit ce que des fonctionnaires français lui ont infligé : « L'aide se mit à tourner la manivelle et le chauve m'appliqua les électrodes sur le sexe. Je perdis connaissance au bout de quelques minutes. Ils me mirent quelques gouttes dans les narines et recommencèrent. Un moment après, le chauve m'aspergea avec l'eau d'un litre... et le supplice reprit, plus violent. Il promenait maintenant les électrodes sur tout le corps. »

Souami subit des sévices épouvantables — passages à tabac, la bouteille, la bassine, encore et toujours la broche : « Les électrodes furent placées sur mes gencives. Je crus que ma tête éclatait. A une nouvelle séance de bassine, je voulus me noyer, mais je ne réussis qu'à boire l'eau répugnante [5]. »

Benaïssa Souami s'appelle en vérité Hamid Benattig. Condamné à mort en Algérie par contumace, il n'a qu'une obsession : dissimuler sa véritable identité sous celle d'un ressortissant tunisien comme l'atteste son (faux) passeport. Mais les policiers français se doutent de ses fonctions réelles. Il est, en effet, le chef de la willaya du Nord et de l'Est. Hamid Benattig, vingt ans après, raconte : « Ils voulaient absolument nous faire parler parce qu'ils pensaient tenir les responsables de l'offensive d'août 1958. Ils m'ont torturé pendant des jours et des jours, en me promenant les yeux bandés dans plusieurs endroits de Paris. Par recoupement, j'ai su par la suite, qu'ils m'avaient emmené à la " piscine ", le siège du S.D.E.C. Comme j'avais un passeport tunisien, ils ont fait venir un flic tunisien, originaire de Sfax, la ville où j'étais censé être né, et il m'a posé des questions très précises. Wybot est venu me voir dans ma cellule : j'étais dans un état lamentable. Ils m'ont évacué sur une civière à la salle Cusco de l'Hôtel-Dieu [6]. » C'est là qu'échoue également Mustapha Francis. Étudiant en chirurgie dentaire, Mustapha est le frère d'Ahmed, ministre du G.P.R.A. Arrêté le 4 décembre devant la Cité universitaire, il est tabassé rue des Saussaies pendant quarante-huit heures d'affilée : « Pas d'égards pour le frère du ministre ! » avait recommandé le patron de la D.S.T. Si peu d'égards que l'étudiant est précipitamment évacué à l'Hôtel-Dieu où un médecin, le docteur Isserlis, consigne ses observations sur un certificat.

Abdel-Kader Belhadj, inscrit à la faculté des Sciences économiques, endure des traitements similaires. Le journaliste Hadj Ali, embarqué la même semaine, racontera, après coup, comment il a rencontré ses compatriotes dans les services de M. Wybot : « Tandis que je gravissais les escaliers, M. Khebaïli les descendait, et il

5. *Op. cit.*
6. Entretien avec les auteurs. Avril 1979.

les descendait si lentement que j'ai eu tout loisir de distinguer la forme, ou plus exactement l'aspect informe de son visage : c'était comme une monstrueuse plaie et seuls les yeux – des yeux exorbités, hagards – indiquaient que c'était le visage d'un être humain. A la place des lèvres, M. Khebaïli avait deux volumineux et grotesques morceaux de chair rougeâtre et fendillée ; à la place du nez, une caricature d'horrible appendice, énorme, boursouflée par endroits, écrasée en d'autres. Son visage enflé à éclater présentait un aspect hallucinant... [7]. »

Après une dizaine de jours de « garde à vue » dans l'immeuble de la D.S.T. où ils sont légalement assignés à résidence [8], les étudiants algériens sont déférés devant le juge Batigne, magistrat chargé de l'instruction. Bachir Boumaza : « Il regarda ma barbe de douze jours, ma face tuméfiée, les croûtes sur mon nez, et me dit seulement : " Vous êtes inculpé d'atteinte à la sûreté de l'État et de reconstitution de ligue dissoute. Vous serez écroué à Fresnes. " Je le regardai longuement sans un mot. " Qu'est-ce que vous voulez ? " me dit-il. Je ne répondis pas. Il dit alors aux gardes de m'emmener. » Préparateur en pharmacie, Khider Seghir, « questionné » du 29 novembre au 5 décembre, est présenté à M. Batigne le 10. Il proteste contre les sévices dont il conserve la trace. Mais le juge refuse d'enregistrer sa déclaration : « Nous connaissons cette musique ; vous êtes tous les mêmes [9] ! »

Le magistrat est quand même obligé de se déplacer jusqu'à la salle Cusco pour inculper Mustapha Francis et Hamid Benattig : « Je ne pouvais plus bouger, raconte aujourd'hui ce dernier, ni me lever. Une infirmière martiniquaise me faisait manger parce que je n'avais plus l'usage de mes mains. Le juge Batigne est venu me signifier mon inculpation. Quand il m'a vu, il a détourné la tête pour ne pas soutenir mon regard. Je n'ai même pas pu signer. Au bout de huit jours, on m'a transféré à l'infirmerie de Fresnes [10]. » C'est là qu'il couche par écrit, comme ses camarades, son témoignage.

Fin décembre, Boumaza, Francis, Benattig, Belhadj et Khebaïli portent plainte pour complicité de coups et blessures contre Roger Wybot. L'information contre X., ouverte le 30 décembre, est confiée... au juge Batigne.

C'est donc le même magistrat qui a pour tâche d'alourdir le dossier des militants nationalistes et d'examiner la plainte qu'ils ont formulée. Juge et partie, en quelque sorte. Au mois de janvier, *Témoignages et Documents* reproduit les récits de Khebaïli, Boumaza et Francis sans être saisi. L'affaire de *La Gangrène* débute.

Charles de Gaulle vient d'être élu, le 21 décembre, premier prési-

7. *Op. cit.*
8. En vertu d'une ordonnance prise le 7 octobre 1958.
9. *Op. cit.*
10. Entretien avec les auteurs.

dent de la Ve République. Pratiquerait-on la torture sur les bords de la Seine, à quelques centaines de mètres du palais de l'Élysée ? La rue des Saussaies, renouant avec une tradition pas si ancienne, rivaliserait-elle avec la villa Sesini ou le centre de tri d'El-Biar ? Alors qu'André Malraux siège au gouvernement, la chose immonde aurait-elle traversé la Méditerranée ? Bref, désormais, la France serait-elle l'Algérie ?

Le 24 juin 1958, l'ex-combattant de l'Espagne républicaine, le commandant Berger de la Résistance, a convoqué une conférence de presse où il a abordé, sans les circonvolutions ministérielles de rigueur, le problème de la torture. André Malraux en reconnaît l'usage, mais antérieur au retour du solitaire de Colombey : « Aucun acte de torture ne s'est produit à ma connaissance ni à la vôtre depuis la venue à Alger du général de Gaulle. Il ne doit plus s'en produire désormais. Au nom du gouvernement, j'invite ici les trois écrivains français auxquels le prix Nobel a donné une autorité particulière et qui ont déjà étudié ces problèmes à former une commission qui partira pour l'Algérie. Je suis en mesure de les assurer qu'ils seront accrédités auprès de tous par le général de Gaulle. »

La commission ne verra jamais le jour. Malraux n'a pas pris la précaution de consulter auparavant les intéressés. Roger Martin du Gard est mourant. Camus, en voyage en Grèce, attend plus ample information. Quant à Mauriac, il ne cache pas son scepticisme. Reste l'engagement verbal : la torture est à présent proscrite.

Le 4 juillet vers dix heures trente, Rezgui Hocine est interpellé durant son travail aux usines Potez d'Argenteuil. Au commissariat de la localité, il est sévèrement battu et subit à quatre reprises le supplice de l'électricité. Après trente heures d'interrogatoire, il est transféré à l'infirmerie de la prison de Fresnes puis admis pour un mois au centre hospitalier carcéral où il est opéré d'un éclatement de la rate.

Mohammed Krama, conducteur aux usines Teka de Courbevoie, est arrêté à son domicile, rue Henri-Barbusse à Argenteuil, le 30 août vers cinq heures du matin. Bouclé trente-six heures dans ce même commissariat, il est « questionné » par deux fois à l'électricité. Trois avocats du barreau de Paris constatent, après son admission à la prison de Versailles, des séquelles visibles au genou, à la cheville, au pied, au coude, sur la poitrine et sur les parties génitales.

Les deux Algériens portent plainte. Leurs défenseurs, Mes Ould Aoudia et Jacques Vergès, écrivent à André Malraux pour l'informer des sévices. Ils ne se privent pas de lui rappeler que voici quelques mois, il a signé avec Sartre, Mauriac et Martin du Gard, une adresse solennelle au président de la République pour condamner sans équivoque toute forme de torture. Impertinents, les avocats terminent ainsi leur lettre : « Puisque vous proposiez, monsieur le ministre, à MM. François Mauriac et Albert Camus de se rendre en Algérie pour constater (et M. Mauriac se demandait alors comment) que la torture avait disparu, nous nous permettons de vous suggérer de leur demander plus simplement d'aller à la prison de Versailles et au commissariat de police d'Argenteuil. »

Pour éliminer le fléau, la magie du verbe, fût-ce celui d'un Malraux, ne suffit pas. Avant le 13 mai, les gaullistes dépeignaient la torture comme une conséquence de la décomposition de la IVe République. Un pouvoir solide, certifiaient-ils, nettoierait tout cela. C'est ce que répondait encore, en avril 1958, le sénateur Michel Debré à Jean-Marie Domenach : « Oui, il y a des tortures en Algérie, mais c'est parce que nous n'avons pas d'État. Lorsque nous aurons un État, vous verrez, les choses changeront [11]. »

Elles ne changent guère. Afin d'accélérer le mouvement, *Témoignages et Documents* publie, en octobre, un numéro spécial réalisé en collaboration avec la Ligue des droits de l'homme, le Comité Audin, le centre du Landy. Il s'agit en fait d'un mémorandum qui, sous le titre *Nous accusons*, dresse le bilan des sévices, massacres, disparitions dûment établis. Le dossier est envoyé au chef du gouvernement. Par lettre nº 1521 datée du 23 septembre, le général de Gaulle avise le secrétaire du Comité Audin qu'il a « lu avec attention les documents » qui lui sont parvenus et que « la commission de sauvegarde sera saisie sans délai ».

La commission de sauvegarde, reformée le 13 août sous l'autorité de Maurice Patin, président de la chambre criminelle de la Cour de cassation, a déjà été « saisie » du mémorandum par ses promoteurs. Maurice Patin a en effet été averti le 17 septembre d'une protestation contre la saisie de cinq mille exemplaires de *Témoignages et Documents*. Saisie pour saisie, s'il a retenu l'attention du Général, le mémorandum n'a pas échappé à celle de sa police. Pierre Vidal-Naquet est interrogé sur les conditions dans lesquelles a été préparé le numéro spécial interdit. Sans hésitation, il s'explique : « Le principe de cette brochure a été décidé chez François Mauriac lors d'une réunion à laquelle assistaient Louis Martin-Chauffier, le bâtonnier Thorp et Mauriac lui-même. » Cette déclaration a le don de stopper les investigations policières mais, furieux, l'académicien témoigne son irritation à Laurent Schwartz : Vidal-Naquet, estime-t-il, y a été un peu fort.

11. Cité dans *Témoignages et Documents*, juin 1959.

A Fresnes où il est incarcéré, l'abbé Boudouresques voit arriver Boumaza, Khebaïli et les autres Algériens qui sortent des mains des experts dirigés par Roger Wybot. De leur bouche, il apprend ce qu'ils ont enduré. Impliqué dans l'attentat contre Soustelle, le prêtre bénéficie cependant de soutiens spectaculaires. Fin novembre, le cardinal Liénart, en soutane rouge, lui rend visite à la prison. Devant le sous-directeur, il embrasse Boudouresques et l'assure de sa fraternelle sollicitude. Destiné à un homme que la presse décrit comme complice de tueurs, ce geste n'est pas anodin. Le père Boudouresques est relâché en février. Mais le procès des membres du commando s'ouvre le 2 février 1959.

Six Algériens comparaissent devant le tribunal militaire du Cherche-Midi. Deux d'entre eux ont vraiment pris part à l'attentat; les autres, interpellés au fil de l'enquête, n'ont qu'un rôle secondaire. Douze avocats, dont Mes Benabdallah, Oussedik et Vergès, les défendent. Principal accusé : Mouloud Ouraghi, le chef du commando, celui qui a ouvert le feu sur le ministre. « Parfaitement détendu, regard sombre et grave, il ressemble dans son élégant trench-coat mastic à quelque étudiant du Quartier latin », observe Bertrand Poirot-Delpech, qui « couvre » le procès pour *Le Monde* [12].

L'audience débute par une bataille de procédure. La défense cite Jacques Soustelle, mais ce dernier, par courrier, précise qu'il ne croit pas utile de déposer à la barre. « C'est bien la première fois que la victime d'un attentat ne se rend pas au procès de ses agresseurs », souligne la défense. Le ton s'échauffe, les arguments fusent, « le prétoire se change en préau d'école [13] ». Les débats procéduriers s'étirent jusqu'au lendemain. Les défenseurs membres du « collectif » ne dissimulent pas leur sympathie pour le Front; ils expérimentent un système qui allie la pleine revendication politique des actes incriminés à une fabuleuse guérilla chicanière : ils traquent l'anomalie, le lapsus, la faute qui autorisent le dépôt de « conclusions ». Le colonel Hennequin, commissaire du gouvernement, conteste cette démarche. Jacques Vergès réplique que dans l'affaire du « bazooka [14] », personne ne s'est ému des lenteurs de l'instruction. La cour lui inflige un « avertissement ». Sanctionné sans qu'un confrère ait plaidé sa cause, Me Vergès se retire, suivi des

12. *Le Monde,* 3 février 1959.
13. *Le Monde,* 4 février 1959.
14. Attentat manqué contre le général Salan, en janvier 1957.

autres avocats, pour se retourner vers le Conseil de l'Ordre. Fin de la deuxième journée.

La troisième commence plutôt bien. La tempête de la veille s'est apaisée et l'interrogatoire des prévenus se déroule dans le calme. Ouraghi, ancien militant communiste, raconte la genèse de l'attentat. Comme le président Olmi lui demande s'il n'a subi aucune contrainte pour prendre la tête du commando, il s'écrie : « On ne m'a pas forcé. Soldat de l'Armée de libération nationale, j'ai répondu sans contrainte à mes officiers. L'ordre était d'abattre un criminel de guerre, responsable de la mort de plusieurs milliers de mes compatriotes. Je ne regrette rien. Je serais heureux si j'avais réussi. Je ne reconnais pas la compétence de votre tribunal. Je suis un prisonnier de guerre. »

Une déclaration qui ne manque pas d'allure. De celles qui mènent tout droit à l'échafaud. Les autres inculpés développent le même thème. Vient le tour du jeune Baccouche, qui n'a pas encore vingt ans. Le président signale que seule la complicité dans une précédente tentative d'assassinat – qui n'a pas abouti – est retenue à son encontre. Avec une superbe inconscience, Baccouche tonne : « Je n'ai participé à aucune tentative. Mais si j'en avais reçu l'ordre, je l'aurais exécuté avec plaisir et fierté. Je revendique même l'attentat contre M. Soustelle, car il est l'instigateur de tous les crimes dont est victime le peuple algérien. » Le président : « Je constate que le général de Gaulle a choisi M. Soustelle comme ministre. » Me Benabdallah : « Tout le monde est faillible, monsieur le Président ; le général de Gaulle a pu se tromper. » Le président à l'accusé : « Pourquoi avez-vous donc varié au cours des interrogatoires ? » Baccouche : « La D.S.T. m'a gardé six jours ; on m'a cassé des règles sur les mains. On m'a torturé à l'électricité avec de l'eau et du savon. D'ailleurs l'inspecteur qui m'a torturé est dans la salle. Vous pouvez lui demander. Il est là. C'est lui. »

Et l'accusé désigne du doigt un homme assis au quatrième rang. La salle, stupéfaite, se tourne d'un seul mouvement vers l'individu qui demeure impassible. « Fermez les portes ! Qu'il vienne à la barre ! » hurlent les avocats. « Suspendez l'audience ! » implore le ministère public. Soudain, l'homme se lève, et, dans le silence qui brutalement s'abat, se dirige vers la barre. Il décline son identité... « Belleur Martial, officier de police à la D.S.T., a-t-on compris », rapporte Poirot-Delpech qui n'a pas bien saisi le nom – il s'agit de l'inspecteur Beloeil [15]. Le président suspend l'audience et proclame à la reprise que le tribunal se prononcera l'après-midi sur l'éventuelle comparution du témoin. Celui-ci n'a pas attendu le retour de la cour pour s'esquiver. La moitié de l'assistance l'a imité...

Le lendemain, l'affrontement se prolonge. Les avocats relèvent

15. *Le Monde*, 6 février 1959.

des irrégularités de l'instruction, puis le débat s'oriente vers la garde à vue rue des Saussaies. « La D.S.T. sert de centre de triage pour l'internement administratif pendant quinze jours maximum », précise un subordonné de Roger Wybot. « Pour laisser aux traces de sévices le temps de disparaître », jette Vergès. Le président tranche de sidérante manière : « Même si la D.S.T. a agi illégalement, même si l'enquête a été menée contrairement à toutes les règles de procédure, nous n'avons pas à le savoir, et cela n'entache l'instruction qui a suivi d'aucune nullité... [16]. »

La défense a beau jeu de rétorquer que l'instruction se fonde sur l'enquête de police.

Cinquième jour... Entre Georges Mattéi. Rappelé en 1956, il a décrit l'année d'après son expérience algérienne dans *Les Temps Modernes*. « Au début de 1959, relate-t-il aux auteurs, Vergès me demande de témoigner au procès du commando Soustelle. Je travaillais chez Hachette. Je libère ma journée et je me pointe au Cherche-Midi. Dans la salle, il n'y avait que des paras et des fascistes. J'ai à peine pu prononcer quelques mots de solidarité avec les Algériens. Les braillements ont couvert ma voix [17]. »

La déposition de Mattéi ne dure donc que quelques secondes. Il quitte la barre sous les huées. Le commissaire du gouvernement entame son réquisitoire et, pour démarrer, donne à entendre que la défense est de mèche avec le F.L.N. « Poursuivez-nous ! » crient les avocats pendant que Jacques Vergès se lève et serre ostensiblement la main de son client, Mouloud Ouraghi. Contre ce dernier, le procureur requiert la peine capitale, ainsi que contre Cherrouk. Il l'obtient.

Conséquence inattendue du procès, le témoignage éclair de Georges Mattéi déclenche une vive polémique chez les anciens combattants des djebels. Mattéi est, en effet, secrétaire de la Fédération des anciens d'Algérie : « En août 1958, je rencontre Jean-Jacques Servan-Schreiber. J'animais jusque-là un " Groupement démocratique des rappelés et maintenus ", avec Yves Jamati. Nous réussissons la jonction avec J.J.S.S., le P.C.F. et tous les mouvements de gauche. Le congrès se tient en septembre à l'hôtel Moderne, dans Paris. A la tribune, je parle de solidarité entre la jeunesse française et la jeunesse algérienne. Servan-Schreiber enchérit sur le même mode. Et à la fin du congrès, je me retrouve secrétaire général et J.J.S.S. président. *L'Express* lance la Fédération sur le plan publicitaire. »

Mais le directeur de *L'Express* n'aime pas être débordé. Le soir même de la prestation de Mattéi au tribunal du Cherche-Midi, il diffuse un communiqué pour se démarquer de cette attitude : « Les

16. *Le Monde*, 7 février 1959.
17. Témoignage de Georges Mattéi.

divergences politiques qui séparent de M. Soustelle un grand nombre de jeunes Français qui ont servi dans l'armée d'Algérie sont graves et décisives. Mais un membre de notre Fédération dénature l'esprit de notre action en apparaissant comme solidaire des combattants algériens qui, pour des raisons qui les concernent, ont décidé d'assassiner M. Soustelle. »

Mattéi réplique par un autre communiqué où il s'étonne de la réaction de J.J.S.S. puisque son initiative, individuelle, n'engage pas la Fédération. Le secrétariat de l'association se réunit. Le président réclame l'exclusion de Mattéi; les communistes lui reprochent d'avoir compromis tous les anciens d'Algérie. Georges Mattéi et plusieurs de ses amis déchirent leur carte et s'acheminent vers d'autres tâches. Détail significatif : de nombreux rappelés leur écrivent pour exprimer leur soutien.

Chapitre 9

VITESSE DE CROISIÈRE

A L'AUBE de l'année 1959, après les alertes, les arrestations, les fuites à l'étranger qui ont animé les mois précédents, le réseau, réorganisé, trouve son second souffle. Il étend ses ramifications en province et tourne à plein rendement.

Faisons le point. Au centre, travaillant sans répit, supervisant l'essentiel : Jeanson. Submergé de soucis pratiques, il donne dix rendez-vous quotidiens, change constamment d'appartement, franchit les frontières belge, allemande ou suisse plusieurs fois par mois, se concerte avec Boudaoud, rencontre Haddad Hamada, et se débrouille encore pour découvrir d'éventuelles recrues. Il décide, ordonne, ne s'embarrasse pas de parlotes ; l'intellectuel s'est mué en homme d'action. Il n'est pas certain, cependant, que le philosophe se complaise dans la clandestinité. Souvent, il rêve de l'époque où il pouvait réfléchir, écrire, mais happé par la course épuisante, il n'a plus guère le loisir de méditer. Le réseau n'est pas régi par le centralisme démocratique. Au hasard des missions, des discussions s'engagent. Éphémères. Les tâches concrètes priment. De ce côté, l'inflation galope.

Les activités sont théoriquement divisées en grands secteurs. Le travail crucial, le nerf de la guerre – la collecte et la transmission des fonds – est contrôlé par Hélène Cuénat. La technique instaurée fin 1957 s'avère toujours satisfaisante. Désormais, le F.L.N. est maître du terrain en Métropole et les sommes d'argent recueillies, de plus en plus colossales, exigent une main-d'œuvre croissante. Chaque mois, il s'agit de comptabiliser et d'évacuer un demi-milliard de francs, soit dix valises pleines à craquer. Les agents de liaison se présentent à date fixe aux appartements-dépôts. Ces versements sont ensuite centralisés. Et le trésor est enfin livré à Curiel par les bons soins d'Hélène Cuénat ou d'Aline Charby. Pour les seules sommes collectées dans la région parisienne, dix dépôts « de réception » sont nécessaires, trois autres pour la « comptabilité », plus un point nodal pour l'évacuation, le tout manipulé par une vingtaine de personnes. Ces quelques chiffres fournissent une idée du recrutement auquel a dû procéder le noyau initial.

Jacques Charby, le comédien qui voulait partir au maquis, a manifesté un tel talent dans ce domaine qu'il est bientôt promu enrôleur en chef. Toujours à l'affût d'une possible « victime », il n'a pas son pareil pour amener la discussion sur la guerre d'Algérie, pour tester les réactions de l'interlocuteur. Il « tape » dans son milieu, et là, il exerce des ravages.

Un exemple. A l'automne 1956, Charby joue une œuvre de Marcel Aymé au théâtre de l'Atelier. Quelqu'un dans la troupe propose aux comédiens d'observer avant le spectacle une minute de silence à la mémoire des insurgés de Budapest canonnés par les chars soviétiques. « D'accord, dit un acteur. Mais aussi pour les torturés algériens. » C'est Jacques Rispal. Maquisard à dix-sept ans en Dordogne, militant du P.C. en 1947, Rispal est un écorché vif, sensible à l'oppression coloniale. Pendant la guerre d'Indochine, il joue une pièce d'agit-prop écrite par Hélène Parmelin pour la défense d'Henri Martin, quartier-maître communiste emprisonné pour avoir distribué des tracts contre la guerre. Martin est enfermé à la prison de Brest, et la troupe a le culot de se produire sous les murs mêmes de la forteresse. Après l'intervention soviétique à Budapest, Rispal s'éloigne du Parti. Parce qu'il demeure du côté des victimes. Son anticolonialisme fait le reste: dans un coin de la mémoire de Charby, le nom de Rispal est gravé. Deux ans plus tard, la fiche ressort du classeur. Charby, à la fin de 1958, presse son camarade de devenir la « planque argent ». Rispal demande le temps de la réflexion, en parle avec sa femme, et accepte. Peu après, Charby débarque rue de Locarno, à Suresnes, avec d'imposants bagages: une partie de la collecte du mois de janvier 1959, à compter dans la nuit – il y en a pour environ trois cents millions [1]. L'opération se répète chaque mois.

André Thorent, Charby l'a connu à la Libération, dans la troupe du Grenier de Toulouse. Par la suite, Thorent, qui avait bizarrement suivi l'École coloniale avant de se consacrer aux « planches », était parti à plusieurs reprises en tournée en Algérie. Et comme Laurence Bataille, il en était rentré avec un lourd capital d'indignation. Hostile à la politique de Lacoste, il ne comprenait pas pourquoi, lorsqu'il allait au cinéma avec son copain Charby, celui-ci le suppliait de modérer ses protestations pendant les actualités vantant la « pacification ». Un jour de 1959, il obtint l'explication de cette étrange prudence: « Écoute, lui dit Charby, tu gueules à longueur de temps contre la guerre... Serais-tu prêt à mettre tes actes en

1. Entretien avec Jacques Rispal. Septembre 1978.

accord avec tes paroles ? Avec des amis, on rend des services aux Algériens. Veux-tu en être ?

– Évidemment.

– Il y a des risques...

– Évidemment [2]. »

Thorent héberge des Nord-Africains qu'il ne connaît pas, camoufle des valises de fric dans le buffet de sa cuisine et, une ou deux fois, participe à un passage de frontière. Il entraîne dans la même voie son amie Henriette Conte, elle aussi comédienne, elle aussi ancienne du Grenier de Toulouse, qui dispose d'une chambre de bonne fort utile, 46, avenue des Ternes. Haddad Hamada, le coordonnateur de la Fédération de France, y dort à l'occasion.

L'infatigable Charby recrute encore Georges Berger, comédien comme il se doit. Les deux militants se sont rencontrés dans les réunions de l'U.G.S. – l'Union de la gauche socialiste qui succède à la Nouvelle Gauche. Poète par ailleurs, Berger a publié quelques vers dans *Esprit*. Il se déclare disponible et propose le même travail à l'un de ses amis, Robert Destanques, photographe professionnel, qui met son appartement à la disposition du réseau.

Paul Crauchet – un... comédien – se montre enthousiaste lorsque Charby, en mai 1959, lui confie un Algérien sans toit : « J'étais prêt à faire n'importe quoi pour l'Algérie. Mes ancêtres étaient des paysans, des serfs. Ils ont été exploités pendant des siècles. Je me sentais terriblement proche des fellahs. Je ne supportais pas physiquement l'idée qu'on puisse au nom de mon pays, c'est-à-dire en mon nom, exploiter des Algériens [3]. » L'appartement de Crauchet, 33, rue Haxo, est dès lors ouvert à ses « frères ». Haddad Hamada aime à y passer la nuit.

C'est Crauchet qui contacte Jacques Trébouta, réalisateur à la télévision. Communiste depuis 1945 – il a rejoint à l'âge de quinze ans le « parti des fusillés » –, Trébouta, diplômé de l'I.D.H.E.C. [4], fait son service militaire au service cinématographique des armées. Le vote par son parti des pouvoirs spéciaux le blesse au plus profond. Démobilisé, il entreprend une licence d'histoire à la Sorbonne et atterrit dans la cellule contestataire où officie, en particulier, Denis Berger. Trébouta, toutefois, n'est pas mûr pour la conspiration. Il se méfie du F.L.N. et de son nationalisme. Il lui faudra encore trois années pour se compromettre. Paul Crauchet a joué à l'I.D.H.E.C. dans son film de promotion. Quand il lui présente « un copain algérien qui ne peut pas coucher à l'hôtel », Trébouta ne voit nulle raison de refuser. A lui aussi, Haddad Hamada rendra des visites nocturnes ; la clef est sur la porte en permanence. Trébouta

2. Entretien avec André Thorent. Novembre 1975.
3. Entretien avec Paul Crauchet. Décembre 1975.
4. Institut des hautes études cinématographiques.

ignore l'existence d'un réseau organisé. Il ignore également les fonctions réelles d'Haddad, mais il apprécie, lorsque les aléas de la clandestinité conduisent chez lui le chef F.L.N., ce garçon calme et résolu qui évoque posément son combat et l'avenir de son pays. Les liens qui se sont créés dans le minuscule appartement de la rue d'Assas ont résisté au temps. Trébouta ne peut, aujourd'hui, parler de son ami sans être ému aux larmes [5]. Lise, son épouse, fille du grand patron de médecine Justin Besançon, est elle aussi dans le coup.

Doit-on préciser que c'est Jacques Charby qui convainc le réalisateur Raoul Sangla d'acheter à son nom un appartement près du Père-Lachaise ? Sangla n'y mettra jamais les pieds. Logique : la note a été réglée par le F.L.N. Appartements et voitures sont de cette manière achetés ou loués. Il suffit d'un prête-nom, officiellement propriétaire des lieux ou du véhicule. Ce type de « dépannage », beaucoup de personnes l'effectuent sans qu'on puisse dire qu'elles appartiennent au réseau.

Toute la troupe des artistes continue, comme si de rien n'était, de jouer au théâtre, de tourner des films ou des émissions. Ils fréquentent les mêmes restaurants, et aux mêmes heures qui ne sont pas celles de tout le monde. Pour les rigueurs de l'action illégale, ce n'est pas folichon. Mais quoi de plus naturel ? Charby rencontre Crauchet qui croise Trébouta qui... Entre deux répétitions, entre deux prises de vue, on échange une adresse, une consigne. Un aller-retour à la frontière... Une valise à livrer ou stocker... « M. Jean [6] » qui vient dormir ce soir... Cette activité en coulisse est moins folklorique qu'il n'y paraît.

Pour les filières, le numéro un reste Jacques Vignes. Durant l'été 1958, après l'installation du Comité fédéral à Düsseldorf, il a tourné ses batteries des Pyrénées vers la Sarre. Une autre chaîne de passage, sur la Suisse, fonctionne parfaitement. Jean-Louis Hurst, le sous-lieutenant déserteur, est le « réceptionniste ». Technique immuable : deux voitures, l'une « ouvreuse » pour prévenir en cas de barrage, l'autre « porteuse » avec le « chargement ». Arrêt près de la ligne de démarcation. Petite marche à pied. Hurst attend, prend en charge son « client ». Pas plus compliqué. Mais à chaque fois, le pincement au cœur, la boule au ventre, la gorge nouée.

Les passages impliquent tension et attention. Il faut beaucoup de sang-froid, une belle résistance physique — les milliers de kilomètres, ça n'use pas seulement les pneus —, et du courage, simplement. Est-ce une coïncidence si, dans l'équipe de Vignes, les femmes sont aussi nombreuses ? Cécile Marion, recrutée par Charby, a débuté en hébergeant un soir Colette Jeanson. Mais

5. Entretien avec Jacques Trébouta. Novembre 1975.
6. Pseudonyme usuel du coordonnateur.

Vignes remarque chez cette jeune femme une détermination peu ordinaire. Il lui inflige un examen de passage – l'expression est appropriée. Elle franchit la frontière « à blanc », c'est-à-dire sans personne à convoyer. Un sans faute. Cécile Marion – « Maria » dans le réseau – devient une spécialiste des passages qu'elle assure à un rythme de plus en plus effréné. Elle acquiert une maîtrise absolue.

Le goût du risque, Dominique Darbois n'en est pas exempte. Engagée à dix-huit ans dans la Résistance, elle voyage ensuite au Tonkin, puis en Chine. Photographe, elle participe en 1951 à l'expédition Orénoque-Amazone, avec François Mazières. Exploratrice, elle a parcouru le monde d'où elle a ramené documentaires et livres d'images, toujours de grande qualité. Contactée par Vignes, elle introduit dans le réseau une artiste peintre américaine, Gloria de Herrera, et une céramiste, Véra Hérold.

Colette Jeanson sillonne également les routes, couvrant à toute vitesse des distances insensées. Un jour de février 1959, un très grave accident l'immobilise pour trois mois. La fatigue et le verglas sont aussi le lot des clandestins. La liaison constante, et capitale, entre le Comité fédéral en Allemagne et Haddad Hamada suppose une organisation bien huilée. Dans les deux sens : il est nécessaire de sortir les cadres repérés ou que leurs fonctions appellent à débattre au sommet ; à l'inverse, pour chaque secteur, un responsable extérieur pénètre régulièrement en France afin de surveiller la bonne marche de la structure qu'il supervise. Il arrive encore que le Comité fédéral convoque une assemblée plénière, avec tous les chefs de willaya. L'événement se produit deux fois. La première, c'est une maison de Villiers-le-Bel, au nord de Paris, qui abrite le « séminaire ». Rarement utilisée, elle est la propriété du fils d'un général dont le nom est intimement lié aux « événements » d'Algérie. A l'autre occasion, l'état-major de la Fédération de France se réunit au cœur de Paris, avenue des Champs-Élysées, dans les bureaux d'une société de production cinématographique dirigée par Roger Pigaut et Serge Reggiani, qui fournissent les clés. Ce genre de circonstance décrète, pour le réseau, la mobilisation générale. Convoyer et planquer, en toute sécurité, les dix hommes les plus recherchés de France n'est pas une sinécure.

Gérard Meier, qui a déserté en septembre en même temps que Jean-Louis Hurst, supporte mal, en Suisse, sa vie d'exilé. Par l'intermédiaire de Berthelet, le Front lui verse une mensualité. Il s'est réfugié chez un anarchiste, André Bösinger, qui aide de toute son énergie ceux qui résistent à la guerre coloniale. Mais l'inaction pèse à Meier. Il décide de revenir en France et de s'engager dans le combat clandestin – prolongement rationnel de sa désertion. Il prend le bateau à Genève, débarque à Évian et gagne Paris. Il est d'abord hébergé par Antoinette Orhant, la sœur de Louis. Puis il s'installe chez Jeanson, rue des Acacias. Il possède des faux papiers au nom de Xavier Mabille, citoyen belge. Enfin, on lui remet la clef d'une chambre dans le XVe arrondissement, près du quai de Javel.

Complètement clandestin, voici Meier-Mabille agent de liaison. Affecté à la ligne Paris-Lyon-Marseille, il convoie les fonds et le « courrier ». Toujours entre deux trains, entre deux rendez-vous, entre deux domiciles, il souffre de cette vie fugitive, de la solitude du militant professionnel. La clandestinité oblige à des contacts furtifs, à des mots comptés. Le catholique Meier, habitué à se confier, à dialoguer, est mal dans sa peau. Parfois il fait route avec Jacqueline Carré, une ouvrière recrutée par Vignes. Parfois aussi, il côtoie Jean-Claude Paupert, autre commis voyageur, qui mérite plus que quiconque le titre de porteur de valises. Rappelé en Algérie, Paupert fut l'un des « mutins » du camp de Mourmelon, avant d'être expédié, comme toutes les mauvaises têtes, dans une unité combattante. Il découvre là-bas « la misère biologique et physiologique d'un peuple ». Surtout, il s'aperçoit que la torture n'est pas un accident mais un système : « Nous sommes tous des tortionnaires. » Cette révélation le foudroie. Le Paupert qui revient en Métropole est un homme désarticulé, tourmenté, fiévreux. Lors de l'élaboration de la brochure *Les Rappelés témoignent*, il rencontre Robert Barrat. Après une année de réflexion où il a hésité entre le légal et l'illégal, il confie au journaliste son désir d'aider les Algériens. En mars 1959, dans la maison de Barrat, à Dampierre, Jeanson est là — ainsi que Mattéi, invité par Barrat après son esclandre au procès du « commando Soustelle ». Paupert se spécialise dans les transports. A Mattéi échoient des tournées de diffusion de *Vérités Pour*. Et dans la même période, deux enseignantes, Janine Cahen, originaire de Mulhouse, et Micheline Pouteau, agrégée d'anglais, en poste à Neuilly et militante assidue des Comités pour la paix, renforcent le réseau.

□

Pas de doute, « M. Joseph » est un grand artiste. Il suffit de passer commande, on vous livre un travail impeccable. Même un œil exercé s'y trompe. C'est que M. Joseph a du métier à revendre. Depuis des années et des années, cet ancien de l'Irgoun [7] fabrique des faux papiers. Il ne s'appelle d'ailleurs pas Joseph Katz, mais Adolfo Kaminski. Comme son nom l'indique, il est Polonais.

7. Organisation juive terroriste qui dirigeait ses coups contre l'armée britannique ; dissoute en septembre 1948, au moment de la formation de l'État hébreu.

Comme son prénom pourrait l'indiquer, il se prévaut d'ascendances argentines. Mais pour tout l'« underground » des professionnels de la révolution, il est Joseph. Contacté par Francis Jeanson à qui on a refilé le « tuyau », le faussaire accepte de consacrer son talent au service exclusif du réseau. Impressionné par la qualité de ses résultats, Vignes, avec l'appui financier du Front, lui installe un véritable laboratoire pourvu des machines d'impression dernier cri. Mais dans cet art difficile, la technique ne résout pas tout. L'imagination aussi est « payante ».

Francis Jeanson : « Un matin, je vais à l'atelier, près de la Bourse, et je demande à Joseph de fabriquer de toutes pièces un passeport suisse. » Un défi : tous les faussaires et tous les policiers savent que ce passeport est inimitable ; il est confectionné dans un papier spécial, gonflant, qui interdit toute contrefaçon. Rien qu'au toucher, n'importe quel douanier détecte un document helvétique.

Jeanson : « Il a travaillé quarante-huit heures d'affilée, sans émettre la moindre protestation. Mais il butait toujours sur ce problème de la consistance du papier. Soudain, il s'est frappé le front, s'est levé en silence, est sorti. Il est revenu avec un paquet de gaze à pansements. Il l'a découpée en fines lamelles, l'a incorporée au papier. Le passeport était absolument parfait. »

Avec les chefs-d'œuvre de M. Joseph, il n'y a jamais de pépin. Mais quelquefois, l'insistante curiosité d'un douanier procure des sensations fortes. Francis Jeanson franchit un jour la frontière entre la France et la Suisse par le train. C'est d'ordinaire une simple formalité. Cette fois, le garde suisse disparaît une bonne demi-heure avec le passeport marocain que Jeanson lui a remis. Les passagers s'impatientent, s'étonnent de cette halte. Voici enfin le douanier qui brandit le passeport fatidique. Il pénètre dans le compartiment, s'assied en face de Jeanson et le regarde dans les yeux :

« Alors, monsieur, qu'est-ce que c'est que ce passeport ?

– Mais... c'est le mien ! bafouille le Français.

– C'est votre passeport. Et vous n'avez pas de date de naissance ? »

Jeanson se maudit de n'avoir pas remarqué cet oubli :

« Vous savez, chez nous au Maroc, l'état civil n'est pas tenu comme en Europe.

– Voyons, monsieur, s'entête le douanier, vous n'allez pas me faire croire que vous ne savez pas quand vous êtes né ? »

Jeanson blêmit, explose :

« Attention ! Vous insultez la mémoire de ma mère. Elle, elle savait quand je suis né. Mais elle n'est plus là pour me le dire... »

Et il essuie une larme, surgie au coin de l'œil... Gêné, le douanier se retire. Une fois encore, « ça » passe. Un peu gros mais authentique. Des histoires aussi invraisemblables, chaque membre du réseau en a douze sous la langue.

Francis Jeanson dispose d'une vingtaine de faux papiers. Pour améliorer la couverture, il est muni de jeux complets : carte d'identité, permis de conduire, assurance, permis de chasse ou de pêche... Il change de nom à volonté, selon la frontière. Sa hantise, ce sont les cartes d'identité belges. Elles comportent en effet la liste complète des domiciles successifs où le titulaire a résidé. Force est de les apprendre par cœur. Côté wallon, l'exercice est abordable ; côté flamand, ça se complique. Vingt ans après, le chef du réseau en frémit toujours...

Les faux papiers utilisés par le réseau sont en général de « vrais » faux papiers. Ils proviennent de sympathisants qui « égarent » leur portefeuille et déclarent la perte à leur commissariat de quartier. Il ne reste qu'à substituer une nouvelle photo à l'ancienne, et à imiter le tampon sec. Pour M. Joseph, une plaisanterie.

Par des relais que nous ne pouvons encore dévoiler, d'autres cartes d'identité, vierges celles-là, sont « prêtées » par des municipalités où certains membres du réseau bénéficient des complicités nécessaires...

La direction de la Fédération s'appuie également sur un autre réseau, indépendant de l'équipe Jeanson. Le petit groupe de trotskistes du Parti communiste internationaliste, qui s'active depuis le début, a lui aussi dépassé l'artisanat. Bénéficiant du soutien des sections de la IVe Internationale dans toute l'Europe, le noyau français, une vingtaine de personnes tout au plus, se livre à une activité débordante au service de la révolution algérienne. Une filière de passage est mise en place par la Belgique ; les trotskistes belges comptent, en effet, dans leurs rangs, un fonctionnaire des douanes dont les renseignements et conseils sont évidemment du plus haut intérêt. La filière est si sûre qu'elle sera souvent empruntée par les cadres du F.L.N. Depuis le 13 mai, le dirigeant trotskiste Michel Raptis, *alias* Pablo, s'est fixé aux Pays-Bas. S'il maintient le contact au sommet avec Omar Boudaoud, le premier responsable du travail clandestin effectué par le P.C.I. en France est un jeune métallo de vingt-cinq ans. Ses camarades français et algériens l'appellent « Serge ». Il a abandonné son usine de Gennevilliers pour se consacrer, permanent rétribué par son parti, aux activités clandestines. C'est un organisateur hors pair.

Depuis deux ans, les trotskistes assurent l'édition des publications du F.L.N. dans un local de la rue du Faubourg-Saint-Denis, qui s'abrite sous une couverture commerciale. En 1959, « Serge » juge que l'endroit, d'ailleurs fourni par le Front, a trop servi. Il décide de déménager. Une descente de police quelques mois plus tard justifiera cette prudence.

Un nouveau local, à Malakoff, est transformé en imprimerie. Officiellement, pour expliquer les allées et venues des camionnettes, c'est un dépôt de livres pour bouquiniste. D'ailleurs un lot de vieux ouvrages achetés « aux puces » est déposé à l'entrée. Mais à l'intérieur du hangar, pour lutter contre le bruit des ronéos qui pourrait alerter les voisins, une sorte de chambre insonorisée est construite : parois en novopan matelassées de laine de verre, couvertures pour amortir les sons ; le résultat est satisfaisant. Les machines peuvent tourner à plein rendement. « Serge » : « Les Algériens passaient des commandes énormes. Parfois, il fallait tirer très vite un tract à cent mille exemplaires. Nous déployions des trésors d'imagination pour faire durer les stencils jusqu'à cinquante mille. Les ronéos marchaient tellement qu'elles tombaient fréquemment en panne. Pas question de faire venir un réparateur. Alors nous avons appris à démonter entièrement les " bécanes ". Une fois, pourtant, impossible de trouver l'avarie. Nous avons mis la ronéo dans une caravane et j'ai expliqué à l'employé de chez Gestetner que la machine servait pour un cirque ambulant. Quant au papier, il nous en fallait des quantités importantes que nous prenions chez différents fournisseurs, en payant toujours cash et en liquide [8]. » Mais le domaine où « Serge » et ses amis se montrent particulièrement efficaces est celui des faux papiers.

Sans expérience particulière, les trotskistes apprennent « sur le tas ». Au début, les Algériens vivant en Métropole disposaient d'une carte d'identité algérienne : une sorte de petit carnet à deux volets, rempli à la main et marqué d'un simple timbre humide. Enfantin à reproduire. Mais bientôt, la possession de la carte nationale d'identité française devient obligatoire. La contrefaçon exige plus de doigté : papier spécial comportant un filigrane, tampon sec en relief, caractères d'impression spéciaux. La professionnalisation s'impose. Aujourd'hui, « Serge » raconte le processus qui a conduit à une imitation presque parfaite : « Il fallait d'abord obtenir des cartes vierges. Un photographe a pris des clichés et nous les avons fait parvenir à un imprimeur hollandais sympathisant. Après différents essais de papier, il est arrivé à un résultat satisfaisant. Nous faisions entrer les cartes en France par plusieurs moyens. Les trains sont très sûrs : ils offrent des cachettes naturelles, sous les banquettes ou derrière les panneaux des W.-C. qu'on ouvrait avec une clef de notre fabrication. »

Reste le principal : remplir correctement les papiers. Première difficulté, la Préfecture de la Seine utilise une machine à écrire spéciale, volumineuse, et dont l'acquisition par un particulier est impossible. « Serge » parcourt les expositions de matériel de bureau, visite les foires commerciales et finit par dénicher une machine d'occasion de la marque américaine « Vary-Typer ». Le catalogue de la société comporte une variété de caractères et après des mesures au dixième de millimètre, le choix se porte sur un type

8. Entretien avec les auteurs. Avril 1979.

de lettres, en tout point semblables à celles utilisées par les services officiels. Suprême avantage : ce délicat instrument « justifie », c'est-à-dire que toutes les lignes ont rigoureusement la même longueur. Il faut encore trouver les bons œillets, ces petites choses métalliques qui servent à accrocher les photos. Sous couverture commerciale, « Serge » démarche pendant plusieurs semaines avant d'avoir la panoplie complète des divers œillets utilisés par toutes les préfectures de France. La confection de tampons ne présente pas de difficultés insurmontables. Un local, totalement clandestin, est loué et la fabrication commence. Lors de rendez-vous réguliers, les Algériens fournissent les photos de leurs militants qui ont besoin de faux et, quelques jours plus tard, reçoivent les papiers. La production atteint plusieurs dizaines d'unités par semaine. Les délais sont de plus en plus courts. Un jour, « Serge » s'entend dire par un militant du F.L.N. à qui il venait de fournir une identité : « Même à la Préfecture, cela n'aurait pas été si rapide. » Enfin, pour les dirigeants de la Fédération, le réseau trotskiste offre un jeu complet : carte de Sécurité sociale, permis de conduire, et même bulletins de salaire de chez Renault ou Citroën. De quoi franchir les contrôles les plus tatillons.

□

Face au rouleau compresseur de Challe, l'A.L.N. a besoin plus que jamais d'utiliser toutes les ressources du terrain. La connaissance empirique des maquisards est remarquable, mais elle ne dispense pas de recourir aux relevés topographiques officiels. Le problème, c'est que les cartes d'état-major concernant le territoire algérien sont considérées comme « documents à diffusion restreinte » par les autorités militaires. Mandatée par Tunis, la Fédération de France s'adresse à Jeanson : y aurait-il un biais ? Il y en a un, et c'est Curiel qui le déniche. Il persuade un appelé, attaché au ministère de la Défense nationale, de sortir les précieuses cartes. Chaque soir, pendant plusieurs jours, le soldat glisse à l'Égyptien un paquet ; celui-ci le transmet à Vignes qui le porte, à son tour, avenue de Madrid à Neuilly, chez Dominique Darbois, photographe de son état. Toute la nuit, elle prend des clichés et, au matin, les cartes réintègrent leurs tiroirs de la rue Saint-Dominique par le même chemin. Dix jours de rang, l'opération se répète sans incident. Vignes se charge alors de conduire les clichés en Allemagne. Il emploie une voiture dont le réservoir a été trafiqué et aménagé en cache. Le procédé est quasiment indécelable mais exige des arrêts fréquents pour refaire le plein d'essence. A Düsseldorf, dans un garage qui appartient au F.L.N., le véhicule est soulevé sur un pont. Il suffit d'ouvrir la trappe et de dégager la boîte en zinc qui contient les photos.

Un mois plus tard, de retour à Düsseldorf, Vignes repère, dans l'appartement qui sert d'antenne au Front, les cartes soigneusement roulées. Il ne pense pas qu'elles aient jamais été utilisées... [9].

La technique des réservoirs truqués offre le maximum de sécurité pour les passages d'armes. Démontée et convenablement enveloppée, l'artillerie qui équipe les commandos de l'O.S. pénètre ainsi dans l'Hexagone. C'est Cécile Marion, experte en franchissements de frontière, qui accomplit le plus fréquemment ce périlleux travail. Elle raconte: « On prenait les voitures dans le garage du F.L.N. à Düsseldorf, et on les abandonnait à un endroit précis de Paris ou de la banlieue. Le voyage s'effectuait avec deux véhicules. Comme il fallait tout le temps remettre de l'essence, nous transportions de gros jerrycans [10]. » D'autres membres du réseau convoient également ce type de matériel. Certains sont troublés, s'interrogent sur la destination de leur cargaison et dominent mal leurs problèmes de conscience. Finalement, ils persévèrent. Parce que leur engagement aux côtés des Algériens ne se divise pas.

En tout cas, le réseau est efficace. Nul n'est mieux placé que Haddad Hamada pour en juger avec le recul: « Le plus important pour nous, c'était l'argent. Les ressources de la Fédération de France ont alimenté de façon décisive le trésor de guerre du G.P.R.A. Sans l'appui des militants français, la centralisation et l'évacuation des fonds auraient été très difficiles. Je peux dire que l'apport des réseaux a été pour nous vital. Personnellement, si j'ai tenu aussi longtemps, c'est grâce à Francis Jeanson et à ses amis. »

A la fin de 1959, des centaines de millions de centimes transitent donc par le réseau avant de s'amasser dans les coffres d'une banque suisse. Cela représente au moins la moitié du budget dont dispose mensuellement le gouvernement provisoire algérien. L'appréciation, dénuée vingt ans après de toute passion, que porte Haddad Hamada, permet d'évaluer l'importance opérationnelle des anticolonialistes français. Dès cette époque, au demeurant, un homme flaire le coup et se montre même assez précis. Bernard Lafay, en juin 1959, dénonce à la tribune du Sénat les « aides extérieures » dont bénéficient les nationalistes algériens. Il accuse en particulier les banques helvétiques d'encaisser les sommes recueillies en France par le F.L.N. L'Union des banques suisses répond sèchement: « Nous n'avons pu trouver aucune trace d'une opération qui justifierait de pareilles insinuations. » Mais, prudents, les financiers helvétiques ajoutent: « Chaque banque dans le monde est exposée à recevoir de manière détournée et à son insu des fonds

9. Témoigage de Jacques Vignes.
10. Témoignage de Cécile Marion.

dont elle ne peut soupçonner l'origine politique. » Évidemment, les chèques ne sont pas libellés à l'ordre de M. Ferhat Abbas, président du G.P.R.A.

Tout de même, la mise au point a l'allure d'un aveu implicite. Il est vrai que les coffres-forts, sur les rives du Léman, en ont vu d'autres.

Chapitre 10

JEAN-PAUL ET LES AUTRES

« Ah, j'espérais bien qu'il s'agissait de vous. Alors, comment ça va ? » Et sans laisser à Francis Jeanson le temps de répondre, Jean-Paul Sartre enchaîne : « Vous savez, je suis cent pour cent d'accord avec l'action que vous poursuivez. Utilisez-moi comme vous le pourrez : j'ai des amis aussi, qui ne demandent pas mieux que de se mettre à votre disposition ; dites-moi de quoi vous avez besoin [1]. » Jeanson entreprend de s'expliquer. Il avait beaucoup espéré, beaucoup redouté et beaucoup retardé cette rencontre.

L'amitié entre les deux hommes est vieille de douze années. En 1947, Francis Jeanson âgé d'à peine vingt-cinq ans, parfait inconnu dans la République des Lettres, porte à Sartre le manuscrit d'un livre qu'il vient de lui consacrer [2]. Celui que la presse tapageuse baptise alors « le pape de l'existentialisme » envoie quelques jours plus tard au petit provincial ébloui une lettre fort élogieuse. Il lui écrit : « Vous êtes le premier à me donner une image de moi-même assez proche pour que je puisse me reconnaître, assez étrangère pour que je puisse me juger. » Après cette brassée de fleurs, Jeanson est intégré au cercle des fidèles. Il participe au comité de rédaction de la revue *Les Temps Modernes*, dont il devient le gérant. En parfaite communion de pensée avec Sartre, il accompagne ses options politiques : au R.D.R. [3] puis dans le combat contre la guerre d'Indochine.

En 1951, Albert Camus publie *L'Homme révolté*. Après hésitation, c'est à Jeanson qu'échoit la tâche pénible d'en faire la critique pour la revue. Sartre, qui le lui a demandé, ajoute ce commentaire : « Il sera le plus dur, mais il sera poli. » En mai 1952, sous un titre

1. Francis Jeanson, *Un quidam nommé Sartre*, Seuil, 1966.
2. *Le Problème moral et la pensée de Sartre.*
3. Rassemblement démocratique révolutionnaire, fondé par Sartre, Claude Bourdet et David Rousset en 1947.

dépourvu d'ambiguïté: « Albert Camus ou l'âme révoltée », paraît l'article de Jeanson. Camus réplique dans le numéro d'août où figurent également une « réponse à la réponse » de Sartre, et celle de Jeanson [4]. Après cet échange, la rupture entre Sartre et Camus est consommée. Il n'est pas certain que l'auteur des *Chemins de la liberté* ait souhaité s'avancer aussi loin dans la polémique. Selon Marcel Péju, membre de l'équipe des *Temps Modernes* à cette époque, Sartre en aurait voulu à Jeanson de l'avoir quasiment conduit à briser avec Camus.

Quatre ans plus tard, Sartre et Jeanson se brouillent à leur tour. En novembre 1956, Jeanson, qui sort des Éditions du Seuil, croise le philosophe rue Jacob. Celui-ci extrait un texte de sa poche et demande à Jeanson de le signer: c'est une pétition contre l'intervention soviétique en Hongrie. Le jeune homme en approuve le contenu, mais il lui répugne d'accoler son nom à ceux de quelques individus qu'il estime « un peu trop réjouis par l'espèce de boue sanglante que charriait vers leur triste moulin cet holocauste de vies hongroises ». Sartre et lui se quittent fraîchement sur un malentendu aisément surmontable. La séparation n'est pas violente, mais Sartre exige que le nom de Jeanson, qui figurait encore comme gérant, soit retiré des *Temps Modernes*. L'intéressé n'y voit aucun inconvénient. La fonction d'un gérant est de répondre devant la justice de la teneur des articles. Mieux vaut en effet quelqu'un de plus présentable qu'un complice du F.L.N. Toutefois, la distance est assez ample entre Sartre et Jeanson pour que ce dernier renonce à solliciter le concours du maître dans sa lutte en faveur des Algériens.

Mais au début de 1959, il n'y tient plus: « Un matin, l'impatience où j'étais de retrouver cet homme, de me confronter à lui de nouveau, me souffla ce bel argument: je n'avais pas le droit d'interposer, entre la cause que nous servions et l'un de ceux qui étaient le plus en mesure de la soutenir, je ne sais quels scrupules qui ne regardaient que moi. Nous avions besoin de Sartre: je devais m'adresser à lui, tant pis pour moi s'il m'envoyait au diable [5]. » Jeanson prie l'une des femmes du réseau, Marceline Loridan, d'aller dire à Sartre que « quelqu'un » désire lui parler de toute urgence dans un appartement proche du théâtre Hébertot. Jeanson attend, en proie au doute: « Quand la sonnette de la porte d'entrée retentit enfin selon le rythme convenu, je savais qu'il ne me restait plus qu'à entendre les explications navrées de mon émissaire; mais c'est Sartre lui-même qui entra dans la pièce. »

Presque aussitôt, Jeanson lui propose une interview à *Vérités*

4. Sur cette polémique, cf. Francis Jeanson, *Sartre dans sa vie*, Éditions du Seuil, 1974, et Herbert Lotman, *Albert Camus*, Seuil, 1978.
5. *Un quidam nommé Sartre*, *op. cit.*

Pour et lui soumet une batterie de questions. Sartre rédige d'un jet ses réponses. L'entretien est publié dans le numéro 9, daté du 2 juin. Conscient des risques qu'il encourt, mais intimement convaincu qu'il ne lui arrivera rien [6], Sartre y proclame sans réticence sa solidarité avec les Français qui aident le F.L.N. La première question de Jeanson vise l'attitude de la gauche française face au nationalisme algérien. Sartre : « Il est parfaitement incroyable que les hommes de gauche puissent se déclarer effrayés par le nationalisme des Algériens : certes, ce nationalisme – comme toutes les réalités historiques – enveloppe des forces contradictoires. Mais ce qui doit compter pour nous, c'est que le F.L.N. conçoive l'Algérie indépendante sous la forme d'une démocratie sociale et qu'il reconnaisse, en pleine lutte, la nécessité d'une réforme agraire. Quelle que soit l'origine de ces combattants, quelle que puisse être pour eux l'importance de la foi religieuse, les circonstances de leur lutte les entraînent vers la gauche comme firent celles de notre résistance entre 1940 et 1945 (...) Si le nationalisme algérien effraie certains groupes de gauche qui devraient y reconnaître leur propre expérience et leur propre passé, ce n'est pas du tout que nous soyons devenus de purs universalistes. Mais... la raison profonde est au contraire notre nationalisme. Contre l'impérialisme des blocs, la gauche se veut " française ". Mais à partir de là, elle se laisse prendre aux mythes du nationalisme de droite. Elle a peur de " trahir " ; elle quête les approbations de tous les Français, elle réclame un brevet de patriotisme. »

Après avoir longuement analysé l'apathie de la classe ouvrière française, elle-même produite par le système de domination qui amène « l'ouvrier métropolitain à se trouver plus proche de son patron que de n'importe quel indigène colonisé », Sartre affirme avec une bonne dose d'optimisme : « Aujourd'hui, les ouvriers français sont solidaires des combattants algériens parce qu'ils ont, les uns comme les autres, l'intérêt le plus urgent à briser les liens de la colonisation. » Il est donc possible d'agir : « Je suis en parfait accord avec *Vérités Pour* lorsqu'il tente de former des groupes de militants qui puissent, dans l'action, reprendre la question à la base et pousser aussi loin que possible la démystification. Si la gauche doit pouvoir renaître, ce sont les masses qui la ressusciteront. Et la question fondamentale, celle qui doit produire une autre gauche et d'autres hommes, c'est de donner aux classes exploitées une conscience pratique de leur solidarité avec les combattants algériens. »

Sur le texte manuscrit de l'interview, Sartre a souligné le mot « pratique ». C'est dire que dans son esprit, l'engagement ne saurait demeurer verbal. Jeanson et lui conviennent cependant que le philosophe « ne portera pas lui-même de valises ». Les impératifs d'élé-

6. Entretien avec Jean-Paul Sartre. Juin 1978.

mentaire sécurité interdisent en effet qu'une « vedette » dont le visage et la silhouette sont aussi célèbres que ceux de Brigitte Bardot se mêle à l'action clandestine. En revanche, il incite ses amis à « se mouiller ». Simone de Beauvoir prêtera sa voiture et son appartement. La rédaction des *Temps Modernes* est mobilisée; Bernard Pingaud, Marcel Péju, Claude Lanzmann abritent des Algériens; Michel Leiris verse de l'argent. Surtout, Sartre présente à Jeanson une jeune femme qu'il aime beaucoup, Arlette El Kaïm : « Une intelligence aiguë, beaucoup de charme, une vraie gentillesse sur son visage et dans toute son attitude physique la douceur inquiète d'une biche [7]. » Née à Constantine, Arlette rend des services de plus en plus importants. Son appartement était pour Sartre un havre de paix. Il devient une planque pour Jeanson [8]. Les « sartriens » les plus engagés sont en contact régulier avec le réseau. Péju et Claude Lanzmann rencontrent Jeanson chez Jacques Lanzmann, le frère de Claude. Une autre réunion, destinée à coordonner la diffusion de *Vérités Pour*, se tient chez Vercors.

□

Pour l'auteur du *Silence de la mer*, les choses sont claires et nettes : la résistance à la guerre coloniale s'inspire des mêmes principes que la résistance à l'occupation allemande. C'est la thèse qu'il développe dans une interview qu'il accorde à *Vérités Pour* en avril 1959. Vercors n'est pas fâché de rompre le mutisme qu'il s'imposait depuis deux ans. L'entretien, mené par Jeanson lui-même, se déroule chez l'écrivain résistant.

Vercors exprime son adhésion profonde au contenu mais aussi à la formule clandestine de *Vérités Pour* en des termes audacieux : « Quand les libertés sont mortes (ou mourantes, ce n'est qu'une question de mois), il n'est plus qu'une liberté qui subsiste, c'est celle que donne la vie clandestine. Il n'est jamais trop tôt pour s'organiser en vue de l'action secrète, la seule qui restera possible, selon toute apparence, d'ici peu. C'est pourquoi vous avez, sur ce point, mon accord sans réserve, et l'engagement que le jour venu, vous me trouverez avec vous. »

Jeanson : « *Vérités Pour* a formulé à l'encontre des diverses formations politiques de gauche des critiques que certains lecteurs ont trouvé déplacées. Êtes-vous de leur avis ? »

Vercors : « Je ne pense pas que vos critiques soient déplacées. Je pense que, depuis longtemps, elles sont " dépassées "... Il est trop

7. Jeanson, *op. cit.*
8. Témoignage de Francis Jeanson.

tard pour réformer les habitudes internes des partis, et leur comportement extérieur, en vue de favoriser leur rapprochement. L'espoir d'unification des groupes et partis de gauche, avec ou sans critiques, ne va pas en augmentant ; il va visiblement en s'amenuisant. Il n'existe, j'en ai peur, que deux circonstances aptes à unir enfin les énergies : la tyrannie ouverte, c'est-à-dire policière, ou bien dès aujourd'hui l'action clandestine. Si l'union ne se fait pas bientôt dans celle-ci, elle se fera plus tard sous les coups de celle-là, quand on commencera à remplir les prisons. Si au-dessous des partis, à travers les partis, ne se forment pas dès maintenant des liaisons souterraines, des courants convergeant en un grand fleuve obscur, comme au temps où s'organisait la résistance ; s'il n'y a contre le fascisme, qui prépare son coup patiemment, que les forces de gauche dans leur division présente, ces forces réunies seront battues et balayées, et la résistance clandestine aura simplement plus de mal à s'organiser après la défaite qu'avant elle. Nous y mettrons simplement plus de temps, et nous compterons plus de victimes, c'est tout [9]. »

Vercors n'est nullement inquiété par la police malgré ses appels directs à l'action clandestine. Quelque temps après, il assiste à des réunions qui se déroulent au domicile d'un intellectuel du « groupe Leduc », à Montparnasse, où Sartre, Leduc, l'ex-député communiste P. et d'autres envisagent la création d'un grand Comité des intellectuels contre la guerre d'Algérie. Selon plusieurs témoignages, il semble que Laurent Casanova en personne se soit intéressé à l'initiative. Mais elle n'aboutit pas.

Avec le recul de vingt années, il paraît à peine croyable que le noir pessimisme de Vercors, lors de son entretien avec Jeanson, s'applique à la France gaulliste de 1959. Le Général n'est pas Franco et le parallèle avec l'occupation nazie est singulièrement excessif. Beaucoup d'intellectuels de gauche souscrivent pourtant à l'analyse d'un lent pourrissement du régime, gangrené par une guerre où se rodent les méthodes de la dictature. Il est vrai qu'en Métropole même, il arrive souvent au pouvoir gaullien de prendre plus que des libertés avec les libertés. L'arbitraire musclé règne dans les commissariats ; les atteintes au droit d'expression se multiplient. Le 18 mars, c'est une « Assemblée pour la fin des tortures en Algérie et en France », organisée à la Mutualité par la Ligue des Droits de l'homme, le Centre du Landy et le Comité Audin, qui est interdite par le préfet de police. Quelques jours auparavant, *L'Express* est saisi à cause d'un article de Jean Daniel où ce dernier rapporte une conversation avec le chef rebelle Si Azzedine. L'histoire n'est pas banale. Arrêté par les paras en novembre 1958, Si Azzedine avait feint d'accepter de négocier la reddition de son

9. *Vérités Pour*, nº 8, 2 mai 1959.

maquis. Relâché, il avait filé à Tunis et confié son aventure à Jean Daniel. En conclusion de son papier, le journaliste ridiculisait la « paix des braves » et suggérait de s'adresser au F.L.N. « comme à un tout, une entité solidaire ».

Les motifs de la saisie sont évidents : les autorités civiles et militaires ne souhaitent pas que s'ébruite un pareil fiasco. Mais cette attaque supplémentaire contre la liberté de la presse provoque un réel émoi. Après tout, Daniel n'a (bien) fait que son métier. Un de ses confrères n'est pas de cet avis. Le gaulliste Maurice Clavel qui, chaque soir, commente l'actualité « à chaud » sur les ondes de la R.T.F. dans le journal parlé de vingt heures, conteste « le patriotisme » des journalistes qui vont en Tunisie recueillir l'information à la source. Épinglé par *Le Monde*, Clavel précise ultérieurement sa pensée dans un communiqué. Au sujet de *L'Express*, il déclare : « Ses conclusions politiques tendent à torpiller les seules chances possibles de paix ; je dis possibles car la négociation de gouvernement à gouvernement, cette sorte de Genève à quoi ce journal nous invite, entraînerait infailliblement la sédition militaire, la guerre civile, le fascisme ou le stalinisme [10]. » Décidément, la gauche n'a pas le monopole des prophéties aventureuses. Le jeudi 19 mars, Clavel aborde dans son éditorial radiophonique l'affaire Audin. Il pourfend « l'agitation un peu intéressée contre la torture » et renvoie dos à dos les parachutistes et Vidal-Naquet. « Chacune des deux parties se conduit comme si sa thèse était la seule vraie », tranche le commentateur qui n'est pas dépourvu d'un sens certain de l'équilibre. Mais la torture – qu'Edmond Michelet attribue le 12 mars 1959 à « des séquelles de la vérole nazie » – ne déserte pas l'actualité.

□

Le 16 juin 1959, les Éditions de Minuit publient *La Gangrène*. Sous ce titre terrible ont été rassemblés les témoignages des cinq Algériens interrogés par la D.S.T. en décembre 1958. Le livre est dans les librairies le 18 juin. Le lendemain, un journaliste se permet une allusion à l'ouvrage sur l'antenne d'*Europe nº 1*. Le 19, *Le Monde* – auquel Jérôme Lindon a fait porter un exemplaire – lui consacre un article en première page. Jacques Fauvet, qui paraît ne pas douter de l'authenticité des sévices, écrit : « A la lecture de ces

10. *Le Monde*, 17 mars 1959. Après la mort de Maurice Clavel, Jean Daniel a apporté cette précision : « Je protestai : il voulut accueillir ma protestation et demanda pour moi un droit de réponse. Quand il sut qu'il ne parviendrait pas à l'obtenir, il démissionna de la radio. » (*Le Nouvel Observateur*, 30 avril 1979.)

pages de sang que l'on voudrait croire imaginaires, on ne sait ce qui fait le plus horreur, de la cruauté des actes ou de la bassesse d'esprit de ceux qui ajoutent l'insulte à la torture. » En milieu d'après-midi, deux heures après la diffusion du *Monde*, un commissaire de police se présente au siège des Éditions de Minuit pour procéder à la saisie. Simultanément, le livre est retiré des grandes librairies de la capitale. Maurice Pagat et Pierre Vidal-Naquet préparent aussitôt une édition pirate de *Témoignages et Documents*. Mais le mardi 23 juin, dans la soirée, la voiture de Vidal-Naquet est prise en chasse et contrainte de stopper sur l'esplanade des Invalides. Des inspecteurs s'emparent des flans destinés à l'imprimerie [11].

Le 24 juin, l'Hôtel Matignon explique par le canal de l'Agence France-Presse qu' « en ordonnant récemment la saisie d'un ouvrage intitulé *La Gangrène*, le gouvernement a entendu affirmer le caractère mensonger et infamant de ce libelle ». Au Sénat, Gaston Defferre interpelle le gouvernement. Michel Debré lui-même répond : « En ce qui concerne le livre qui a été saisi, je tiens à dire à l'Assemblée que ce livre constitue une affabulation totale. Nous en connaissons les auteurs, qui sont uniquement deux membres du Parti communiste, et ce livre représente purement et simplement un assemblage de mensonges... Je ne voudrais pas qu'on dise ici que ce livre infâme, rédigé par deux auteurs infâmes, représente en quoi que ce soit l'ombre de la vérité. C'est purement et simplement une affabulation mensongère et – je puis le dire à M. Gaston Defferre – montée par deux écrivains stipendiés du Parti communiste. »

Le journal officiel note qu'à la suite de cette intervention quelque peu redondante, de vifs applaudissements éclatèrent à droite. M. Debré ne croit pas que des Algériens, même étudiants, soient capables de tenir eux-mêmes le stylo pour narrer ce qu'ils ont subi ; il attribue la paternité de *La Gangrène* à deux plumitifs rémunérés par le P.C.F. Il semble que les personnages auxquels renvoie cette allusion soient Georges Arnaud et Patrick Kessel. Non qu'ils aient écrit la moindre ligne de l'ouvrage incriminé. Mais le nom de l'auteur du *Salaire de la peur* et celui du reporter de *L'Express* figuraient sur le carnet d'Hadj Ali, journaliste algérien interpellé au même moment que les étudiants torturés rue des Saussaies. Épilogue provisoire : toujours au Sénat, le 21 juillet, Jacques Duclos interroge Michel Debré sur l'identité des « deux écrivains stipendiés du Parti communiste ». Le premier ministre, par le truchement de Maurice Bokanowski, secrétaire d'État à l'Intérieur, répond que le gouvernement « fidèle à la tradition républicaine »... n'en dira pas plus.

L'ensemble de la presse, de *L'Aurore* à *L'Humanité*, proteste contre la saisie de *La Gangrène*. Dans *Les Lettres Nouvelles*, Maurice Nadeau apostrophe André Malraux : « On a peine à croire que

11. Un autre tirage sera effectué dans une imprimerie de Rodez.

vous ayez lu *La Gangrène* sans que se réveille en vous l'indignation généreuse qui vous fit dénoncer à la face du monde les bourreaux nazis ou chinois, ou prendre parti pour leurs victimes. Ce n'est plus en Allemagne, en Espagne, en Chine qu'on torture, mais à votre porte, chez vous, et vous n'auriez pas un mot contre ceux que vous avez autrefois voués à la vindicte ? Nous avons trop été nourris de votre œuvre pour penser que son auteur pourrait aujourd'hui la renier. Elle parle pour vous. Elle peut au besoin se dresser contre vous [12]. »

Un lancinant silence réplique à cette admonestation directe. Sur le plan judiciaire, la plainte déposée le 30 décembre par Khebaïli, Boumaza, Francis et leurs camarades « suit son cours » — autrement dit sombre dans un marécage juridique gluant. Après avoir organisé une confrontation générale dans son bureau, le 29 juillet, le juge Batigne, à la requête du procureur de la République, rend le 7 août une ordonnance de non-lieu. La défense se pourvoit en appel. Mais le substitut du procureur demande confirmation du non-lieu. Dans un cas au moins, celui de Mustapha Francis qui détient un certificat médical, la Justice traite la Faculté avec désinvolture. Le docteur Isserlis, qui avait pratiqué l'examen, concluait à la nature traumatique des lésions. Il constatait : « Je soussigné, interne des hôpitaux, certifie avoir examiné M. Francis Mustapha, hospitalisé le 6 décembre 1958 et sorti de l'hôpital le 18 décembre. A son entrée à l'hôpital, ce malade présentait des ecchymoses linéaires de la face antérieure des cuisses, des ecchymoses en plaque au niveau des fesses, une tuméfaction bilatérale des régions rétro-maxillaires, avec raideur de la nuque, une contracture abdominale diffuse probablement d'origine pariétale pure car il n'existait aucun signe d'atteinte viscérale, tous signes pouvant relever de traumatismes divers. » Entendu à l'instruction, le docteur Isserlis réitère ses observations. Pour le substitut du procureur, au contraire, les symptômes décrits sont ceux des oreillons. Interrogé à l'audience sur l'origine de cette certitude médicale, le magistrat avoue s'être instruit dans le Petit Larousse. Et le docteur Isserlis n'étant qu'interne des hôpitaux, ce sont le Petit Larousse et le substitut qui l'emportent : non-lieu confirmé [13].

Par instants, la jeune République gaullienne justifie toutes les appréhensions d'un Vercors. En juin, le député Christian de La Malène dépose, avec un certain nombre de ses collègues, un projet de loi qui réclame les travaux forcés pour les journalistes coupables d'attenter au moral des troupes. Mais on attente aussi à la vie. Me Ould Aoudia, défenseur des étudiants torturés et poursuivis pour

12. *Les Lettres Nouvelles*, 1er juillet 1959.
13. Cf. Pierre Vidal-Naquet, « Sens et non-sens d'un non-lieu », in *Témoignages et Documents*, août-septembre 1959.

tentative de reconstitution de l'U.G.E.M.A. [14], n'a pas l'occasion de plaider pour ses clients. A la veille du procès, il est abattu dans son cabinet d'une balle en plein cœur.

□

Dans les premiers jours d'avril, un jeune inspecteur des finances fraîchement sorti de l'E.N.A. remet au garde des Sceaux, Edmond Michelet, et à l'un de ses conseillers, Gaston Gosselin, le rapport d'une enquête effectuée — non sans courage — en Algérie sur les camps de regroupement. A Gosselin, il souffle : « Faites-en bon usage. » Le surlendemain, 18 avril, *Le Monde* publie une analyse détaillée du rapport. Le chargé de mission a, en effet, confié le document à Pierre Viansson-Ponté qui en a « fait bon usage [15] »...

La technique du « regroupement », maintes fois exposée par les stratèges militaires, consiste à rassembler la population en des lieux contrôlés par l'armée et à décréter le reste du territoire « zone interdite ». Toute personne qui s'y trouve ne peut être que rebelle. La procédure offre deux avantages : elle coupe le F.L.N. du ravitaillement, de l'information et de la protection indispensables — le poisson sans eau n'a plus qu'à crever ; et elle soustrait les personnes déplacées à la propagande des maquisards, les livrant à l'encadrement « psychologique » et policier. Un autre aspect de la question, qui pèse peu en regard du bénéfice militaire, concerne les effroyables conditions de (sur)vie des foules déportées. Chassés de leurs maisons, privés de leurs ressources, entassés comme du bétail, hommes, femmes et enfants sont soumis à un régime que certains n'ont pas hésité à qualifier de concentrationnaire.

Cette situation déplorable attire l'attention d'un jeune socialiste qui sort de l'E.N.A. et fait ses débuts d'inspecteur des finances sur le territoire algérien. Aidé par son camarade Bugnicourt, spécialiste du sous-développement dans le civil et présentement officier S.A.S., « protégé » par quelques « complices » au cabinet de Paul Delouvrier (notamment Hubert Prévost, lui aussi jeune énarque), le fonctionnaire débutant — il s'appelle Michel Rocard — mène son enquête de manière quasi clandestine. Il parvient à visiter une quinzaine de centres dans les départements d'Orléansville et de Tiaret, et dans l'arrondissement de Blida, puis rédige une note de synthèse dont les conclusions sont plus qu'alarmantes [16].

14. Union générale des étudiants musulmans algériens.
15. Entretien avec Gaston Gosselin. Mai 1978.
16. Entretien avec Hubert Prévost. Mars 1979.

Le regroupement est un phénomène massif. Le rapporteur évalue à un million la population des camps. Il s'agit, en majorité, de femmes et d'enfants. « Lorsqu'un regroupement atteint deux mille personnes, il meurt un enfant par jour », écrit Michel Rocard. Le rapport confidentiel qu'il remet à Gaston Gosselin, une fois largement divulgué par *Le Monde*, est attribué par le délégué général en Algérie, Paul Delouvrier, à une commission de six hauts fonctionnaires... Quelques jours plus tôt, Mgr Rhodain, secrétaire général du Secours catholique, avait communiqué à *La Croix* [17] les conclusions d'une enquête similaire. Elles sont identiques. Malgré cette confirmation intellectuellement incontestable, Michel Debré, devant l'Assemblée nationale, accuse le Parti communiste d'être le promoteur de cette campagne de dénigrement. De quoi réjouir Michel Rocard.

17. *La Croix*, 11 avril 1959.

Chapitre 11

ALERTES

Lorsqu'un comédien dérange un directeur de troupe, il est généralement en quête d'embauche. L'inverse est plus rare. Au printemps 1959, le semi-clandestin Charby, qui joue la comédie par inadvertance, se présente à Roger Planchon, qui officie au théâtre Gaston-Baty. L'acteur désire enrôler le metteur en scène dans un spectacle qui n'est inscrit à aucun répertoire. A mots couverts, mais suffisamment précis, il expose les possibilités d'action illégale contre la guerre d'Algérie. Dès qu'il saisit de quoi il retourne, Planchon l'interrompt et lui dit avec un sourire complice : « Pour ces histoires politiques, voyez mon secrétaire général. »

Le secrétaire général du Théâtre de la Cité, que Planchon dirige à Lyon, n'est autre que Jean-Marie Boeglin. Le journaliste de *L'Union de Reims,* qui avait « couvert » en 1956 les manifestations de rappelés, a fini par réaliser son rêve : de sa passion pour le théâtre il a fait un métier. Depuis 1957, il remplit les fonctions d'administrateur aux côtés de Planchon. Charby obtient un rendez-vous, emmène son interlocuteur en Dauphine dans une rue tranquille, et entreprend de lui raconter le réseau. Boeglin est attentif, réceptif. Pas étonnant : voici déjà une année qu'il travaille avec les Algériens. Sa profession l'oblige à de fréquents déplacements dans la région Rhône-Alpes. A Grenoble, dès 1957, il est en relation avec des militants nationalistes qu'il voit à chaque passage. Un jour, l'un d'entre eux lui demande de porter une lettre à Lyon. Non seulement il accepte, mais il insiste : « Si vous avez besoin d'un coup de main, n'hésitez pas ! » Et le F.L.N., encore minoritaire dans la région par rapport au M.N.A., n'hésite pas longtemps. Boeglin devient le facteur de la willaya III, celle qui englobe la vallée du Rhône et les Alpes. Pendant plusieurs mois, il n'accomplit pas d'autre tâche que celle de coursier, qu'il remplit seul, sans lien aucun avec d'autres Français.

A Lyon existe depuis 1956 un petit groupe d'anticolonialistes, organisé autour de « Sylvain », un trotskiste éleveur de lapins. Ce noyau, l'un des premiers du genre, déploie une intense activité. Excessive même au goût de Boeglin qui juge ces camarades un peu trop voyants. Il demeure à l'écart. A deux ou trois reprises, les Algériens le présentent aux prêtres du Prado. Il subodore, de ce côté, une infrastructure solide mais, là encore, ne s'en mêle pas.

Coup sur coup, les équipes lyonnaises subissent plusieurs alertes graves. En 1958, on s'en souvient, l'abbé Carteron est inquiété. En avril 1959, Mahmoud Mansour, chef de la willaya III, est arrêté. Deux Français qui lui prêtaient l'hospitalité, Denise et Michel Gin, sont également appréhendés. La série noire continue : le successeur de Mansour « tombe », lui aussi, fin juillet. Cette fois, l'organisation du F.L.N. lyonnais est atteinte en profondeur. Après enquête et grâce aux « aveux » d'Algériens interpellés, une villa est localisée dans la banlieue, 10, montée de Champagne-au-Mont-d'Or. A l'intérieur : des documents, un arsenal, les plans de l'usine à gaz de Lyon. La villa est déserte quand les policiers y pénètrent. Ils installent une souricière dans laquelle vient se jeter le « super-zonal ». Le responsable régional de l'O.S. suit, ainsi qu'une kyrielle de cadres et de militants. La locatrice de la maison n'est pas épargnée : Josette Augay, vingt-cinq ans, découvre la prison.

Après cette opération qui paralyse pour quelque temps le F.L.N., les Algériens suggèrent à Boeglin de constituer une structure complètement indépendante des groupes antérieurs. L'administrateur du Théâtre de la Cité retrousse ses manches et entame le recrutement. Il prospecte dans deux directions : les jeunes gens sans expérience politique mais moralement insurgés contre la guerre sont très disponibles, tels Nicole et Jean-Jacques Brochier ; d'autre part, il puise dans la génération précédente, celle qui est issue de la résistance. Le réseau s'étoffe. Boeglin inaugure un système original dont l'élément de base est la cellule. Chaque cellule se forme par affinités idéologiques ou intellectuelles. Il existe ainsi une cellule protestante et une cellule catholique, une cellule Nouvelle Gauche et une cellule communiste. Il y a même une cellule franc-maçonne dont certains membres côtoient, dans leur loge, des notables lyonnais — y compris des commissaires de police — et sont ainsi en mesure de fournir des renseignements précis sur les enquêtes en cours. Chaque cellule dispose d'une réelle autonomie. A elle de se procurer boîtes aux lettres, voitures, planques. Boeglin rencontre les responsables, répartit les missions. Les membres d'une cellule ignorent ceux d'une autre — et jusqu'à leur existence[1]. A la fin de 1959, une cinquantaine de personnes sont opérationnelles sur Lyon et sa région. Le réseau est indépendant de Paris et règle son fonctionnement sur les demandes de la willaya III. Pour les fonds, toutefois, une liaison

1. Témoignage de Jean-Marie Boeglin.

mensuelle est assurée avec la capitale, souvent par Gérard Meier. Par ailleurs, l'équipe lyonnaise est en contact permanent avec celle de Marseille, puisque ces deux villes sont chapeautées par la même willaya.

Dans la cité phocéenne, où la concentration de Nord-Africains est particulièrement forte, l'aide française au F.L.N. effectue également, en 1959, un grand bond en avant. L'artisan en est Robert Bonnaud. L'auteur de *La Paix des Némentchas* n'a pas repris sa carte au Parti communiste. Le vote des pouvoirs spéciaux par ses camarades, qui lui a valu de collaborer pendant six mois à la « pacification » style Lacoste, le constat que, contrairement aux arguments officiels du Parti, tout travail d'agitation est impossible au sein de l'armée, enfin l'intervention soviétique en Hongrie l'ont amené à cette décision. Professeur d'histoire, il adhère à l'U.G.S. qu'animent Martinet et Bourdet et y fait la connaissance d'un licencié en philosophie sartrien, Lucien Jubelin, qui a organisé depuis 1956, avec le concours d'ouvriers chrétiens, un noyau de soutien au F.L.N. Jubelin demande à Bonnaud, en 1959, de cacher des armes. Pour un premier service, il n'y va pas de main morte. Il est arrivé que des personnes prêtes à loger ou à transporter un Algérien refusent d'avoir affaire à des armes. Mais Bonnaud a vu dans les Némentchas des blessés égorgés avec un couteau mal affûté. Il surmonte vite ce problème de conscience.

Parallèlement à ses occupations clandestines, il poursuit ses activités politiques au grand jour. Secrétaire de la fédération U.G.S. des Bouches-du-Rhône, il prône la « non-coopération » à la guerre. Au conseil national de l'U.G.S., en 1959, il défend cette orientation et s'accroche très durement avec Gilles Martinet qui l'accuse, en séance publique, d'être un disciple de Jeanson. Dans la salle se trouve Pierre Hespel, ancien résistant et déporté, en contact avec Francis Jeanson. Il lui parle de Bonnaud et Jeanson établit la liaison avec le responsable marseillais. Ensemble, ils arrêtent le principe d'une édition régionale de *Vérités Pour*. Tirée sur une ronéo de l'U.G.S. dans une maison discrète des environs de Marseille, cette édition provençale est diffusée à cinq mille exemplaires. Plusieurs dizaines de sympathisants les postent à leurs frais.

Le noyau initial de Jubelin comprenait une douzaine de membres. Sous l'impulsion de Bonnaud, ce sont plus de cent militants qui, à des degrés divers, apportent leur soutien au Front : hébergements, taxis, liaisons avec Lyon et Mâcon. Une cinquantaine de millions de centimes sont collectés mensuellement et convoyés jusqu'à Paris. Bonnaud recrute en particulier des militants communistes ou ex-communistes qu'il a fréquentés à l'époque où il l'était lui-même. Un cercle oppositionnel s'est constitué à Marseille autour de la revue *Voies Nouvelles* fondée en 1958 par Victor Leduc. Henri Lefebvre « descend » à plusieurs reprises pour animer des réunions chez Annette Roger ; Bonnaud fait ainsi la connaissance de ce médecin communiste en rupture de parti, qu'il intègre au réseau. Annette Roger est notamment attachée au transport et à l'hébergement de Mohammed Daksi, chef du F.L.N. pour toute la zone de Marseille[2].

Le 5 novembre, la doctoresse conduit en voiture Daksi de Marseille à Paris. Un barrage de police sur la Nationale 7, à la hauteur de Pont-Saint-Esprit, oblige le véhicule à stopper. Les deux passagers sont aussitôt interpellés. Ils ne peuvent savoir qu'on les avait annoncés : le F.L.N. marseillais compte, en effet, un traître dans ses rangs. Gérard Spitzer, animateur de *La Voie Communiste,* vient d'être victime du même informateur.

□

Le 30 septembre, les inspecteurs de la D.S.T. investissent une chambre de bonne, à Paris, 82, rue des Martyrs. Ils y arrêtent un Algérien, Aït El Hocine, et sa femme. Une perquisition permet la découverte d'une comptabilité qui porte sur quarante-quatre millions d'anciens francs, et d'un carnet d'adresses. Y figure le nom de Gérard Lorne, domicilié 22, rue Oberkampf. Les agents de la Surveillance du territoire s'y précipitent. Sur la porte, un mot est épinglé : « La valise est dans l'armoire de la chambre. » Ce n'est pas vraiment une valise que saisissent les policiers, mais un gros sac de sport en tissu écossais. A l'intérieur : quarante-quatre millions, la somme exacte mentionnée sur la note d'Aït El Hocine. Appréhendé au saut du lit, Gérard Lorne reconnaît : « C'est l'argent de *La Voie Communiste.* » Un journal dont le directeur s'appelle Gérard Spitzer.

Arrêté et interrogé, Spitzer nie tout en bloc. Alors que le F.L.N. conseille à son épouse, Fanny, de constituer un avocat du collectif, celle-ci désigne Me Théo Bernard. Ce dernier téléphone à Edmond Michelet, qui est un de ses amis. L'intervention auprès du garde des Sceaux n'est pas inutile. Le préfet de police se rend rue des Saussaies pour assister à l'interrogatoire : « Beaucoup de monde s'agite autour de votre arrestation, confie-t-il à Spitzer. Vous observerez qu'on ne touche pas à un seul cheveu de votre tête. » Le commissaire qui mène les opérations est moins diplomate : « Quand je pense qu'on livre nos enfants à des assassins de votre envergure ! » lance-t-il à son « client ». Spitzer enseigne, en effet, au lycée de Melun. « Il parlait peu et jamais de politique », répondent certains

2. Témoignage de Robert Bonnaud.

de ses collègues aux reporters de *Paris-Presse*. En fait, Spitzer n'assurait à Melun qu'un remplacement, dans l'attente d'une nomination à Paris.

La D.S.T. le confronte avec Gérard Lorne. Il se contente de déclarer : « J'avais demandé à Lorne la clef de son appartement pour y entreposer des fonds destinés à venir en aide aux détenus algériens[3]. » L'arrestation des deux Français suscite une vive émotion et la presse nationale la répercute. L'incompréhension domine. En déplacement dans le Midi, le père de Gérard Lorne écrit à sa femme : « Inutile que je rentre, je suis sûr que Gérard est innocent. » Et dans le quartier Oberkampf, on n'est pas loin de partager sa certitude. « L'arrestation du jeune moniteur de l'enseignement technique a frappé ses voisins de stupeur », souligne *Paris-Presse*. Dans la France de 1959, on a du mal à imaginer qu'un citoyen normalement constitué, ne souffrant pas de troubles apparents, puisse s'acoquiner avec les terroristes. Militant, comme son ami Spitzer, de *La Voie Communiste*, Gérard Lorne a pourtant agi en parfaite connaissance de cause.

Le même jour, les policiers appréhendent Roger Rey, encore un adhérent de « La Voie Co », à son travail, chez Lebaudy. Ils ont repéré son numéro de téléphone sur le carnet d'Aït El Hocine. Mais il est relâché après une vaine perquisition à son domicile. Un moment désorganisés, en décembre 1958, par les arrestations simultanées de Denis Berger et de Moussa Khebaïli, leur principal interlocuteur algérien, les compagnons de Gérard Spitzer ont renoué avec le F.L.N. début 1959. Plus exactement, c'est le successeur de Khebaïli à la tête de la willaya Paris-périphérie qui se manifeste. Aït El Hocine téléphone en effet à Roger Rey, qui lui donne rendez-vous à la clinique où sa femme vient d'accoucher[4]. Et c'est là, au milieu des vagissements des nouveau-nés, qu'est redéfini le soutien de *La Voie Communiste* au Front. Berger étant hors circuit depuis son séjour rue des Saussaies, Rey et Spitzer lui-même contrôlent le travail clandestin.

« Au début de l'été 1959, raconte Gérard Spitzer, le F.L.N. m'a demandé de dénicher un local pour une importante réunion inter-willayas. J'ai fourni la clef de l'appartement de Lorne. » Finalement, le lieu du conclave est modifié. Mais la willaya transforme l'appartement en dépôt. En août, Lorne part en vacances et prie les Algériens de ne pas utiliser son domicile en son absence, ce qui attirerait l'attention. Est-ce faute d'avoir trouvé une autre cache ? La consigne de Lorne n'est pas observée. De toute façon, cette précaution n'aurait rien changé. Si la maison de la rue Oberkampf n'a pas servi pour la réunion inter-willayas, ses coordonnées ont néanmoins été

3. Témoignage de Gérard Spitzer.
4. Entretien avec Roger Rey. Mai 1976.

transmises à tous les responsables régionaux du Front. Or, à Marseille, le traître manipulé par la D.S.T. communique le renseignement à la police. L'immeuble de la rue Oberkampf est surveillé, Aït El Hocine est identifié et c'est lui-même qui conduit les enquêteurs jusqu'à sa chambre. La découverte, dans celle-ci, de l'adresse de Lorne, n'est qu'une confirmation.

Le F.L.N. insiste à nouveau pour qu'il désigne un avocat du collectif, mais le militant français est attaché au principe d'une défense française. Outre Me Théo Bernard, Me Claude Faux, membre du P.C.F., accepte Spitzer pour client. L'instruction est confiée au juge Braunschweig, mais le 16 novembre il est dessaisi au profit de la juridiction militaire – en application d'une ordonnance du 8 octobre 1958 relative à la « répression des infractions commises dans la Métropole en vue d'apporter une aide aux insurgés algériens ».

La « petite gauche » intellectuelle et politique se mobilise. Le journal de Spitzer, sur une ligne à la fois antistalinienne et favorable au combat des Algériens, a conquis une certaine notoriété. Cette audience dépasse, et de beaucoup, le groupuscule engagé dans l'action directe. La plupart des militants qui se reconnaissent dans les analyses et les mots d'ordre de *La Voie Communiste* ignorent que certains d'entre eux sont des porteurs de valises. C'est le cas de Simon Blumental, ancien secrétaire de la section communiste de Montreuil, exclu du P.C. en 1959 : « J'ai été sidéré, avoue-t-il aujourd'hui, quand Gérard a été arrêté. On ne savait pas ce qu'il faisait. » Les amis de Spitzer forment un Comité de défense, présidé par Élie Bloncourt, qui organise le 18 décembre à la Mutualité une conférence de presse où interviennent le doyen Châtelet et Laurent Schwartz. Ils réclament, au minimum, l'octroi à Spitzer du régime politique, « faveur » que refuse le juge d'instruction militaire, le commandant Morel.

□

Chargé de mission au cabinet du garde des Sceaux, Edmond Michelet, Gaston Gosselin est plus spécialement affecté, avec Joseph Rovan, au contrôle de l'administration pénitentiaire. Les prisons françaises, Gosselin les connaît pour les avoir fréquentées sous l'occupation allemande. Résistant courageux, habile manieur d'explosifs, il a eu le privilège de visiter une bonne dizaine de centrales avant d'être déporté à Dachau. C'est là qu'il s'est lié d'amitié avec un militant chrétien, chef maquisard de la région de Brive : Edmond Michelet. Après le 13 mai, le Général nomme ce dernier d'abord aux Anciens combattants puis, dans le gouvernement

Debré, à la Justice. Michelet fait appel, lui aussi, aux compagnons des mauvais jours, et promeut Gosselin conseiller technique chargé de la détention algérienne. Plusieurs milliers de nationalistes maghrébins sont sous les verrous de la République. Gosselin s'emploie à leur donner un peu d'air. Il lance des coups de sonde. Lors d'un dîner chez Robert Barrat, dans la maison de Dampierre, il côtoie même Francis Jeanson.

De Gaulle souhaiterait établir des relations avec les « chefs historiques » du F.L.N. enfermés à la Santé, mais il sait que tout contact sera vain tant que leurs conditions d'incarcéraion n'auront pas été améliorées. Début 1959, le nouveau président de la République ordonne à la Chancellerie de dégoter un « château » pour Ben Bella et ses camarades. Gosselin, prié de mener à bien l'affaire, surveille l'aménagement du fort enterré de l'île d'Aix, en face de La Rochelle. Un « hôtel trois étoiles » prêté par l'armée. A la fin février, les travaux sont achevés et le conseiller technique effectue une dernière inspection avant le transfert. A son arrivée, il est un peu surpris de constater que les C.R.S. ont remplacé les gendarmes pour la garde du fort. Mais il est l'heure du déjeuner et il accepte l'invitation du commandant des C.R.S. Au dessert, le chef de compagnie confie à Gosselin : « Bon, je vais vous montrer l'installation. » Et, à quelques pas, il découvre triomphalement le poste de sonorisation qui capte le moindre bruit dans le moindre recoin. Gosselin : « Ce type avait tout simplement cru que je venais vérifier le système d'écoute. Je ne le démens pas, il vérifie effectivement que tout marche bien, et m'embarque dans le premier bateau pour aller m'expliquer avec le préfet. Entre-temps, le C.R.S. avait annoncé mon arrivée par téléphone et s'était fait copieusement insulter pour m'avoir tout dévoilé. Le préfet m'accueille et m'invite à m'asseoir, le dos à la porte. Je lui dis : " J'ai vu l'installation ; je ne pense pas qu'elle ait été autorisée ; je vais en référer à Paris. " A ce moment, on frappe à la porte et quelqu'un pénètre dans le bureau en râlant : " J'en ai marre de porter ce costume ! " Je tourne la tête et je reconnais un commissaire de police, spécialiste des questions techniques, que j'avais rencontré au ministère de l'Intérieur. Il était déguisé en colonel de C.R.S. Il m'aperçoit et pâlit... [5]. »

Rentré à Paris, Gaston Gosselin provoque un joli scandale. La sonorisation a été installée par le ministère de l'Intérieur à l'insu du général de Gaulle. Gosselin, après s'en être entretenu avec son supérieur et ami Edmond Michelet, explique l'arnaque à Olivier Guichard, qui est au président ce que Gosselin est au ministre, et qui promet que le matériel d'écoute sera promptement démonté. Bizarrement, *Le Monde* du 5 mars signale un retard dans le transfert des prisonniers algériens à l'île d'Aix et avance une hypothèse : « Cer-

5. Témoignage de Gaston Gosselin.

taines des nouvelles installations du fort Liédot n'auraient pas entièrement satisfait les autorités qui ont dernièrement visité les lieux. » Après cette histoire, Gosselin devient la bête noire du premier ministre, Michel Debré, qui se jure « d'avoir sa peau ». Sans succès immédiat puisque, comme on l'a noté, c'est le même Gosselin qui divulgue, en avril, le rapport Rocard sur les camps de regroupement.

En septembre 1959, le conseiller de Michelet est convoqué à l'Élysée. Gosselin : « Le Général m'accueille et me dit : " Il faut que vous alliez voir les chefs historiques à l'île d'Aix. Dans quelques jours, je prononcerai un discours télévisé. Je vais offrir l'autodétermination aux Algériens. Je voudrais que vous testiez les réactions de Ben Bella et des autres avant que je le prononce. " Et il me dépeint les grandes lignes de son allocution. »

Gosselin part incognito. De Gaulle a exigé qu'il ne souffle mot de sa démarche à personne, ni à Michelet ni au premier ministre. Il est vrai que dans l'état de trouble où baigne l'armée d'Algérie en cet automne, l'annonce que l'on s'apprête à consulter les « fellouzes » a de quoi attiser les passions. A l'île d'Aix, Gosselin, qui a appris la prudence, entraîne les chefs F.L.N. sur le toit du fort, en plein vent. Là, aucune « plomberie » indiscrète n'est à redouter. Pendant quarante-cinq minutes, il communique aux prisonniers la question présidentielle. Leur réaction est dans l'ensemble favorable. Toutefois, le débarquement de l'envoyé spécial de l'Élysée n'est pas complètement passé inaperçu. Le premier ministre, averti que Gosselin parlemente sur le toit du fort avec les chefs rebelles, voudrait l'arrêter. Mais la destination du « suspect » est... l'Élysée. Debré patiente[6].

Le discours du 16 septembre sur l'autodétermination est diversement reçu. La gauche non communiste approuve, l'U.N.R. se partage, l'extrême droite hurle. Le P.C. condamne d'abord, puis fait volte-face. Si Jean-Jacques Servan-Schreiber ne perçoit dans les positions gaulliennes « qu'une houle tourbillonnante[7] », Claude Bourdet se réjouit : « De Gaulle a reconnu le droit à l'indépendance des Algériens[8]. »

Quant au G.P.R.A., par la bouche de Ferhat Abbas, il se félicite que soit concédé le principe de l'autodétermination, se déclare prêt à négocier, et désigne Ben Bella comme plénipotentiaire. De Gaulle oppose une fin de non-recevoir. Le prisonnier de l'île d'Aix est voué à un rôle plus secret...

6. Récit de Gaston Gosselin.
7. *L'Express*, 24 septembre 1959.
8. *France-Observateur*, 24 septembre 1959.

En réalité, de Gaulle a concédé beaucoup plus qu'une formule. Il reconnaît lui-même qu'il serait temps que s'élève la voix des masses algériennes. Simultanément, un livre donne chair à ce tournant politique. En octobre 1959, Robert Davezies publie *Le Front*, aux Éditions de Minuit. Quelques semaines après sa sortie de France, l'année précédente, il s'est rendu à Tunis. Il y a rencontré, en compagnie de Mamet, replié là-bas, des responsables du F.L.N., mais aussi, sur la frontière algérienne, des réfugiés et des soldats. Il les a interviewés et a constaté cette évidence : le peuple algérien tout entier est entré dans la guerre. Or la plupart des Français ne perçoivent, à cette date, le F.L.N. que comme un appareil politique stationné à l'étranger et dont le pouvoir ne s'exerce en Algérie que sur un nombre déterminé de groupes armés – le peuple algérien demeurant à l'écart du conflit, sans prendre parti. Avec l'appui de la Fédération de France, Davezies collecte donc des témoignages directs. L'ouvrage fait choc. Aragon, dans *France-Nouvelle*, y consacre un article pathétique : « D'abord ce sentiment fantastique, fantastiquement ici dans tous les récits rendu sensible : que c'est le peuple qui l'a voulue, cette guerre. Et ceux-là qui la mènent aujourd'hui, ils ont bien dû la faire, parce que leur peuple l'exigeait. » Et puis un autre sentiment, la honte : « O mon pays ! le visage que l'on t'a fait. Voilà cette tache sur ta joue. Voilà cette boue sur ta robe, et ceux qui arrivent avec le meurtre et l'incendie, c'est ton nom qu'ils portent, c'est de ton nom que l'on annonce leur venue... [9]. »

□

Le 2 décembre 1959, le Comité Maurice Audin livre dans *Témoignages et Documents* les résultats finaux de l'enquête sur la disparition du jeune mathématicien en juin 1957. Cette fois, le Comité cite des noms, l'accusation est précise : au centre d'El-Biar, Audin a été torturé par une équipe émérite ; les capitaines Devis et Faulques, les lieutenants Erulin et Charbonnier, entre autres, se sont distingués. Le 21 juin 1957, au cours d'une séance de torture, c'est le lieutenant Charbonnier qui a étranglé Maurice Audin [10]. Une mise en scène fut

9. « D'un certain emploi du mot France », *France-Nouvelle*, 15 octobre 1959.
10. Ces noms ont été communiqués à Pierre Vidal-Naquet par Paul Teitgen,

orchestrée pour camoufler le meurtre en évasion. Enfin, les autorités civiles et militaires, tant à Paris qu'à Alger, ont couvert et le crime et la mascarade. En conclusion de son réquisitoire, le Comité Audin déclare ne pas ignorer « la gravité des accusations qu'il vient de porter. Il le fait publiquement parce qu'il est composé d'hommes responsables qui depuis deux ans se sont donné la mission d'éclairer le pays sur une affaire tragique et sur toutes celles qui l'ont accompagnée. Comme Mme Maurice Audin dont ils se font les interprètes, comme les défenseurs, Mes Borker et Braun, les bâtonniers Thorp et Chaplet, ils attendent maintenant de la France qu'elle fasse justice. »

Le ministère de la Justice réplique justement : « Il est évident qu'en publiant de telles informations, qui relèvent plus de la polémique que d'un souci de bonne justice, les auteurs de tels commentaires desservent la cause qu'ils prétendent défendre. » Le député U.N.R. Christian de La Malène, dans une question orale au ministre des Armées, demande « combien de temps il continuera de tolérer que l'armée française dont il devrait être le défenseur soit ainsi quotidiennement et ignoblement insultée par des dévoyés, des traîtres en toute impunité à leur pays ». *Le Monde*, qui rapporte cette interpellation, commente : « La façon dont est rédigée cette question suffit à juger son auteur », et rappelle que M. de La Malène fut le père d'un projet de loi recommandant de punir des travaux forcés les journalistes « démoralisateurs ». En réalité, ils ne sont que deux organes de presse à reprendre longuement les conclusions du Comité Audin : *Le Monde* – où Jacques Fauvet se prononce à la une – et *Libération*. Du reste, dans ce quotidien progressiste, l'équipe est tellement accaparée par l'affaire Audin qu'elle rate l'actualité du jour. Pendant que les journalistes, au marbre, bâtissent leur couverture sur Audin, le barrage de Malpasset, près de Fréjus, se rompt et provoque la mort de plusieurs centaines de personnes. Le lendemain, la première édition de *Libération* n'en souffle mot.

La décision de publier les conclusions de l'enquête n'a pas été sans susciter des difficultés entre le P.C. et le Comité Audin. Le Parti communiste, inquiet de la croissance d'un organisme qu'il ne contrôle pas, craint que cette concurrence ne nuise au Mouvement de la paix. Aux yeux des dirigeants du P.C.F., c'est par ce canal, et par lui seul, que doit transiter toute action contre la guerre, et c'est dans *France-Nouvelle* que le dossier doit paraître. Or le Comité Audin, fort de plusieurs milliers d'adhérents, joue désormais le rôle d'une « organisation de masse », surtout en milieu universitaire. Les membres, communistes et non-communistes, du Comité ne cèdent pas et dévoilent eux-mêmes l'identité des assassins [11].

ancien secrétaire général de la police en Algérie, qui les tient lui-même de bonne source : un commissaire central divisionnaire d'Alger.

11. Témoignage de Pierre Vidal-Naquet.

En décembre 1959 également, *Esprit* publie *L'histoire d'un acte responsable*. Cet acte est celui d'un officier catholique, Jean Le Meur, qui a refusé de servir dans une unité combattante ; il a été condamné en juin à deux ans d'emprisonnement. Dans la préface aux lettres de Le Meur qui retracent son itinéraire, Jean-Marie Domenach amorce un débat qui va bientôt secouer la jeunesse et l'opinion tout entière : « Conseiller, encourager, propager le refus d'obéissance serait donc actuellement une attitude inadmissible... Notre règle sur ce point est constante : il faut marcher aussi loin que possible avec sa communauté... » Après cette condamnation, le directeur d'*Esprit* la tempère d'un constat : « Quant à nous, il serait hypocrite de sembler ignorer le drame que provoque chez des consciences d'élite la rencontre de certaines pratiques que nous avons dénoncées dans la guerre d'Algérie. »

Ces pratiques, *Le Monde* les révèle une fois encore en reproduisant un rapport de la Croix-Rouge internationale sur les tortures, les exécutions et les camps. Le document, qui émane de Genève, n'a été communiqué qu'en deux exemplaires au gouvernement et diffusé auprès de dix personnalités, sans numéro. La « fuite » provient donc des sommets de l'État. Pendant plusieurs heures, le 5 janvier 1960, on s'attend que la saisie soit décrétée. Finalement, le pouvoir laisse faire. « La publication du rapport ne le dérange pas, ont calculé les stratèges de l'Élysée, et même elle l'arrange dans la mesure où elle constitue à l'égard de l'armée dont la fièvre ne retombe pas une sorte de coup de semonce », note Pierre Viansson-Ponté [12].

Gaston Gosselin, quoique modeste, n'est pas mécontent de lui. Il a suggéré l'idée de cette enquête au délégué de la Croix-Rouge en France, qui se trouve être son ami. Et c'est lui qui, récupérant le rapport via la Suisse, s'est arrangé pour en égarer une copie quand il le faut, là où il le faut [13].

12. *Op. cit.*
13. Témoignage de Gaston Gosselin.

Chapitre 12

LA CHUTE

« Il paraît que la police s'intéresse à nous de plus en plus. » Cette phrase, un brin désinvolte, ouvre l'éditorial du numéro 11 de *Vérités Pour*[1]. L'information est exacte : Francis Jeanson et ses principaux collaborateurs – le noyau dur du réseau – se savent dans le collimateur de la D.S.T. Trois années d'activités clandestines finissent par semer quelques traces dans les dossiers, des photos dans les fichiers, des noms dans les organigrammes. Les antennes dont dispose Jeanson, les bruits dont le « village » de Saint-Germain épice ses dîners, les rumeurs confidentielles lâchées par « des amis qui nous veulent du bien », un faisceau de « non-dit » et de « on-dit » s'assemble et se conjugue pour tisser une certitude : la Surveillance du territoire est en campagne. Les indices palpables, eux non plus, ne manquent pas. En mai 1959, Colette Jeanson quitte la clinique après trois mois de soins consécutifs à son terrible accident de voiture. Le jour même où elle regagne sa maison, deux inspecteurs de la D.S.T. la dérangent pour lui demander des nouvelles de Francis. Depuis 1958, les policiers ont établi que le « professeur » est lié au F.L.N. métropolitain. Un avis de recherche a été lancé. Colette joue le numéro de l'épouse délaissée : elle ignore tout, proclame-t-elle, de l'homme qui a abandonné le domicile conjugal...

A l'été, des membres du réseau s'aperçoivent qu'ils sont filés. Ombres dans les portes cochères, voitures suspectes et qui persistent à obstruer le rétroviseur, bruits bizarres au téléphone : impressions flicomaniaques ou suspicion fondée ? Pour ces femmes et ces hommes qui se consacrent à l'illégalité depuis des mois voire des années, la tension accumulée, le manque de sommeil – mal chronique – entraînent des phases alternatives d'excitation et d'abatte-

1. *Vérités Pour*, 12 octobre 1959.

ment. Selon leur état physique et psychologique, leur caractère aussi, ils interprètent différemment les anomalies qu'ils notent. Les plus pessimistes gardent une valise (personnelle) prête. D'autres, installés dans la clandestinité, cèdent à la routine, se figurent intouchables et raillent les froussards.

A la fin de novembre 1959, Hélène Cuénat, qui n'est pas facilement encline à la panique, constate qu'elle est surveillée. Elle abandonne l'appartement de la rue des Acacias, change de voiture et d'habitudes. Elle emménage avec Jeanson dans un autre logement, boulevard Berthier, tenu en réserve. Mais quelques jours plus tard, dans sa voiture lestée de deux cents millions qu'elle vient de recevoir, elle gagne avec Didar Fawzy une planque afin de se débarrasser de ses encombrantes valises. Elle se gare à quelque distance et inspecte les environs. Visiblement, l'homme qui fait les cent pas devant l'immeuble et se plonge dans la contemplation d'une vitrine de plombier-zingueur n'est pas là pour un rendez-vous d'amour. Les deux femmes redémarrent, le coffre toujours chargé de sa compromettante cargaison. Hélène Cuénat accélère, accélère encore. Un agent siffle : contravention pour excès de vitesse...

Après cet épisode, la surveillance semble s'évanouir. Cela aussi, c'est une technique. Le « gibier » se détend, se dit qu'après tout, il est victime d'hallucinations. La jeune femme fréquente à nouveau la rue des Acacias.

La filature invisible porte ses fruits. Hélène Cuénat – encore elle – assure un transport avec Gérard Meier dans une petite Dauphine. Ils crèvent, changent la roue et repartent. Comment pourraient-ils se douter que la crevaison a été provoquée par un pistolet à plomb et qu'une photo les montrant en train de réparer grossit leur dossier rue des Saussaies ?

Décembre 1959... Cécile Marion est convoquée à la D.S.T. Elle s'y rend; on lui demande quelles occupations l'ont appelée en Allemagne. Quelques jours auparavant, elle est, en effet, revenue de Düsseldorf. Au lieu de prendre en charge la voiture trafiquée dans le discret garage habituel, elle l'a réceptionnée devant le Park Hotel où Bouaziz l'a lui-même garée. Les services spéciaux qui suivent les Algériens en Allemagne ont aussitôt exploité cet impair. Les véhicules qui franchissent trop souvent la frontière sont signalés. A tout hasard. Cécile Marion, rougissante et battant des cils, objecte à ces messieurs que sa vie sentimentale ne regarde qu'elle-même. Personne n'est dupe mais on ne la garde pas. La convocation n'est qu'une manœuvre d'intimidation dont les enquêteurs vont guetter les conséquences. « Guetter » n'est peut-être pas le mot juste : deux hommes campent ostensiblement devant la porte de Cécile, rue Paul-Féval. Elle prévient Jacques Vignes et tous deux conviennent d'un système. La comédienne suivra un itinéraire préalablement défini, jalonné de haltes dans quelques cafés. Vignes observera de loin. Dès le premier bistrot, sa religion est faite : les policiers ne quittent pas son amie d'une semelle.

Haddad Hamada, coordonnateur de la Fédération, est lui aussi l'objet d'attentions insistantes. C'est un clandestin hors pair. Il n'utilise jamais ni voiture ni taxi et ne se déplace que par le métro en observant les précautions classiques : monter dans le dernier wagon, descendre au dernier moment, laisser passer une rame pour détecter le suiveur, etc. Il est bel et bien filé mais réussit à se perdre dans les banlieues ouvrières. Ce n'est que provisoire : la surveillance redémarre bientôt.

L'accumulation de ces faits provoque une psychose de l'arrestation imminente. Jeanson réagit par quelques mesures. Il demande à Curiel de trouver un avocat « officiel » du réseau. Puis il a l'idée d'égarer les pisteurs en leur jouant un tour. Un porte-document est « oublié » dans une salle de cinéma. A l'intérieur : des dossiers d'aspect sérieux, des listes d'adresses soigneusement recopiées dans le Bottin, et des faux papiers au nom de Jean-Louis Ormont. La photo qui orne la carte d'identité est empruntée au couvercle d'une boîte de cigares suisses. M. Joseph s'est amusé, Jeanson aussi. Ils se plaisent à imaginer les hommes de la D.S.T. tirant chaque sonnette du répertoire fantaisiste.

Enfin, sous la pression de ses amis, Jeanson, à la veille de 1960, convoque une assemblée générale dans l'arrière-salle d'un restaurant d'Enghien. Ordre du jour : quel comportement adopter en cas d'arrestation ? Presque tout le monde est là, et la discussion a laissé aux participants un souvenir douloureux. L'atmosphère est houleuse. Certains crient à l'inconscience, réclament de sévères consignes de sécurité, critiquent le « pouvoir personnel ». D'autres veulent, sans traîner, se « mettre au vert ». C'est le cas de Monique Des Accords, une des premières recrues de Jeanson, qui déclare arrêter là ses activités illégales. Avec un enfant à charge, elle n'a aucune envie d'échouer en prison. Au milieu de ce tohu-bohu, Jeanson prend la parole et donne des directives : « Si vous vous apercevez que les flics n'ont pas grand-chose contre vous, niez tout et tâchez de vous en sortir. Les autres assument politiquement les actes que la justice leur reproche. » La règle sera généralement respectée. Avec quelques exceptions.

Au vrai, s'il sait son réseau surveillé, Jeanson ne croit pas à un coup de filet imminent. La D.S.T. a, certes, repéré tel ou tel porteur de valises, mais a-t-elle reconstruit la cohérence des liaisons ? Jeanson ne le pense pas et, à cette date, il n'a pas tort. Politiquement surtout, il estime que de Gaulle n'a pas intérêt à s'offrir un procès public de Français ralliés au Front. Sur l'opinion internationale, l'impact serait désastreux. En France même, le tribunal se transformerait en tribune. Un des impératifs auxquels obéit Jeanson, son constant souci, c'est de « populariser » son action. Il ne saurait imaginer mieux qu'une salle d'audience pour être entendu. Mais il n'espère pas que le pouvoir lui concédera cette faveur. Sans doute, cette analyse qui a le mérite de la rigueur sous-estime-t-elle les contradictions internes au mouvement gaulliste. Entre un Debré et un Michelet, il y a plus que des nuances.

□

Le « Tambour de la Bastille » est un grand café situé sur la place du même nom. Il présente l'avantage de posséder plusieurs salles et un premier étage qui facilite les rendez-vous feutrés. Le réseau l'utilise de temps à autre. Le 27 janvier 1960, précisément, c'est au « Tambour » qu'est prévue la réception de « grosses légumes » en provenance d'Allemagne. Le passage de deux membres du Comité fédéral, dont « Pedro », le responsable à l'organisation, s'est effectué au moyen de deux voitures. La 403 « ouvreuse » est pilotée par Jacques Audoir, un jeune assistant-réalisateur, qu'accompagne Jean-Claude Paupert. Le véhicule « porteur » est conduit par Vignes, avec Gloria de Herrera. Ils sont attendus pour dix-neuf heures. Dans l'après-midi, une des femmes du réseau téléphone à Véra Hérold, l'amie qui partage l'appartement de Gloria de Herrera rue Claude-Bernard, pour savoir où se déroule l'arrivée. Or le téléphone de la rue Claude-Bernard est sur écoute car Véra Hérold, depuis plusieurs semaines, est surveillée. Témoin un rapport de la D.S.T. qui mentionne que le 17 décembre précédent, Véra Hérold a été observée alors qu'elle pénétrait dans une Simca Versailles immatriculée 5077 CF 75 et stationnée rue Antoine-Bourdelle[2].

Il n'est donc pas très surprenant qu'à dix-neuf heures, le 27 janvier, les alentours du « Tambour de la Bastille » soient un peu « chargés ». Jacques Audoir, au volant de la première voiture, arrive à l'heure dite, ne remarque rien de suspect, et se range le long du trottoir. Vignes gare son véhicule à quelque distance et débarque ses deux Algériens. L'un est emmené par Jacques Charby chez le comédien François Robert, près des Halles. Aline, sa femme, en compagnie du second militant du Front, hèle un taxi et se fait conduire à son domicile, rue des Trois-Frères. Les policiers aux aguets se contentent de relever le numéro du taxi. Interrogé un peu plus tard, le chauffeur leur révélera l'adresse des Charby.

Place de la Bastille, la cavalcade commence...

Jacques Vignes regagne sa voiture tandis qu'Audoir démarre et s'éloigne. Aussitôt, quatre hommes se ruent sur un véhicule bana-

2. Source privée.

lisé et se lancent aux trousses de Jacques Audoir. Ce dernier les repère et éprouve beaucoup de peine pour s'en débarrasser ; il est obligé d'abandonner son auto et de s'enfuir par un cinéma des Champs-Élysées à double entrée. Les autres membres du réseau présents – en surnombre – au « Tambour » : Dominique Darbois et Véra Hérold, parviennent à s'éclipser. Mais la D.S.T. a « logé » Charby et noté le numéro de la 403 d'Audoir.

Le vendredi 19 février, en début d'après-midi, Francis Jeanson, Jacques Vignes, Dominique Darbois et Cécile Marion partent pour une maison de campagne dont presque personne ne connaît l'adresse. Elle a été louée, le mois précédent, dans le petit village de Longnes, à l'ouest de Paris. L' « état-major » du réseau est convoqué pour renforcer la sécurité après les récents incidents. Hélène Cuénat doit rejoindre le groupe dans la journée du samedi.

Ce même vendredi 19, Haddad Hamada s'octroie une soirée de congé. Il dîne chez un vieil ami, Saïd Hannoun, au 8 de la rue d'Ormesson. Allaoua Daksi partage ces agapes. Après le repas, tous trois décident d'aller boire un café. Ils se dirigent vers la place de la Bastille, toute proche, remontent sans se presser le boulevard Beaumarchais et entrent dans un bistrot, à l'angle de la rue du Pas-de-la-Mule. A peine se sont-ils accoudés au comptoir qu'une escouade de policiers les encerclent, pistolets au poing. Hamada exhibe une magnifique carte d'identité au nom de Guy Bensimon. Mais les policiers savent à qui ils ont affaire. En route pour la rue des Saussaies...

Le coordonnateur de la Fédération de France est l'objet d'une étroite surveillance depuis l'été 1959. Un rapport de la D.S.T. mentionne qu'il a été « logé » rue La-Bruyère en juillet et rue de Vaugirard en août [3]. Mais Hamada change constamment de domicile et les enquêteurs perdent sa trace. En outre, s'ils sont persuadés qu'il s'agit d'un militant du Front, et pas d'un lampiste, ils ignorent ses fonctions exactes. La lumière jaillit à la mi-février. A cette date, Ould Younès, « super-zonal » de la région marseillaise, remonte à Paris. Il avait été muté dans le Midi à la suite des arrestations de 1959, afin de réorganiser la structure régionale. Mais Ould Younès ne se sent pas à l'aise à Marseille. Il n'a pas tort de se méfier. Tout ce qui touche au F.L.N. dans ce secteur est gangrené. La D.S.T. apprend par son « informateur » local qu'Ould Younès revient dans la capitale et qu'il va rencontrer le chef de la Fédération. Hamada, déjà suspect, est ainsi identifié.

Toujours dans la soirée du vendredi, la Surveillance du territoire interpelle également Aliane Hamimi, chef de la willaya Paris-centre, et plusieurs autres militants et cadres, objets de longues filatures.

A l'aube du samedi 20 février, Hélène Cuénat est tirée de son

3. Source privée.

sommeil par un coup de sonnette strident. L'employé du gaz, bien sûr ! Son passage était annoncé et elle a même retardé son départ pour Longnes afin qu'il ne trouve pas un logement vide. Lors du précédent relevé, il n'y avait déjà personne rue des Acacias. Sans se soucier de l'heure, elle saute du lit et entrebâille la porte. Sur le palier, trois hommes, plus vrais que nature... Soudain réveillée, elle comprend et tente de repousser le battant, mais la pointe d'un soulier s'est naturellement intercalée dans l'embrasure : « Police ! Laissez-nous entrer ! » Et sans attendre la permission, les visiteurs du matin envahissent l'antichambre, brandissant des cartes barrées de tricolore.

« Vous avez un mandat ?

– Pas besoin de mandat, répond celui qui a l'air d'être le chef. Procédure de flagrant délit...

– Flagrant délit de quoi ? Vous êtes chez une citoyenne helvétique. Je vais avertir mon ambassade... »

L'appartement a effectivement été acheté par une Suissesse. La discussion s'engage et se prolonge un bon moment. Hélène Cuénat interdit l'accès à une double porte vitrée qui donne sur une seconde pièce. Convaincus que quelqu'un, armé peut-être, se cache dans la chambre, les inspecteurs n'osent recourir à des gestes brusques. Et puis cette jeune femme agressive, maîtresse d'elle-même, leur en impose.

Pour alerter d'éventuels passants, pour provoquer un attroupement, et pour gagner du temps, elle se met à hurler « au feu ». Mais l'inspecteur principal dissuade les voisins accourus de s'intéresser plus longtemps à ce sinistre. Vers huit heures, coup de sonnette. Immédiatement, l'un des « G-Men » se précipite en souplesse, agrippe la poignée, ouvre la porte d'un seul geste. L'intrus est saisi au revers, propulsé dans la pièce, nez à nez avec un revolver.

C'est l'employé du gaz.

Il s'enfuit sans demander l'emplacement du compteur. Le temps s'écoule. Hélène Cuénat attend un coup de téléphone d'Aline Charby et elle espère pouvoir la prévenir. Le chef du trio, qui était allé aux ordres, revient et lance :

« Finie la comédie. Elle n'est pas plus suisse que moi. On y va ! »

Les inspecteurs avancent, empoignent Hélène, qui se débat, griffe et mord (la presse qui aime ça la surnommera « la tigresse » !). Elle est ceinturée et on lui passe les menottes dans le dos. Se servant d'elle comme d'un bouclier, les policiers progressent prudemment vers la chambre interdite. Rien. Personne. Déçus, ils se rabattent sur une fouille en règle. La sonnerie du téléphone retentit, un des inspecteurs décroche ; à l'autre bout, Aline Charby comprend et coupe la communication. La perquisition continue. Les enquêteurs découvrent une somme de vingt mille nouveaux francs, un pistolet 6,35, des faux papiers, une documentation

F.L.N., un trousseau de clefs impressionnant et surtout trois agendas bourrés d'annotations, toutes codées. Sauf un rendez-vous inscrit en clair à la date du lendemain, dimanche 21 février : « Royal-Péreire, 10 heures. Petite, fume-cig., foul. rouge. » Vers midi, la perquisition est terminée. Hélène Cuénat est conduite à la D.S.T.[4].

Dans la soirée, à Longnes, Francis Jeanson s'inquiète de ne pas voir arriver son amie. Elle devait quitter Paris aussitôt après le fameux relevé de gaz. Il téléphone rue des Acacias. Personne. Il essaie rue Claude-Bernard où habitent Véra Hérold et Gloria de Herrera. Même silence. Depuis le matin, elles sont sous les verrous. Enfin, tard dans la nuit, Jeanson réussit à toucher Aline Charby qui lui raconte l'étrange communication téléphonique qu'elle a interrompue. Francis, Vignes, Cécile Marion et Dominique Darbois tiennent un rapide conseil de guerre. De toute évidence, le coup de filet a été déclenché. Malgré l'heure tardive, Jeanson décide de lever le camp. A trois heures du matin, accompagné de ses trois camarades, il gagne Saint-Chéron et sonne à la porte de Paul Flamand. Le directeur des Éditions du Seuil, apparemment moins surpris qu'il n'eût été concevable, leur offre l'hospitalité. Il met même la « main à la pâte » puisque c'est lui qui rase la barbe dont Jeanson s'était enjolivé (et camouflé) le menton. Cécile Marion en profite pour se teindre en rousse; Dominique Darbois se décolore en blonde.

Après quelques heures de sommeil, Jeanson et Vignes rentrent tôt à Paris pour évaluer les dégâts. Les deux femmes retournent se planquer dans la maison de Longnes.

Dans la matinée du dimanche, Vignes et Jeanson récupèrent Gérard Meier. La première chose, décide Francis, est de s'assurer qu'Hélène a bien été arrêtée. Meier et Vignes, en voiture, roulent lentement rue des Acacias. Un peu après le 17, dans une automobile à l'arrêt, deux hommes paraissent faire le guet. Soupçons confirmés. Meier apprend alors à Jeanson qu'il a rendez-vous, à dix heures, au café « Le Royal-Péreire », pour y réceptionner le « courrier » de l'est, reconnaissable à un foulard rouge. C'est Hélène Cuénat qui lui a confié cette mission quelques jours plus tôt. Après un instant de réflexion, les trois hommes conviennent que Meier peut raisonnablement s'y rendre. Comment la police seraitelle avertie de ce contact ?

Gérard Meier arrive légèrement en avance au café. Il y a lui-même convié un autre agent de liaison, Jacqueline Carré, avec qui il souhaite discuter avant l'autre affaire. Dès qu'il pousse la porte, il constate qu'il s'est jeté dans la gueule du loup. « Ils » sont partout. Au comptoir, dans la salle, sur le trottoir, avec une exemplaire discrétion. Hormis les moustachus en imperméables, il n'y a que deux consommatrices : Janine Cahen, qui transporte l'argent collecté à

4. Récit d'Hélène Cuénat.

Mulhouse, et Jacqueline Carré, convoquée par Meier. « On ne risquait pas de se louper », pense ce dernier avec humour. Il aborde ses camarades. Tous trois se lèvent pour sortir dignement. Le café se vide derrière eux. Sur le trottoir, on les embarque. Le filet s'alourdit[5].

Trois jours seulement avant son arrestation, Gérard Meier est parti diffuser *Vérités Pour* à Bordeaux avec Jean-Claude Paupert. Ils louent une Dauphine. Paupert conduit et n'est pas, dit-on, un as du volant. Fatigue, nervosité, inattention ? Toujours est-il que la voiture quitte la route près de Mirande. Paupert est contusionné et son ami l'emmène chez un médecin qui prescrit un traitement. Meier fourre l'ordonnance dans sa poche. Quand il est interpellé au « Royal-Péreire », elle y est encore. Aux policiers qui lui demandent qui est ce Paupert, Meier réplique : « Un gars que j'ai pris en stop. » Réponse sans doute jugée insuffisante puisque deux hommes de la D.S.T. se présentent au 3 de la rue François-Bonvin, où habite Paupert. Il est là et, sans autre formalité, apostrophe les inspecteurs : « Je revendique tout. Vive l'indépendance de l'Algérie ! »

Au suivant.

« Vous êtes M. Charby ? »

A l'appel de son nom, il lève la tête. Autour de lui, sept hommes ont pris position sur la terrasse de l'hôtel où il achève de déjeuner, le samedi 20 février...

« ... Brigade de la Sécurité du territoire de Perpignan. Veuillez nous accompagner dans votre chambre ? »

Depuis une semaine, épuisé par des années de vie harassante, Charby se repose à Font-Romeu, dans les Pyrénées. Son père, le vieux syndicaliste révolutionnaire, et son frère, qui rend à l'occasion des services au réseau, sont venus de Toulouse pour le week-end. La perquisition dans la chambre et la fouille des bagages ne donnent rien.

« On a l'ordre de vous ramener à Paris, avertit le chef de brigade, qui exécute sans apparemment bien comprendre.

— Très bien. Je peux embrasser ma famille ?

— Faites vite. »

Charby s'exécute et souffle dans l'oreille de son frère : « TRU 55-78 ». C'est le numéro du téléphone d'André Thorent, qui sera prévenu et alertera Aline Charby.

Depuis l'affaire du « Tambour de la Bastille », Charby a les policiers sur ses talons. Le rapport de synthèse remis par la D.S.T. au juge d'instruction relate par exemple : « Le 5/2/1960, Charby est observé et photographié avenue des Ternes à Paris, alors qu'il prenait contact à quatorze heures avec Aliane Hamimi, chef de la willaya Paris-centre. Tous deux étaient rejoints peu après par un autre

5. Témoignage de Gérard Meier.

Nord-Africain non identifié, puis par Dominique Darbois[6]. » Pour réaliser des « observations » de ce genre, les équipes de la D.S.T. disposent d'un matériel nombreux et sophistiqué. Elles affectionnent particulièrement les camionnettes faciles à déguiser en véhicules de livraison et pratiques pour photographier ou filmer.

Interpellé à Font-Romeu, Charby est embarqué dans une banale 203 vers Perpignan. Le soir même, encadré par deux inspecteurs, le comédien prend le train pour Paris. A l'aube du dimanche 21 février, sur la quai de la gare d'Austerlitz, ses anges gardiens le transmettent à deux collègues parisiens. Terminus rue des Saussaies. Dans le train, Charby, aux toilettes, avale autant de pages de son agenda qu'il le peut. Malheureusement, le carnet est plus gros que son estomac...

A la lettre B : Berger Georges, 14, rue du Faubourg-Saint-Martin. Le comédien est arrêté chez lui où la police saisit trois carbones sur lesquels se lit en transparence : Front de libération nationale. Fatale imprudence. Robert Destanques, photographe ami de Berger, « planque-argent » du réseau, est arrêté dans les mêmes conditions que ce dernier. Comme lui, son nom figure sur les pages indigestes du volumineux répertoire de Jacques Charby.

Filant consciencieusement Haddad Hamada depuis le mois de janvier, les limiers de la D.S.T. étaient parvenus, au moment de son arrestation, à localiser la plupart de ses refuges. Ainsi le 17 février, deux jours avant son interpellation, le chef F.L.N. est encore observé alors qu'il franchit la porte d'un immeuble cossu, 46, avenue des Ternes. Coïncidence non fortuite : cette adresse, au nom d'Henriette Conte, est inscrite sur le carnet de Charby. Henriette Conte, c'est la comédienne amie d'André Thorent, ancienne, comme lui, du Grenier de Toulouse. Thorent, dès qu'il a reçu le coup de téléphone du frère de Charby, s'est précipité dans la chambre de bonne de l'avenue des Ternes qui sert de planque à Haddad Hamada. Il y brûle tout ce qui peut être compromettant. Henriette Conte n'est pas interpellée mais placée sous surveillance voyante et rapprochée.

Thorent, avec le maximum de précautions, reprend contact avec Cécile Marion rentrée de Longnes. Il la voit chez Catherine Sauvage. Que faire ? « Les flics n'ont presque rien contre toi et contre Henriette, répond Cécile. Moi, j'essaie de filer en Suisse. Alors toi, tu me charges. Tu dis que c'est moi qui t'ai demandé de prêter cette chambre, et tu n'en démords pas. » Une semaine s'écoule pendant laquelle les deux artistes vivent dans la terreur des petits matins. C'est une simple convocation, visant Henriette Conte, qui les atteint. Elle est priée de se présenter rue des Saussaies le mardi 1er mars. Dès neuf heures, elle y est. Mais en fin de matinée, Tho-

6. Rapport du 24 février 1960. Source privée.

rent se montre à son tour et réclame une entrevue avec le commissaire qui a signé la convocation. Il est introduit dans le bureau :

« Monsieur le commissaire, je viens aux nouvelles, commence Thorent qui joue l'un des rôles les plus difficiles de sa carrière. Vous comprenez, il se produit des choses étranges. Je viens de lire dans les journaux que Cécile Marion est un agent du F.L.N. C'est terrible, c'est une amie à moi. Et ce qui est encore plus terrible, c'est que je lui ai prêté une chambre, enfin la chambre de mon amie Henriette...

– Bien, répond le policier que ce numéro n'impressionne guère. Allons voir cette chambre... »

La perquisition avenue des Ternes est rigoureusement stérile. Et pour cause! Un rapport de la D.S.T. indique d'ailleurs que « des papiers ont été brûlés sur le sol près du lavabo[7] ».

« Vous voyez, triomphe Thorent, il n'y a rien!

– Peut-être, mais en attendant, on va vous déférer devant le juge d'instruction. »

« ... Je suis content de vous voir. On vient de me voler ma voiture. » Sur le pas de sa porte, à l'aube du 1er mars, le comédien Paul Crauchet accueille les inspecteurs avec un sens certain de l'à-propos. Son domicile, 33, rue Haxo, a été repéré en pistant Haddad. Les policiers fouillent. Dans la chambre, la porte d'un placard résiste. Ils forcent, certains d'avoir déniché une cache. Le meuble, sous leurs assauts, bascule en avant et les manque de peu. La porte cède enfin : elle s'ouvre sur un grand vide...

« Vous savez, avertit Crauchet, ne courez pas de risques inutiles : vous ne trouverez rien ici... »

Compréhensif, le chef s'excuse du dérangement. Impressionné même par la qualité de son hôte, il lui glisse : « Monsieur Crauchet, ma fille est abonnée au T.N.P... » Le comble de la subversion. Crauchet est conduit rue des Saussaies, mais sitôt paraphé le procès-verbal de son interrogatoire, il est remis en liberté. La D.S.T. réparera bientôt cette erreur et l'expédiera en cellule, comme les autres.

Le nom de Jacques Trébouta, réalisateur à la télévision, est inscrit noir sur blanc au bas d'un document saisi chez Hélène Cuénat, rue des Acacias. Avec sa femme Lise, il a hébergé Haddad Hamada, mais il ignore tout du fonctionnement du réseau. Les Trébouta sont cependant placés sous mandat de dépôt ainsi que Christiane Grama, étudiante en médecine.

Au lycée La Folie Saint-James de Neuilly, on s'étonne, le mardi 1er mars, de l'absence de Micheline Pouteau à son cours de l'après-midi. C'est qu'en fin de matinée, le jeune professeur a discrètement déserté l'établissement en compagnie de deux messieurs. Fichée comme « élément extrémiste » – les réunions du Comité pour la

7. Source privée.

paix négociée en Algérie se tenaient chez elle, à Sèvres –, Micheline est identifiée comme membre du réseau au début de janvier 1960. Le 5 de ce mois, Véra Hérold, traînant dans son sillage deux experts en filature, retrouve Hélène Cuénat et Micheline Pouteau au café « Le Lutèce », boulevard Saint-Michel. Et les experts rapportent : « Les trois femmes quittaient l'établissement précité à bord de la Quatre-chevaux de Pouteau et se rendaient à Neuilly-sur-Seine, à l'angle du boulevard Maillot et de la rue Montrosier. Véra Hérold descendait de la Quatre-chevaux et entrait dans un immeuble de cette dernière rue ; à son retour, Véra Hérold reprenait place à bord de la voiture, portant un sac écossais. Se rendant compte que sa voiture était filée, Pouteau fit un long périple dans le bois de Boulogne ; à un moment donné, elle estima qu'elle n'était plus filée et gagna le 24, rue de Locarno à Suresnes. Cuénat Hélène, munie du sac écossais, monta dans l'immeuble mais redescendit quelques instants plus tard, l'appartement paraissant vide. Par la suite, Pouteau devait déposer ses deux compagnes à la station de métro Porte-Dauphine[8]. » La précision accablante de ce rapport rend dérisoire toute dénégation. Micheline Pouteau est écrouée.

« La direction s'excuse : Jacques Rispal, qui devait tenir le personnage de Bill, a été victime d'un accident de la voie publique cet après-midi. Son rôle sera lu par l'auteur des décors et des costumes. » Cette annonce, quelques instants avant la générale de *Carlota*, déçoit le public choisi qui se presse au théâtre Édouard-VII, dans la soirée du 3 mars. Devant le Tout-Paris – le préfet de police est dans la salle –, Rispal devait jouer le rôle d'un inspecteur. Depuis le matin, il est interrogé au siège de la D.S.T...

Dès qu'il a appris les premières arrestations, Jacques Rispal s'est débarrassé des dix-huit millions et des trois lingots d'or qui demeuraient encore chez lui. Ancien maquisard, mais peu soucieux pour l'instant du symbole, il a enterré son trésor au pied du mont Valérien. Depuis, il attend avec anxiété un dénouement qui lui paraît naturel et inévitable. Le « 24 de la rue Locarno à Suresnes » mentionné dans le rapport de filature de Véra Hérold et Micheline Pouteau, c'est bien son domicile, l'une des principales planques d'argent. Le mercredi 2 mars, dans l'après-midi, la troupe du théâtre Édouard-VII répète *Carlota* une dernière fois. On appelle Rispal au téléphone. A l'autre bout du fil, sa femme Yvonne :

« Viens vite. Je suis malade... »

Le matin, elle était en bonne forme physique. Les flics sont déjà là, pense le comédien, tout en fonçant vers sa 2 CV. A Suresnes, il comprend :

« Vincent est passé, annonce Yvonne. Il veut récupérer l'argent au plus vite. »

8. Rapport de la D.S.T. en date du 9/3/60. Source privée.

« Vincent », c'est Jeanson qui, en cavale à travers Paris, tente de faire le ménage...

« Il était furieux qu'on ait enterré le fric. Il repasse le prendre ce soir à huit heures...

– Bon, je vais le chercher », dit Rispal. Il grimpe dans son auto, introduit la clef de contact et lance un coup d'œil machinal au rétroviseur. « Ils » sont là. Dans une 403 noire, qui roule au pas, trois hommes penchés vers les fenêtres du troisième étage. Rispal s'aplatit sur le plancher pendant que le véhicule de police le dépasse et stoppe un peu plus loin. Un des occupants descend et se dirige vers la loge de la concierge. Il parlemente puis remonte dans la voiture qui s'éloigne.

Le comédien alerte sa femme et ils conviennent qu'elle ira déterrer l'argent. Lui part pour le théâtre, pour jouer son rôle jusqu'au bout. Il est ostensiblement surveillé. Après la représentation, il cherche Pierre Lazareff, commanditaire du spectacle, pour le prévenir que, selon toute vraisemblance, il sera défaillant, demain, à la générale. Mais le patron de *France-Soir* est introuvable.

Rispal revient à Suresnes, suivi tout au long du trajet. Yvonne : « Vincent est venu; ça y est, il a l'argent. » A quelques minutes près, Jeanson aurait pu tomber sur les policiers qui maintenant montent la garde dans le hall. A six heures du matin – enfin! – ils sonnent. Jacques et Yvonne Rispal, après une minutieuse et infructueuse perquisition, sont invités à se munir de vêtements chauds et d'argent personnel: leur absence risque de se prolonger. Et c'est dans l'après-midi, et de la rue des Saussaies, qu'un commissaire appelle Pierre Lazareff : « Rispal a eu un accident de voiture. Il est indisponible pour quelque temps. »

Cette arrestation est la dernière de la série. Un mois plus tard, Aline Charby sera cueillie chez un citoyen belge dont le numéro de téléphone figurait sur un carnet d'Hélène Cuénat[9]. De même, Denise Barrat, qui avait fourni une chambre pour un dépôt, est inculpée.

A la D.S.T. on se frotte les mains devant cette pêche miraculeuse. Mais force est bientôt de constater que les poissons pilotes l'emportent sur les belles prises. Les très grosses pièces, dans l'ensemble, sont passées au travers. Le départ pour la maison de Longnes, à la veille du déclenchement de l'opération de police, a sans doute sauvé Jeanson, Vignes, Cécile Marion et Dominique Darbois, quatre des plus actifs membres du réseau. Le samedi 20 février, des équipes de la D.S.T. se sont en effet cassé les dents à leurs domiciles respectifs. Cécile Marion et Jacques Vignes, sur qui les enquêteurs

9. Extraordinaire coïncidence : le numéro inscrit sur le carnet était la transcription codée d'un tout autre numéro, sans relation aucune avec Aline Charby, ni avec son hôte belge.

n'avaient pas grand-chose, ont été identifiés au « Tambour de la Bastille ». Les policiers, on se le rappelle, avaient relevé le numéro de la voiture conduite par Jacques Audoir. La propriétaire s'avéra n'être qu'un prête-nom. Elle avait acheté le véhicule à la demande de son amie Cécile Marion, qui lui en avait ensuite présenté l'utilisateur : Philippe Vigneau, journaliste à *L'Équipe*.

Quant à Francis Jeanson, s'il ne fait guère de doute, pour les spécialistes de la D.S.T., qu'il est le cerveau de la bande, ils ne disposent guère sur lui d'un dossier fourni. En témoigne ce rapport de synthèse : « Jeanson Francis. A été formellement identifié par les concierges du 17, rue des Acacias, PV 1784, et du 178, boulevard Berthier, PV 1783, comme étant le concubin de la dame Cuénat, alias Claire Allard. En même temps et depuis 1958, il disposait de l'appartement 17, rue des Acacias. C'est dans cet appartement qu'ont été saisis les documents intéressant tout le réseau métropolitain d'aide au F.L.N. Jeanson était connu depuis longtemps par nos services pour ses rapports avec les responsables F.L.N. Courant 1959, il avait été vainement recherché par nos services pour être entendu. En 1958, il avait déjà été établi que Cuénat Hélène et Jeanson Francis vivaient ensemble, cité Séverin, à Issy-les-Moulineaux[10]. »

Pour un chef de réseau qui a été l'objet d'attentions particulières, c'est maigrelet. Peut-être la D.S.T. n'a-t-elle pas intérêt à tout transcrire dans ses rapports, fussent-ils confidentiels. En tout cas, les agents de la Sécurité du territoire abordent les interrogatoires avec une vive curiosité.

□

Ils se doutaient bien que, tôt ou tard, ils en arriveraient là. On calcule ses risques, on triche toujours un peu, on paie. La progression géométrique des « tâches », l'accélération des rythmes, le surmenage et l'improvisation tandis que les filatures policières devenaient de plus en plus perceptibles – tout cela conduisait logiquement au 11 de la rue des Saussaies, siège de la D.S.T. Et les y voici. Avec la trouille (*La Gangrène*, chacun l'a dans un coin de sa mémoire), pour certains, l'ignorance (qui est tombé ? qui a échappé ?), et, pour la plupart, qui ne possèdent de la question qu'une connaissance livresque, l'inexpérience.

« D'habitude, on ne met pas les menottes aux femmes. Mais avec vous, on ne sait jamais... » Hélène Cuénat reçoit l'explication comme une manière de compliment. Rue des Acacias, elle a montré

10. Source privée.

qu'elle ne manque ni de cran ni d'à-propos. Rue des Saussaies, elle demeure égale à elle-même. On l'emmène vers un bureau. Elle entrevoit Véra Hérold. Pas un signe, pas un mot ; ni l'une ni l'autre ne bronche. Et la partie commence. Les inspecteurs sont « corrects », et le soulignent avec une insistance suspecte : on est en Métropole, ici, et Mlle Cuénat, fraîchement sortie de l'université, n'est pas de celles que l'on mutile ou que l'on viole. Les demandes sont directes : où est Francis Jeanson ? Et les ficelles sont grosses : Untel vient de parler, ne vous fatiguez pas inutilement ! Eh si, elle se fatigue. Lorsqu'un des deux questionneurs part déjeuner, l'autre lui fait le coup de la sympathie : « Vous avez trente ans, même pas. Vous êtes plutôt bien de votre personne. Vous n'allez pas risquer plusieurs années de prison simplement par entêtement ! » La riposte est impitoyable : « Quelques années de prison ! J'écrirai un livre... »

Hélène Cuénat s'en tient au système le plus simple et le plus efficace. Elle reconnaît « avoir aidé le F.L.N. », rien ne servirait de le nier. Pour le reste : motus, hormis l'interrogatoire d'identité. « Position noble que même les flics feignaient de respecter, commente-t-elle aujourd'hui. J'étais tranquille. Ils me déballèrent des photos, ils me citèrent des endroits où j'aurais pu aller. Je me suis tue. » Incidemment, elle s'accorde un sourire : les hommes de la D.S.T. lui rappellent comment elle a, l'an passé, semé ses suiveurs. Elle a demandé son chemin, sous leurs yeux, à un agent ; lequel a immédiatement répercuté aux fins limiers une adresse ultra-fantaisiste. La partie continue... Des heures et des heures plus tard, on lui annonce comme une gourmandise qu'elle sera autorisée à rencontrer, en tête-à-tête, Gérard Meier. La promesse n'est pas vaine. Sitôt introduit, « Jo » l'embrasse et lui souffle à l'oreille : « Écoute le grésillement des micros ! »

Les gâteries sont terminées. La mise en scène se raffine. On grimpe au troisième étage où, paraît-il, ça va barder. « Ils ne sont pas comme nous, là-haut, vous allez voir, me dit le maigrichon à la gueule de licencié en droit. L'autre, le genre Béru, et qui a son honneur professionnel, insiste : en tout cas, si vous décidez de parler, c'est à nous qu'il faut raconter. L'air de dire : vous n'allez pas lâcher le morceau maintenant, on aurait l'air de cons [11]. » Au troisième étage, donc, il y a deux messieurs en costume. L'un est prié de sortir, l'autre enlève sa veste. En manches de chemise, il s'approche. Nouvelles photos, questions identiques... « Cette fois-ci, j'y ai droit », pense Hélène Cuénat. Mais non, la séance s'achève. « En 1960, écrit-elle, on ne torturait pas à Paris une licenciée ès lettres

11. A la demande d'un organisme algérien (qui ne l'a pas utilisé), Hélène Cuénat a couché par écrit le récit de sa détention. C'est de ce manuscrit inédit que nous extrayons dialogues et citations.

accusée d'aide au F.L.N. C'était bon pour les Algériens anonymes du XIIIe arrondissement. Ou pour les communistes français à Alger. »

Si les femmes ne subissent pas, en règle générale, de véritables sévices, les hommes sont plus diversement traités. A Jacques Charby échoit le premier rôle. Il est très attendu, à son arrivée de Font-Romeu. L'accueil du commissaire Sérinelli est bruyant : « Ah ! Voilà ce cher M. Charby ! » Celui des subordonnés est plus bruyant encore :

« Dis donc, tu as lu *La Gangrène* ?

– Oui.

– Eh bien, *c'est vrai* [12] ! »

Malgré une si belle franchise, Charby commence par feindre la complète innocence. Non qu'il juge sa composition plausible. Mais il espère être ainsi renseigné sur le sort de Jeanson et l'ampleur du coup de filet. Le tourniquet classique se met en marche : la brute-aux-yeux-injectés-de-sang alterne avec l'intellectuel tourmenté qui paie le café pendant la pause et laisse dépasser *L'Express* de sa poche. Du série B. Les répliques volent bas. Question : « Tu connais Jeanson ? « Réponse : « Henri Jeanson, le dialoguiste de cinéma ? Évidemment ! » Le ping-pong tourne à l'aigre... « Amène-toi, l'artiste : on va te montrer quelque chose. » Toute la troupe descend au garage. « Tu connais ces voitures ? » Et comment donc ! Il ne connaît qu'elles, lui qui eut à gérer une partie du parc automobile du réseau. En quelques secondes, Jacques Charby saisit l'étendue des arrestations. Ces plaques minéralogiques, pour lui, ce sont des cartes d'identité. Il mesure désormais ce qui a été perdu et ce qu'il faut sauver.

Les inspecteurs baissent les stores. Le voici maintenant à l'écran. Du boulot d'amateurs : l'image est floue. Mais accablante. L'Algérien auquel il confie une enveloppe, avenue des Ternes, c'est Aliane Hamimi. Charby nie... Gifle. Il réitère... Manchette. Il persiste insolemment. Direction : la cave. Un homme y est accroupi, aux cheveux poisseux, aux lèvres fendues : Haddad Hamada, chef du F.L.N. en France, celui que l'on nommait « M. Jean ». La même question est posée aux deux militants : qui est l'autre ? Même silence. Le canon d'une mitraillette sanctionne l'amnésie de l'Algérien. Il esquisse un clin d'œil, et comme un rire [13]. Charby est frappé au ventre. Il sanglote.

C'est ensuite l'humiliation. « Déshabille-toi ! » Rompu, Charby s'évanouit et revient à lui couché, nu, sur le sol. Coups de poing, de

12. Témoignage de Jacques Charby qui a, par ailleurs, publié *L'Algérie en prison*, Éditions de Minuit, 1961.

13. « A côté de ce que j'avais encaissé en 1954, c'était de la rigolade », confiera Haddad Hamada aux auteurs.

règle, choc du crâne contre le radiateur. Il flanche, égrène lentement les chiffres. « A 10, je leur lâche quelque chose. » Mais les policiers, qui ne s'imaginent pas si près du but, abandonnent à 5. On va rigoler. On invite deux employées à contempler la nudité de « ce fumier qui se fait empapaouter par les bicots ». Flash-back, Charby se souvient. C'était en 1941, dans une colonie « de repliement ». Ils étaient quatre que le directeur a obligés à défiler sans vêtements devant leurs camarades : « Regardez comment c'est, un Juif... » Youpins, ratons, humiliés de l'étoile ou du croissant. « Tu peux te rhabiller, connard. » Au suivant.

Au fond, les enquêteurs de la D.S.T. se trouvent dans une situation paradoxale. Leurs informations sont solides, ils ont reconstitué plusieurs « séquences » du réseau Jeanson, de ses ramifications, de sa finalité. Mais leur fil conducteur a été le F.L.N. et ils ne parviennent pas réellement à définir les fonctions des Français qu'ils ont entre les mains. Coupables ? Sans aucune hésitation : Gérard Meier, Jacqueline Carré, Janine Cahen ont été pris « en flagrant délit ». Hélène Cuénat, Jacques Charby, Véra Hérold, Micheline Pouteau sentent le soufre depuis longtemps. Des voitures, des planques ont été abondamment repérées. Mais fort peu de documents étayent l'accusation, l'essentiel de l'argent a franchi barrages et frontières, et le dossier individuel de chaque suspect est très maigre.

Cela permet aux « piliers » du réseau d'adopter (avec des hauts et des bas dus à la fatigue, à l'inégale endurance nerveuse, à la peur) la même attitude qu'Hélène Cuénat. Gérard Meier, par exemple, a deux obsessions : dissimuler l'une des adresses de Jeanson et conserver secrète celle de sa propre chambre où il a entreposé du « matériel ». Rapidement, les policiers s'énervent et les gifles pleuvent. Ce soi-disant Xavier Mabille, soi-disant citoyen belge (mais dépourvu de tout accent), les intrigue et les exaspère. Ils lui soumettent des clichés de Jeanson repéré sur les Champs-Élysées avec des Algériens, d'Hélène Cuénat au volant, mais aucun document plus compromettant. Le ton monte. Meier choisit de gagner du temps – la garde à vue est limitée à trois jours – en axant les recherches sur son identité. Il décline son nom, avoue être déserteur. On ne le croit pas. Des officiers qui l'ont côtoyé au 3e Bureau de l'état-major sont convoqués à la D.S.T. et confirment ses déclarations. Et voilà une journée de grillée. La seconde est consacrée à dénicher son domicile. Il refuse de le livrer mais concède, au détour d'une phrase, que sa mère lui écrivait régulièrement. Des inspecteurs sont immédiatement dépêchés en Normandie et interviewent Mme Meier qui a, effectivement, entretenu une correspondance avec son fils... lorsque ce dernier était réfugié en Suisse. Encore 24 heures d'occupées. La « confrontation », tous micros déployés, avec Hélène Cuénat, l'épluchage tatillon d'une note d'hôtel marseillais (preuve, estiment les inspecteurs, que leur client sert d'agent de liaison) épuisent le temps sans qu'ait été effleuré le cœur du sujet.

Et puis, les « spécialistes » de la rue des Saussaies se sentent mal à l'aise face à ces intellectuels qui tranchent sur leurs hôtes habituels. Ils enregistrent, éberlués, les professions de foi solennelles d'un Jean-Claude Paupert remonté à bloc. Et surtout, ils assistent passablement effarés au numéro des comédiens et cinéastes du « groupe Charby ». Jacques Trébouta n'a pas besoin d'en remettre. Il apprend l'existence du réseau le jour de son arrestation. Il s'est contenté d'héberger, parmi cent copains, un sympathique Algérien qui lui a été présenté par son ami Paul Crauchet. Ce dernier respecte scrupuleusement, lui aussi, les règles d'une sobriété de bon aloi : la clé de son appartement traînait dans la poche du coordinateur F.L.N. Le fait est établi, n'en parlons plus. Quant à Georges Berger, il soutient que le carbone qui l'accable a été tapé par un tiers inconnu.

Le « texte » d'André Thorent est nettement plus dense. Deux jours de suite, et bien qu'il rappelle à toute occasion qu'il s'est présenté spontanément, il est cuisiné sans répit par le commissaire Sérinelli et deux de ses adjoints. Encore et toujours des photos. Comme convenu, André Thorent n'identifie que Cécile Marion – dont les oreilles doivent tinter en Suisse. « C'est elle, cette salope, qui m'a mis dans le bain. Vous savez où elle est ? » Les inspecteurs souhaiteraient ardemment le découvrir. Mais là-dessus, le comédien a un trou... Il parvient diaboliquement à troubler l'un des enquêteurs : il a surpris son nom, prononcé par un collègue. C'est un nom du Sud-Ouest, dont l'ancien du Grenier de Toulouse devine la provenance. A la « reprise », Thorent lance :

« C'est vous qui êtes de X ? Nous sommes presque compatriotes.

– Comment me connaissez-vous ?

– Nous aussi, nous avons nos fiches... »

Et l'homme de la D.S.T., inquiet de figurer sur quelque mystérieuse liste noire, change prudemment de registre. En dernier ressort néanmoins, devant le calme tantôt irénique tantôt ironique du suspect, les policiers ont recours au chantage. Henriette Conte, l'amie de Thorent, est interrogée devant lui : quatre heures de station debout, le don d'une cigarette immédiatement accompagné d'une gifle qui l'arrache des lèvres de la jeune femme. Le petit grand jeu, sans résultat. Rideau.

Avec le recul, les récits s'épurent, les anecdotes saillent. Paul Crauchet se rappelle cet inspecteur qui l'entraîne au bistrot du coin et qui jette, magnanime : « C'est moi qui invite. » Mais l'anecdote n'est que l'écume de l'angoisse, un réchauffement rétrospectif. Tout comédien qu'il est, Jacques Rispal, le pion de *L'Année du bac*, l'inspecteur de *Carlota*, le receveur principal des fonds F.L.N., une des dernières grosses prises de cet hiver 1960, raconte sans se dérider, ramassé sur lui-même, la bouche serrée, l'œil mobile. Non, ce ne fut pas l'épopée, mais un sentiment d'abandon, peut-être de rancune, la frustration d'une connivence, la crainte d'être victime moins de son action propre que de la légèreté des autres. L'image qu'il retient d'abord est celle d'une salle d'attente grise peuplée de types avachis à la silhouette de catcheurs retraités. Ensuite, sans transition, on quitte cette rigidité muette pour devenir toupie, cible. L'engourdissement qu'on vous a imposé, voici qu'on vous le reproche. Car ceux qui vous ont, interminablement, contraint à l'attente, sont soudain pressés, très pressés.

« Vous êtes communiste ? » Rispal ne répond pas. Deux fois, il a été arrêté lors de manifestations organisées par le P.C.F. « Vous êtes communiste, on le sait ! » Va-t-il « avouer » qu'il n'est plus membre du Parti depuis longtemps ? C'est une affaire entre le Parti et lui, exclusivement. La biographie se précise :

« Vous étiez au maquis ?

– Oui.

– La guéguerre. Où cela ?

– Groupes « Marsouin » et « Veny », dirigés par des officiers de l'Armée française et de l'A.S.

– Vous avez également combattu chez les F.T.P. ?

– Oui.

– Pas très joli, le travail des F.T.P. en Dordogne. On aimait braquer les banques, hein ?

– ...

– Bon. Parlons d'aujourd'hui. Où est Jeanson ?

– ...

– Chez vous, c'était le coffre-fort du F.L.N. Ne niez pas. Ça ne vous rendait pas fou, de stocker des dizaines de millions ?

– ...

– Et toutes ces pépées qui se donnaient rendez-vous dans votre appartement ! Vous avez dû vous amuser.

– ... »

« Finalement, rapporte Rispal, on me soulève, on m'enlève, on me hisse, on me projette au troisième étage, on m'éjecte de l'ascenseur, on me propulse dans un vaste bureau. Visages nouveaux, signes extérieurs de la hiérarchie, ça sent le gratin. » Devant lui, une des « pépées » qui se réunissaient à Suresnes, plusieurs fois par mois, pour compter l'argent. Considérant sans doute qu'il est inutile de gaspiller son énergie en un ultime baroud d'honneur, elle profère cette évidence : Jacques Rispal ne lui est pas inconnu. Alors Jacques Rispal se rend à l'évidence. Après vingt minutes « de réflexion », il négocie phrase par phrase une confession avec le double souci d'alléger les charges qui pèsent sur sa femme et de minimiser le volume des valises qui ont séjourné chez lui. En récompense, il est autorisé à commander un repas. C'est la serveuse du café d'en face qui l'apporte. « Encore un marchand de tapis », dit-elle au gardien. De quoi vous couper ce qu'il vous reste d'appétit... [14].

Dans le « meilleur » des cas, les policiers de la D.S.T. n'ont obtenu, au total, que des confirmations. A la fois parce que les militants du réseau ont gardé le silence sur l'essentiel et parce que les méthodes d'interrogatoire... n'ont pas excédé ce qu'a enduré Jacques Charby. Les questionneurs aussi se sont révélés, à leur façon, silencieux. Ils ont produit d'abondantes photographies, des films, des constats ponctuels sans que les prévenus réussissent à évaluer le niveau exact de leurs conclusions. Une donnée est cependant acquise : les rumeurs selon lesquelles Francis Jeanson aurait été – à son insu – « couvert » en haut lieu sont manifestement gratuites. L'unique objet de la passion policière a bien été de coffrer le patron du réseau, sans qui l'opération revêtait l'allure d'un demi-échec. Sur ce terrain, les enquêteurs n'ont pas progressé d'un pouce tandis que les suspects, eux, ont observé (grosso modo) les consignes échangées à Enghien : les plus « mouillés » ont revendiqué le principe politique de leurs actes, sans autres détails; les moins menacés se sont efforcés de se disculper.

On relève un certain flottement, une certaine imprécision dans le comportement des policiers. Probablement veulent-ils préserver l'avenir : les murs des prisons sont perméables et les avocats sont bavards; étaler sa science devant les prévenus équivaut à renseigner, à terme, les rescapés du réseau sur l'état des recherches. Mais à l'intérieur de ce consensus tactique, les nuances individuelles ne sont pas minces. L'homme qui aborde Jacques Charby, on l'a noté, brandit *La Gangrène* comme épouvantail. En revanche, celui qui soumet à Jacques Rispal le procès-verbal de son interrogatoire, et qui enregistre la déclaration politique dont ce dernier entend l'assortir, éprouve le besoin d'affirmer, seul à seul : « Ici, à la D.S.T., on ne torture pas. Dans les commissariats, oui, on torture. » Le comédien objecte que, D.S.T. ou pas, ici on torture les Algériens. L'autre nie, comme pour s'en persuader lui-même. Il y a un mois que les barricades d'Alger sont tombées. Aucun secteur de l'appareil militaire et répressif n'est épargné par les contradictions qui le tenaillent.

Après la rue des Saussaies, le quai de l'Horloge. Le dépôt, le dépotoir, le centre de triage. La crasse, l'urine, les excréments, le suintement des murs où des « Vive le F.L.N. » recouvrent des « Vive le M.N.A. » et réciproquement, où le nom du général de Gaulle est accolé aux adjectifs les plus épicés à côté de « Jojo de Belleville est un flic » et de « Ma femme est une putain ». Chez les hommes, des Algériens dont le visage n'est plus qu'une plaie

14. Comme Hélène Cuénat, Jacques Rispal a rédigé ses souvenirs pour son usage personnel. Il nous a autorisés à en prendre connaissance.

geignent sans discontinuer. Les gardiens sont des durs, le postillon rageur et le poing leste. Chez les femmes, le moral est meilleur. Christiane Grama, déchaînée, refuse toute nourriture et hurle à ses geôlières qu'elles vont voir ce qu'elles vont voir, que d'influents amis interviendront incessamment. N'importe quoi, pour ne pas céder à la déprime [15].

Après le quai de l'Horloge, le palais de Justice. Un quart d'heure de marche à pied, de couloirs en escaliers, de boyaux en corridors, d'antichambres en galeries. M. le juge d'instruction Batigne siège au cœur du labyrinthe. Les prévenus connaissent son curriculum vitae par cœur. Il a la réputation d'un para en toge et s'est notamment illustré pour avoir étouffé, autant que possible et même un peu plus, l'affaire de *La Gangrène.* Les initiés, les permanents du réseau se croient en présence d'un fantôme : le bruit leur était revenu que le Front avait condamné M. Batigne à mort et que l'attentat avait eu lieu. Pas étonnant que le dialogue se réduise à sa plus simple expression : « Un Tel... Né le... Profession... etc. Je vous inculpe d'atteinte à la sécurité intérieure et extérieure de l'État. » A ses visiteurs de la dernière heure, le juge précise : « Devant la gravité de votre cas, la Justice militaire en a réclamé l'instruction. » Pas un mot qui ne soit indispensable, mais une haine glaciale. Hélène Cuénat : « Les flics, la D.S.T., les interrogatoires ne m'avaient pas terrorisée; cette espèce de Minos malveillant assis derrière un bureau me fit trembler. »

En voiture pour la prison. Les femmes partent pour la Roquette, les hommes dont le nom commence de A jusqu'à L pour Fresnes, ceux qui terminent l'alphabet pour la Santé. Tous s'entassent, à deux par cage, dans les réduits de la voiture cellulaire. 80 cm de profondeur, 40 cm de largeur. Le chauffeur braque sec dans les virages et déporte ses « colis ». Au bout de la route, un numéro de compte, un numéro de matricule, un numéro de cellule, un numéro de division. Les quatre obstacles qui closent le parcours du militant.

15. Les charges retenues contre Christiane Grama (organisation d'un hébergement) ne sont pas lourdes. Mais elle s'est illustrée rue des Saussaies. Un rapport de la D.S.T. (P.V. nº 1723) précise amèrement qu'elle y a « manifesté un mépris profond pour les agents de l'autorité »... Elle bénéficiera cependant d'un non-lieu.

Troisième partie

A LA UNE

(1960)

Chapitre 13

TROMPETTES DE LA RENOMMÉE

FIN février-début mars 1960, les journalistes ne sont pas en mal de copie. Défaits, les activistes d'Alger sont cependant plus diserts qu'un Parlement qui a totalement abdiqué. Parties d'Amiens, les manifestations paysannes gagnent, par flambées, le pays. A Reggane, la « bombinette » française vient d'exploser. D'autres poseurs de bombes, les terroristes de Mourepiane, dont le procès a été sans cesse renvoyé, sont jugés à Marseille en l'absence de leurs défenseurs — qui, eux, se trouvent soit en camp d'internement soit en Suisse. La Justice, d'ailleurs, prend du muscle : par ordonnance, le délai de garde à vue des suspects et la détention préventive sont prolongés. La gauche se bat pour la laïcité. De Gaulle, après un séjour dans le Languedoc, entame une « tournée des popotes » où il constate que Challe a marqué des points, rêve à nouveau d'une troisième force algérienne et se demande s'il n'a pas ouvert trop vite la perspective de l'autodétermination — à laquelle Ferhat Abbas s'est déclaré favorable le 29 février. Non, décidément, il n'est guère besoin de tirer à la ligne. On prépare la venue à Paris de M. K. La terre tremble à Agadir. Côté Cour, les paparazzi traquent Margaret et Tony...

Et pourtant, édition après édition, le réseau Jeanson figure à la une des grands quotidiens. Plus, à vrai dire, celle de *France-Soir* et de *Paris-Presse* que celle du *Monde* (qui reste dans l'expectative, selon sa déontologie propre). Le ministère de l'Intérieur tarde à divulguer l'information — la D.S.T., à l'évidence, préfère agir avant de parler. Il faut attendre le 24 février pour qu'un communiqué officiel annonce la première vague d'arrestations. Aussitôt, c'est la ruée. Titre de *Paris-Presse*, sur huit colonnes : « La police arrête dix Parisiens appointés par le F.L.N. Parmi eux : des professeurs, des artistes et des techniciens de la R.T.F. » Et *France-Soir* : « Le responsable n° 1 du F.L.N. pour la Métropole arrêté à

L'ÉTRANGE JUGEMENT DU TRIBUNAL DE BORDEAUX:

Un an de prison au chauffard ivre qui tua quatre personnes (**page 11**)

Paris-presse l'intransigeant

8e * édition

BOURSE : cours du jour
COURSES : les arrivées

SAMEDI 27 FEVRIER 1960. — N° 4731 Prix : 0,25 N.F. Algérie, NF 0,30 — Maroc, 32 fr. mar., — Tunisie, 27 m., — Belgique-Luxembourg, 2 fr. 50. — Suisse, 0 fr. 25 Espagne, 3 pesetas 50. Italie, 50 lires. 37, rue du Louvre. — TUR. 96-80 - GUT. 94-00

Exclusif

Voici les Parisiennes du F.L.N.

Voici « l'agent recruteur » de l'équipe féminine du FLN, décapitée par le dernier coup de filet de la DST : Gloria de Herrera, 31 ans, de nationalité américaine. Se disait "artiste peintre", mais n'a jamais exposé la moindre toile.

France Binard, alias Vera Herold, 25 ans, céramiste d'origine bordelaise. Vivait dans le même appartement que Gloria de Herrera, 25, rue Claude-Bernard. De fréquentes réunions y avaient lieu dont les hommes étaient exclus.

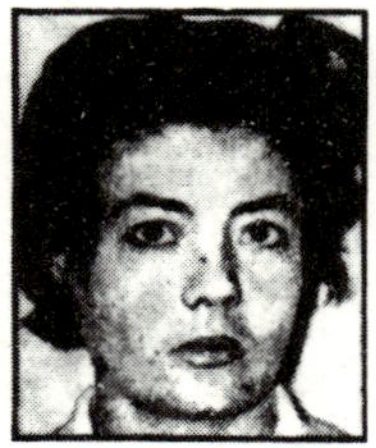

Hélène Cuenat, alias Claire Alard, 30 ans, ancien professeur. Ex-membre de la cellule communiste de Sorbonne. Elle était la maîtresse de Francis Jeanson. « Une tigresse », ont dit d'elle les policiers qu'elle a couverts d'injures.

Dominique Schwab, dite Darbois, 37 ans, reporter-photographe et exploratrice. Actuellement en fuite. Elle participa en 1951 à l'expédition dirigée par Francis Mazière en Amazonie. C'était une spécialiste des photographies d'enfants.

Cécile Regagnon, dite Cécile Marion, 28 ans, actuellement en fuite. Artiste lyrique, elle fut la partenaire de Rudy Hirigoyen à Toulouse et animatrice au cabaret de Jean Lanelongue. Elle se serait mariée secrètement il y a deux mois.

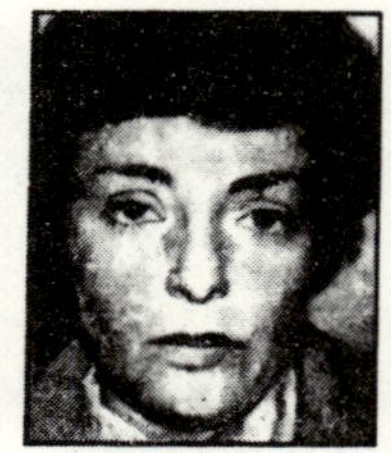

Jacqueline Carré, 32 ans, ex-ouvrière. Gérard Meier lui avait fait quitter l'usine et l'utilisait comme "couverture" lors de ses nombreux déplacements. Presque illettrée, elle ne semble pas avoir joué un grand rôle.

Christiane Grama, 25 ans, étudiante en médecine. Elle venait de s'installer à Paris, arrivée de Marseille en compagnie du Nord-Africain Rachid Mhani, chef de la willaya de Paris-périphérie. Elle était peut-être sa maîtresse.

LIRE L'ARTICLE EN DERNIÈRE PAGE

DE GAULLE OPPOSE "UNE VASTE IRONIE"

aux attaques " hysté-

10 JOURS DE SURSIS POUR VOTRE DÉCLARATION FISCALE

Le DC-7 Rome-New York

3 avions, 2 accidents, 90 morts

24 RESCAPÉS MIRACULEUX

SERIE noire. En vingt-quatre heures, deux catastrophes aériennes, l'une à Rio de Janeiro, l'autre

Reproduit avec l'aimable autorisation de *France-Soir*.

Paris ainsi que dix Européens dont un acteur et deux femmes professeurs. »

Tous les ingrédients du scandale sont réunis dans ces manchettes. « Appointés » : voilà un mobile qui rehausse l'horreur du crime. Ces femmes et ces hommes sont des mercenaires, des agents stipendiés. Leur passion est vénale. Ils n'en sont que plus dangereux, plus enragés. « Haddad Hamada : ces Français que vous avez arrêtés sont plus F.L.N. que moi », lit-on le lendemain [1]. Malheureusement, le rapport de police lui-même, reproduit à longueur de colonnes, établit que les « appointements » en question n'excèdent pas cinq cents nouveaux francs par mois. Qui donc perdrait son âme pour une telle misère ? Rapidement, le thème disparaît et cède le terrain à une autre argumentation, moins grossière, plus insinuante : ces gens, qui sont gens de qualité, qui ont des diplômes, qui ont écrit des livres, joué du théâtre, chanté à la radio, se sont délibérément transformés en larbins des Algériens, en bougnoules des bougnoules. On décèle dans cet abaissement une sorte de perversion glandulaire jointe à une décadence de la cervelle. Ce que Maurice Clavel résumera en ces termes d'une phallocratie antédiluvienne : « Elle *(la petite gauche)* s'est comportée envers le F.L.N. d'une façon que j'appellerai femelle, sourdement conquise par la violence, le sang, le primitif dans la cruauté [2]. »

Puisque soumission « femelle » il y a, cherchons la femme. Elle est là, en écrasante proportion. Le 27 février, *Paris-Presse* dénombre « 60 femmes sur 80 complices du F.L.N. » depuis le début des « événements », et publie en bandeau les portraits des « Parisiennes du Front » interrogées rue des Saussaies. On en apprend de belles. On apprend que des « Don Juan nord-africains » ont mission de ravir nos filles et nos compagnes : « Pourquoi tant de Françaises apportent-elles leur appui au terrorisme ? Cette question, nous l'avons posée aux spécialistes de la D.S.T. Selon eux, il s'agit là d'une tactique systématique du F.L.N. qui a cherché méthodiquement des appuis féminins en Métropole. Pourquoi ? Parce qu'une femme a plus de chances qu'un homme de passer inaperçue aux yeux de la police. (...) Il y a deux ans environ, en août 1958, que la police a découvert la nouvelle tactique sentimentale du F.L.N. C'est une rafle de documents au domicile de Cécile Decugis, 17 rue Lucien-Sampaix, qui la leur révéla. Cécile Decugis était la maîtresse du chef de la willaya n° 3. Son appartement avait été acheté par le F.L.N. pour deux millions. Des " liaisons " franco-

1. Titre de *Paris-Presse*, sur trois colonnes, le 26 février 1960. Dès qu'il en a eu le loisir, le chef du F.L.N. a démenti avoir jamais tenu ce propos.

2. Article paru dans *Le Nouveau Candide* du 29 mars 1962 sous le titre général : « Les deux péchés contre la France. » Ces « péchés » étaient celui de Francis Jeanson (jugé par Maurice Clavel) et celui de Jean-Marie Vincent, plastiqueur O.A.S. (confessé par André Frossard).

algériennes analogues s'étaient multipliées. Un jeune Nord-Africain appréhendé à cette époque avait reconnu qu'il était recommandé aux terroristes pendant leur " stage de formation " de chercher en France une maîtresse métropolitaine. Des " séducteurs " algériens, beaux garçons, au bagou facile et bien pourvus d'argent firent quelques ravages auprès d'un certain nombre de malheureuses... »

Des listes de « victimes » sont publiées à l'appui. Pêle-mêle, sans autre nuance, surgissent les noms de Raymonde Peschard, militante du Parti communiste algérien morte dans les djebels les armes à la main, de Danielle Minne, infirmière improvisée capturée parmi les « rebelles », de Josette Augay, honnête mère de famille lyonnaise séduite par le « terroriste » Amar Attia (« Les Français n'arrivent pas à la cheville des Arabes, dit-elle pour expliquer sa complicité »), enfin et surtout d'Annette Roger, médecin communiste, élément efficace du réseau de Marseille, arrêtée quatre mois plus tôt alors qu'elle transportait le responsable de la willaya France-Sud. La phrase n'est jamais agressive. On comprend. C'est humain. Un peu de sentiment, un brin de « tralala », ça fait planer le lecteur. Tous les Algériens ne sont certes pas des maquereaux ; toutes les femmes insatisfaites ne sont certes pas des putains. Mais enfin, suggère la « grande » presse, lorsque ceux-là rencontrent celles-ci, la double présomption est fort vive. Ces femmes, il s'agit moins de les salir – c'est là le moyen, et non la fin – que de les banaliser, de les assujettir à la norme. Engagement anticolonialiste ? Allons donc : simple élan de la chair. Militante *et* amoureuse ? Ne mélangeons pas les genres. Le piège est mieux construit qu'il n'y paraît : que l'accusée se taise ou se défende, elle avoue ; qu'elle réponde à tant de boue par un angélisme symétrique, elle élude de réelles contradictions. Le secret des grosses rotatives, c'est l'art de rassurer par le bas.

Hélas, trois fois hélas, la dernière fournée d'inculpées s'avère irréductible à ce modèle commode. Sont-elles différentes de leurs devancières ? Peut-être, mais c'est d'abord l'ennemi qui a changé : « Le F.L.N. semble avoir depuis lors modifié sa tactique. S'il s'efforce toujours de recruter des Françaises comme complices, il fait désormais moins appel à la séduction qu'à l'idéologie. Sauf quelques exceptions, les jeunes femmes qui viennent d'être arrêtées n'étaient pas les maîtresses de terroristes. Elles appartiennent aux milieux extrémistes. C'étaient des intellectuelles, professeurs, écrivains, artistes agissant par conviction plus que par amour. » En vain *France-Soir* [3] épluche-t-il « la vie de Gloria de Herrera, sergent recruteur ». La concierge du 25, rue Claude-Bernard est d'une exceptionnelle concision, et le restaurateur du coin ne livre aux reporters que ce fragile indice : Mme de Herrera et Mme Hérold

3. *France-Soir*, 28-29 février 1960.

dînaient fréquemment ensemble d'un potage et d'une bière... L'enquête sur Micheline Pouteau, menée le samedi suivant [4], se dilue semblablement dans les détails.

Force est donc de concéder que, dans ce scandale, les idées prévalent contre les hormones. La stature intellectuelle et la notoriété artistique des prévenus impressionnent. On ne cherche pas à nier ou à minimiser la compétence professionnelle de ces femmes et de ces hommes. Au contraire, on y insiste, on étale leurs diplômes, on souligne l'excellence de leur origine ou de leur réputation : est-il meilleure preuve que la pyramide sociale pourrit par le haut ? Le « professeur » Jeanson est dépeint par *France-Soir* comme « le camarade de Camus et de Sartre ». Dans la biographie qu'il publie le 26 février, *Paris-Presse* rappelle que le « pape » de l'existentialisme fut témoin au mariage de son disciple. Les trompettes de la renommée sonnent aussi clair pour Janine Cahen « dont l'arrestation stupéfie Mulhouse », pour Dominique Darbois, remarquable photographe et « femme méthodique » (avant de quitter son domicile, elle a eu soin de s'inscrire aux abonnés absents !), ou pour Micheline Pouteau dont l'agrégation d'anglais et « l'esprit d'initiative » ont conquis Neuilly. En contrepoint à tant de vertus, un seul personnage louche, un « aventurier », brebis galeuse au milieu de ce blanc troupeau : Gérard Meier, dit Mabille, dit Géo, dit Jo. *France-Soir*, qui s'approvisionne directement rue des Saussaies, est tributaire des à-coups de l'enquête — il va jusqu'à se demander si le vrai chef du réseau n'est pas ledit Meier, et non « l'écrivain-philosophe » Francis Jeanson. Question fugitive entre toutes, et qui disparaît de ses colonnes dès le numéro suivant.

L'inculpation des comédiens aiguise le soupçon. Non seulement les maîtres d'école sont dépravés mais les baladins conspirent. Il ne s'agit pas que de Saint-Germain-des-Prés : le Tout-Paris des générales apparaît soudain noyauté par d'imprévisibles et fourmillants terroristes. La charmante Cécile Marion, l'ex-animatrice à la radio de « Boom Dimanche » et de « Pleins Gaz », « adore être entourée d'un halo de mystère ». Jacques Charby, remarqué dans *J'ai dix-sept ans*, sur les scènes de l'Atelier et du Vieux-Colombier, avant de « percer » à la télévision, travaille quotidiennement pour l'ennemi. L'ingénue Henriette Conte n'est pas si ingénue que cela. André Thorent, ex-partenaire de Raf Vallone, remarquable Petruccio dans *La Mégère apprivoisée* et convaincant officier russe dans *L'amour des quatre colonels* étonne moins son milieu : « Il a toujours partagé sa chambre avec des amis dans la gêne », est-il répondu aux journalistes. Quant à Georges Berger, qui a donné la réplique à Ingrid Bergman dans *Thé et sympathie*, sa grand-mère confie que « L'Humanité pour lui est une chose épouvantable ». Le 8 mars, la

4. *France-Soir*, 5 mars 1960.

boucle est bouclée avec la divulgation de l'internement de Jacques Rispal. *Paris-Presse* évoque « la maffia des comédiens faméliques du Midi » qui ont délaissé l'innocence toulousaine pour la trahison capitale.

Au terme d'aussi nourrissantes lectures, on en est toujours au même point quant aux motivations des accusés. Ces gens-là aiment les Algériens, soit. Mais encore? Puisqu'ils n'agissent ni pour de l'argent ni par inclination érotique, puisque les fureurs de l'idéologie les meuvent, on désirerait connaître quelle foi ou quelle haine, quel raisonnement ou quelle intuition les emportent. Là-dessus, rien. Rigoureusement rien, si ce n'est une pâle réfutation de *L'Algérie hors la loi* dans *Paris-Presse*[5]. L'auteur de l'article y découvre de quoi surprendre « trois générations d'historiens rompus à toutes les farfeluteries de nos professeurs », fustige « la hargne qui se dégage de chaque paragraphe », dénonce la « mauvaise foi » (aurait-il lu Sartre?) de Jeanson concernant les pensions versées aux Arabes, et conclut sur un ironique « pitié pour les philosophes! ». L'effet est gras, et la matière maigre.

Pendant la semaine qui suit le communiqué ministériel, il faut se contenter de cette indigence. Six mois seront nécessaires pour que le débat parvienne à son faîte. A droite, ce sera Jean Nocher pourfendant sur les ondes « les massacreurs d'enfants qui poignardent nos soldats dans le dos, (...) qui souhaitent la victoire du F.L.N. comme d'autres espéraient celle de l'Allemagne » en cette « nuit d'inconscience et de pourrissement » où s'abîme le pays[6]. A gauche, ce sera l'amorce d'une véritable mutation historique, effervescente, diversifiée, contradictoire et féconde.

Pour l'heure, tandis que la presse libérale et la gauche campent sur la ligne de touche, un homme se risque à rompre le silence. Il n'est pas dans ses habitudes d'attendre que les sujets tiédissent pour les empoigner. Dès le 3 mars, Claude Bourdet consacre l'éditorial de *France-Observateur* à une interrogation : « Pourquoi aident-ils le F.L.N. ? » Ce « papier » va profondément heurter les militants du réseau, précisément parce qu'ils portent à celui qui l'a rédigé une estime réelle et parce qu'ils se réclament, à leur manière, de cette tradition de résistance qu'incarne l'ancien membre du C.N.R.[7]. Claude Bourdet, lui, se souvient d'avoir difficilement imposé à Gilles Martinet (codirecteur politique) et à Hector de Galard (rédacteur en chef) un article qu'il voulait humainement

5. *Paris-Presse*, 27 février 1960.

6. Émission du 30 septembre 1960. La phrase désignant « ceux qui souhaitent la victoire du F.L.N. » vise notamment Jean-Paul Sartre. Les avocats des membres du réseau tenteront – vainement – de se procurer les bandes enregistrées de ce libre propos...

7. Conseil national de la Résistance, fondé le 27 mai 1943. Claude Bourdet y représentait le mouvement « Combat ».

compréhensif et qui mesure néanmoins toute la distance entre les « porteurs de valises » et la gauche légaliste, fût-ce son aile la plus contestataire. « Le combat de ces hommes et de ces femmes, écrit Bourdet, n'est pas le nôtre. Mais nous savons aussi qu'il s'agit de gens courageux, totalement désintéressés et dévoués, et donc respectables. » Cela dit, il accuse : « On voit bien, étant donné la mentalité du grand public, que les hommes et les femmes qui aident le F.L.N. perdent toute autorité en ce qui concerne la lutte pour la paix. » Bref, les amis de Jeanson sont, sinon des provocateurs « objectifs », du moins les diviseurs d'une gauche qui se recompose lentement. Reste, enchaîne Claude Bourdet, que cette dernière ne saurait s'en laver les mains : « Son inertie, sa paresse, ou mieux la misérable prudence avec laquelle elle a lutté contre la guerre, ont sûrement une part de responsabilité dans la prolongation de celle-ci. Elles ont en tout cas une responsabilité primordiale dans la déception, le dégoût, le désespoir, parfois, de jeunes hommes et femmes révoltés, eux, par l'abominable guerre faite à un peuple pour lui refuser sa liberté; dans leur abandon de la lutte pour la paix comme un bavardage et une illusion; dans leur évasion vers la lutte clandestine du F.L.N., avec son romantisme et ses dangers, comme vers la seule activité sérieuse. »

Tout est là, dans et entre les lignes : pour les plus hardis des hommes de gauche, les partisans du soutien au F.L.N. constituent une avant-garde aux abois et dépourvue de crédibilité; pour les autres, de tous bords, ce ne sont que des traîtres passionnels.

□

Lorsque paraît l'article de Claude Bourdet, Francis Jeanson est à Paris. Il y est rentré alors même que les opérations policières battent leur plein. De tous, Jacques Vignes est le moins « grillé ». Titulaire de la rubrique Voile à *L'Équipe*, il s'est abrité derrière le pseudonyme de Philippe Vigneau. Cette double identité légale lui a permis de tenir le rôle de technicien du réseau sans plonger dans la clandestinité. C'est sur lui que Jeanson, contraint d'économiser ses mouvements (encore s'autorise-t-il de véritables coups de poker, telle sa visite chez Jacques Rispal afin de récupérer l'argent « sacré » entreposé à Suresnes), se décharge, pour l'essentiel, du soin de « nettoyer la maison ». Jacques Vignes envoie sa famille à la campagne, s'assure du passage en Suisse de Dominique Darbois puis de Cécile Marion, et file à Düsseldorf entretenir Omar Boudaoud de la situation. Le patron de la Fédération de France réagit logiquement : « Nous vous aimons bien et nous ne vous laisserons pas tomber, mais nous avons notre propre infrastructure à sauvegarder; mettez vos affaires en ordre et décrochez ! »

A son retour d'Allemagne, Vignes téléphone à *L'Équipe* pour annoncer que sa chronique n'est pas prête. Son rédacteur en chef l'avertit que des inspecteurs de la D.S.T. sont venus enquêter sur son compte et que Jacques Goddet, directeur du journal, leur a donné son adresse. Cette fois, la clandestinité s'impose : Vignes, muni de faux papiers fournis par l'inimitable Joseph, se réfugie rue Lacépède dans l'appartement discret de Charlotte Delbo, héroïne de la Résistance. Il surveille attentivement les clochards qui dorment en face, le long des grilles du métro. Mais non, ils sont authentiques. Deux agents de liaison, Jacques Audoir et Maïté Sangla, sœur du cinéaste, l'aident dans les semaines qui suivent à faire le ménage, à régler les locations de planques, à liquider le parc automobile, etc. Trois mois durant, les ponts seront coupés avec le F.L.N. En revanche, les fonds continueront de transiter par Henri Curiel et la plupart des groupes frontaliers demeureront opérationnels.

Francis Jeanson se cache chez Christiane Philip, à Boulogne-Billancourt. Sa préoccupation est, naturellement, de limiter les dégâts. Et, pour cela, d'en apprécier l'étendue. Or, un seul homme peut avoir accès au dossier d'instruction et donc déceler les pistes que flaire la D.S.T. : l'avocat « officiel » du réseau, Roland Dumas. Ce n'est sans doute pas un « gauchiste » mais moins encore un rond-de-cuir. Des maquis du Limousin (une rue de Limoges porte le nom de son père fusillé par les Allemands), il a conservé un sens du va-tout que n'a pas entamé la réussite professionnelle. Ce ténor est un fonceur. Comme un journaliste, il goûte l'inédit, le « scoop », l'affaire pas banale (celle « des fuites », entre autres). En 1956, il s'est fait élire député comme « socialiste indépendant » apparenté à l'U.D.S.R. [8] de François Mitterrand. Au début, il a sagement voté pour Mollet, jusques et y compris les pleins pouvoirs. Puis il a pris le large, précédant son mentor, Pierre Mendès France. Assez établi pour avoir pignon sur rue, assez courageux pour l'oublier, il sait pertinemment que sa carrière et sa liberté sont en jeu lorsque Monique Des Accords débarque à l'improviste chez lui, dans l'île Saint-Louis :

« Il y a des arrestations. Jeanson est dans un bistrot à côté. Il vous attend.

– Surtout, qu'il ne vienne pas ici. C'est trop dangereux. Je passe au Palais et je vous contacte. »

Au Palais, précisément, le juge Batigne ne se prive pas de manier l'ironie : « La preuve qu'il s'agit d'un réseau, Maître, c'est qu'ils vous ont désigné avec un bel ensemble ! »

8. Union démocratique et socialiste de la Résistance.

L'argument est imparable et ce choix des suspects les plus chargés (quoique celui de Véra Hérold et de Jacqueline Carré se soit fixé sur Gisèle Halimi) surprend fort. D'ordinaire, ce sont les avocats du « collectif-F.L.N. » – Mes Benabdallah, Oussedik, Vergès, Beauvillard, Courrégé, Likier, Radziewsky, Zavrian, etc. – qui plaident les « histoires d'Algériens », ou bien des communistes tels que Joe Nordman ou Léo Matarasso, avec le feu orange du Parti. Roland Dumas détonne, et doit multiplier les précautions, alors que se déchaîne la campagne de presse, pour rencontrer un « client » que recherchent toutes les polices. Il organise lui-même les rendez-vous en des lieux subtilement déterminés dont le plus pittoresque est le yacht d'un ami, amarré sur une berge de la Seine. Échanges téméraires mais fructueux : « Au fur et à mesure que l'instruction se développait, j'en avisais Jeanson afin qu'il cloisonne en conséquence. L'intérêt de la D.S.T. se concentrait sur ses proches. Je suis parvenu à l'informer pas à pas de l'évolution du dossier. D'autre part, pour les détenus, il était très important de constater que dehors l'action continuait. »

Mais pourquoi un avocat réputé se jette-t-il ainsi dans l'aventure, au péril d'une radiation du Barreau ? « C'est dans cette période, répond Roland Dumas, que j'ai cessé d'être un défenseur classique. Cela m'a ouvert les yeux sur la nature de la défense politique. On ne peut être avocat dans un procès politique sans s'y engager avec ses tripes. Au début, j'ai obéi à une impulsion de sympathie, et à un élan d'humanité. Et puis j'ai pris parti jusqu'à me ranger dans le camp des victimes [9]. »

Entre Jeanson et lui s'est établie une confiance spontanée. Pourtant, leurs relations ne datent que de quelques mois. Fin 1959, Roland Dumas a reçu en émissaire Christiane Philip qui lui est présentée par une commune amie journaliste. Elle lui apprend l'existence d'un réseau, sans le baptiser d'aucun nom, et lui confie qu'en cas de malheur, plausible sinon probable, les militants français qui prêtent main-forte au F.L.N. sont attachés au principe d'une défense française. Accepte-t-il, le cas échéant, de l'assurer ? Dans un second temps, Henri Curiel, qui est à l'origine de la démarche, lui expose plus en détail les règles de fonctionnement et l'objectif de l'entreprise. Dumas réclame quelques jours de réflexion. Mais son rejet de l'oppression coloniale, depuis la guerre d'Indochine, est trop vif ; il a trop expérimenté, sur le sol algérien, ce que vaut la Justice d'outre-mer ; il s'est trop abstenu contre Guy Mollet et a trop interpellé Bourgès-Maunoury (en dépit des reproches de Robert Lacoste, camarade de Résistance de son père). C'est oui. En novembre 1959, Christiane Philip est chargée par Curiel d'arranger une première entrevue entre Jeanson et « son » avocat. Dumas est

9. Entretien avec Roland Dumas. Août 1978.

séduit (« une vraie pile électrique, il conduisait comme un dingue! »). Christiane Philip, qui découvre elle aussi le chef du réseau, le juge plutôt antipathique. Elle l'a épousé depuis.

Pour l'instant, en cette fin d'hiver 1960, l'une et l'autre sont les deux liens qui lui restent avec le monde extérieur. Sitôt transmises les consignes de sécurité, il est le dernier homme dont les militants algériens ou métropolitains songeraient à s'approcher. Vis-à-vis des « mass media », il jouit d'une grande notoriété (même si ce crédit s'inscrit en rouge) ; pour ce qui est de l'action pratique, il se trouve infirme, démuni de toute capacité d'intervention, réduit à une impuissance qui lui pèse horriblement. Faute de bouger, il va écrire, exploiter politiquement sa récente célébrité, et s'employer à combattre la thèse que le réseau est définitivement démantelé.

Il est hors de question de réfuter les « analyses » de *France-Soir* ou de *Paris-Presse*. A ce niveau, seul le scandale répond au scandale et Jeanson, sur ce terrain, mûrit une botte secrète. Non, ce qui le préoccupe dans l'immédiat, c'est ce que l'on pense à gauche, c'est ce mélange d'indulgence réprobatrice et de scepticisme politique qu'affiche un Claude Bourdet. Il décide d'écrire à *France-Observateur* (en haut à gauche du brouillon de son texte, il note : « Rappeler les inculpations de Bourdet lui-même, quand on lui reprochait d'apporter une aide à la rébellion »). Cette lettre, en voici des extraits. Elle n'a pas été publiée par son destinataire qui s'est contenté d'en accuser réception, en quelques lignes, à la fin de son éditorial daté du 10 mars : « ... Vous dites que nous agissons *par désespoir*. »

« Ici, cher Claude Bourdet, je fais appel à toute votre honnêteté, à celle de l'homme, à celle du résistant : l'une et l'autre sont assez connues. *Il faut* que vous procédiez à cette rectification. Ni mes amis arrêtés ni ceux qui sont encore au travail n'ont mérité que *vous* les coiffiez de ce bonnet d'âne. Nous ne sommes aucunement désespérés, aucune forme d'amertume n'inspire et n'a jamais inspiré notre action... Vous parlez d'*évasion*, vous parlez de *romantisme*! Je veux vous dire, avec toute l'affection qui nous lie et que rien jusqu'ici n'a pu démentir à nos yeux, que vous n'y êtes pas du tout. Notre attitude est une attitude politique, je m'en suis maintes fois expliqué (...).

« ... Nous avons une foi, cher Claude Bourdet. Nous luttons pour une cause. Vous connaissez cela, et vous savez que le désespoir n'a rien à voir dans les affaires de ce genre. Notre résistance nous apparaît sans doute moins heureuse que celle au cours de laquelle vous avez vous-même acquis voix au chapitre. Pourtant, souvenez-vous : combien y avait-il de résistants en France, aux environs de 1941 ? Étiez-vous donc alors dans une " impasse ", sous le prétexte que votre action se déroulait " au milieu de l'indifférence du plus grand nombre " et n'amenait " aucune prise de conscience " ? Non, vous ne l'avez jamais cru, jamais admis. Comment voudriez-vous que nous l'admettions, nous qui avons choisi de porter assistance à un peuple qui déjà, depuis bientôt cinq ans et demi, tient effectivement tête à ses bourreaux ? (...) Vous avez voulu, cher Claude Bourdet, vous montrer aussi compréhensif que possible. Mais il y a une chose que vous devez comprendre : tout ce que nous faisons, nous le faisons *pour des raisons politiques* et notre combat – s'il n'est pas le vôtre – est, au même titre que le vôtre, *un combat politique*. Je comprends que vous puissiez être en désaccord avec l'orientation de notre politique, mais je ne vois pas où vous prendriez le droit d'éluder le problème en le considérant d'emblée comme indigne de soutenir votre attention... » Un coup pour rien. Les colonnes amies de *France-Observateur* se révèlent inhospitalières. La rédaction relègue le débat dans le courrier des lecteurs où un correspondant de Cherbourg témoigne de son trouble. La lettre de Jeanson, elle, prend le chemin de la corbeille. Peur de la répression, de la saisie ? Certainement pas : Martinet et Bourdet, au prix d'acrobaties financières incessantes, multiplient les interpellations voire les provocations lorsqu'ils estiment leur dossier suffisamment important et solide. Mais justement, en la circonstance, ils considèrent que le jeu n'en vaut pas la chandelle. Non que la distance soit trop grande entre les militants du réseau et le public du journal. C'est le contraire qui est vrai et le péril, à leurs yeux, est inverse : ils craignent que les efforts poursuivis pendant des mois et des années pour faire surgir une gauche nouvelle, efforts qui doivent aboutir dans quelques semaines à la création du P.S.U., ne soient galvaudés en une bouffée d'exaltation lyrique et parfaitement minoritaire. Leur préoccupation, à ce moment plus que jamais, est de prendre de vitesse les partisans, naturellement rares mais soudain contagieux, de l'aide directe aux Algériens. Une dialectique s'enclenche qui ne tardera pas à évacuer les procès d'intention et les états d'âme.

□

Quand les pétards passent inaperçus, ne restent plus que les bombes. Francis Jeanson lance la sienne le 15 avril et, cette fois, cela s'entend. En plein jour et en plein Paris, il tient une conférence de presse clandestine. Une vraie conférence de presse, pas une rencontre furtive avec quelque sympathisant. Des photographes sont là, et une quinzaine de journalistes. Parmi eux, un seul Français [10],

10. Paul-Marie de La Gorce est également présent mais il n'en fera pas état ; toutefois la qualité de son information transparaît dans une enquête sur les déserteurs parue dans *L'Express* et qui coûtera à ce dernier une saisie supplémentaire.

moustache tendre et canines dures, œil rigolard et carcasse dégingandée : Georges Arnaud, l'auteur du *Salaire de la peur*, reporter tous terrains, synthèse efficace de Rouletabille et de roule-ta-bosse, homme de lettres et de cœur. Il est bien sûr alléché par la perspective d'un papier exclusif pour l'Hexagone, séduit par l'audace de Jeanson. Mais il est aussi travaillé, et de longue date, par l'écharde algérienne : c'est lui qui, avec Me Vergès, a rendu public le dossier Djamila Bouhired. Lorsque son ami Georges Bratschi, de *La Tribune de Lausanne,* lui demande d'assister à la conférence, il accepte tout de suite. Le caractère conspirateur de l'entreprise est propre à l'émoustiller plutôt qu'à le dissuader. Ce qu'il ignore, c'est qu'il vient d'acheter son billet pour Fresnes. « Une des plus belles balades de ma vie », confesse-t-il en 1978...

Sur l'initiative de Jeanson, Christiane Philip a contacté Henri Curiel pour qu'il assure l'organisation pratique de l'affaire. La tâche de retenir un appartement et de transporter certains des journalistes invités est échue à Didar Fawzy avec le concours, en Suisse, d'Isabelle Vichniac. Georges Arnaud, lui, se rend sans intermédiaire au numéro 1 de la rue du Chêne – une adresse que les policiers se donneront un mal considérable et inutile pour obtenir –, sonne à la porte de M. Henri R., et annonce, comme convenu par téléphone : « Je dois participer à la réunion des professeurs. »

Il entre. Jeanson et lui ne se connaissent guère; ils se sont entrevus, vaguement, au « Flore ». Arnaud est curieux de découvrir cet allié des « rebelles » qui nargue la D.S.T. dans un salon bourgeois : « On est reçu par un jeune homme de bonne compagnie, sans autre signe particulier. Brun, mince, pas très grand; un complet bien coupé, l'allure qui va avec. » Jeanson, qui a soigneusement préparé son intervention [11], retrace la genèse de *L'Algérie hors la loi* et explique comment il en est venu à « faire le taxi » pour le compte du F.L.N. Arnaud l'observe : « Dès qu'il parle, on remarque l'extrême vivacité du regard. Cette vivacité ne procède pas d'un sentiment d'inquiétude. Ses gestes, ses attitudes corroborent une surprenante évidence : dans une situation à tout le moins aventureuse, " le professeur " est tranquille comme Baptiste. » Tranquille mais incisif :

« La gauche a érigé en mythe l'alibi de l'opinion publique. L'opinion publique n'était pas mûre. Il y avait des vérités qu'elle n'était pas prête à entendre. Il fallait donc ménager sa santé, lui épargner un choc. Or, le rôle de la gauche n'était pas, n'est pas de se mettre à la remorque de l'opinion. Il est de lui dire la vérité, même amère. Il est de la susciter, de la soulever. Tout est là. »

11. On lira en annexe p. 386 le texte inédit de cette déclaration. Nous utilisons par ailleurs le compte rendu qu'en a publié Georges Arnaud, enrichi de l'entretien que nous a accordé ce dernier.

Arnaud et ses confrères tombent de la lune : « Tous, ou presque, nous étions venus entendre un bilan justificatif, un plaidoyer *post-mortem.* » Ils attendaient un ancien combattant et voici un chef de guerre. Celui à qui Claude Bourdet ne reconnaissait qu'un statut de témoin parle de son action, de son action présente et ininterrompue :

« A deux ou trois arrestations près, le reste de l'organisation est intact, et continue d'assumer ses tâches de transport et de liaison ; ainsi que le transfert à l'étranger des fonds de la Fédération de France. »

On parle alors d'argent. Treize millions ont été saisis par la police. Ce sont là des sommes importantes...

« ... Importantes ? Sans aucun doute : treize millions. Mais chaque mois, c'est quatre cents millions que nous faisons sortir de France.

– Encore maintenant ? Toujours vous ?

– Encore maintenant. Toujours nous. Depuis trois ans. »

Jeanson expédie brièvement la question des « appointements » versés par les Algériens, rappelle que le réseau a fortement contribué à éviter que la guerre ne soit portée par le F.L.N. sur le sol français et repousse farouchement le terme de trahison :

« La guerre d'Algérie, c'est l'affrontement d'un peuple et du fascisme ; ce même fascisme qui menace pour demain la France. »

Une heure s'est écoulée. Francis Jeanson a plaidé pour l'avenir en retraçant le passé :

« Il fallait que demain, une fois acquise l'indépendance de l'Algérie, des liens fussent encore possibles entre elle et la France. Mais j'étais seul dans l'entreprise. Il était nécessaire que je ne le sois plus. Il était nécessaire que naquît une organisation française qui se rangerait sans lien de subordination aux côtés des Algériens. »

Quant aux méthodes...

« Certains veulent nous renvoyer aux " conduites légales " et aux " devoirs communs ". Mais la légalité est morte, dans l'exacte mesure où il n'y a plus de communauté nationale française. Car la communauté française est à refaire sur de nouvelles bases, selon de nouveaux thèmes, en fonction de nouveaux objectifs. Nos gouvernants sont des irresponsables : bafoués en permanence par leurs propres agents d'exécution, ils ne gouvernent plus, ils ne raisonnent plus.

« Il y a l'urgence humanitaire : quinze pour cent des Algériens sont parqués dans des camps où il meurt en moyenne, chaque jour, selon les rapports officiels, un enfant pour mille personnes, soit mille cinq cents enfants condamnés quotidiennement. Et il y a l'espérance politique : la révolution algérienne n'est pas seulement une avancée socialiste décisive pour le Tiers-Monde, c'est aussi à travers elle, en la soutenant concrètement, que la gauche " métropolitaine '' est susceptible de se régénérer, de contrer l'extrême droite, et d'accomplir sa propre révolution. »

Jeanson a terminé. Il s'excuse ironiquement de partir le premier. Dehors, quelqu'un dit : « Plaignons les juges de ce type... »

Jeanson a terminé, Arnaud commence. Où publier ? « J'avais le choix entre trois tirages : *France-Soir, Paris-Presse, Le Monde.* J'ai respecté cet ordre car je visais le grand public. » A *France-Soir*, Pierre Lazareff refuse. En revanche, l'autre Pierre, Charpy, rédacteur en chef de *Paris-Presse*, se déclare preneur. Bien qu'il se soit acharné plus qu'aucun de ses confrères sur les militants du réseau, il succombe à la tentation de l'exclusivité. Georges Arnaud écrit le 17 avril, dimanche de Pâques, remet son article le 18, et cet article – remarquablement exact, concis, et enlevé – paraît dans l'après-midi du 19 nanti d'un titre accrocheur en diable : « Les étranges confidences du professeur Jeanson ». L'opération « grand public » a réussi. Francis Jeanson a utilisé la puissance du scandale pour la retourner à son profit.

Normalement, la boucle est bouclée et Georges Arnaud, dont les poches souffrent de déficit chronique, n'a plus qu'à encaisser sa pige et arroser l'événement. Malheureusement, comme le chante Léo Ferré, les temps sont difficiles. Charpy lui a réservé une surprise. Coiffant son papier, le rédacteur en chef a commis un « chapeau » dont l'intitulé : « Attention, toxique » est tout un programme et dont le détail est ainsi libellé : « Le document que nous publions ci-contre nous est parvenu par l'entremise de Georges Arnaud, l'auteur du *Salaire de la peur*. Celui-ci est personnellement '' engagé '' dans le combat politique et a notamment pris dans l'affaire algérienne des positions fort éloignées des nôtres. Nous ignorons les raisons qui ont pu pousser M. Francis Jeanson à faire ces '' confidences '' et Georges Arnaud à nous les transmettre, mais notre mission d'informateurs nous incite à les mettre sous les yeux de nos lecteurs...

« ... Cette manifestation paraît avoir pour objet de faire véhiculer, de préférence dans la presse étrangère, un certain nombre de thèmes sur lesquels le F.L.N. et ses alliés orchestrent leur nouvelle offensive idéologique.

« La lecture attentive de ce texte montre bien lesquels : glissement de la guerre sur le plan idéologique, identification de la France et du fascisme, internationalisation de la guerre d'Algérie sur le plan moral et idéologique.

« Il s'y ajoute sans doute l'intention de démontrer que le F.L.N. et ses alliés ne sont nullement affaiblis par l'action policière.

« Nous sommes parfaitement conscients des objectifs de propagande qui apparaissent dans les confidences de Francis Jeanson.

« Mais nous pensons que qui veut trop prouver...

« De fait, après les déclarations de Francis Jeanson, il sera difficile de le présenter, lui et les membres de son réseau, comme de doux intellectuels égarés dans une simple controverse idéologique. » Prudent, Charpy, prudent...

Prudent et maladroit. Georges Arnaud bondit : document! Qu'est-ce que cela signifie, document? Il expédie derechef un rectificatif qui paraît le 22 avril : « ... Il ne s'agit pas, comme votre présentation risque de le laisser entendre, de je ne sais quelle commission dont je me serais chargé, mais d'un travail que j'ai accompli. » Le journaliste n'est pourtant pas au bout de ses surprises. Le lendemain à l'aube, des hommes de la D.S.T. le cueillent à son hôtel. Motif : non-dénonciation de malfaiteur. Destination : rue des Saussaies, puis Fresnes. Arnaud explose, mais d'une intense, d'une immense, d'une vengeresse jubilation : ce gouvernement qui n'avait qu'un téléphone à décrocher pour stopper son article, qu'une saisie de plus à ordonner pour bloquer la diffusion de *Paris-Presse,* ce gouvernement commet l'incroyable gaffe de boucler un journaliste pour refus de délation. C'est trop beau. Francis Jeanson : « Alors que je vivais cloîtré rue Lacépède, je n'ai pas de meilleur souvenir que la photo de Georges Arnaud grimpant, hilare, dans le fourgon cellulaire! »

Et Charpy remet ça! L'après-midi même de l'interpellation de son pigiste, *Paris-Presse* le dépeint comme « un être exalté, plein d'indignation, de révoltes et de fureurs. (...) Passionné pour les procès, il semble trouver dans une agression permanente à l'égard des magistrats une sorte de plaisir noir et frénétique. » C'est à croire que jamais, au grand jamais, le rédacteur en chef n'a employé l'individu maléfique et chafouin dont la signature s'est glissée par erreur au bas d'un article, pardon : d'un document. L'encre de ce 23 avril est vraiment indélébile. De reste, les dernières lignes méritent — pour la postérité — cette ultime citation : « Tout est clair maintenant. Il s'agissait de relancer contre la guerre d'Algérie une campagne de propagande que le Parti communiste — de son propre aveu — n'avait pas réussi à mener à bien. » Ce soir-là, Jeanson est comblé.

M. de Rességuier, le juge d'instruction militaire qui hérite de la gaffe ministérielle (il a déjà sur son bureau le dossier des inculpés de février, dont a été dessaisi le juge Batigne), est un magistrat modeste et courtois, plus habitué aux légionnaires en cavale et aux économes corruptibles qu'aux contestataires de la rive gauche. Pour lui, de Gaulle est un extrémiste. Alors Arnaud... Mais cela ne l'empêche pas de manifester envers son visiteur une rigoureuse déférence. Le dialogue mérite d'être rapporté :

« Je suis loin d'atteindre à votre niveau intellectuel. Il vaut mieux que vous dictiez vous-même les réponses.

— A mes yeux, vous êtes aussi compétent qu'un conseil des prud-hommes ou qu'un jury littéraire, répond le journaliste. Je suis disposé à m'expliquer avec vous de même que j'accepterais de m'expliquer devant le jury d'un concours de beauté ou de comice agricole. »

Le greffier n'est pas familier du mot " comice "...

« Vous savez bien, précise Arnaud : cette cérémonie où l'on couronne les veaux.

– Ce n'est pas gentil de me traiter de veau.

– Vous ? Oh, non. Vous, ça serait plutôt le boucher. »

Et l'auteur du *Salaire de la peur* dicte gravement :

« En mai 58, au Palais d'Orsay, le général de Gaulle a donné une conférence où j'avais été invité par M. de Bonneval. C'était une conférence séditieuse. La confiance du général de Gaulle m'est aussi sacrée que celle de M. Francis Jeanson. Je ne l'ai pas dénoncé. »

Le magistrat communique au prévenu la déposition du rédacteur en chef de *Paris-Presse*. Elle s'achève ainsi : « J'ai jugé utile d'avertir les enfants de la bourgeoisie des risques qu'ils couraient en acceptant de rendre des services à des gens qu'ils connaissaient mal. » Georges Arnaud se tourne vers le greffier et dicte plus gravement encore :

« Je suis navré que Charpy, qui pèse cent vingt kilos tout en muscles, soit si lâche... [12]. »

En l'espace d'un mois, deux cents journalistes expriment leur solidarité au moyen d'une pétition : « Les journalistes soussignés protestent contre l'inculpation et l'arrestation de Georges Arnaud pour non-dénonciation. Interrogé par la police sur la conférence de presse de Francis Jeanson, aucun d'eux n'aurait accepté de donner l'adresse de Francis Jeanson, ni indiqué les noms des journalistes étrangers présents à cette conférence. Cette règle professionnelle est formelle. » Toutes les grandes plumes, et pas seulement de gauche tant s'en faut, sont au rendez-vous. Même, eh oui, même celle de Pierre Charpy. C'est la deux centième.

M. Michelet, garde des Sceaux, commence-t-il à comprendre que depuis le 24 février, il manipule imprudemment une cargaison de nitroglycérine ?

12. Georges Arnaud, *Mon procès*, Éditions de Minuit, 1961.

Keystone

Automne 1955 : rappelés sur ordre du gouvernement Edgar Faure, des soldats manifestent à Paris, gare de Lyon, le 11 septembre (ci-dessus) et à Rouen, caserne Richepanse, le 7 octobre (ci-dessous). Les forces de police les embarquent manu militari.

Paris-Match

Droits réservés

Jacques Canetti présente les espoirs de la firme Philips pour l'année 1958. Aux côtés des Trois Ménestrels et de Raymond Devos, encadrant Guy Béart et Jacques Brel : les duettistes André Thorent (en haut à gauche) et Jacques Charby (à droite). Deux membres du réseau.

Keystone

Haddad Hamada, chef du F.L.N. en France, photographié par la D.S.T. au cours d'une filature.

Paris-Match

Été 1958. Le F.L.N. porte la guerre en France. Le 25 août, les cuves d'essence s'embrasent au dépôt de Mourepiagne, près de Marseille. Sparadrap sur le front, Jacques Soustelle (ci-dessous) tient une conférence de presse quelques minutes après l'attentat qui a failli lui coûter la vie, le 15 septembre.

EN PRISON : PHOTOS CLANDESTINES

Fresnes, deuxième division. Un groupe de porteurs de valises : Jean-Claude Paupert (second, assis, à partir de la gauche); Jacques Rispal (à droite, à demi-caché par Louis Orhant); debout, au centre, Henri Curiel ayant à sa droite Robert Davezies et à sa gauche Gérard Meier. - Ci-contre (derrière les barreaux), Robert Davezies.

Henri Curiel dans sa cellule (à gauche).

Page ci-contre : l'évasion de la Petite Roquette. Itinéraire des évadées.

...s évadées faisaient de la gymnastiqu...

Michel Raptis, dit Pablo, secrétaire de la IVe Internationale, qui bénéficie de complicités dans toute l'Europe, a réussi à faire installer, dans le plus grand secret, des fabriques d'armes sur le territoire marocain. Ces photographies ont été prises par les services du ministère de l'Armement du G.P.R.A.

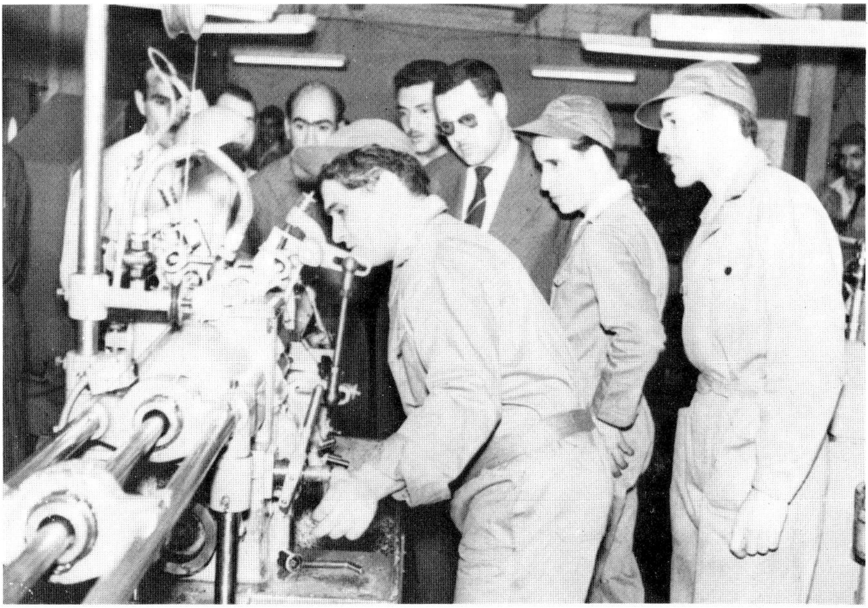

Ci-dessus : Boussouf, ministre de la Guerre du G.P.R.A., inspecte les ateliers.

Ci-contre : la production — mortiers, grenades, pistolets-mitrailleurs.

Keystone

Le 17 octobre 1961, des milliers d'Algériens manifestent pacifiquement dans la capitale. L'action de la police fait plusieurs centaines de morts. Douze mille personnes sont arrêtées et parquées dans les stades.

Keystone

Chapitre 14

LA JEUNE CLASSE S'ENGAGE

L'EFFICACITÉ du réseau Jeanson est désormais un fait établi. La publicité entretenue sur le nom de son chef, la partie de cache-cache idéologique et policière que livre ce dernier rejettent dans une ombre protectrice ceux qui poursuivent l'action autour d'Henri Curiel. Christiane Philip opère la liaison entre le communiste égyptien et l'existentialiste français. L'un et l'autre sentent que quelque chose bascule, que cette fameuse « Opinion » qui a tant servi d'alibi à une gauche pusillanime se fissure. La secousse la plus forte provient naturellement de la couche la plus sensible et la plus mobile, où cristallisent les mutations naissantes d'une société : les jeunes bougent. Vite. Si vite que l'on croit soudain découvrir au « professeur » marginal des milliers de disciples anonymes.

L'épidémie se déclenche quand les autorités révèlent, le 8 mars, qu'a été démantelée une filière d'hébergement et d'évasion pour insoumis et déserteurs, et que cette organisation est en relation directe avec Jeanson. Le mouvement « Jeune Résistance » fait une entrée fracassante dans les gazettes et sur les ondes. Les coupables, repérés par les services des Renseignements généraux, sont un prêtre, l'abbé Christian Corre, arrêté à Montluçon ; un étudiant, Hubert Corty, inscrit à la Faculté de médecine de Clermont-Ferrand, et surtout le musicien Diego Masson, surpris à la frontière franco-suisse, au poste d'Annemasse, alors qu'il transportait à bord de sa voiture un déserteur, Jean Crespi. En diffusant l'information, la police l'altère quelque peu. La version qu'elle met en circulation précise que le militaire et son passeur ont été interpellés dans le train, ce qui est faux et clairement destiné à camoufler le renforcement de la surveillance routière[1].

A propos de l'abbé Corre, la presse souligne abondamment la

1. Témoignage de Diego Masson.

fonction « préoccupante » que semblent remplir maintes aumôneries, devenues le refuge voire la plaque tournante des réfractaires de tout poil, et renvoie ses lecteurs à l'affaire du Prado qui a défrayé la chronique lyonnaise en octobre 1958. Mais elle concentre ses projecteurs sur Diego Masson, brillant élève d'Olivier Messiaen, premier prix, à 24 ans, de percussion et de musique de chambre. Tant de virtuosité éblouit, d'autant que Diego a de qui tenir : son père, André Masson, compagnon de route des surréalistes, est l'un des grands peintres de ce temps et a notamment illustré *Les Conquérants* de son ami André Malraux.

Un rapport de police reconstitue les maillons de cette chaîne : « Le déserteur arrive généralement en gare d'Annemasse, sans bagage, par l'un des trains qui amènent les écoliers et les ouvriers de la vallée de l'Arve, du Giffre, de Saint-Cergue ou de Collonges. Il doit alors se présenter dans une maison du quartier de Ville-la-Grand. Il présente le mot de passe et rencontre le passeur. Celui-ci, suivant l'opportunité, l'amènera à proximité de la frontière suisse, soit par le bus de Maillerullaz, soit par l'une des douanes secondaires qui jalonnent la ligne Ambilly, Moulin, Pierre-à-Bochet. Entre Ville-la-Grand et Maillerullaz, une zone de villas modestes, de petits immeubles locatifs et de pavillons entourés de jardins permet une progression à couvert jusques et au travers de la ligne frontière, marquée seulement par un ruisseau franchissable à pied sec. Le passeur s'assure que le déserteur a franchi la ligne. Celui-ci n'aura plus ensuite qu'à se présenter aux policiers suisses pour régulariser sa situation ou à se diriger vers le point d'accueil de la villa de Chêne-Bourg située à dix minutes à pied de la frontière. Dès lors il est en sécurité[2]. »

Combien sont-ils qui ont ainsi choisi l'exil ? Combien sont-ils qui n'« y » sont pas partis (insoumis) ou qui « en » sont revenus (déserteur) ? Combien sont-ils qui ont délaissé études et famille pour un délai indéterminé, ignorant quand et à quel prix il leur sera loisible de retourner à la norme ? La bataille des chiffres s'engage, rude et brouillonne. On exhume un numéro de l'organe officiel du F.L.N., imprimé à Tunis, selon lequel quatre cents objecteurs de conscience seraient en Suisse, sept cents déserteurs auraient trouvé refuge en Scandinavie et sept cents autres réfractaires dans divers pays voisins de la France[3]. Les rédacteurs de *Vérités Pour* (dont une livraison, la quinzième, parvient à être fournie le 24 mars) citent le nombre de trois mille, nombre que Jeanson reprendra lors de sa conférence de presse. Le ministère des Forces armées, de son côté, plaide que la courbe des désertions ne s'envole guère et que, sur la

2. *Paris-Presse*, 9 mars 1960.
3. *El Moudjahid*, 5 février 1960.

totalité des soldats en rupture de ban, il n'en est pas plus de deux cents qui ont agi pour des motifs politiques.

Une chose est sûre, en tout cas. Quelle que soit l'exactitude statistique (nous tendons à penser que les « vrais » réfractaires n'excèdent pas trois ou quatre centaines), le débat idéologique sur l'insoumission et la désertion, qui n'en est qu'à ses prémices, atteint de plein fouet des dizaines de milliers de personnes. Il contient, encore informulés, un regard critique et amer sur l'indifférence du P.C.F. et de la S.F.I.O. en 1955-1956, un dégoût envers la trahison de la direction socialiste et l'opportunisme de Thorez, une découverte effarée et naïve de la réalité coloniale, un doute lancinant sur la capacité du vieux monde à produire des révolutions. La parution simultanée de deux livres : *Le Déserteur*, de Maurienne (aux Éditions de Minuit), et *Le Refus*, de Maurice Maschino (chez François Maspero), amplifie ce courant. « Maurienne », c'est Jean-Louis Hurst, cet officier des Forces françaises en Allemagne qui dès 1958, avec Gérard Meier, s'est mis au service du réseau Jeanson. Jérôme Lindon, directeur des Éditions de Minuit, lui a inventé ce pseudonyme en souvenir d'un autre maquis. Maurice Maschino, lui, s'est insoumis. Tous deux, en attendant *Le Désert à l'aube* de Noël Favrelière[4], expliquent par quels chemins, par quels détours, ils ont décidé de combattre la « sale guerre » et, pour ce, de rejeter l'armée qui la mène. Évidemment, les livres sont saisis dès leur sortie. Mais la saisie est toujours un aveu, et des copies circulent aussitôt. Jérôme Lindon : « Le Maurienne nous a valu un procès, le seul, en décembre 1961. Ce qui nous a permis de sortir un second livre : *Provocation à la désobéissance,* insaisissable celui-là puisqu'il s'agissait d'un compte rendu de débats judiciaires ! »

En cinq ans, la nature même de la révolte s'est profondément modifiée. La question n'est plus, comme pour les pionniers solitaires (ou plutôt abandonnés) que furent Alban Liechti ou Serge Magnien, d'exposer légalement sa désapprobation puis d'expier cette audace par des années d'emprisonnement silencieux.

En janvier 1959, la direction du Parti communiste français publie une brochure intitulée *Des jeunes qui servent l'intérêt de la France.* On y recense les jeunes communistes qui ont choisi l'emprisonnement contre le port illégitime des armes fratricides. Claude Despretz, professeur d'éducation physique, Émile Lauransot, peintre en bâtiments, Fernand Marin, tôlier-chaudronnier, Léandre Letoquart, monteur-électricien dont le père est membre du Comité central, Jacques Alexandre, ajusteur, et bien d'autres : Francis Renda, Jean Vendart, Gilbert Bleiveiss, Claude Voisin... Tous ont, écrit Jacques Duclos dans la préface, « élevé la voix pour dire simple-

4. Éditions de Minuit. Noël Favrelière y raconte comment il a quitté son unité en libérant un prisonnier « rebelle », le 19 août 1956.

ment, courageusement, NON à la guerre d'Algérie ». Élevé la voix, certes, mais pas longtemps. Ils croupissent, qui à Constantine, qui au bagne de Lambèze, qui au centre pénitentiaire d'Alger. Ils sont vingt-six qui sont réduits au silence depuis des mois et des années, symboles muets d'une protestation étouffée.

La jeune classe n'est pas candidate au martyre mais à l'action. Or une structure s'est créée. La preuve : une petite valise que « serrait précieusement » Diego Masson au moment de son interpellation. On y a trouvé, ironisent les journalistes, des partitions qui semblent n'avoir qu'un lointain rapport avec Mozart. Lointain, en effet. Il s'agit du « courrier » du mouvement « Jeune Résistance » dont la direction s'est installée en Allemagne et dont les principaux relais fonctionnent en Suisse. Jeanson, ajoute la police, aurait contribué à sa fondation au printemps 1959. Il s'avère, à l'enquête, que l'étudiant de Clermont, Hubert Corty, était le destinataire des papiers saisis, et qu'il avait fait la connaissance de l'abbé Corre l'été précédent sur le chantier du barrage de Grandval, en Auvergne. Au-delà, les investigations piétinent et les perquisitions ne donnent rien. Dès le 11 mars, la direction des Renseignements généraux avoue piteusement que cette affaire a été prématurément divulguée et annonce même, probablement pour se dédouaner vis-à-vis des « collègues » de la D.S.T., qu'une enquête interne va rechercher l'origine des « fuites » inopportunes... Dans sa cellule de la prison d'Annecy, Diego Masson ne réalise pas encore que son arrestation tonitruante représente, en fin de compte, un bénéfice. Une filière est certes grillée, mais le sigle J.R. se propage à toute vitesse, repris par des militants connus et inconnus.

L'histoire de ce sigle est déjà longue. La première fois que quelqu'un le prononce, l'imagine, c'est à Yverdon (sur le bord du lac de Neuchâtel), à la fin de l'automne 1958. Ils sont trois : Jean-Louis Hurst, le futur Maurienne, Gérard Meier, alias Géo, et Louis Orhant. La réunion se tient chez ce dernier qui est en quelque sorte leur père à tous : ouvrier communiste, incorporé au 458e régiment d'artillerie, il a, rappelons-le, refusé de traverser la Méditerranée dès septembre 1956. En Suisse, il s'est lié avec Jacques Berthelet, dit Lucien, principal correspondant à Lausanne du réseau Jeanson. Les trois déserteurs « gambergent ». Il faut, estiment-ils, regrouper dans une organisation autonome les soldats errants qui ont eu le courage de rompre et qui, souvent, constituent un capital inemployé. Trop d'entre eux tournent en rond, désœuvrés, sans présent et sans avenir. Le nom jaillit au cours de la discussion. Du mot à la chose s'écoulera moins d'un an.

Jean-Louis Hurst relate ce cheminement, à sa manière abrupte : « Communiste, j'avais une attitude de classe. Les Algériens et les gens du réseau considéraient que la sécurité imposait les trois étoiles. J'assurais un passage par semaine, à cinquante mètres d'une caserne de C.R.S. Une heure après, on bouffait des truites, cent kilomètres plus loin, dans un palace. C'était un peu trop. J'étais mal à l'aise. Choqué par certains bureaucrates algériens, j'étais aussi horripilé par les existentialistes et les chrétiens, Berthelet en tête. Là-dessus débarque le Vieux[5] qui se déplaçait fréquemment en Suisse, probablement pour régler des problèmes bancaires. Il me consacre deux jours entiers, durant lesquels nous parlons surtout du regroupement des déserteurs. Plus tard, Davezies enfonce le clou et nous suggère d'intervenir au Festival mondial de la jeunesse, à Vienne — ce que nous faisons, malgré une brève et violente altercation avec Paul Laurent. Au retour, le projet s'étoffe. Curiel, via Davezies, oriente vers nous pas mal de jeunes qui veulent déserter ou s'insoumettre. Malgré les réticences de Berthelet, qui flaire dans tout cela une mainmise communiste sur le soutien au F.L.N., je rencontre Omar Boudaoud qui appuie dans mon sens et qui nous propose l'aide financière de la Fédération — ce que nous sommes contraints d'accepter, l'objectif restant de vivre sur les cotisations des sympathisants. »

On l'a compris, cette genèse ne va pas sans douleurs et contractions. Le principe d'une structure des déserteurs et insoumis est acquis, mais Jacques Berthelet a le sentiment très net que Curiel pousse les « siens », c'est-à-dire les éléments communistes ou communisants. Robert Davezies, dont l'appréciation est plus tempérée, concède en souriant : « A cette époque-là, vous étiez pour un oui, pour un non, dénoncé comme l'agent de Moscou ! » Mais Curiel déployait-il vraiment un dispositif d'encerclement ? « Henri avait des idées qu'il ne se privait pas de manifester à qui voulait l'entendre. Et il s'efforçait, au vu et au su de tous, de les mettre en œuvre. Il disait notamment ceci : n'invitez personne à déserter si vous n'avez pas de tâches précises à lui offrir. »

En dépit de ces frictions — grosses de conflits ultérieurs —, une assemblée constitutive crée « officiellement » le mouvement au mois de mai 1959. Jeanson, Curiel, Davezies, Berthelet, sont là, qui décident d'enraciner « Jeune Résistance » sur le noyau des vétérans : Hurst, Meier, Orhant, Lucas, Laudendorf, etc. On convient de développer l'idée dans *Vérités Pour* et de distinguer soigneusement entre l'insoumission et le soutien. Ce point de vue est majoritaire dans le réseau, mais non unanime. Étienne Bolo, par exemple, alors planqué au Maroc, maintient ses critiques : « Sans le P.C., appeler à la désertion revenait à inciter les jeunes ouvriers et paysans qui n'avaient pas envie de faire la guerre — et ils étaient nombreux — à s'engager dans une aventure dont ils ne pourraient pas se sortir. Nous, intellectuels, ça nous est facile de passer à l'étranger

5. Surnom affectueux donné par les militants de cette génération à Henri Curiel.

et d'y travailler. Pour les autres, c'est beaucoup moins simple. De plus, la désertion, ça n'est jamais amnistié. Je pensais qu'il fallait adopter une attitude plus souple, plus nuancée : si certains voulaient déserter ou " s'insoumettre ", qu'ils sachent que nous les prendrions en charge à condition qu'ils s'engagent concrètement avec nous. Je n'étais pas " pour ne pas faire la guerre ", mais pour la faire de l'autre côté. » Et la position de Jacques Vignes n'est guère différente.

Néanmoins, l'entreprise démarre et la bataille politique rebondit. Lors de ses contacts avec les responsables de « Jeune Résistance » (essentiellement avec Jean-Louis Hurst), Curiel expose que la sécurité, à Paris, est loin d'être satisfaisante, et incite les déserteurs à transformer leur autonomie en indépendance par rapport à Jeanson et à Berthelet. L'équipe est divisée. Grosso modo, la ligne de faille partage ses membres entre communistes et non-communistes à l'exception de Louis Orhant qui allie à son ancienne carte du Parti un solide tempérament libertaire. Il y a, dans ces débats souvent inutilement tendus, une donnée nouvelle : le réseau de soutien n'a pas connu jusqu'alors d'affrontements politiques ; à J.R. – bien que les contentieux personnels se déguisent fréquemment en rivalités plus abstraites –, existe une lutte pour le pouvoir, peut-être parce que ces jeunes perçoivent (consciemment ou non) que la question algérienne se déplace et qu'un enjeu se dessine.

Ils sont une dizaine, pas plus, qui militent et s'empoignent. Une plaquette verte est élaborée – « Jeune Résistance, numéro 1 » : elle réunit cinq témoignages pour expliquer l'insoumission. Diego Masson, un peu imprudemment car il s'est déjà brûlé les ailes au service de Bouaziz, devient l'agent de liaison attitré du mouvement. Enfin, au terme de l'année 1959, comme il semble que les autorités helvétiques s'émeuvent de ce remue-ménage, Jean-Louis Hurst est envoyé à Francfort pour y préparer une base de repli.

Bien lui en prend. L'alerte n'était pas vaine. En janvier, Jacques Berthelet est expulsé et Louis Orhant ne tarde pas à le suivre. Tout le monde décroche et se retrouve en Allemagne, pour rédiger une brochure-programme de seize pages : *Jeune Résistance s'explique.* Une brochure musclée : « La timidité des responsables politiques, plus encore que la torpeur des masses, a engourdi la gauche française. Les jeunes, eux, parce qu'ils font la guerre, parce qu'ils ont à subir concrètement le fascisme dans l'armée d'Algérie, parce qu'ils sentent l'avenir du pays bouché, ont déjà eu l'énergie nécessaire pour promouvoir un mouvement révolutionnaire de Refus. S'ils savent s'organiser, s'ils peuvent convaincre leurs aînés, ils passeront du Refus à la Résistance active et pourront provoquer le réveil du peuple français. »

Les animateurs de J.R. se réclament de la révolte des rappelés, en 1955-1956, mais le ton est à la revanche et pas à la commémoration : « On calme la fougue de leur jeunesse, on leur prêche la patience et la prudence sous prétexte de réalisme : " Faites confiance à vos organisations, elles ont l'expérience ; ne vous impatientez pas, nous allons faire l'union de la gauche et, après, la paix en Algérie. Partez, faites ce que vous pouvez sur place, nous vous enverrons des colis... Les conditions du fascisme sont bien loin d'être réalisées actuellement en France, encore moins celles d'une nouvelle résistance ; il faut être romantique, désespéré ou irresponsable pour pouvoir l'envisager. " Étaient-ils romantiques ou réalistes, les jeunes qui affirmaient alors : " Seule une action révolutionnaire à partir de notre Refus, nous sans qui la guerre ne peut être faite, aura la force d'entraîner la négociation en Algérie. Par là doit passer l'unité de la gauche, le coup d'arrêt à la progression fasciste et la sauvegarde de l'amitié entre le peuple algérien et le peuple français ? " Sont-ils romantiques ou réalistes, les jeunes qui le répètent après quatre ans, les jeunes qui s'organisent sous la menace d'un fascisme latent et qui ajoutent : le temps de la résistance est venu ? »

Mesure-t-on aujourd'hui ce qu'avait d'iconoclaste une telle apostrophe ? Mesure-t-on ce qu'en 1960 cette image de la jeunesse offrait d'incongru ? Des gauchistes, des extrémistes, un groupuscule sans doute. Soit. Mais vingt ans après, nous savons bien, nous, à quoi nous en tenir : Mai 1968 est derrière nous.

La brochure sort après l'arrestation de Diego Masson, et l'équipe dirigeante de J.R., sur laquelle s'est greffé Jacques Berthelet à la suite de son expulsion, songe à exploiter la publicité que la presse française vient de donner à l'organisation. L'élaboration d'un manifeste est envisagée et l'on se réunit en Forêt-Noire dans la villa d'un industriel du Palatinat, ancien nazi repenti et converti au pacifisme. Curiel, à qui incombe maintenant la responsabilité effective du soutien, y délègue l'un de ses adjoints, Martin Verlet. Et celui-ci développe une argumentation contraire à celle de Curiel quelques mois plus tôt : il prêche en faveur d'un rapprochement organique entre les déserteurs et le réseau. Les motivations tactiques de ce retournement ne sont guère complexes ; le successeur de Jeanson estime que la situation n'est plus la même, tant au niveau idéologique qu'à celui de la sécurité, et s'offre à fournir la colonne vertébrale de l'ensemble. Mais les porte-parole de « Jeune Résistance » demandent à réfléchir et, lors d'une seconde rencontre, qui se déroule à Mayence, en présence de Curiel lui-même, dans un local fourni par les Jeunesses socialistes allemandes, ils expriment à la majorité leur volonté de demeurer indépendants malgré un énergique plaidoyer de Jean-Louis Hurst dans l'autre sens.

Voilà où en est J.R. au moment où le grand public apprend son existence. Les media dépeignent un organigramme tentaculaire qui diffuse et ravitaille l'insubordination. En réalité, une poignée de militants rament avec peine, isolés et déchirés. On se tromperait, cependant, à dresser ce constat sur le mode de la dérision. Au-delà des étripages et plus que les filières clandestines, ce qui importe pour l'heure, c'est que cela soit et que cela se sache. Même si l'étincelle qui met le feu à la plaine est vraiment infime.

□

Or la plaine est sèche et, pour le vérifier, il suffit d'observer les étudiants. Par la faute de Michel Debré, leurs revendications catégorielles et la question algérienne se recouvrent étroitement. Une instruction du 11 août 1959, en effet, a menacé de résiliation douze mille sursitaires. Mesures qui, écrit Jean Planchais dans *Le Monde*, « prennent l'allure d'une rafle de ces intellectuels à l'égard desquels les militaires nourrissent une méfiance traditionnelle [6] ». Le mercredi 16 et le jeudi 17 mars 1960, la grève décrétée par l'U.N.E.F. est largement suivie, en dépit d'incidents provoqués par l'extrême droite aux portes de la Faculté de médecine. Le pouvoir recule, mais un peu tard. Une double maturation s'est opérée. Maturation politique : le temps des généralités humanitaires n'est plus. Maturation organisationnelle : les syndicalistes étudiants s'aperçoivent qu'ils sont pratiquement la seule pièce mobile sur un échiquier gelé. C'est beaucoup plus qu'une péripétie. Dorénavant, la jeunesse scolarisée constitue une force, pas seulement par le nombre, pas seulement parce que déferlent les vagues du « boom démographique » consécutif à la Libération, mais parce que la société française subit en son tréfonds un bouleversement irréversible. Parce que le terme « petite bourgeoisie » change de sens et de poids. Ceux qui ne voient dans ces contestataires que des fils à papa désireux de préserver leur planque sont des sourds ou des démagogues. Ceux qui se contentent de philosopher sur le conflit des générations ont cinquante ans de retard.

Le 11 avril s'ouvre à Lyon le 49e congrès de l'U.N.E.F. Après des jours et surtout des nuits de controverses homériques, il porte à la présidence un étudiant de la Sorbonne, représentant de la F.G.E.L. [7], Pierre Gaudez. Le critère de ce choix ? L'Algérie. Naturellement, on a parlé de laïcité, d'examens, de problèmes corporatifs — comme il convient. Mais les affrontements se sont polarisés sur deux points. D'abord, l'opportunité de publier une brochure

6. *Le Monde*, 13-14 septembre 1959.

7. Fédération générale des étudiants en lettres, massivement à gauche hormis le secteur langues (anglais, espagnol).

commandée lors du précédent congrès, à Grenoble, et rédigée par Charles Josselin. Elle s'intitule : *Le Syndicalisme étudiant et le problème algérien* et retrace les incidences de la guerre sur la jeunesse universitaire de 1955 à 1960. Et elle va plus loin : elle établit la liste des étudiants maghrébins arrêtés ou « disparus » ; elle révèle, chiffres à l'appui, l'ampleur de la sous-scolarisation sur le territoire algérien. Bref, elle accentue la pente de ce glissement qualitatif qui conduit de la dénonciation des tortures à la reconnaissance du droit des colonisés à opter pour leur indépendance. La publication est finalement décidée. Elle restera cependant restreinte[8].

L'autre point, crucial, a été soulevé par Gaudez un mois et demi plus tôt. Le 21 février, qui est traditionnellement une journée anticolonialiste, la F.G.E.L. a suggéré que des relations soient officiellement renouées entre l'U.N.E.F. et l'U.G.E.M.A.[9]. Un scandale, une provocation ! L'U.G.E.M.A., interdite depuis le 28 janvier 1958, a transféré son siège en Suisse. Nul n'ignore qu'elle s'est progressivement rapprochée du F.L.N., jusqu'à en apparaître comme la branche universitaire. La classe politique, gauche incluse, accueille fraîchement ce projet téméraire. Quand, par exemple, Pierre Gaudez consulte Mendès France à titre amical, il obtient cette réponse : « Si j'étais président du Conseil, je serais obligé de vous inculper pour collusion avec l'ennemi[10]. » Pourtant, par 73 % des mandats, le congrès de Lyon confirme cette initiative. La motion de clôture ne biaise pas : « Les étudiants de France expriment leur volonté de prendre toutes les mesures susceptibles de favoriser la réconciliation des étudiants français et des étudiants algériens, préfigurant ainsi une réconciliation de la France avec la nation algérienne, quel que soit le statut politique que celle-ci choisira, et une cohabitation pacifique des communautés... »

Ce texte viole bien des tabous. Mais un mot demeure proscrit : « F.L.N. » La droite du syndicat, cela va de soi, ne le supporterait pas. Mais l'U.E.C.[11] n'est pas chaude non plus et tire la direction en arrière, sur des thèmes plus défensifs, au nom de l'unité de l'organisation. Enfin, la F.E.N.[12], premier interlocuteur et partenaire, a conservé de vives et anciennes attaches messalistes. On comprend alors pourquoi le problème de rétablir les liens brisés avec l'U.G.E.M.A. revêt une telle importance : il s'agit de recontacter les étudiants algériens ; il s'agit surtout de privilégier implicitement le F.L.N. Et c'est là-dessus que s'effectue la désignation de Gaudez. Il nous le raconte lui-même : « Je conserve un horrible souvenir de

8. Nous utilisons largement, dans les pages qui suivent, cette brochure aussi introuvable qu'irremplaçable.

9. Union générale des étudiants musulmans algériens.

10. Entretien avec Pierre Gaudez. Octobre 1978.

11. Union des étudiants communistes.

12. Fédération de l'Éducation nationale.

cette nuit entière de discussions au cours de laquelle les délégués " minoritaires[13] " ont balancé entre Jean-Marie Dupont, président de l'A.G.[14] de Lille – une grosse A.G., très gestionnaire –, et moi. Le choix s'est porté sur moi pour des raisons politiques, à cause de ma proposition concernant l'U.G.E.M.A. »

Tout va très vite et depuis février le climat s'est sensiblement modifié. La presse de gauche salue favorablement les résolutions du congrès de Lyon. Morvan Lebesque, qui n'est pas un jusqu'au-boutiste, s'enflamme : « Ils n'ont pas seulement lutté pour leurs indispensables sursis (non pas un privilège, affirment-ils si justement, mais un droit !). Ils ont lancé un appel fraternel aux Arabes de leur âge et de leur condition. " Étudiants de tous les pays... " Ah ! si cet appel pouvait devenir réalité ! Si le sérieux de ces jeunes hommes pouvait enfin vaincre l'infantilisme des bonzes[15] ! » Dans les appareils eux-mêmes, l'impact n'est pas nul. Le conseil national de la S.F.I.O., qui se réunit parallèlement, est agité. Guy Mollet, en difficulté, est contraint de raidir son discours à l'égard du général de Gaulle. A l'U.E.C., les deux « têtes » du mouvement, Serge Depaquit et Philippe Robrieux, désapprouvent sagement l' « extrémisme » de Gaudez. Ils craignent que les syndicalistes de l'U.N.E.F. ne soient assimilés aux complices de Francis Jeanson. Mais ils ont la surprise, lors d'un entretien avec Laurent Casanova, de voir ce dernier contester leur sagesse : « C'est une position courageuse. Et qu'on ne me dise pas qu'elle entame la " grandeur nationale ". L'intérêt national, cela existe, mais la " grandeur nationale ", ce n'est pas une formule marxiste. » Autant pour Thorez. Et « Casa » aggrave délibérément son propos : « Moi, si j'étais jeune, j'aurais envie de porter les valises du F.L.N.[16] »

L'histoire des relations entre l'U.N.E.F. et les étudiants algériens coïncide avec celle du combat mené par l'aile gauche du syndicat étudiant. Elle n'est auparavant qu'une amicale corporatiste dont l'apolitisme déclaré camoufle ce qu'il camoufle toujours. C'est Robert Chapuis, vice-président chargé de la commission Outre-Mer, qui allume la mèche quand il apporte chaleureusement l'encouragement de l'U.N.E.F. au congrès constitutif de l'U.G.E.M.A., Palais de la Mutualité, le 9 juillet 1955. Six mois plus tard, à Montpellier, un millier de manifestants emmenés par le président d'honneur de l'A.G.E.M.[17], Jean-Marc Mousseron, empêchent les militants de l'U.G.E.M.A. de se réunir à la Bourse du Travail. Des coups sont

13. En fait, majoritaires. Mais l'ancienne terminologie des « majos » et des « minos » s'est perpétuée.

14. Association générale.

15. « Vivent les étudiants ! », *Le Canard Enchaîné*, 13 avril 1960.

16. Rapporté aux auteurs par Philippe Robrieux dont on lira, sur cette période, *Notre génération communiste* (Robert Laffont).

17. Association générale des étudiants de Montpellier.

échangés. Ce n'est qu'un début. Les étudiants algériens, au mois de mars 1956, réclament l'indépendance de leur pays. A Alger, la guerre pénètre dans les amphithéâtres. L'U.N.E.F. pied-noir déclenche une grève, le 4 mai, pour protester contre un décret facilitant l'accession des musulmans à la fonction publique. Les étudiants arabes débrayent le 19 et la section locale de l'U.G.E.M.A. lance un appel mémorable : « ... La fausse quiétude dans laquelle nous sommes installés ne satisfait plus nos consciences... Nous observerons tous la grève immédiate des cours et des examens pour une durée illimitée. Il faut déserter les bancs de l'université pour le maquis. Il faut rejoindre en masse l'armée de libération nationale et son organisme politique, le F.L.N. »

C'est l'émeute. C'est l'escalade. Pas seulement verbale, comme en témoigne ce tract d'un groupe de « défense », le Comité des étudiants français d'Algérie : « Bande de salopards, vous croyez que nous allons vous laisser agir sans réagir ? Bientôt vous allez avoir de nos nouvelles, car il reste un certain nombre d'étudiants français écœurés, qui sont prêts à vous rendre moins fiers, bande d'assassins. Des ordures comme vous, bande de bicots et de ratons puants, ne devraient pas avoir le droit de coller leurs fesses vérolées sur les bancs de notre université. A bientôt, fellaghas, et préparez-vous à faire connaissance avec le contre-terrorisme. Quand quelques-uns se seront fait buter, vous serez moins fiers sur les pavés du Quartier latin où les vrais Français ont marre de vous voir[18]. »

L'U.N.E.F. métropolitaine s'efforce de tenir la balance entre Alger et l'U.G.E.M.A. Mission impossible : rompre ou ne pas rompre avec l'organisation algérienne occupe désormais le centre des débats. La Fédération des étudiants de Paris se prononce pour la cassure, l'Union des grandes écoles contre. Le 3 juin 1956, le conseil d'administration vote la cessation des relations par 45 voix contre 36. Mais trente jours après, la situation se renverse : par une voix de majorité, François Borella, de Nancy, opposant particulièrement tenace, impose l'adoption de son texte « minoritaire ». Un nouveau bureau est élu, présidé par un jéciste, comme Borella : Michel de La Fournière.

Il essaie de sauver les meubles. Le 5 juillet, l'U.N.E.F. et l'U.G.E.M.A. publient un communiqué commun. Elles « s'engagent à veiller sur le plan universitaire à ce que toute violence, toute attitude contraire à l'instauration de rapports amicaux et fraternels soient bannis chez les étudiants ». Mais ce n'est plus qu'un vœu pieux, si manifeste soit, au sommet, la bonne volonté des uns et des autres. L'A.G. algéroise exige que l'U.G.E.M.A. désavoue sa section locale et condamne l'appel à rejoindre le maquis. Elle accorde

18. Ce tract de l'été 1956 émane, en milieu étudiant, d'un « groupe de défense contre la pègre nord-africaine ».

quinze jours à ses adversaires. De La Fournière et Paris-lettres s'interposent : remplaçons ces deux semaines par une formule plus évasive ! Les étudiants algérois répliquent que, dans ces conditions, ils sont acculés à la sécession. La mort dans l'âme, le président de l'U.N.E.F. écrit à Belaouane, son homologue de l'U.G.E.M.A. Lequel exécute, lui aussi, son mandat : « Le combat pour la libération nationale, répond-il, revêt pour chaque Algérien le caractère d'un impératif catégorique et il ne peut venir à l'esprit d'aucun d'entre nous de s'en écarter. »

L'engrenage, dent après dent, broie les ouvertures politiques et les élans du cœur. A l'automne, participant à la Conférence internationale des étudiants, à Colombo, l'U.N.E.F. s'oppose à la reconnaissance de l'U.G.E.M.A. comme union nationale (au moment même où elle appuie sans réserve la lutte des étudiants hongrois). Le comité directeur de l'U.G.E.M.A., le 10 décembre, demande aux syndicalistes français de condamner la politique de leur pays et d'admettre le bien-fondé de l'aspiration nationale algérienne. Sous peine de rupture.

Le 29 décembre, de La Fournière repousse cette demande. Il écrit à Belaouane : « Pourquoi avons-nous gardé le silence sur le problème algérien alors que les mêmes principes, affirmés ici, semblaient s'appliquer là ? Si les étudiants français étaient convaincus sur le problème hongrois, ils sont au contraire gravement divisés sur le problème algérien qui les touche de beaucoup plus près. Les uns condamnent la politique française en Algérie, d'autres l'approuvent. Vous devez alors comprendre que sur des problèmes aussi graves, il est difficile à une Union nationale comme la nôtre de prendre position à moins d'une très forte majorité dans un sens ou dans l'autre... Pour nous, l'unité de notre mouvement est un impératif dont nous avons tenu compte. » Tout est consommé. Le communiqué de rupture paraît le 2 janvier 1957. L'U.N.E.F.n'a pas seulement perdu le contact avec sa partenaire algérienne. Toutes les associations d'étudiants d'Outre-Mer se sont solidarisées avec l'U.G.E.M.A.

Ce regard rétrospectif était nécessaire pour évaluer le chemin parcouru et les 73 % de mandats octroyés à Pierre Gaudez. Nécessaire aussi pour percevoir ce que connote, dans la mémoire de l'organisation, la question des rapports avec l'U.G.E.M.A. C'est par là que la minorité est devenue majoritaire. C'est par là qu'à Pâques 1960 triomphe la gauche du syndicat. Qui sont les artisans de cette victoire ? Peu de socialistes. Peu de communistes : le P.C. ne s'intéresse que tardivement aux étudiants, à la fois par ouvriérisme sommaire et par ankylose idéologique. Ce sont généralement des chrétiens « progressistes » qui mènent le bal, enfants d'Emmanuel Mounier et de Bakounine plutôt que de Lénine et de Marx, sans complexes à l'égard d'un P.C. qu'ils jugent simultanément trop raide et trop mou. C'est Robert Chapuis, c'est Michel de La Fournière, c'est Jacques Julliard, c'est François Borella (ces deux derniers réussissent la performance d'organiser, en pleine bataille de l'été 1956, une « Conférence nationale étudiante pour la solution du problème algérien », avec – à Paris ! – un représentant plus qu'officieux du F.L.N.). La plupart d'entre eux ont été formés à l'école de l'Action catholique dont ils ont intensément vécu (ou animé) les crises à répétition : crise de l'A.C.J.F.[19] « crossée » à l'automne 1956 pour sympathie intempestive à la cause des « rebelles » et qui disparaît après la démission de son président et de son secrétaire ; première crise de la J.E.C.[20] en mai 1957, coupable de solidarité envers l'U.G.E.M.A. ; crise de « La Route » dans la même période, à qui le Commissariat national du scoutisme interdit de diffuser les lettres d'un ancien responsable sous les drapeaux, mort en 1956, Jean Muller[21]. Une rude traversée !

C'est cette équipe qui, au 46e congrès de l'U.N.E.F., en avril 1957, confirme le virage à gauche malgré la fronde de 17 A.G. « apolitiques » et le déchaînement de la presse complaisante (dont *Paris-Presse* livre la quintessence, à propos de François Borella : « Ancien militant de la J.E.C., il a été le correspondant à Paris d'Ahmed Taleb, adjoint de Salah Louanchi, le grand patron du F.L.N. en France, qui l'a félicité pour ses interventions à l'U.N.E.F. en faveur de l'indépendance algérienne. Ahmed Taleb est aujourd'hui en prison... »). Sur cette même lancée, à la veille du 13 mai 1958, les étudiants de France approuvent « la légitime revendication des étudiants d'Outre-Mer de voir leurs peuples s'administrer eux-mêmes et gérer démocratiquement leurs propres affaires[22] ». Le thème de l'indépendance se profile à l'horizon.

Pierre Gaudez est l'héritier et le bénéficiaire de cette longue marche. Mais quel rapport avec « Jeune Résistance » ou avec le réseau Jeanson ? Institutionnellement, aucun (bien qu'une rencontre ait lieu à Bruxelles entre représentants de l'U.N.E.F. et de J.R.). Le syndicat des étudiants est une organisation de masse qu'il faut préserver de la marginalisation et de l'éclatement. Pourtant Gaudez, de son propre aveu, est talonné, à l'intérieur et à l'extérieur, par une quantité de porteurs de valises et d'insoumis en puissance : « A peine installé rue Soufflot[23], le problème numéro un que j'ai dû affronter a été l'insoumission – surtout dans le milieu chrétien qui fournissait alors le gros des troupes militantes. Ce fut un véritable défilé, pathétique, de camarades qui me disaient : les formes d'action sont insuffisantes, je refuse le service militaire ; voire : j'ai

19. Action catholique de la jeunesse française.
20. Jeunesse étudiante chrétienne.
21. Cf. Robert Chapuis, *Les chrétiens et le socialisme*, Calmann-Lévy, 1976.
22. Motion n° 16 du 47e congrès, à Marseille.
23. Siège parisien de l'U.N.E.F.

décidé de passer à l'aide directe au F.L.N. Et ils me questionnaient : nous sommes bons pour la taule, qu'allez-vous faire ? Boigontier, ex-président de l'A.G. de Nancy, est sorti du bureau en pleurant : il avait renvoyé sa feuille de route et partait, seul, pour l'exil ou la prison. » Une véritable « course de vitesse » (l'expression est du président de l'U.N.E.F.) s'engage entre partisans de l'action légale et militants qui ont franchi le seuil de l'illégalité. Les premiers vont être condamnés par les seconds à l'imagination.

Entre les uns et les autres, la démarcation est si perméable que la pré-négociation avec l'U.G.E.M.A. est confiée à Gilbert Barbier, vice-président de l'U.N.E.F., lie à « Jeune Résistance », qui " s'insoumettra " quand son tour viendra de combattre en Algérie. Grâce au truchement d'étudiants suisses, le fil est renoué. Le 6 juin, les deux délégations se retrouvent à Lausanne. Pierre Gaudez : « Les Algériens avaient préparé un texte qui, naturellement, jetait le bouchon très loin. Ils voulaient que nous nous prononcions en faveur de la lutte armée du peuple et que nous reconnaissions le F.L.N. pour unique interlocuteur. Nous avons discuté mot à mot et, le vin blanc aidant, nous avons abouti à une mouture qui n'était pas trop timorée. Rentrant de Suisse, j'ai communiqué le document à notre avocat, Me Sarda, à Mendès France, et à Jean-Jacques Servan-Schreiber (qui, machinalement, a entrepris de le réécrire !). *L'Express, France-Observateur, Témoignage Chrétien* l'ont longuement commenté. Peu de réactions à droite, en revanche : nous étions d'ores et déjà considérés comme des déserteurs potentiels. »

Le communiqué insiste sur trois points : 1. « La guerre, parce qu'anachronique, est d'autant plus absurde et cruelle » ; 2. « Ce n'est que dans la mesure où le gouvernement français accepte d'entrer en pourparlers avec le F.L.N. pour discuter des garanties et des modalités d'application de l'autodétermination... qu'un cessez-le-feu pourra intervenir » ; 3. « L'avenir de l'Algérie appartient au peuple algérien. » Voilà qui n'est, effectivement, « pas trop timoré... » Deux jours auparavant, cinquante-trois organisations de jeunesse, de l'U.N.E.F. à la J.O.C.[24], de « Tourisme et travail » aux Scouts et guides de France, ont diffusé un commun message de paix. Jacques Fauvet, sous le titre « Le réveil », est fondé à metttre en garde le gouvernement : « Pour la première fois, ils (*les mouvements de jeunesse*) lancent ensemble un cri d'alarme. S'il veut prévoir, et non seulement réprimer, le pouvoir serait avisé de l'écouter[25]. »

24. Jeunesse ouvrière chrétienne.
25. *Le Monde*, 4 juin 1960.

Jeanson et les siens lancent un défi à l'Institution et à la Légalité, avec majuscules. Or ce défi, on s'en aperçoit après les arrestations, n'est pas une bravade solitaire, un germe sans terreau. Qui est susceptible, à gauche, de le relever ? Ce n'est pas le Parti communiste dont le secrétaire général refrène les ruades. Il en est, certes, et au plus haut niveau, qui tâchent de desserrer le carcan. Marcel Servin, en février, tente dans *France-Nouvelle* une ouverture sur la question algérienne et réitère dans *L'Humanité* au mois d'avril[26]. Aragon vante les mérites du très khrouchtchévien *Ingénieur Bakhirev*. Mais les verrous fonctionnent, quitte à grincer un peu. On célèbre, le 27 avril, les 60 ans de « Maurice » au Palais des Sports. Et devant le Comité central, le 23 mai, Thorez attaque nommément les camarades Pronteau et Kriegel-Valrimont (qui perd la direction de *France-Nouvelle*). C'est l'inauguration d'une bataille qui éclora en 1961 et secouera violemment l'U.E.C. Pour l'instant, elle n'est guère, hors du sérail, perceptible.

La donnée nouvelle, dans un paysage par ailleurs pétrifié, c'est la fondation du P.S.U. le 3 avril, à Issy-les-Moulineaux. Une cérémonie, un meeting, sans plus. Sous la présidence de Laurent Schwartz, porte-parole du comité Maurice Audin, Jean Poperen, au nom de *Tribune du communisme*, Gilles Martinet, au nom de l'U.G.S.[27], et Édouard Depreux, au nom du P.S.A.[28], prononcent tour à tour une allocution. Puis Claude Bourdet donne lecture d'un « appel aux travailleurs ». Cette confluence vient de sources lointaines. L'U.G.S., née en décembre 1957, est elle-même issue de la fusion de la « Nouvelle gauche » (1955) et du Mouvement de libération du peuple (1950), d'origine ouvrière et chrétienne. Le P.S.A., lui, résulte d'une scission de la S.F.I.O. intervenue le 13 septembre 1958 lors du 50e congrès — scission provoquée par des hommes comme Depreux, Verdier, Savary, Mayer, Mazier, Philip, Rous, etc., en désaccord avec la politique coloniale de la « vieille maison ». Enfin *Tribune du communisme* rassemble autour de Jean Poperen, depuis l'été 1958, un petit groupe de dissidents du P.C.[29].

Des communistes plus des sociaux-démocrates plus des personnalistes plus des révolutionnaires hors cadre... Des technocrates

26. *L'Humanité*, 16 avril 1960.
27. Union de la gauche socialiste.
28. Parti socialiste autonome.
29. Sur la naissance du P.S.U., on se reportera aux souvenirs d'Édouard Depreux et à l'étude de Roland Cayrol dans *Le P.S.U. et l'avenir socialiste de la France*, Éditions du Seuil, 1969.

plus des « basistes » plus des théoriciens de la nouvelle classe ouvrière plus (ce que l'on nommerait aujourd'hui) des hommes de terrain... Des vétérans plus des bleus... Des staliniens las de leur Église plus des trotskistes las de leur chapelle... Des anciens ministres plus des francs-tireurs congénitaux... Plus Pierre Mendès France qui a rallié le P.S.A. en octobre 1959. Les quinze mille adhérents du P.S.U. forment un extraordinaire vivier où se croisent les espèces les plus variées et les plus rares. Ils ont en commun « la perspective de ceux qui ont cessé de croire au thorézisme ou au molletisme, mais veulent continuer la lutte pour le socialisme », selon une formule d'Olivier Revault d'Allones[30]. Ils ont encore en commun un rejet farouche, viscéral, de la guerre poursuivie sur le sol algérien, et du régime qui la mène. De reste, le consensus qui les unit tiendra jusqu'à la fin de l'année 1962, jusqu'au terme de l'aventure coloniale. Ensuite éclateront les divergences : sur l'essence du gaullisme (« pouvoir personnel » ou restructuration du dispositif capitaliste ?), sur les modalités du changement social (réforme ou révolution : vrai ou faux débat ?), sur l'essor des couches moyennes (valoriser la nouvelle petite bourgeoisie, est-ce trahir la classe ouvrière ?)...

Le P.S.U. est le parti de la quadrature du cercle. Il cherche à se tailler une place entre les deux grands de la gauche, sans pour autant prôner quelque « troisième voie ». Il se veut l'outil d'un « aggiornamento » du mouvement ouvrier dont il prétend devenir une composante originale et non la mauvaise conscience. Les uns ont en tête la régénération d'une social-démocratie dévoyée, les autres la construction « du » parti révolutionnaire. La plupart s'accommodent volontiers de ce flou, écœurés qu'ils sont du décalage entre la rigueur des doctrines et la force des choses qui sévit ailleurs. Le caractère inachevé, hétéroclite, bricolé du P.S.U. est précisément ce qui les séduit : voici un lieu ouvert, sans cadavres dans les placards, où la seule forme d'inquisition maniaque porte sur l'exemplarité du fonctionnement interne. Bref, le nouveau parti apparaît comme un espace de conciliation (entre marxistes et chrétiens, entre socialistes et communistes, etc.), un atelier de réparation, une structure qui mise sur son avenir plutôt que sur des acquis thésaurisés.

Comme l'U.N.E.F. de Pierre Gaudez, le P.S.U. naissant est talonné par les porteurs de valises et par les déserteurs. Dès sa première réunion, en mai, le Comité politique national inscrit l'insoumission à son ordre du jour. Nécessité oblige. Les troupes fraîches du parti se recrutent dans les milieux les plus sensibles à l'exemple de Jeanson et de Maurienne. Le réseau lui-même comprend nombre de maillons qui le lient à l'ex-U.G.S. (Jean-Claude Paupert, de sa

30. *La Tribune du communisme*, décembre 1959.

prison, proclame son appartenance au P.S.U. et embarrasse ses dirigeants). Christiane Philip, l'agent numéro un de Jeanson, possède la même carte que son père. Les noms de Pierre Hespel ou de Jean-Jacques Porchez, militants notoires du parti, seront bientôt notoirement associés, par la police, au sigle J.R. Pour Gilles Martinet, véritable chef politique de l'organisation, l'équivoque doit être d'autant plus vite levée qu'il y a bien matière à équivoque.

Les délégués des fédérations sont divisés. Une minorité souhaite que les appelés en rupture de ban bénéficient du support logistique du parti. La majorité se prononce « pour la résistance antifasciste au sein de l'armée et contre l'insoumission individuelle aboutissant à l'expatriation ». Cela posé, le Comité considère qu'aucune forme de lutte n'est à condamner, mais que certaines sont à soutenir et d'autres à décourager. Une objection, cependant, fait mouche : si l'on est en présence, non d'un agrégat de décisions solitaires, mais d'un refus collectif de participer à des opérations de répression ou de quitter la Métropole, le soutien du P.S.U. ne doit-il pas s'affirmer ? Les raisons qui l'incitent à repousser l'insoumission individuelle ne tombent-elles pas d'elles-mêmes ? L'argument est convaincant. Il convainc. Toutefois, un supplément d'enquête est réclamé. Rendez-vous est pris pour le mois d'octobre. Entre-temps, la controverse va mûrir. Paradoxalement, les clivages qu'elle provoquera à l'intérieur du parti seront autant un ciment qu'une lézarde dans la mesure où ils traverseront chaque courant (à l'exception du P.S.A. où l'on a « le sens de l'État » pour vertu cardinale)[31].

Rendez-vous à l'automne, cela signifie que l'aile la plus inventive de la gauche légale se donne six mois pour renverser le courant, pour ôter leur séduction aux « solutions du désespoir ». Or à eux seuls, sans relais social puissant, le syndicalisme étudiant et les quinze mille membres du P.S.U. ne sont pas de taille. Ils ont trouvé un point d'appui et un levier. Manque la force déterminante. Cette force, elle existe : c'est la C.F.T.C.[32], à condition que cette dernière précipite l'évolution — au sens quasi transformiste du terme — qu'elle connaît depuis quelques années, et assume le risque d'une politique unitaire à l'égard de la C.G.T. L'accélération est en cours. Grâce à l'équipe regroupée autour des cahiers *Reconstruction*, fondés au lendemain de la Libération, le rejet de toute soumission à la démocratie-chrétienne, le projet d'une déconfessionnalisation du syndicat, le choix d'une insertion combative dans la lutte des classes, pénètrent progressivement la centrale. L'année précédente, à son congrès, il a été question de « planification démocratique ». L'année suivante, Eugène Descamps (métallurgie) sera porté au

31. A titre individuel, un certain nombre de personnalités anticolonialistes, comme Jérôme Lindon, s'éloigneront alors du P.S.U.
32. Confédération française des travailleurs chrétiens.

secrétariat général. A la pointe de ce processus, deux secteurs : le S.G.E.N.[33] dont le responsable national, Paul Vignaux, est aussi l'animateur de *Reconstruction* ; et la fédération de la chimie (avec, notamment, Edmond Maire) dont la fonction motrice révèle l'importance croissante des couches « techniciennes ».

Leur hostilité au régime gaulliste est fermement assise. Des ponts ont été jetés en direction des étudiants depuis qu'en 1958, Paul Vignaux a intégré Jacques Julliard au comité de rédaction de *Reconstruction*. Le P.S.U., enfin, est au niveau politique leur interlocuteur privilégié.

Les éléments d'une offensive de vaste envergure contre la guerre d'Algérie, contre le péril factieux, et contre le régime gaulliste sont ainsi peu à peu réunis. Jeanson, dans cette entreprise, accomplit un travail de harcèlement, dans un rapport dialectique avec les gros bataillons. Selon une expression qui ne fleurira qu'à l'occasion d'un autre printemps, c'est lui « le détonateur ».

33. Syndicat général de l'Éducation nationale.

Chapitre 15

NOTRE GUERRE ET LA LEUR

« D'ICI quelques mois, je vous en fais le pari, le peuple français pourra de nouveau regarder le soleil en face. » Francis Jeanson a le moral lorsqu'il réplique ainsi, d'une plume particulièrement mordante, à la sévère condamnation *ex cathedra* que Jean-Marie Domenach lui a infligée dans *Esprit* [1]. Tout clandestin qu'il est, le chef du réseau est convenablement informé. Il sait, il voit que l'hibernation de la gauche n'est pas irrémédiable. Raison de plus pour foncer, pour continuer à jouer les trouble-fête : « Quant à nous, explique-t-il dans la même lettre, la paix que nous voulons, c'est bien une paix entre le peuple français et le peuple algérien. Mais nous pensons qu'une telle paix ne deviendra possible que du jour où le peuple français voudra non plus *avoir* la paix mais *faire* la paix avec le peuple algérien, c'est-à-dire où il reconnaîtra le peuple algérien comme un peuple libre, qui a mérité sa liberté en se dressant tout entier pour l'obtenir. »

Quels sont les moyens politiques de la paix ? Voilà la question qui, jusqu'à l'été, agite cercles et clans. Question gigogne qui s'étire en interrogations multiples restées sans réponse ou tout simplement refoulées. Que faut-il attendre du régime gaulliste ? N'est-il que l'antichambre du fascisme (le mot court sur toutes les lèvres) ou bien est-il susceptible de négocier réellement ? Que faut-il attendre de la gauche ? Son réveil tardif annonce-t-il la mort des vieilles lunes ou bien va-t-elle cultiver cette « misérable prudence » que dénonçait Claude Bourdet ? Que faut-il attendre du nationalisme algérien ? Sa victoire revêtirait-elle une portée révolutionnaire capable de rendre son ressort à l'opposition française ou bien évolue-t-il dans un monde déjà autre ?

1. *Esprit*, avril 1960. Domenach avance le même jugement dans *L'Express*, 24 mars 1960.

La fonction provocatrice des porteurs de valises et des insoumis est assez fidèlement (et fort habilement) évoquée par Françoise Giroud : « Selon M. Jeanson – et si je l'ai bien compris – la colonisation doit être attaquée et combattue partout et par tous les moyens, comme l'une des plaies majeures, parce qu'aucun homme ne peut être libre si tous ne le sont pas. L'objectif premier est donc non pas de hâter la fin de la guerre, mais l'indépendance totale de l'Algérie. Plus le F.L.N. sera fort, moins il sera tenté d'accepter toute formule intermédiaire qui ferait office d'opération de retardement dans un processus qu'il convient au contraire d'accélérer. M. Jeanson n'est pas un enfant. Il a prouvé qu'il était assez sûr d'emprunter le bon chemin pour s'y engager tout entier. Il a eu du courage. Il est respectable. Si on le croit sans le suivre dans l'action, s'accordant à la fois le confort intellectuel et la tranquillité matérielle, on n'est pas respectable. Et si on ne le croit pas, il faut le dire. Je le dis. » Quant aux déserteurs, Françoise Giroud manifeste envers eux la même désapprobation et la même compréhension : « Horrible guerre qui a pu conduire ne fût-ce qu'un garçon de 20 ans à se suicider moralement pour ne pas tuer physiquement. Horrible guerre, celle qui conduit tant de garçons de 20 ans à trahir leur foi et leur idéal, s'ils ne veulent pas trahir leur collectivité [2]. » Jeanson est sensible, lui qui aime être aimé, à ce que l'article recèle d'intelligente sympathie. Il est également satisfait qu'on lui impute un raisonnement politique et non une inclination affective.

Pourtant, répond-il à l'éditorialiste de *L'Express*, si les prémisses sont correctes, la conclusion s'esquive : « Vous n'êtes vous-même nulle part, mais vous vous offrez néanmoins le luxe de stigmatiser l'attitude de ceux qui, tout en me donnant raison, ne me suivent pas – ce qui n'est après tout, me semble-t-il, qu'une autre façon de n'être nulle part. » Et il conclut par ce constat que ne renierait aucun héros sartrien : « Que nous le voulions ou non, nous sommes déjà dans la trahison. Nous y sommes jusqu'au cou, dans la mesure même où notre situation est contradictoire. Pour l'immédiat, il ne dépend pas de nous qu'elle cesse de l'être, et nul n'a le pouvoir de supprimer l'un des deux termes : si proche que je sois des Algériens, il est bien évident que je ne cesse pas d'être français [3]. »

Le « papier » de Françoise Giroud marque un progrès considérable. Sans doute, l'activité du réseau est-elle blâmée. Mais les idées circulent. Pour les codifier sans risque de dérapage, l'éditorial du quinzième numéro de *Vérités Pour* développe un grand thème directeur : il existe une solidarité politique de fait entre les Algériens qui combattent pour leur indépendance et les Français qui lut-

2. *L'Express*, 10 mars 1960.
3. Lettre inédite.

tent contre le fascisme. « Souhaiter d'une part la négociation et la paix en Algérie, vouloir d'autre part s'opposer au fascisme en France, et refuser en même temps d'apercevoir et de proclamer qu'il s'agit d'un seul et même combat – récuser au nom de la " rigueur " politique l'aide pratique que certains Français apportent aux Algériens –, c'est faire preuve d'une étonnante myopie : car l'écrasement du F.L.N. ne saurait, de toute évidence, que signifier la déroute de la gauche française. » En ce sens, l'insoumission et la désertion sont doublement efficaces : affaiblissant l'armée française, elles hâtent la venue de la seule paix concevable, c'est-à-dire consacrant l'indépendance algérienne sous la direction du F.L.N. ; et elles contribuent, à l'intérieur, au décapage de la rouille accumulée.

Cette thèse, on l'imagine sans peine, est mal reçue. Mal reçue par les communistes – Étienne Fajon est catégorique : « Résolument opposé à la guerre injuste d'Algérie, notre parti, qui comprend le drame de conscience de chaque jeune, n'a jamais considéré la désertion comme un moyen d'action susceptible de mettre un terme au conflit. Il est toujours demeuré fidèle, au contraire, au principe éprouvé défini par Lénine : le soldat communiste part à toute guerre, même si elle est réactionnaire, pour y poursuivre la lutte [4]. » Mal reçue par les plus ouverts des gaullistes – François Mauriac, dans son bloc-notes, épingle durement Jeanson qui, écrit-il, déraisonne plus qu'il ne trahit : « Servir chez l'adversaire une passion nationaliste qui, chez nous, lui fait horreur, m'apparaît de toutes les folies du monde, la plus folle [5]. »

Mais les communistes et les gaullistes représentent l'élément stable en ce printemps mouvant, deux forces raides et immobiles que viennent battre ou contournent les courants nouveaux. La polémique se déroule ailleurs, à l'écart des institutions politiques dominantes, par le truchement de la presse libre (dont *Le Monde* est le pharc ct *Libération* le fanal), des hebdomadaires d'opinion, et des revues. L'intelligentsia de gauche se dépense, adore et brûle, produit. Pour le coup, elle fait son métier.

L'opinion la plus hostile à Jeanson s'exprime sous la signature de Maurice Duverger. Le titre ne prête pas à confusion : « Les deux trahisons ». Celle des porteurs de valises et celle des émeutiers d'Alger. « La guerre d'Algérie, affirme le professeur Duverger, n'est pas une guerre injuste au sens des moralistes, qui oblige à choisir entre les devoirs du citoyen et ceux de l'homme. Certes, les Français se sont installés là-bas par la conquête, il y a cent trente ans ; mais les Arabes aussi, quelques siècles auparavant. S'il y a prescription pour eux, pour nous aussi... Qu'on y prenne bien garde à l'extrême

4. *L'Humanité*, 27 avril 1960. Thorez a déjà utilisé cette citation en 1959.
5. *L'Express*, 28 avril 1960 (la note de Mauriac est datée du 22).

droite comme à l'extrême gauche : il y a deux limites à ne pas franchir, si l'on veut demeurer dans la communauté française. Aider ou approuver Francis Jeanson et ses amis, c'est un crime. Mais c'est un crime de même nature qu'aider ou approuver les entreprises de ceux qui essaient de transformer l'armée en garde prétorienne [6]. » « De même nature » : cet amalgame entre extrêmes provoque dans presque toute la gauche – P.C. compris – une suffocation indignée. Robert Davezies, Gérard Spitzer (de sa prison), Maurice Maschino, Jérôme Lindon, Pierre Vidal-Naquet protestent auprès d'Hubert Beuve-Méry.

Mais sur le fond, il n'est guère douteux que Maurice Duverger traduit le sentiment de la direction du *Monde*. Le quotidien de la rue des Italiens irrite le général de Gaulle jusqu'à l'exaspération. Il n'hésite pas à propager, parfois audacieusement, toute information solide concernant les droits de l'homme et la torture. Les militants des divers comités sont assurés d'un accueil chaleureux, notamment auprès d'hommes tels que Pierre Viansson-Ponté ou Robert Gauthier. En revanche, sur le terrain institutionnel, la prudence est de rigueur et l'on renvoie dos à dos tous ceux que l'illégalité séduit. Jacques Fauvet, par exemple, avant l' « ultimatum » de Duverger, recourt à un balancement semblable : « Ces deux crimes, la désertion et la torture, sont les sous-produits d'une guerre qui n'en est pas une [7]. » De sa cellule, Gérard Meier riposte et demande à Roland Dumas de transmettre sa lettre. *Le Monde* ne la publie pas parce qu'elle comporte, répond Jacques Fauvet à l'avocat, « une apologie de la désertion qu'il nous est difficile de faire paraître, non que nous craignions d'être inquiétés, mais parce que nous nous inquiétons nous-mêmes de la limite qui ne peut être franchie par les jeunes qui nous lisent [8] ». Maurice Duverger, manifestement, n'émet pas un avis isolé.

A l'opposé, Jeanson trouve dans sa « famille », aux *Temps Modernes*, un appui rare et quasi sans réserve. Sous l'impulsion de Marcel Péju, de Claude Lanzmann, de Dionys Mascolo, la revue de Sartre est fort près d'épouser le point de vue de *Vérités Pour :* « La gauche étouffe littéralement de respect ; comme dans le conte d'Andersen, elle n'ose dire au roi qu'il est tout nu. Soucieuse d'échapper au reproche de négativisme – comme si le premier devoir aujourd'hui n'était pas de rompre brutalement cette molle unanimité dans laquelle nos compatriotes se laissent engluer –, elle s'efforce de " comprendre " la politique gaulliste afin d'y déceler quelques virtualités positives, et, ayant pris des vessies pour des lanternes, elle

6. *Le Monde*, 27 avril 1960.
7. *Le Monde*, 22 avril 1960.
8. Cette lettre inédite, datée du 30 avril 1960, figure dans les archives de Me Dumas.

voudrait faire partager son illusion aux Algériens. » Non que l'équipe des *Temps Modernes* exclue la perspective d'une négociation acceptée par le chef de l'État. Mais, interroge-t-elle, quels sont les facteurs propres à l'y contraindre ? Est-ce l'action future de la gauche ou est-ce la résistance présente du F.L.N. ? Les choses étant ce qu'elles sont, la conclusion s'impose : l'heure est venue de reconnaître la « solidarité politique » de la gauche française et du Front algérien. « Prendre prétexte, pour s'y refuser, de l'indifférence des masses serait procéder à un étrange transfert de responsabilités et confondre la résignation avec le réalisme [9]. »

Sous la plume railleuse de Marcel Péju, l'expression est lancée dans *Les Temps modernes* et fait fortune, de mai à juillet : « Gauche respectueuse », voilà qui renvoie à certaine pièce sartrienne dont le plus large public connaît l'intitulé par cœur ! En écho, le numéro 16 de *Vérités Pour* proclame : « Le devoir de la gauche est d'exister et d'agir. » Agir, c'est-à-dire ne pas se cantonner en paroles, apporter au peuple algérien une aide concrète. Et cela pour briser un cercle vicieux : « Le pouvoir du général est fondé sur une équivoque fondamentale : il est lié à la fois à la poursuite de la guerre et à l'idée que, seul, il peut y mettre fin... Comment sortir de cette impasse ? Puisque ce régime ne réclame qu'une chose – ne pas être mis pratiquement en cause –, il faut que la contestation se fasse elle-même pratique. Puisque ce régime est sans principes, le seul langage susceptible de l'atteindre est non pas un langage théorique, mais celui qui définit une action dirigée contre lui [10]. » Sur cette lancée, Jeanson adresse à Sartre un long texte où il expose que le problème des modalités d'une solidarité avec le F.L.N., dès lors que cette solidarité est acquise, ne saurait demeurer en suspens : ce qui compte, c'est l'acte. Difficile à l'auteur de *L'Être et le néant* de récuser cette plaidoirie... En mai, *Les Temps Modernes* l'inscrivent au sommaire [11].

Entre Maurice Duverger et Marcel Péju, il y a place pour un « centre » multiforme et diversement nuancé. Jean-Marie Domenach, par exemple, n'est pas très éloigné de Duverger lorsqu'il prophétise : « Transformer la lutte du F.L.N. et de l'armée française en un conflit intérieur à la France serait entrer exactement dans la logique des fascistes, serait offrir à l'armée l'occasion d'intervenir dans la Métropole pour écraser les positions de la gauche, tout en coupant celle-ci du sentiment national et de cette base de légitimité sur laquelle s'appuyaient les républicains espagnols. » Mais le directeur d'*Esprit* suggère une alternative qui ne soit pas organiquement politique : « Entre la parole vaine et le recours aux armes il

9. *Les Temps Modernes*, mars 1960.
10. *Vérités Pour*, juin 1960 (mais la rédaction est d'avril).
11. Le manuscrit du texte de Jeanson porte la date du 21 avril 1960.

existe une voie, et puisque celle de la résistance insurrectionnelle est une impasse, il reste celle de la résistance non violente, de la désobéissance civile, de la protestation pacifique, obstinée [12]. »

Ce choix d'une « résistance spirituelle » laisse démunis les appelés du contingent. En Algérie, Jean Le Meur refuse de cautionner la torture et on l'expédie en prison. Que penser de celui qui déserte ? N'est-il pas, lui autant et plus que quiconque, un « protestataire pacifique » ? Non, explique Gilles Martinet dans *France-Observateur* [13]. Ou bien l'insoumission est un acte individuel, et elle conduit à végéter hors du coup jusqu'à la fin de la guerre et l'éventuelle amnistie. Ou bien elle est une contestation militante et cela condamne le réfractaire à s'engager de l'autre côté : « Les jeunes qui gagnent l'étranger seront à la fois aidés et utilisés. Ils auront des tâches précises à accomplir (passage des frontières, aide technique ou administrative, etc.). Dans la ligne de la résistance proprement française, la désertion – à moins de devenir massive – n'a pratiquement pas d'efficacité. Aucun objectif concret ne peut être proposé aux jeunes. Ceux-ci seront en quelque sorte tenus " en réserve " dans l'inactivité et probablement dans le dénuement matériel. Ils seront alors conduits soit à s'insérer dans la vie du pays qui les aura accueillis... soit à se tourner vers les réseaux F.L.N. »

Là gît le lièvre. Le problème des déserteurs, poursuit Gilles Martinet, c'est celui des rapports « entre le socialisme français et le nationalisme algérien ». Formule qui inspirera cette boutade à Francis Jeanson : « Compte tenu de ce qu'on peut savoir sur la révolution algérienne d'une part, et d'autre part sur les prises de position de la gauche française depuis cinq ans, ne serait-il pas tout aussi légitime d'envisager les rapports entre le nationalisme français et le socialisme algérien [14] ? » Le leader du P.S.U. expose une thèse symétriquement inverse : « Si nous avons les mêmes adversaires, les causes que nous défendons ne sont pas identiques. Nous combattons pour instaurer la démocratie socialiste dans un pays hautement industrialisé ; ils *(les Arabes)* luttent pour transformer par les moyens appropriés (et notamment par la prédominance absolue d'une formation politique) un pays économiquement sous-développé. »

C'est Jean Daniel – alors à *L'Express* – qui explore le cœur de la controverse avec l'acuité la plus vive. Dans une étude écrite pour *Esprit* [15], il déterre les difficultés nodales. D'abord, remarque-t-il,

12. *Esprit,* mai 1960.
13. *France-Observateur,* 21 avril 1960.
14. Cette boutade figure en note dans la lettre à Sartre reproduite par *Les Temps Modernes.*
15. *Esprit,* mai 1960.

« la gauche française n'est pas anticolonialiste par essence. Elle est sans doute égalitariste, c'est-à-dire opposée à l'exploitation économique : mais elle est, idéologiquement, impérialiste, ce qui l'a conduite en Algérie à être pour l'intégration ». Il en résulte que Guy Mollet n'est pas une aberration du mouvement ouvrier français et que le gaullisme, « autant que n'importe quel régime réactionnaire, peut très bien se trouver contraint d'offrir une chance politiquement exploitable par les nationalistes algériens ». Jean Daniel interpelle ensuite Jeanson : « Le glissement intellectuel est très perceptible, qui mène de l'impossibilité de concevoir une décolonisation opérée par la réaction au souhait de voir le socialisme réalisé en France grâce à la guerre d'Algérie : si la gauche est nécessaire aux Algériens, ces derniers la feront renaître. »

En d'autres termes, Jean Daniel se demande si la révolution algérienne n'est pas récupérée, instrumentalisée par les révolutionnaires français, même par les plus courageux et les plus désintéressés d'entre eux, en vertu d'une prétention à l'universalité qui gomme, en l'occurrence, la dimension arabo-islamique du mouvement maghrébin. « Je crains que nos philosophes, conclut-il, n'en soient arrivés à " sacraliser " le F.L.N. comme les intellectuels staliniens sacralisaient il y a quelques années le Parti communiste. C'est la recherche angoissée de l'absolu disparu. C'est la considération du F.L.N. comme seule force organisée de la gauche. »

Au moment où il rédige ces lignes, l'auteur se voit notifier sa troisième inculpation contre la sûreté de l'État « pour articles visant à l'apologie du F.L.N. »... Ce n'est pas la moindre singularité de l'époque : alors même que *France-Observateur* et *L'Express* n'abordent la désertion que pour la proscrire, le pouvoir ordonne leur saisie !

□

Les préoccupations de Francis Jeanson et celles de Jean Daniel ne sont pas du même ordre. Le premier, qui se bat le dos au mur, a moins le temps de vérifier la validité conceptuelle des mythes qui le mobilisent, que de polémiquer pour démontrer leur nécessité opérationnelle. Peut-être, effectivement, la fraction la plus radicale, la plus internationaliste de la gauche intellectuelle, procède-t-elle à une sorte de détournement idéologique de la réalité algérienne, de la même manière qu'elle est en quête d'un fil conducteur entre les fantasmes qui l'orientent vers Fidel Castro et Patrice Lumumba. Peut-être, mais cela fonctionne. Qu'on reproche aux porteurs de valises tantôt de s'aligner sur les Algériens tantôt de les annexer, le fait est qu'ils agissent et que l'efficacité de cette action est palpable, ici et maintenant, quand bien même on tente de les affadir et de les travestir en symboles ou témoins.

C'est cet ultime argument, celui de l'urgence, qui incite Jeanson à boucler précipitamment, après un séjour en Suisse, le manuscrit de *Notre guerre*. Enfermé, au début de juin, les volets clos, dans un appartement rue Dupont-des-Loges, il écrit à la hâte. Il condense, ramasse, digère tous les éclats des semaines précédentes. Il « déblaie le terrain ». Non, ceux qui se sont lancés dans le soutien au F.L.N. n'ont pas couru ce risque pour compenser quelque frustration. Ce sont des gens heureux, aimant la vie et leur métier. S'ils se sont crus contraints de piétiner les roses, ce n'est pas par esprit de revanche. S'ils ont accepté la clandestinité, ce n'est pas par goût de la marge. S'ils ont trop longtemps été isolés, c'est parce que le plat du jour des grands politiques fut et reste « le prolétariat à l'étouffée ». Par fidélité, ils ont opté pour le plus inconfortable des statuts : « Il nous fallait à la fois " trahir " les Français en faisant cause commune avec les Algériens et " trahir " les Algériens en demeurant résolument français. »

Mais le « creux de la vague » est dépassé. Du moins, à trois conditions. D'abord, que la mobilisation populaire qui s'esquisse ne soit pas un feu de paille. Ensuite, que l'aspiration vers la paix s'incarne dans une lutte politique pour l'indépendance algérienne. Enfin, que soit gagnée la « course contre la montre » qui se dispute. Il y va de l'éviction du danger fasciste en France ; il y va de l'avenir des relations franco-algériennes ; il y va, à plus long terme, de l'avenir du socialisme : « Si les Algériens réalisent chez eux une forme originale de socialisme, tous les peuples d'Afrique y verront la confirmation décisive d'une telle possibilité et seront plus que jamais enclins à la réaliser pour leur propre compte. Si, à l'inverse, l'Algérie se voit obligée de jouer sans réserve la carte de l'Est, c'est l'Afrique entière qui basculera et qui s'ouvrira, par la brèche ainsi créée, à un socialisme d'importation. »

Le 6 juin, *Notre guerre* est achevé. Le 29, la police saisit les volumes diffusés par les Éditions de Minuit. Jérôme Lindon a multiplié les précautions (jusqu'à ne faire composer le nom de l'auteur qu'en deux fois – Henri Jeanson et Francis Dupont) pour qu'aucune fuite n'intervienne à l'imprimerie. Cela permet de confier quelques ouvrages à des correspondants bien choisis. Si bien choisis que *Notre guerre*, saisi, est reproduit *in extenso* par *Vérité-Liberté* dans son numéro de juillet [16].

16. *Vérité-Liberté*, dont le premier numéro est paru en mai 1960, est édité par un large comité (de Robert Barrat et Claude Bourdet à Jean-Marie Domenach, de Laurent Schwartz à Pierre Vidal-Naquet et à Vercors) qui s'est séparé de *Témoignages et Documents* et de son animateur, Maurice Pagat, à la suite d'un différend sur la gestion. Comme *Témoignages et Documents*, *Vérité-Liberté* s'assigne pour fonction de divulguer toute information qu'interdit ou filtre la censure. Le gérant

Son livre fini, Jeanson est harassé. Il n'échappe à la claustrophobie que pour de courtes promenades, à la nuit tombante, avec Christiane Philip. Roland Dumas décide de leur offrir un jour de vacances. Un dimanche de juin, à l'heure de la messe, le couple prend le train pour Versailles et se mêle aux touristes devant le château. L'avocat du réseau est au rendez-vous. Direction Varengeville, sur la côte normande ; une demi-journée de vent, de sable et d'eau. Une pause. Comparable au bain fraternel que Tarrou et Rieux, les personnages de Camus, s'autorisent au soir tandis que la peste rôde derrière le port. Jeanson conservera de cette échappée un souvenir si vif qu'il en tirera un pseudonyme à l'usage exclusif de Roland Dumas. Les spécialistes des écoutes n'ont jamais identifié ce « docteur Varenge » qui appelait souvent l'avocat.

Au seuil de l'été, un espoir fugitif déferle sur les Français. Le 14 juin, le chef de l'État s'adresse « aux dirigeants de l'insurrection ». Une phrase, une seule, suffit pour enfiévrer l'opinion : « Nous les attendons ici pour trouver avec eux une fin honorable aux combats qui se traînent encore, régler la destination des armes, assurer le sort des combattants. » Le 20, le G.P.R.A. annonce qu'il accepte la rencontre et désigne ses premiers émissaires, MM. Boumendjel et Ben Yahia. Mais le geste du général n'est qu'une ouverture en trompe l'œil et les partisans de l'Algérie française, réunis en colloque à Vincennes, rassemblent l'arrière-ban pour rien. Sitôt conduits d'Orly à la préfecture de Melun, les porte-parole des « rebelles » se heurtent à un mur. Grossièrement traités, ils comprennent immédiatement que le gouvernement français souhaite un cessez-le-feu sans la moindre concession politique. Le pas de clerc de Melun ne dure que quatre jours.

De Gaulle perd du temps mais la gauche politique ne parvient pas à exploiter cette erreur. Une démonstration commune est projetée pour le 28 juin (avant-dernier jour des pourparlers). Mais lorsque Jean Poperen, mandaté par le P.S.U., suggère à Raymond Guyot, porte-parole du P.C., la convergence de manifestations distinctes, Guyot refuse et le traite quasiment de provocateur. Le 28 juin, donc, il ne se passe pas grand-chose. Sur le terrain syndical, en revanche, le climat est meilleur le lendemain de la rupture, la C.G.T., la C.F.T.C., l'U.N.E.F. et la F.E.N., proclament dans une déclaration commune, « leur détermination de répondre par tous les moyens dont elles disposent, y compris la grève générale, à tout coup de force ou tout coup d'État qui tendrait à faire échouer les chances de la paix en Algérie »... Peu à peu, le front syndical qui s'est ébauché en janvier prend corps. Des meetings unitaires en province, comme à Grenoble trois semaines plus tôt, ont préparé devant des salles

en est Paul Thibaud, et Madeleine Rebérioux, membre du P.C.F., participe discrètement au comité de rédaction.

combles ces retrouvailles. Les fédérations parisiennes de toutes les centrales (Force Ouvrière incluse) ont tenté de peser ensemble dans le sens de la paix et de l'aboutissement des pourparlers. Visitant la Normandie, le chef de l'État constate que sa popularité est intacte mais qu'une conclusion presse. Les foules ne se repèrent que malaisément dans les sinuosités des hypothèses gaulliennes, elles ne relèvent guère telle allusion aux tortures — « quelques incidents fâcheux qui, d'ailleurs, doivent être réprimés ». Elles en ont assez. Pierre Viansson-Ponté, qui « couvre » ce déplacement pour *Le Monde,* y décèle un tournant : « Au retour de Normandie, de Gaulle est fondé à penser que désormais la conclusion de la paix prime tout quel qu'en soit le prix, même s'il faut pour l'atteindre conduire une négociation politique avec le F.L.N., même s'il faut la payer de l'indépendance [17]. »

L'automne sera rude.

C'est aussi l'avis de Francis Jeanson et, s'il a tant brusqué la rédaction de *Notre guerre,* c'est pour que son plaidoyer soit entendu par qui désire l'entendre avant que le mouvement social ne se précipite, que le rythme politique ne s'accélère, et que ne s'ouvre le procès des membres du réseau. Il dresse le bilan de quatre mois de polémique. Il n'a pas convaincu, loin de là. La plus forte fraction de la gauche militante, à l'extérieur du Parti communiste, se reconnaît dans *L'Express* ou dans *France-Observateur.* Il n'a pas convaincu mais il a marqué des points. D'abord, il a remporté un succès d'estime. Les supputations de *Paris-Presse* et de *France-Soir* au sujet des penchants érotiques ou financiers des porteurs de valises paraissent à présent bien désuètes. Le débat d'idées est lancé et Jeanson a le sentiment d'y occuper moins une place géographique (à l'extrême gauche) que temporelle (il s'accorde deux à trois ans d'avance).

Ensuite, il a influencé ceux-là mêmes dont les tendances sont les moins décelables, les plus imprévisibles et inchoatives : les jeunes, étudiants et soldats. C'est en cela qu'il inquiète, autant que par son activité clandestine. Parce qu'elle est à la fois perceptible et non mesurable, cette influence est prise au sérieux. Enfin et peut-être surtout, il est parvenu à renverser relativement les rôles : ce n'est plus lui, minoritaire et marginal, qui se tient sur la défensive, c'est la « gauche respectueuse ». Pourchassé, il passe néanmoins pour l'assaillant — avec la complicité de Marcel Péju et des *Temps Modernes*. Témoin ce constat de Jacques Fauvet qui fustige la croissance d'un courant outrancièrement contestataire et le baptise « gauchiste » :

« Il y a peu la gauche traditionnelle était mise en accusa-

17. *Op. cit.;* cf. également l'article de Pierre Viansson-Ponté dans *Le Monde* du 12 juillet 1960.

tion par la nouvelle gauche. Aujourd'hui l'une et l'autre sont confondues – au propre comme au figuré – par la " supergauche " des *Temps Modernes*[18]. »

□

Qu'en est-il, pendant que s'aiguisent ces débats, de l'activité concrète du réseau ? Francis Jeanson n'a pas menti lors de sa conférence de presse : le travail continue, le demi-milliard de centimes que draine mensuellement la Fédération de France grossit régulièrement les comptes du F.L.N. en Suisse, les responsables algériens franchissent les frontières sans accroc, la propagande est imprimée et ventilée. Techniquement, la machine tourne rond. L'opération de la D.S.T. est un accident grave, pas un désastre. Pour autant, le réseau n'est pas à l'abri de difficultés d'une autre sorte. La réorganisation de son commandement provoque un conflit où entrent fatalement des facteurs personnels et des rivalités pour le pouvoir, mais où importent surtout des divergences politiques sérieuses. En fait, la polémique sur la nature de la révolution algérienne traverse aussi le réseau. Le consensus en faveur d'une aide pratique aux victimes de la colonisation n'en est pas entamé. Cependant, le mode et le contenu des relations avec le Front d'une part, et avec l'opinion de gauche française de l'autre, sont diversement appréciés.

En mai, Francis Jeanson a rejoint Jacques Vignes, Dominique Darbois et Cécile Marion dans un chalet proche de Lausanne. Ils jouent les curistes et s'ennuient ferme, attendant un signe d'Omar Boudaoud – parti à Tunis discuter « au sommet » des restructurations qui s'imposent. Il se manifeste enfin et suggère une rencontre à Zurich. Vignes et Jeanson s'y rendent. Ils sont en désaccord. Jeanson n'a qu'un désir : revenir en France et reprendre le collier. Vignes estime qu'ils sont « archigrillés » et que jamais, au grand jamais, les Algériens n'accepteront semblable démarche. Il suggère de relancer les filières qu'il a créées sur Genève, Bruxelles et Düsseldorf, et, imitant la Fédération au lendemain du 13 mai, de coordonner l'action depuis l'extérieur. Omar Boudaoud est inébranlable : c'est non, non et non. Pas question que Jeanson remette les pieds en France ; quant à la suggestion de Vignes, on verra plus tard (en congé forcé, le journaliste effectuera en Tunisie un reportage commandité par l'éditeur italien Feltrinelli sur l'A.L.N. et les réfugiés).

Serré d'un peu trop près par la police helvétique, le groupe des exilés quitte le chalet pour une pension de famille genevoise. Jean-

18. « Où en est la gauche ? », *Le Monde*, 12 juillet 1960.

son, qui ronge son frein, décide de passer outre : il rentre à Paris. Il rentre pour découvrir qu'il est, sur le terrain concret, un indésirable. Qu'il écrive *Notre guerre*, qu'il alimente une polémique fougueuse, qu'il interpelle l'opinion, tout cela est fort utile. Mais par ailleurs, qu'il ne touche à rien. En froid avec Omar Boudaoud, Francis Jeanson est « carbonisé » auprès des porteurs de valises.

C'est Henri Curiel qui contrôle l'ensemble du réseau avec l'aval des Algériens (et, au départ, avec celui de Jeanson qui considère cette transmission des pouvoirs comme un intérim technique). Curiel s'est préparé à cette responsabilité. Déjà en 1959, nombre de ses conversations en témoignent, il est persuadé qu'un coup dur est dans l'air et qu'il conviendra, tôt ou tard, d'assurer la relève. Dans ce but, lui qui est, si l'on ose dire, un « sous-traitant » du réseau Jeanson, étoffe méthodiquement le petit noyau de communistes égyptiens dont il est l'animateur. Il recrute ainsi Georges Mattéi (auteur, on s'en souvient, d'une déposition fracassante au procès des agresseurs de Jacques Soustelle). Pour ce dernier, l'entrevue avec « Guillaume » est le chemin de Damas : « La diffusion de *Vérités Pour* me laissait sur ma faim. J'en parle à Barrat qui me dit qu'il existe un autre responsable, distinct. Le contact a lieu dans un bistrot près de la *Pagode* [19]. Curiel – Guillaume – m'apparaît tout de suite comme " le " communiste, le vrai, celui qui ne se contente pas de crier " Paix en Algérie ! " Il m'explique que les frères lui ont demandé d'échafauder un autre type d'organisation parce que le groupe de Francis est grillé. Quelques jours s'écoulent et je commence à m'occuper de filières d'évasion. J'ai été le premier, de cette génération, à collaborer avec le Vieux [20]. »

Il y a, dans la voix de ceux qui ont inauguré leur vie militante aux côtés d'Henri Curiel, une sorte de révérence, de respect affectueux. Curiel représente pour eux le survivant d'une espèce disparue, celle des bolcheviks de la haute époque, révolutionnaires professionnels, internationalistes, patients et inflexibles. Le recrutement de Mattéi fait boule de neige. Il enrôle lui-même le metteur en scène Jean-Marie Serreau qu'il a connu par l'intermédiaire de Sartre auquel il avait donné à lire un projet de pièce. Serreau, à son tour, touche l'un de ses administrateurs, Jehan de Wangen, ex-membre de la Nouvelle Gauche puis de l'U.G.S., et qui porte, en raison de sa particule, le surnom de « Baron ». Enfin, au cercle initial d'Henri Curiel s'adjoint un jeune sympathisant, Martin Verlet. L'état-major, dès le début de l'année 1960, est constitué. Trois « lieutenants », quasi permanents, sont désignés et se répartissent leurs secteurs respectifs : Mattéi, l'argent ; de Wangen, les filières ; Verlet suit plus spécifiquement l'évolution de « Jeune Résistance ». A l'étran-

19. Célèbre cinéma parisien « d'art et d'essai ».
20. Témoignage de Georges Mattéi.

ger, Robert Davezies et Jean-Louis Hurst sont les correspondants plus ou moins officieux de la nouvelle équipe. Si bien que lorsque surviennent les arrestations, une infrastructure est prête à prendre le relais.

Par ailleurs, Curiel récupère des militants de la première heure qui jugent le moment venu de sortir de leur planque. Ainsi Étienne Bolo, après dix-huit mois de sociologie rurale au Maroc, s'estime assez oublié de la D.S.T. pour renouer avec le réseau. Il le trouve transformé : « Avec Curiel, c'était un autre stade d'organisation. Il y avait une réelle répartition des tâches et un cloisonnement plus strict, qui n'était pas toujours respecté mais plus qu'auparavant. Beaucoup plus de monde aussi : le recrutement était quantitativement satisfaisant. Qualitativement, c'était une autre affaire. Pas mal de jeunes, très jeunes, pleins de bonne volonté mais insuffisamment formés et parfois même un peu fragiles. Ils avaient beaucoup de difficulté à observer les règles de sécurité. J'en ai même connu qui se croyaient au Far West parce qu'ils avaient pour la première fois une D.S. entre les mains... »

A la « base » du réseau, les communistes sont nombreux, avec ou sans carte. Ce n'est pas, chez Curiel, désir d'exclure quelque autre provenance. Il est assez rompu au dialogue, il a assez de « métier » politique pour savoir qu'un mouvement gagne à tolérer la différence. Mais les communistes, ce sont les siens, c'est pour lui — instinctivement et rationnellement à la fois — le meilleur cru. Car cet homme rejeté demeure un « orthodoxe » : il y a, il reste les communistes et les autres (ce qui n'est pas, à ses yeux, péjoratif pour ces derniers). Jusqu'alors, le réseau a beaucoup utilisé ces sources « autres » : des prêtres de la Mission de France aux existentialistes de Saint-Germain. Le P.C., en revanche, n'a pas produit en proportion de sa puissance.

Au sommet non plus, les contacts n'ont pas porté tous leurs fruits. Certes, depuis l'échec des négociations secrètes menées en 1958, il est hors de question de discuter avec des membres du Bureau politique. Mais Curiel est en relation avec Victor Leduc et Jean Pronteau dont il n'ignore évidemment pas qu'ils représentent indirectement les courants critiques au sein du Parti, et peut-être le courant montant. Jehan de Wangen analyse finement le sens de cette attitude : « Son propos n'était pas d'appuyer telle évolution interne du P.C.F. Il s'agissait au contraire d'obtenir un appui nouveau, donc une efficacité accrue. Un homme comme Leduc apparaissait susceptible d'amener des forces supplémentaires qui, d'origine communiste, étaient qualitativement plus structurées. Le débat de tendances à l'intérieur du P.C.F. n'était pas le problème d'Henri. Son problème, c'était le Tiers-Monde. Il répétait fréquemment une phrase : " Moi, je ne suis pas concerné par la politique française. " »

Pas concerné, mais intéressé – au point d'utiliser ses contradictions. Sans doute l'objectif d'Henri Curiel n'est-il pas d'encourager la tentative « antithorézienne » de Marcel Servin et de Laurent Casanova. Il poursuit néanmoins un but politique précis qui n'est pas accessible sans évolution du Parti français : si ce dernier, calcule-t-il, autorise (fût-ce tacitement) une fraction militante significative à soutenir les Algériens, il est possible que le F.L.N. s'infléchisse en direction du marxisme. Il est possible, à tout le moins, de déchirer cette gangue de méfiance qui s'est durcie depuis le vote, par les députés communistes, des pouvoirs spéciaux.

Ce qui blesse Jeanson, quand il arrive fin mai à Paris, c'est sa totale extériorité par rapport à l'activité de Curiel. Il s'aperçoit qu'à son insu, et bien au-delà des exigences du cloisonnement, un recrutement a été entrepris, une orientation a été définie, des charges ont été assignées. Il ne parvient pas à dissiper le sentiment d'une manipulation. Ce qui le blesse plus encore, c'est que cela se soit réalisé avec le consentement des Algériens. Entre Curiel et lui n'existaient pas seulement des rapports de travail. Un épisode relaté par Didar Fawzy en atteste parmi cent autres : « Quelques mois avant les arrestations, j'avais effectué un séjour en Égypte et les cadres de mon organisation [21] – qui se trouvaient en prison – m'avaient mandatée pour demander à Jeanson d'aider techniquement au retour d'Henri en Égypte, en lui fournissant un bon passeport. Jeanson avait accepté, mais pendant plus d'une heure il m'avait expliqué quelle perte cela représentait pour sa propre action. Il était bouleversé. » Curiel, finalement, n'a pas quitté la France. Et Jeanson, au moment même où il analyse dans *Notre guerre* la « trahison » à laquelle il est condamné, a l'impression que ses compagnons et ses frères l'ont quelque peu trahi.

Il est certain que pour les jeunes recrues de l'année 1960, l'histoire antérieure du réseau est perçue comme une préhistoire, un balbutiement improvisé. Dix-huit ans après, et bien que l'ampleur des opérations conduites notamment en 1959 leur soit maintenant connue, ils soutiennent spontanément que les choses « sérieuses » ont démarré avec Curiel. C'est que, communistes orthodoxes ou hétérodoxes, marxistes-léninistes ou marxisants libertaires, ces militants sont entrés dans la lutte alors que le mot révolution retrouvait fraîcheur et actualité. L'image d'un Curiel authentiquement bolchevique, image qui évoquait pour eux à la fois le passé non travesti et l'avenir promis, les a séduits et les a incités à rejeter l'existentialisme « petit-bourgeois » dans les ténèbres extérieures. Ce faisant,

21. Il s'agit, rappelons-le, du M.D.L.N. : Mouvement démocratique de libération nationale, l'une des organisations communistes égyptiennes, devenu P.C.E.U. (Parti communiste égyptien unifié) après sa fusion avec d'autres organisations.

ils réglaient leurs comptes avec leur propre classe sociale. La rigueur ascétique et doctrinale de Curiel, sa patience pédagogique et son expérience de la clandestinité ont satisfait chez eux un besoin de foi et de risque.

Francis Jeanson et l'entourage d'Henri Curiel conviennent aujourd'hui que le caractère polémique du différend est à ranger dans la petite histoire. En revanche, son contenu politique ne laisse pas de retenir notre attention. Robert Davezies : « Il est clair que pour Henri, la lutte des Algériens n'était pas une révolution au sens strict du mot puisqu'elle n'était pas dirigée par la classe ouvrière. Cette lutte ne cadrait pas avec l'histoire de la Révolution telle qu'il l'avait apprise. Henri l'analysait comme la révolte de paysans frustrés de leur terre. Francis, au contraire, approuvait les thèses de Frantz Fanon, adhérait à l'idée de révolution paysanne – idée importée d'Extrême-Orient et d'Amérique latine. Henri ne voyait en outre de révolution possible en France que par la conversion du P.C.F. Francis, au contraire, considérait que la révolution algérienne était capable de provoquer l'éclatement de la Ve République et du capitalisme français. »

Didar Fawzy confirme ce jugement pour ce qui concerne l'engagement politique de Curiel et des siens : « Il faut beaucoup de temps et de travail pour qu'un peuple colonisé et maintenu dans l'arriération se mobilise pour construire le socialisme. Une guerre de libération d'une domination coloniale affaiblit l'impérialisme dans son ensemble, quand bien même il s'agit d'une guerre de paysans dont la direction est petite-bourgeoise et non prolétarienne. Notre décision d'aider le F.L.N. ne reposait pas sur l'avenir de la révolution algérienne. »

Jeanson, lui, exprime bien sa lecture personnelle du débat dans la correspondance qu'il a échangée, quelques mois avant le cessez-le-feu, avec certains de ses compagnons détenus à Fresnes : « On ne me pardonnait pas, écrit-il à Jean-Claude Paupert, de croire à la révolution algérienne. Or je n'y " croyais " pas, je n'avais pas besoin d'y croire : je la voyais prendre forme et se développer de jour en jour, je suivais pas à pas cette prodigieuse fermentation à la base qui est beaucoup plus que l'application (déjà fort rare à notre époque) des " théories " marxistes, car elle est la réinvention même du marxisme... [22]. »

Une autre lettre, destinée à Gérard Meier, traduit la même analyse et la même amertume : « J'ai compris, à force de torpillages et d'embûches de tous ordres, comment certains pouvaient soutenir la lutte algérienne tout en méprisant le peuple algérien, c'est-à-dire en lui déniant toute aptitude révolutionnaire ; j'ai entendu traiter de

22. Lettre inédite datée du 6 janvier 1962 (archives personnelles de Francis Jeanson).

" paysans frustrés " les responsables de la Fédération de France; j'ai vu des hommes qui semblaient avoir le vrai communisme dans la peau et qui se refusaient à admettre qu'une révolution puisse avoir lieu, dans un pays sous-développé, aussi longtemps que le Parti communiste de la Métropole n'y jouerait pas un rôle prépondérant... [23]. »

Après la rédaction de *Notre guerre,* une rencontre, une seule, met les deux hommes en face l'un de l'autre. Jeanson bombarde Curiel de questions. Ce qui le tracasse surtout, c'est ce que son interlocuteur a enclenché avant les arrestations, et dont il aurait dû partager l'initiative. Mais Curiel se limite à des généralités amicales et rassurantes – quoiqu'il sache Christiane Philip, présente à l'entretien, parfaitement informée de son comportement puisqu'elle dépendait auparavant de lui. L'explication n'a pas lieu, mais une chose est acquise: pour ce qui touche à l'organisation pratique du soutien aux Algériens, Jeanson est désormais hors service. Pour des raisons de sécurité – là n'est pas le conflit. Et pour des raisons politiques: Curiel, sans illusions sur le « socialisme » du F.L.N., n'en nourrit pas non plus sur la régénérescence de la gauche française en dehors d'une véritable « conversion » du P.C.F. Jeanson, au contraire, est convaincu que la poudrière algérienne provoquera, pour peu qu'on s'y applique, une réaction en chaîne.

C'est toute la question.

23. Même date et même source que la lettre précédente.

Chapitre 16

LE MAUVAIS EXEMPLE

Tandis que l'on discute âprement, tout au long du printemps 1960 et jusqu'au 14 juillet, l'actualité judiciaire et policière ne cesse de rebondir. Le 29 mars, on apprend qu'Aline Charby, qui se cachait dans l'appartement d'amis parisiens, a été repérée et enfermée à la Petite-Roquette. La même semaine, Denise Barrat est inculpée à son tour mais laissée en liberté. Puis, le 14 avril, André Thorent, Henriette Conte, Paul Crauchet et Gloria de Herrera sont autorisés à franchir provisoirement les portes de leurs prisons respectives. L'instruction, menée par le commandant de Rességuier – celui-là même dont Georges Arnaud nous a offert un mémorable portrait –, piétine mollement, ponctuée tantôt de silences tantôt d'interminables proclamations de principes. Au train où vont les choses, le dossier sera prêt dans quelques années. A l'évidence, le gouvernement s'en soucie fort peu. Puisque la culpabilité des inculpés, dans la majorité des cas, semble établie, on les jugera pour l'exemple sans se perdre dans les détails. Et pour simplifier encore, une ordonnance supprimera la distinction entre atteinte à la sûreté intérieure et extérieure de l'État. Commentaire de Me Robert Badinter : « En assimilant le traître à l'opposant, on confond délibérément la France et son régime politique actuel[1]. »

Le pouvoir est persuadé que les complices français des « terroristes algériens » soulèvent une indignation tellement unanime qu'il suffit de les montrer pour tirer parti du scandale. D'autre part, il a sur les bras ses alliés d'hier, les excités des barricades, et, avant de les jeter dans la balance suprême, il estime prudent de fournir à l'opinion de droite un contrepoids massif.

Si bien que la lourdeur des verdicts, dès les premières affaires

1. Ordonnance du 4 juin 1960. Le commentaire de Robert Badinter a été publié dans *L'Express*, 16 juin 1960.

soumises aux tribunaux, est inversement proportionnelle à la minceur des réquisitoires. Cécile Decugis, interpellée en août 1958, a la malchance d'inaugurer, le 13 mars, cette série noire. Devant le tribunal militaire, la prévenue, avec une ironie que relèvent gravement les journalistes, expose qu'elle ne parle pas l'arabe et qu'elle n'était nullement dans les confidences de ses relations algériennes. Voilà beaucoup de présomption, réplique *Paris-Presse*[2]. Ignore-t-elle « que le gouvernement, sur les instructions du général de Gaulle, a ordonné une justice plus rapide et plus exemplaire » ? On lui en administre la preuve sans tarder: cependant que ses deux coinculpés (ils ont délivré des certificats de domicile à des Algériens) sont acquittés, elle est condamnée à cinq ans d'emprisonnement et arrêtée à l'audience.

Il ne s'agit pas d'une erreur judiciaire. Les prévenus sont bel et bien « coupables ». Pour autant, le dossier de l'instruction est généralement sans commune mesure avec la solidité de la conviction des policiers et des magistrats. La justice ne se « trompe » pas: elle prend des libertés par rapport à la procédure.

Un second procès, du 30 mai au 3 juin, invite les honnêtes gens à respirer sans crainte. Gérard Spitzer, directeur politique de *La Voie communiste,* comparaît devant ses juges. Il est coupable de connaître Gérard Lorne, en fuite. C'est tout. Gérard Lorne, lui, est coupable d'avoir recelé quarante-quatre millions dont on suppose qu'ils ne lui appartiennent pas, mais plutôt à Aït El Hocine, responsable F.L.N. du secteur Paris-périphérie. Juridiquement parlant, Gérard Spitzer est accusé d'être en rapport avec le complice présumé de l'agent d'une association de malfaiteurs. En d'autres termes encore, Gérard Spitzer est suspect de sympathie envers la cause algérienne, sympathie dont rien n'interdit de penser qu'elle a pu se manifester activement. Mais dont rien n'interdit de penser qu'elle est demeurée platonique. Qu'importe: le dossier est vide — quoique le délit soit bien réel — et le prétoire est comble.

Avant d'en arriver là, le chemin s'est avéré difficile. Du 27 février au 20 mars, Spitzer a poursuivi une grève de la faim jusqu'à l'épuisement. Ce n'était pas faute d'avoir recouru à d'autres moyens: le 14 mars, Salle des Horticulteurs, un meeting animé notamment par Gilles Martinet s'est vainement tenu en faveur de son élargissement; le 17 mars, Claude Bourdet, Daniel Mayer, Jean-Paul Sartre et d'autres personnalités ont vainement adressé un télégramme au général de Gaulle. Quant aux dirigeants communistes, ils n'ont pas levé le petit doigt. Les oppositionnels sont des escrocs ou des traîtres, cela va de soi. Guy Ducoloné, dans *France-Nouvelle*[3], est allé jusqu'à prétendre que l'intégrité financière des camarades

2. *Paris-Presse,* 14 mars 1960.
3. *France-Nouvelle,* 2 décembre 1959.

Spitzer et Lorne ne fut pas sans tache. Le Secours populaire français a refusé de s'associer aux protestations, arguant que « beaucoup de communistes sont parmi nous, ils ne comprendraient pas que nous défendions un homme qui n'est pas d'accord avec Maurice Thorez[4] ». Lorsque Élie Bloncourt, vieux militant socialiste, président du comité de défense de Gérard Spitzer, a rencontré Jacques Duclos pour une ultime tentative le 18 mars, il s'est heurté à un veto sans appel. Pire : Claude Faux, avocat de Spitzer, membre du P.C.F., s'est récusé à la veille du procès sur ordre de son parti – dont il a démissionné quelques jours plus tard[5].

Dès l'ouverture de la séance, Me Vergès, qui plaide pour Aït El Hocine, fait mouche : « Si vous reconnaissez le bien-fondé de l'accusation, soit " association de malfaiteurs ", vous concluez que le chef de l'État discute avec des malfaiteurs. » Sale temps pour les magistrats ! Parmi les témoins de la défense, la Sorbonne fournit un gros contingent : Marcel Prenant, ancien chef F.T.P.[6], Laurent Schwartz, président du comité Maurice Audin, Victor Tapié, historien dont Gérard Spitzer fut l'étudiant, se portent garants de la moralité du prévenu. Le bâtonnier Arrighi, qui a remplacé Claude Faux *in extremis*, rappelle qu'il a côtoyé le père de Spitzer à Buchenwald, démontre la vacuité du réquisitoire et réclame l'acquittement pur et simple de son client. Mais le T.P.F.A.[7] est une machine de guerre. Spitzer : dix-huit mois ; Lorne : dix ans par contumace ; Aït El Hocine : vingt ans de travaux forcés. *La Voie communiste* s'indigne de ce verdict et du transfert, désormais automatique, de ce type de procès devant la juridiction militaire : « Toutes ces condamnations ont été prononcées à la majorité prévue par le code de justice militaire et non à l'unanimité. Nous sommes certains que devant un tribunal civil, Gérard Spitzer aurait été acquitté[8]. »

Le gouvernement a choisi une tactique et n'en démord pas. Premièrement, il assure une large publicité aux affaires de collusion avec l'ennemi. Ensuite, il réunit dans le même box Français et Algériens. Enfin, il instaure une gradation des peines dont les procès Decugis et Spitzer permettent de se forger une idée : cinq ans pour « quelque chose », dix-huit mois pour « rien ». A moins de considérer que l'intime conviction des enquêteurs de la D.S.T. a valeur de preuve devant un tribunal – ce qui constituerait une étrange innovation dans le droit français.

Mais après tout, pratiqué quand il le faut là où il le faut, l'arbitraire a le mérite de l'efficacité – tel est en tout cas l'argument-

4. *La Voie Communiste*, mai 1960.
5. Témoignage de Fanny et Gérard Spitzer.
6. Francs-tireurs et Partisans. Spitzer fut lui-même maquisard.
7. Tribunal permanent des Forces armées.
8. *La Voie Communiste*, juin 1960.

massue des régimes musclés. Eh bien non, pas en cette saison. Le garde des Sceaux, Edmond Michelet, ne commet pas seulement une entorse à la lettre et un péché contre l'esprit. Il se fourre dans un guêpier. Le procès Arnaud, qui s'ouvre le 17 juin à Reuilly, dévoile quelles armes le délit d'opinion octroie à l'accusé. C'est la défense qui conduit les débats. C'est la Justice que l'on montre du doigt. Et la gravité des charges se convertit en dérision.

A Fresnes Georges Arnaud s'est infligé un entraînement d'athlète. Ou d'étoile. Il a répété chaque entrechat, chaque pointe, avec une minutie féroce. Il a soigné son entrée, piaffant dans la coulisse. M. de Rességuier a donné tête baissée dans le panneau qui lui a été tendu par l'écrivain et par son avocat, l'omniprésent Jacques Vergès : il a repoussé conjointement la demande de déclaration d'incompétence et de libération provisoire qui lui a été soumise. Solidement dans la place, Arnaud se déchaîne. Il dicte au greffier qu'il n'a pas déposé de bombes à la Cafétéria d'Alger et qu'il n'a pas non plus volé les tours de Notre-Dame. A l'extérieur, ses amis ne sont pas en reste. Jean-Marie Rivière, directeur de *L'Alcazar*, envoie tous les deux jours un bouquet de violettes au juge d'instruction[9]. Un comité se forme, où l'on relève les noms de Marcelle Auclair et d'Yvan Audouard, de Claude Estier et d'Armand Gatti, de Marcel Haedrich, de Joseph Kessel, de Frédéric Pottecher... Le collectif des défenseurs du F.L.N. lui prête son concours. Il s'agit, bien sûr, d'imposer un procès politique et de renvoyer à une étape seconde le problème de déontologie professionnelle.

Georges Arnaud pénètre dans le box avec une mine gourmande et dévastatrice :

« Il ne fait pas de doute que dans cette guerre où nous avons tort, servir l'équité, le bon droit et la justice constitue une aide indirecte à la rébellion. Ce n'est pas moi que ça condamne. C'est cette guerre. »

Le conseiller Pauthe, qui préside, est un homme intelligent. Il a compris que le condamné, c'est lui. Et il purge sa peine...

« Messieurs, j'ai écrit sur la torture, poursuit Arnaud. On me l'a reproché. On me le reprochera. Messieurs, j'avais écrit jusqu'à présent sur documents. Depuis, j'ai vu. J'ai vu arriver à Fresnes dans la même prison que moi, sortant des mains des harkis ou de la D.S.T., des hommes au corps marbré par les coups, mâchuré, bleu par plaques, les os cassés. J'ai vu, entre les doigts d'un gosse dont le corps était roué et dont les lèvres tremblaient chaque fois qu'il parlait, les plaies toutes fraîches, les plaies hideuses des électrodes. Plaie inerte, la peau partie, les chairs à vif. Quatre plaies. »

Toute la grande presse française et internationale est là, en rangs

9. L'anecdote est confirmée par André Thorent.

serrés. Beaucoup d'amis et pas mal d'adversaires, des clins d'œil et de la haine. Arnaud est lancé, rien ne le fera taire :

« Je dis, messieurs, que cette guerre est condamnée de quelque point de vue qu'on la prenne. D'un point de vue de gauche, pour les raisons que je viens de dire. D'un point de vue de droite, parce que c'est une guerre perdue; d'ores et déjà perdue. »

L'orateur reprend son souffle, toise les juges : « A peine si ces torses surabondamment décorés ont penché en avant sur l'estrade. La limite est atteinte, ils n'ont pas mouffeté, moitié groggies, moitié furieux, il est temps que ça s'arrête. Mais je m'en fous, j'ai fini. Ou du moins, ce qui reste, c'est du sucre[10].

« A vous de dire si vous vous sentez qualifiés pour me juger. Mais si vous estimez que vous avez qualité, ce ne sera de toute façon pas sur mes convictions que vous aurez à le faire, mais sur le misérable prétexte qu'on a été chercher pour me punir de les avoir. »

Le tribunal s'estime compétent...

Alors commence l'autre procès, celui de la censure. Georges Arnaud proclame ce que proclamerait tout journaliste qui respecte son métier : il se doit de fournir une information authentique ; il se doit d'être loyal vis-à-vis de ses informateurs, et de protéger leur anonymat le cas échéant. Des confrères de tous bords se succèdent à la barre et expliquent qu'ils auraient agi comme l'inculpé : Jean Bernard-Derosne, de *L'Aurore* ; Joseph Kessel ; Claude Estier, rédacteur en chef à *Libération* ; Yvan Audouard, qui signe dans *Paris-Presse* ; André Fontaine, de *France-Soir* ; Roger Priouret ; Marcel Haedrich, rédacteur en chef de *Marie-Claire*. Deux directeurs de journaux ont témoigné par lettre : Robert Lazurick *(L'Aurore)*, Pierre Lazareff *(France-Soir)*. Jean-Paul Sartre, Jérôme Lindon, François Maspero, Pierre Vidal-Naquet évoquent la difficulté, les choses étant ce qu'elles sont, de glisser une vérité entre deux saisies. François Maspero, particulièrement en verve, manie l'ironie avec bonheur. La précision du sténogramme la renforce involontairement :

M. Maspero : « J'ai eu à me poser des problèmes qui sont, je crois, les problèmes de tout intellectuel français face à la guerre d'Algérie. Je dis " intellectuel " parce que je suis un intellectuel, je suis fier d'être un intellectuel, d'une vieille famille d'intellectuels. Tous morts pour la France. » *(Quelques rires.)*

Me Vergès : « M. Maspero a publié des livres, des livres qui ont été saisis bien sûr, et qui sont l'œuvre de gens recherchés, bien sûr aussi, par la police : le docteur Frantz Fanon[11], M. Maurice Maschino. Viendrait-il à l'idée de M. Maspero de dénoncer à la police l'asile où il sait que se trouvent Maschino ou Fanon ? »

10. *Mon procès, op. cit.*
11. *L'An V de la révolution algérienne* est sous le coup d'une saisie.

M. Maspero : « Je reçois presque chaque jour des manuscrits concernant l'Algérie. La plupart émanent de jeunes qui ont mon âge. »

Le président (impatient) : « Oui... »

M. Maspero : « Frantz Fanon a à peu près mon âge. Ces manuscrits posent le problème de la guerre d'Algérie ; pas toujours dans les termes et avec le talent d'Arnaud, mais quelquefois ils proposent des solutions. Ils disent leur admiration pour le peuple algérien en lutte. Ils disent qu'il faut l'aider. Et pour l'aider, ils proposent quelquefois des solutions concrètes. Professionnellement, je dois seulement me demander ce que valent ces manuscrits : s'ils apportent en France de l'information, ou une richesse littéraire. Il ne me viendrait absolument pas à l'idée d'aller au commissariat de la rue Danton – c'est le plus proche *(rires)* – dire d'où viennent ces manuscrits, quels en sont les auteurs, et ce qu'ils ont l'intention de faire. Quelquefois je sais ce qu'ils font. Et si je recevais un manuscrit de Francis Jeanson, par exemple, la question que je me poserais serait : ce manuscrit apporte-t-il du nouveau ? Dois-je l'éditer ? Et pas du tout : dois-je aller dire à la police d'où vient ce manuscrit ? Et si je décide de l'éditer, il se peut que je rencontre Francis Jeanson et que je lui paye ses droits d'auteur, comme j'ai fait pour Fanon ou pour Maschino. Je ne pousserais pas le cas de conscience plus loin. »

Pierre Vidal-Naquet n'est pas moins incisif. Il retrace les stades successifs de sa récente carrière « littéraire » : *L'Affaire Audin, Les Disparus* où est dépeinte l'élimination de trois mille Algériens, sous l'autorité du général Massu, sans qu'aucun démenti n'ait été apporté par les autorités civiles ou militaires. Soudain Arnaud jaillit de sa boîte :

« Monsieur le président, je voudrais que vous disiez à ce personnage qui est assis en face de moi et qui se tient comme un porc d'éviter les gestes de menace envers le témoin.

– Je n'ai absolument pas bougé, je suis grand mutilé, je regrette... »

Et Jacques Vergès clôt l'incident en assenant au perturbateur : « Ce n'est pas une profession, grand mutilé ! »

Le retournement s'est accompli. Comme jamais auparavant, les militants de l'Algérie algérienne, au cœur même de l'institution étatique, avec ses gardes, ses règles et ses toges, imposent leur cadence, leur ordre du jour, leur discours. Oubliée, la non-délation de Francis Jeanson par Georges Arnaud. Voici qu'amenés de Fresnes, Moussa Khebaïli et Bachir Boumaza, les victimes de *La Gangrène,* déposent à la barre et se muent en procureurs. Ces hommes-symboles, ces hommes – étymologiquement – abstraits parlent, manifestent, défient. « Quel contraste ! s'écrie Khebaïli avant d'être entraîné par les agents qui l'encadrent : on reproche à

Georges Arnaud son silence et l'on m'enferme, moi, comme diffamateur, parce que j'ai dénoncé l'assassin de Me Ould Aoudia[12] ! » Avec la même énergie, Boumaza interroge : « Lorsqu'en prison certains reçoivent des lettres où ils apprennent que leur mechta a été rasée, que leur femme a été violée, que leurs frères, que leur famille ont été exterminés, il est difficile à ces détenus de ne pas se poser la question : est-ce que la France n'est pas la contrepatrie de l'Algérie ? » Le président a beau rétorquer immédiatement que la question ne sera pas posée, elle l'a été, et nul ne sait plus très bien où sont les questionneurs, où sont les questionnés.

Après cela, le retour à l'obscur objet du débat, c'est-à-dire à la complicité « objective » du citoyen Arnaud avec le rebelle Jeanson, apparaît intensément dérisoire. Témoin de l'accusation, Pierre Charpy, rédacteur en chef du quotidien qui a publié le récit de la conférence de presse séditieuse, marche vers le martyre. L'opération se révèle douloureuse. Obsédant, un refrain rythme le dialogue, entonné en chœur par la défense : pourquoi n'êtes-vous pas dans le box ?

L'inculpé : « Tu n'avais pas besoin de me lâcher comme tu m'as lâché. »

M. Charpy : « Je suis en désaccord formel... »

L'inculpé : « Vous permettez, monsieur le président : j'ai encore une question à poser au témoin. »

Le président : « Bien entendu... »

L'inculpé *(dont la voix s'est faite toute de douceur)* : « Charpy ?... T'as pas honte ? »

M. Charpy *(faiblement)* : « Absolument pas... »

L'inculpé *(ravi, hilare, tourné vers les juges)* : « Vous voyez, il n'a pas honte[13]. » *(Rires.)*

Sur ce mode, la scène se prolonge, interminable pour Pierre Charpy et trop brève pour le public, lorsque Me Oussedik demande la parole. Georges Arnaud remarque sur son visage « un air de vipérine jubilation » :

« Monsieur le président, voudriez-vous me donner acte que le témoin Charpy n'a pas prêté serment ?

— Acte est donné. Prêtez serment, on recommence... »

« Un énorme éclat de rire secoua la salle, raconte l'auteur du *Salaire de la peur*, et aussitôt dit, aussitôt fait, on recommença tout depuis le début. Fort avant dans la soirée, bien après que le verdict eut été rendu, Charpy devait être aperçu dans divers bistrots avoisinant Reuilly. Il buvait des alcools raides et se parlait à soi-même... »

12. Responsable du « collectif F.L.N. », assassiné l'année précédente.
13. Dans *Mon procès*, Arnaud avoue que l'autre réplique était prête : « Vous voyez, il a honte ! »

Deux ans de prison avec sursis, est-ce trop cher payer de tels souvenirs ? Le grief de « non-révélation » n'avait jamais été retenu contre un journaliste. Le texte invoqué n'avait servi qu'une seule fois en cent cinquante ans[14].

La tentation est vive de multiplier les saillies, tant elles sont croustillantes. Tel cet échange entre Pierre Charpy et Me Courrégé. Le journaliste, à bout : « Maître, si nous n'étions dans un prétoire, je vous casserais la gueule ! » L'avocat, glacial : « Cher monsieur, hors d'un prétoire, je ne vous aurais jamais adressé la parole... [15]. » Mais, au-delà, le procès Arnaud marque une rupture essentielle. On y voit François Maspero, à mots quasi découverts, développer une apologie des porteurs de valises. On y entend Pierre Vidal-Naquet, témoins à l'appui, violer les tabous de la République. Cela n'est pas seulement possible parce que les acteurs sont bons et parce que l'enjeu pénal n'implique aucun matin blême. C'est un signe, un de plus. Le signe que le public mûrit vite, qu'il sera bientôt mûr.

Sans doute, force reste à la loi : le 29 juin, une Lyonnaise, Josette Augay, est condamnée à deux ans de prison pour avoir abrité l'état-major F.L.N. de sa région. Cependant, n'est-il pas plus convenable d'affirmer que la loi ne reste qu'à la force ? Au tribunal d'Alger, c'est l'évidence : le procès d'Henri Alleg, du 13 au 16 juin, se déroule à huis clos et l'autorité judiciaire y affiche même la macabre prétention de juger Maurice Audin par contumace. Alleg, qui écope de dix ans, a du moins la vie sauve, dans une ville que sillonnent les disciples de M. Lynch. Mais en Métropole ? Que penser du jugement rendu à Lille le 25 mai, où une plainte du Comité Audin contre *La Voix du Nord* (le quotidien a, sous la signature de Georges Ras – futur O.A.S. – réfuté grossièrement l'argumentation du comité) débouche sur un rejet et sur l'adoption de conclusions déclarant que les quatre secrétaires dudit comité... n'ont pas qualité pour le représenter ?

La Justice aussi est un champ de bataille et voici que les prisonniers eux-mêmes refusent d'abandonner le combat. Surtout le combat contre la guerre. L'abbé Christian Corre, vicaire à Montluçon, ancien aumônier militaire, traduit avec Diego Masson, le 8 juillet, devant le tribunal des Forces armées de Lyon, revendique ainsi sa responsabilité pleine et entière dans l'extension de « Jeune Résistance » :

« Admettez-vous qu'un chrétien puisse déserter ? s'étonne le commissaire du gouvernement.

– Le curé d'Ars fut déserteur.

– Les devoirs d'un chrétien peuvent donc n'être pas compatibles avec ceux d'un Français ?

14. Au reste, la Cour de cassation a – fait presque unique – annulé le jugement sans renvoi.

15. Rapporté aux auteurs par Georges Arnaud.

— Je le pense, en effet. »

Un an de prison pour l'ecclésiastique, deux pour le jeune musicien. Mais ces coupables-là sont autant de témoins à charge.

□

Surveiller, punir, surveiller encore. L'auxiliaire d'une justice rigoureuse, c'est une police vigilante. La D.S.T. l'est. Malheureusement pour elle, il se produit, en cette matière, un retournement analogue à celui que nous venons de décrire. Des arrestations spectaculaires ont lieu. Mais après la conférence de presse clandestine de Francis Jeanson, elles revêtent l'allure d'une confirmation de ses dires. La preuve par neuf que le grand coup de filet réussi en février n'a pas stoppé l'aide française au F.L.N., c'est que l'on continue, à un rythme surprenant, de déceler d'autres branches, d'autres ramifications, géographiquement et socialement diversifiées. Ce n'est plus un groupe qu'il s'agit de réduire, c'est une hydre.

Le 10 mai 1960, Laurence Bataille, étudiante en médecine, rentre du cinéma. A sa porte, deux clochards assis par terre. Ils se lèvent : « Mademoiselle Bataille ? Police ! »

On entre. Les clochards d'opérette procèdent à une discrète perquisition dans la chambre de la jeune fille, si discrète qu'ils ne réveillent pas sa grand-mère, qui dort à côté. La fouille se révèle infructueuse. Rue des Saussaies, Laurence Bataille est courtoisement accueillie. Les inspecteurs ont quelque chose à lui montrer. C'est volumineux et ça sent la graisse : neuf valises contenant cent vingt-sept mitraillettes. Les armes ont été saisies chez une autre étudiante, de nationalité allemande. Elle se nomme Inge Huscholtz et loue une petite chambre, au quatrième étage, 316, rue Saint-Honoré. Lorsque les hommes de la D.S.T. ont frappé poliment mais impérativement, elle avait de la visite : une brune aux yeux verts, algérienne, Zina Haraigue. Tous les policiers de France ont appris par cœur son patronyme. Car son frère, Omar, trois fois condamné à mort par contumace et actuellement en Allemagne, a longtemps dirigé « à l'intérieur » le service action du F.L.N., l'organisation spéciale (O.S.), dont le responsable pour l'Europe est Rabah Bouaziz. On a d'ailleurs trouvé chez Zina, 29, avenue de Lamballe, des documents parmi lesquels figurent, selon le communiqué de la D.S.T., « des photos et des adresses de policiers, des plans d'installations pétrolières de la région parisienne et du Midi (avec des itinéraires pour faciliter la tâche des saboteurs), et des petits réveils devant sans doute servir à fabriquer des bombes à retardement ».

Les inspecteurs questionnent Laurence Bataille : « Vous connaissez ces jeunes filles ? Vous connaissez ces armes ? » La suspecte ouvre de grands yeux... « Nous tenons le " correspondant " de Bouaziz à Paris, Aït Moktar. Or vous avez été aperçue avec lui le 17 avril. » Elle nie, de toutes ses forces.

Elle ment. Son passé militant est exceptionnellement riche.

Au printemps 1958, avec son cousin Diego Masson qu'elle a recruté, Laurence Bataille travaille dans le cadre du groupe dirigé par Robert Davezies. Le groupe est en relation exclusive avec Rabah Bouaziz. Elle s'occupe d'argent (elle se souvient, par exemple, d'avoir remis des fonds, dans un quartier bon genre, à une femme envoyée par Henri Curiel, ultra-chic et accompagnée d'un militant déguisé en chauffeur de maître). Elle participe à des passages de frontières. Lorsque Davezies sort à son tour, Laurence Bataille reste en contact direct avec Bouaziz, à l'écart de tout autre groupe du réseau. Surtout, aidée de Diego Masson, elle réalise *F.L.N. Documents*, tiré et expédié à deux mille exemplaires chaque mois. Les Algériens fournissent les textes, les Français élaborent la maquette, agrafent les pages, réunissent un fichier.

L'O.S. ? Ils ignorent jusqu'à son existence. Bouaziz ? Ses responsabilités exactes sont un secret. De la même manière, quand Laurence Bataille, en compagnie de Davezies, transporte Omar Haraigue jusqu'à la frontière allemande, le frère de Zina est pour elle un parfait inconnu. Ce qui est clair, c'est que les règles de sécurité sont particulièrement strictes, nettement plus sévères que dans le réseau Jeanson, que le cloisonnement est étanche – la consigne est de ne jamais employer le même pseudonyme en deux endroits différents.

Ainsi, jusqu'en 1960, Laurence Bataille mène-t-elle, parallèlement à de sages études, une seconde existence périlleuse. Elle ne dépend ni de Jeanson ni de Curiel et traverse sans encombre le mois de février. L'alerte survient alors qu'elle « fait le taxi » pour Aït Moktar, à bord de la voiture de son fiancé, André Basch (qui sera inquiété comme elle). L'Algérien lui dit tout à coup : « Attention, un flic vient de noter ton numéro. » Elle fonce, tourne et retourne, se perd dans Paris.

Mais un mois et demi plus tard, elle peut vérifier qu'Aït Moktar n'a pas rêvé. Toutefois, la justesse de son intuition a empêché le suiveur de photographier la voiture et ses occupants. Une plaque minéralogique n'est qu'une présomption légère. Et Laurence Bataille nie, nie encore. Vers deux heures du matin, Inge Huscholtz et Zina Haraigue débarquent rue des Saussaies. Zina, un livre d'Anouilh à la main, offre le portrait achevé d'une petite-bourgeoise de Passy. A l'aube, elle réclame du café au lait et des croissants. Comme le service paraît lent, elle s'écrie : « Comment ! Mais c'est un génocide ! » Le café au lait et les croissants surgissent aussitôt... Laurence, elle, se rassure au fil des interrogatoires. Finalement, les enquêteurs semblent bredouilles. Ils établissent qu'elle a déjeuné avec un externe de l'hôpital Saint-Louis, ami de Christiane Grama, arrêté puis relâché faute de preuve. Vraiment pas de quoi envoyer quelqu'un au bagne ! Après six semaines de détention à la Roquette, c'est le non-lieu — la retraite du clandestin[16].

La « France profonde », l'homme de la rue se demande à quoi, décidément, rêvent les jeunes filles.

□

Lundi 6 juin, 23 h 30. A l'angle de la rue de Rivoli et de la place de la Concorde, Daniel Macaux, une sacoche à la main, sort du métro et se dirige vers l'unique taxi en faction. Daniel Macaux a vingt ans. C'est un garçon sérieux, interne au lycée Janson-de-Sailly où il prépare le concours d'entrée à l'École supérieure d'électricité. Ses convictions sont publiques : il est de gauche, chrétien fervent, chrétien « engagé ». On l'a élu, à Janson, délégué des classes préparatoires auprès de l'U.N.E.F. Sa famille est honorablement connue ; son père et sa mère, tous deux professeurs de collège, habitent un pavillon à Montmorency. Non, vraiment, Daniel Macaux n'a rien à cacher. Surtout pas lui-même — quand on mesure un mètre quatre-vingt-dix, on se voit de loin...

Il tend la main vers la porte du taxi, mais est brutalement rejeté en arrière, ceinturé. Il a repéré les deux hommes dès son arrivée gare de Lyon. Il s'est engouffré dans le métro Quai de la Rapée, a changé plusieurs fois de ligne et de rame, sans parvenir à les semer. On l'enfourne dans une voiture. Bientôt, ses aveux occuperont, sur toute la largeur, la couverture des quotidiens populaires.

Dans la sacoche, il y avait trente-sept millions de centimes, la « récolte » mensuelle du F.L.N. méridional. Le lycéen en a pris livraison à Marseille, 18, rue de Tivoli. Il a sonné, puis, comme convenu, la femme qui lui a ouvert a nié se nommer Mme Danielle Julliand. Toujours comme convenu, Daniel Macaux lui a ensuite donné un mot de passe et un chiffre. Au fond de l'appartement, il a trouvé deux hommes. Un Français : Lucien Jubelin, psychopédagogue ; et un Nord-Africain qui a soigneusement compté devant lui les liasses de billets. L'Algérien a rangé l'argent dans la sacoche, a pris sur une machine à ronéotyper quelques papiers et une enveloppe cachetée qu'il a joints aux billets, et a indiqué au jeune homme l'itinéraire à suivre pour gagner la gare Saint-Charles.

Trente-sept millions ! La somme est considérable. D'autant que

16. Récit de Laurence Bataille.

Daniel Macaux a dû racler ses fonds de poches pour payer le supplément du « Mistral »... Mais ce qui émeut vivement les foules, c'est le contenu de l'enveloppe scellée, tel que le dévoile un communiqué du ministère de l'Intérieur : y étaient consignés « les comptes rendus d'exécutions perpétrées par le F.L.N. et la liste des exécutions projetées contre des membres du M.N.A., des fonctionnaires de police, et contre des travailleurs algériens hostiles au F.L.N. ou simplement réfractaires aux collectes qui leur sont imposées [17] ». Les policiers ne dissimulent pas un certain étonnement : ils ont reconnu en Daniel Macaux l'un des cinq cents manifestants non violents (mille selon les organisateurs) qui, le 28 mai, ont protesté sur les trottoirs de l'avenue Matignon contre les camps d'internement [18].

Il est exact que Daniel Macaux obéit aux consignes du Comité d'action civique non violente (lequel, du reste, le désavoue immédiatement). Il est non moins exact qu'il ignorait le contenu du pli cacheté (d'ailleurs beaucoup plus routinier que l'a prétendu le communiqué officiel). Inexpérimenté, habilement « cuisiné » par les spécialistes de la D.S.T. – « Tu es un type bien, tu ne pouvais pas te douter qu'il s'agissait de meurtres » –, il a fini par s'effondrer dans la nuit du mardi au mercredi. Il a révélé avoir été pressenti pour cette « mission » par l'un de ses camarades de lycée, Luc Brossard, également élève à Janson-de-Sailly : Luc Brossard est appréhendé. La presse en trace un portrait sans nuance. C'est un meneur : « Fils d'un administrateur à Abidjan, il a vingt et un ans. Il est de taille moyenne. Son visage émacié est encore allongé par une petite barbiche rousse très fine. Ses yeux étrangement vifs semblent toujours à l'affût. Au lycée Janson, il était réputé pour ses sarcasmes et son ironie mordante. Luc Brossard recevait un courrier très important : des lettres provenant des mouvements extrémistes de gauche. Il avait été jusqu'à il y a quelques mois membre de l'U.G.S. Mais au moment où il a été arrêté, il allait s'inscrire au Parti communiste. Au dortoir, son casier était rempli de brochures et de livres interdits. C'est dans cette documentation qu'il puisait la nourriture des conférences qu'il faisait presque chaque semaine devant plus d'une centaine d'élèves de gauche. Il y commentait à sa manière les événements d'Algérie [19]. »

Cette fois, on le tient. Macaux n'était qu'une âme égarée. Voici le corrupteur. En plus, il exerce des responsabilités nationales : il est le président de l'Association des classes préparatoires aux grandes écoles, la branche « prépa » de l'U.N.E.F. Ses affaires personnelles sont minutieusement examinées. Après recoupements, deux noms,

17. Communiqué rendu public le 13 juin 1960.

18. Cette manifestation faisait suite à une première démonstration, le 28 avril, devant le fort de Vincennes.

19. *Paris-Presse*, 15 juin 1960.

imprudemment notés sur un carnet, demeurent au fond du crible. Le vendredi matin, à six heures, Marie-Madeleine Dubois et Jean-Paul Ribes sont à leur tour embarqués. A qui se fier? La blonde Marie-Madeleine, « Mylène » pour les copains, est la fille d'un colonel en retraite. Son père, « qui est estimé à Nice comme un homme d'une extrême courtoisie et d'une grande culture, avait donné, quinze jours auparavant, une conférence sur: Les révoltés de l'Esprit. Un exemple: Rivarol[20] ». Mylène a dix-huit ans, elle est étudiante en lettres et langues orientales. Son camarade et complice Jean-Paul Ribes, lui, est inscrit à la Faculté de droit et est connu dans le monde étudiant pour appartenir au P.S.U. Enfin, le lendemain, c'est un autre membre des E.S.U.[21], Jean-Jacques Porchez, élève à l'école d'optique appliquée, qui tombe dans les rets de la D.S.T.

A partir du dimanche 12 juin, la presse à grand spectacle est intarissable. Comme les policiers, elle cherche « la tête » du réseau. Daniel Macaux, « qui priait tous les soirs à la chapelle », n'est pas un terroriste convaincant. Alors Mylène, la fille indigne, « l'égérie » de la bande? L'hypothèse est retenue quelque temps: c'est elle, semble-t-il, qui devait réceptionner la sacoche de Daniel dans un bar du Palais-Royal. Pourtant, le « cerveau », le théoricien, le « doctrinaire » ne saurait être que Luc Brossard. Pour en avoir le cœur net, les limiers de *Paris-Presse* se hasardent, tels MM. Stanley et Livingstone dans la jungle, à explorer les bas-fonds de Janson-de-Sailly. Leur reportage répand la terreur: « 4 300 adolescents, constatent-ils, cela représente évidemment une masse énorme de violence possible. » Le lycée tient de la Casbah et de Chicago: « Une douzaine de gangs trafiquent sur les cigarettes et sur le whisky; on achète du Shape à 3 500, on revend à 4 500. Certains vendent des pulls en cachemire et des chaussures italiennes qu'ils ramènent de l'étranger en fraude. » On chuchote même que de la drogue... Et maintenant, « maintenant la politique a contaminé ce milieu déjà pourri par les gangs et les truands ». Alentour, les murs sont constellés de papillons « Jeune Résistance » réclamant la fin de la guerre. Une lettre — anonyme — de « parents d'élèves » se plaint que l'administration « pro-communiste » du lycée autorise toutes sorties et toutes entrées[22]. Bref, c'est la chienlit.

Plus subtiles sont les analyses qui procèdent d'une autre source. La police, par l'entremise des Renseignements généraux, a découvert qu'une très importante réunion, rassemblant soixante à quatre-vingts participants, a eu lieu au tout début du mois de juin, dans un temple évangélique, rue de l'Avre. L'ordre du jour aurait porté sur l'insoumission et la désertion, avec le concours d'un ou plusieurs

20. *Paris-Presse*, 14 juin 1960.
21. Étudiants socialistes unifiés, secteur étudiant du P.S.U.
22. *Paris-Presse*, 16 juin 1960.

représentants du mouvement « Jeune Résistance ». Pour plus de sécurité, les personnes présentes se seraient désignées par des numéros épinglés sur la poitrine. Et les lycéens arrêtés auraient été de celles-là. Interrogé, le pasteur Francis Bosc, maître céans, fait évasivement répondre aux journaux : « Notre règle est de laisser toute liberté à ceux auxquels nous ouvrons nos portes. » C'est de chez lui, en particulier, que sont parties les consignes de manifestations non violentes. C'est encore chez lui qu'a été observé un jeûne de trois jours pour dénoncer les camps d'internement.

D'autre part, le 23 juin, la D.S.T. signale qu'elle recherche un certain « Monsieur Paul » ainsi dépeint : « Trente-cinq ans, de fines moustaches, de l'embonpoint, une pipe qui ne le quitte guère. » C'est lui qui aurait assuré la liaison entre les étudiants inculpés et le F.L.N. Car ces derniers, questionnés par le juge d'instruction Braunschweig, sont formels : jamais ils n'ont eu de contact direct avec des militants du Front. Le juge d'instruction, fort bienveillant, retiendra que ces jeunes ont commis, par idéal, des actes dont ils étaient incapables de mesurer la portée. Il leur accordera, fin juillet (à l'exception de Lucien Jubelin, maintenu en prison « au bénéfice de l'âge »), une mise en liberté provisoire.

Dans cette affaire, la police a très mal joué. D'abord, elle a procédé hâtivement à l'arrestation de Macaux au lieu de le filer. Les deux inspecteurs qui l'avaient « pris en charge » à la gare de Lyon, sur la foi d'un renseignement dont l'origine ne sera éclaircie qu'un an plus tard, ont craint de le perdre alors qu'ils ne savaient même pas son nom. Ensuite, elle a réuni les pièces du puzzle : le groupe des lycéens, « Jeune Résistance » et la réunion rue de l'Avre, « M. Paul », sans déceler le moindre fil conducteur.

L'histoire vraie, la clé du puzzle, la voici[23]. La D.S.T. et les journaux se sont abondamment préoccupés de Mylène Dubois et de Luc Brossard, peu de Jean-Paul Ribes, et guère de Jean-Jacques Porchez. Or c'est lui, la « tête » introuvable. Il n'est pas gauchiste de naissance. Sous le gouvernement Mendès France, à seize ans, il adhère au parti radical. Il milite dans un comité étudiant anticolonialiste. Puis il transite par le P.S.A. pour rejoindre le P.S.U. Son travail semi-clandestin débute en 1959 par la diffusion de *Vérités Pour* et de *Témoignages et Documents*. En janvier 1960, une équipe informelle d'étudiants commence, autour de lui, à dépasser le stade de la propagande vers celui de l'aide pratique. Porchez rencontre Georges Mattéi, qui devient son ami et aussi son « patron » : hébergements, boîtes aux lettres sont le lot quotidien. La publicité qui accompagne les arrestations de février favorise le recrutement. Le groupe s'étend et se structure. Rapidement, il est confronté au pro-

23. Témoignages de Jean-Jacques Porchez (qui, en outre, a bien voulu confier aux auteurs ses abondantes archives personnelles), et de Jean-Paul Ribes.

blème de l'insoumission. « Jeune Résistance », depuis Francfort, l'invite à s'affilier organiquement au mouvement des déserteurs. Mais Porchez et ses amis souhaitent une information plus complète sur les orientations et sur les éventuelles controverses, et jugent prudent de préserver leur autonomie. Dans ce contexte, l'assemblée chez le pasteur Bosc revêt une double signification. On y ébauche la création d'une filière clandestine de déserteurs et d'un centre de propagande contre le service militaire en Algérie. Par ailleurs, Louis Orhant, qui s'est spécialement déplacé, développe les thèses de J.R. et s'efforce de fournir une image plus concrète de ce qui n'est, jusqu'alors, qu'un sigle et un symbole.

Pour mieux se consacrer à son rôle de coordonnateur, Jean-Jacques Porchez se décharge sur Jean-Paul Ribes et Luc Brossard des tâches syndicales qu'il assume au sein de l'association des « préparationnaires » aux grandes écoles. Les deux garçons mènent de front activités légales et missions illégales – les consignes étant toujours fournies par Georges Mattéi, alias Raoul. Et justement, à la veille de la Pentecôte, « Raoul » réclame un service urgent. Il s'agit d'un transfert de fonds, de Marseille – où Lucien Jubelin et Robert Bonnaud centralisent l'argent du F.L.N. – à Paris. Dans un premier temps, on songe à y dépêcher Mylène Dubois, généralement très disponible. Mais comme ses camarades, elle est en pleins examens. « Sécher » les épreuves serait à la fois une bêtise et une imprudence. C'est alors que Luc Brossard contacte, au pied levé, son « cothurne » Daniel Macaux. Daniel, lui, est débarrassé de l'écrit de son concours. Il lui reste quelques jours avant l'oral et il peut profiter du congé de la Pentecôte. Rapporter une valise, cela paraît acceptable; il donne son accord de principe. Mylène, ultérieurement, l'informe des détails. Et un certain « M. Paul », qui n'est autre que Georges Mattéi, lui administre, au buffet de la gare de Lyon, un cours accéléré de clandestinité élémentaire. Il lui apprend à détecter une filature, à attendre la seconde rame sur le quai du métro, à changer le plus souvent possible de moyen de locomotion, etc.

Daniel Macaux est un élève consciencieux. Dans le train qui le ramène de Marseille, il s'aperçoit qu'il est filé. Gare de Lyon, il applique à la lettre les consignes de « M. Paul » et inflige aux hommes de la D.S.T. un marathon essoufflant. Si bien qu'il est à deux doigts de gagner la partie lorsqu'il accoste le taxi stationné rue de Rivoli. Sa disparition alarme aussitôt la « bande à Porchez » et l'arrestation de Luc Brossard confirme les pressentiments. Le jeudi, Porchez et Mattéi étudient ensemble les mesures de cloisonnement qui s'imposent. Elles seront efficaces puisque la police, incapable d'élargir le cercle de ses investigations, oscillera entre une surestimation et une sous-estimation de l'activité des jeunes gens.

Un balancement analogue s'observe à gauche. La voix la plus

chaleureuse est celle de Morvan-Lebesque : « Qu'un Alleg soit torturé, qu'un Audin " disparaisse ", qu'un Boumendjel se jette dans le vide pour échapper à ses tortionnaires, qu'un Georges Arnaud soit poursuivi pour crime de non-délation, que le mensonge, le faux et le silence deviennent des armes normales, admises, légalisées, cela n'a plus de nom ni de circonstances atténuantes, cela est un mal, rien qu'un mal, injustifié, injustifiable. Ne soyez donc pas étonnés si des milliers de Français souffrent de ce mal parce qu'ils sont sensibles, parce qu'ils croient à la morale et surtout, je le proclame bien haut, parce qu'ils aiment leur pays. Que certains jeunes, et des meilleurs, puisqu'ils préfèrent la justice au scooter et la vérité à la distraction, puisqu'ils ne veulent pas être de ceux qui diront plus tard : " Je ne savais pas ", s'égarent dans leur action, la faute leur en incombe moins qu'à cette nuit morale où vous les avez jetés[24]. » Sur la même longueur d'onde, Robert de Montvallon, dans *Témoignage chrétien*[25], réplique à *La France catholique* qui stigmatise le « nihilisme » des lycéens : « Vous dites qu'ils ont perdu le sens de l'honneur et l'amour de la patrie. En vérité, ils ont perdu le moyen de concilier l'amour de la patrie, le sens de l'honneur et le respect de l'intelligence politique. »

Le P.S.U., dont deux adhérents sont inculpés, n'a pas de mots assez durs pour s'en démarquer. Les arrestations, estime-t-il, « montrent que les services du ministère de l'Intérieur ont réussi à s'infiltrer dans certains groupes clandestins qui étaient depuis longtemps l'objet de la surveillance de la police. Ces groupes sont souvent devenus des foyers de provocation que les militants antifascistes doivent plus que jamais tenir à l'écart[26] ».

Mais le verdict le plus sévère est prononcé par Jean-Jacques Servan-Schreiber. L'éditorial qu'il consacre à l'affaire est politiquement très révélateur de l'émulation qui règne entre solutions orthodoxes et tentations hérétiques. Comment ! s'indigne le directeur de *L'Express*, alors que de Gaulle est ébranlé, que l'opinion revient à elle, que le front syndical se soude, que l'U.N.E.F. mobilise, il se trouve « des maîtres à penser de la gauche qui incitent leurs disciples à s'engager dans la voie de la désertion ou de l'aide au F.L.N. ! ». Les étudiants en prison ne sont que d'innocentes cervelles abusées. Ils « ne sont pas en cause dans ce débat ». Ce sont les philosophes qui sont « impardonnables » : « Si nous avions à leur égard la moindre complaisance, si nous contribuions par la moindre équivoque à laisser un seul lycéen de Janson-de-Sailly suivre leur exemple ou — le plus souvent — leurs conseils, nous serions, comme eux, coupables[27]. »

24. *Le Canard enchaîné*, 15 juin 1960.
25. *Témoignage chrétien*, 16 juin 1960.
26. *Le Monde*, 18 juin 1960.
27. *L'Express*, 16 juin 1960. Dans le numéro du 7 juillet, André Mandouze

Piqué au vif, Francis Jeanson réagit depuis sa retraite : « Voici, dites-vous, " voici le sang qui revient dans les veines ", " voici l'espoir ", " la bataille politique prend tournure... ". Je le crois, en effet. Mais d'où cela vient-il ? Ce réveil, dites-vous encore, " est dû pour une part décisive à la jeunesse étudiante " : pour le coup, je vous suis sans réserve. Ne pourriez-vous cependant en tirer la leçon ? Je ne crois certes pas mieux que vous *connaître* ces jeunes. Mais tout ce que j'ai pu ressentir chaque fois qu'il m'a été donné d'en rencontrer m'incite à penser que vous n'avez point assez tenu compte de leurs motivations réelles d'une part, et d'autre part de leurs véritables horizons. Vous avez raison de compter sur eux, de tout miser sur eux : mais je crois que vous êtes encore loin du compte avec eux. Ceux-là mêmes qui ne nous approuvent pas, croyez-vous donc qu'ils nous condamneraient dans les termes où vous le faites ? Ils savent trop qu'ils ont eu, eux aussi, à se déterminer tout seuls, à leurs risques et périls, quand nos générations – la vôtre, la mienne – sombraient dans la plus misérable abstention : d'accord ou pas d'accord, ils ont en tout cas reconnu en nous des frères, simplement parce que nous cherchons comme eux, et parce que même après avoir défini notre engagement, nous n'avons jamais été tentés de nous tenir pour leurs pères ou leurs condescendants aînés. »

C'est une profession de foi, le mot n'est pas excessif. D'ailleurs, convaincu que le chef de l'État n'aborde pas avec sérieux les pourparlers de Melun, Jeanson termine par un défi : « Je vous fais même un pari : si notre Roi ne saisit pas ces jours-ci la perche qui lui est miraculeusement tendue, s'il s'obstine à attendre du G.P.R.A. et de l'A.L.N. qu'ils se considèrent comme hors de combat, c'est l'U.N.E.F. elle-même qui, en octobre prochain, préconisera *la désertion* et approuvera *l'aide au F.L.N.*[28]. »

La prédiction est hasardeuse. Mais, dès juillet, sitôt retombée l'espérance d'une négociation, les démonstrations modérées et « républicaines » telle que la journée nationale pour la paix, organisée par la gauche le 28 juin, réapparaissent sans proportion avec la tragédie qui se prolonge. Et le chœur des condamnations adressées aux étudiants incarcérés s'éparpille. Comme précédemment, après une première phase de constriction, le débat se dilate, s'enfle. Qui plus est, le pouvoir se fourvoie dans une énorme gaffe. Imaginant sans doute que la représentativité de l'U.N.E.F. ne résistera pas à ses positions en flèche, il lui supprime la subvention octroyée aux syndicats. C'est apporter de l'eau au moulin de Porchez

répond à Jean-Jacques Servan-Schreiber que l'heure n'est pas à jouer les Ponce-Pilate : « Nos écrits nous échappent et nous dépassent. L'extrapolation est un droit pour ceux qui nous lisent, le passage à la limite une preuve qu'ils nous font confiance. »

28. Lettre inédite datée du 24 juin 1960.

et de Jeanson ; c'est avouer que les organisations de jeunesse sont des pépinières de porteurs de valises. Une fois encore, la répression alimente ce qu'elle prétend détruire.

L'étrangleur de Maurice Audin vient d'être décoré. Simone de Beauvoir divulgue le dossier Djamila Boupacha, atrocement martyrisée par les parachutistes. Avec Gisèle Halimi, elle force les oreilles les plus hermétiques. Le viol de Djamila devient symbole de l'Algérie violentée. Au baccalauréat de philosophie, les candidats sont invités à réfléchir sur un « beau » sujet : « Qu'est-ce que la barbarie ? »

Chapitre 17

DEVOIRS DE VACANCES

Sauf tremblement de terre ou invasion allemande, les Français partent immanquablement en vacances. Même les militants assidus. Après le 14 juillet de cette année 1960, le « deuxième cercle », le halo de sympathisants qui enveloppe et nourrit le noyau central animé par Henri Curiel, perd l'essentiel de sa consistance. Pour les permanents et semi-permanents du réseau, les congés des autres signifient cinq à six semaines de travaux forcés. Étienne Bolo : « En août, j'ai parcouru vingt-trois mille kilomètres. Je me souviens qu'une fois, en sept jours, j'ai fait Paris-Cologne-Paris, puis Paris-Coblence-Paris, et qu'au retour Curiel m'a demandé de filer à Marseille chercher trente briques. Je suis resté trois nuits sans dormir ; je marchais à coups d'amphétamines. » Didar Fawzy : « Nous nous sommes retrouvés un petit nombre pour nous occuper de tout, sans nous soucier de nos responsabilités particulières. Je travaillais beaucoup avec le Baron mais il m'arrivait aussi d'assurer physiquement des passages de frontières – ce qui mettait Henri hors de lui, d'autant que j'assurais le contact avec certains responsables du Front et que je me suis souvent transformée en chauffeur pour Omar Boudaoud. »

Il est nécessaire de rappeler ces réalités prosaïques avant d'aborder les débats politiques internes qui se déroulent pendant l'été. Les militants du réseau ne sont pas des bavards saisis par la logorrhée, ni des stratèges en chambre. Nul plus qu'eux n'opère une incessante navette entre l'action terre à terre et les principes intangibles. Les derniers recrutés, comme Georges Mattéi, ont même tendance à considérer que le peuple français est amorphe et incorrigible, que seule compte l'aide technique apportée aux Algériens, et que les empoignades et calculs politiques ne représentent qu'une inutile dépense de temps.

Ce n'est pas du tout l'avis d'Henri Curiel. Patiemment et fermement, il traduit sa pensée en structures. Son idée est de constituer une organisation où soient articulés sans confusion le soutien concret au F.L.N. et la lutte de masse pour la paix. Organisation clandestine parce que contrainte, pour une part, de recourir à l'illégalité. Mais organisation suffisamment ouverte pour drainer et coordonner les nombreux adhérents des grands partis (singulièrement du P.C.F.) qui désirent s'engager plus avant contre la guerre sans déchirer leur carte. Enfin, organisation spécifiquement française, financée par ses membres, de manière à lever les inévitables équivoques entre appartenance à un réseau d'aide et appartenance au Front algérien. Ainsi prend corps le projet d'un « Mouvement anticolonialiste français » (M.A.F.) qui absorberait le réseau Jeanson tout en capitalisant ce que l'effervescence du printemps a révélé d'énergies potentielles.

Dans cette entreprise, Curiel reçoit l'assentiment de deux secteurs combatifs. Des chrétiens de gauche : à l'extérieur, Robert Davezies n'épargne pas sa peine pour populariser le M.A.F. ; à l'intérieur, Robert et Denise Barrat consentent à donner leur caution para-légale et à figurer en tête d'affiche du nouveau mouvement – au titre de personnalités jouxtant et couvrant la branche proprement clandestine. Des communistes : depuis leur première entrevue, dans un bar de la rue Saint-Jacques, Curiel et Victor Leduc se rencontrent régulièrement. Le coordinateur du réseau fait état des progrès du recrutement parmi les membres du Parti. Leduc, lui, qui ne veut pas compromettre la difficile lutte politique qu'il mène pour un aggiornamento du P.C.F., est en revanche mandaté par le groupe de camarades dont il est le porte-parole pour accepter le type d'organisme charnière proposé par Curiel. D'autres échanges, moins suivis, ont lieu, notamment avec Jean Pronteau qui, à deux reprises, informe Curiel de la situation dans le Parti et s'informe auprès de lui de l'état politique et opérationnel du réseau[1].

Afin de procéder à la fondation du M.A.F. avec suffisamment de solennité, Henri Curiel décide qu'un congrès constitutif se réunira incessamment en Suisse, auquel seront conviés des représentants parisiens et régionaux des porteurs de valises, des diffuseurs de *Vérités Pour*, des délégués de J.R., et des « sympathisants ». Jehan de Wangen est chargé de l'organisation pratique des choses. Ancien étudiant du psychologue Jean Piaget, il a conservé de nombreuses attaches en territoire helvétique et parvient à obtenir, pour le 20 juillet, libre disposition de la mairie de Saint-Cergue. Ce jour-là, ils sont plus de trente – la quintessence du soutien français au F.L.N.

1. Témoignages de Victor Leduc et de Jean Pronteau. Le premier a fait la connaissance de Curiel par l'intermédiaire de François Maspero, le second grâce à Élisabeth Vailland.

– à s'assembler dans la salle municipale. L'état-major d'Henri Curiel est présent au grand complet, renforcé, pour les « exilés », par Robert Davezies. Jean-Louis Hurst est l'observateur envoyé par « Jeune Résistance ». Denise Barrat s'est déplacée. Bref, Curiel est maître des débats.

Francis Jeanson et Jacques Vignes, minoritaires, n'ont qu'à s'incliner. Ils sont contraints d'assister à leur exclusion du cadre d'active. Pour autant, ils ne sont pas dépourvus d'arguments. Jeanson, qui maintenant encore qualifie la fondation du M.A.F. de « farfeluterie[2] », en développe trois. D'abord, objecte-t-il, sur le plan de la sécurité, une réunion de ce type est une aberration – Curiel répond qu'au contraire, l'élargissement qui s'opère procure au réseau une sorte de matelas protecteur. Ensuite, au niveau véritablement politique, Jeanson affirme que l'articulation du type M.A.F. entre l'aide au F.L.N. et l'opposition de masse à la guerre ne saurait conduire qu'à une édulcoration du travail d'avant-garde effectué par les Français solidaires du Front et à un alignement sur les mots d'ordre évasifs (la paix, sans autre précision) de la gauche « respectueuse » – Curiel et les siens rétorquent que sans relais significatif, c'est-à-dire sans évolution du Parti communiste, des syndicats ouvriers et du P.S.U., le travail d'avant-garde n'a valeur que d'appui technique au F.L.N. et, quant au reste, de témoignage pour l'histoire.

Le troisième clivage découle du second. Jeanson craint que sous prétexte de dissoudre toute ambiguïté entre l'aide française et le combat national algérien, le M.A.F. ne provoque un abcès dont le traitement sera malaisé. La conviction de Curiel, à l'inverse, est qu'une structure spécifiquement française, parlant d'égal à égal avec le F.L.N., préserve mieux les virtualités politiques dont elle est porteuse, s'assure une liberté de manœuvre plus grande et oblige les dirigeants algériens eux-mêmes à approfondir la nature de leurs besoins et des services qu'ils réclament. Sur ce point, en tout cas, c'est Jeanson qu'Omar Boudaoud préférerait voir l'emporter. La Fédération de France est extrêmement réticente sur la constitution du M.A.F. Elle redoute des complications dans le travail concret s'il faut négocier d'organisation à organisation et se méfie à présent quelque peu – c'est un euphémisme – de l'autonomie croissante de Curiel. Pour tout dire, Boudaoud est furieux de l'initiative prise par Curiel. Robert Davezies regrette la dureté de l'affrontement : « Il ne manquait pas, à Saint-Cergue, d'éléments qui ne s'étaient rendus là que pour y faire l'unité. La preuve, c'est que personne n'était resté chez soi. Ces éléments furent exaspérés, navrés du moins, par le ton systématique qu'Henri donna au débat, et ne plièrent que pour ne pas multiplier les fractions. J'étais de ceux-là[3]. »

2. Témoignage de Francis Jeanson.
3. Rapporté par Robert Davezies.

Il n'empêche. Le congrès approuve les thèses d'Henri Curiel et confie la direction des opérations à ce dernier, entouré du « Baron » et de Georges Mattéi. Certes, Jacques Vignes et Francis Jeanson sont cordialement invités à participer aux délibérations ultérieures, mais un chat est un chat : les voici hors course. Ce qui ne se passe pas, on l'imagine, sans amertume et sans tension.

Un document permet de cerner à la fois le climat et l'objet politique de ce débat. Il s'agit d'une lettre que Jeanson, en février 1961, a fait parvenir à Curiel. Qu'on nous pardonne d'anticiper de sept mois sur notre récit. Cette lettre, la seule qui ait circulé entre les deux hommes depuis juillet 1960 jusqu'à la fin de la guerre, apporte sur le congrès de Saint-Cergue, sur l'affrontement qui s'y déroula et sur l'orientation qui y fut arrêtée un éclairage irremplaçable. Nous en extrayons les fragments les plus révélateurs :

« Très cher Jack[4],

« ... Il me semble en *premier lieu* que nos divergences se sont établies pour l'essentiel, et sans que d'abord je m'en rende clairement compte, au niveau de la conception stratégique de la lutte : selon une optique communiste (et même P.C.F.), tu t'es préoccupé de rassembler le maximum de gens, sur une plate-forme qui ne pouvait dès lors être révolutionnaire. Ainsi étais-tu d'accord avec le prolongement *anticolonialiste* du soutien mais non point avec l'approfondissement progressif des thèmes J.R. dans le sens d'une radicale *mise en cause du régime* (*capitalo*-gaulliste). Or il est tout à fait sûr qu'on peut rassembler beaucoup d'hommes et de femmes sur les objectifs de la paix en Algérie, en poussant même jusqu'à l'aide pratique aux Algériens et jusqu'au soutien des insoumis et des déserteurs : les " anticolonialistes conséquents " se recrutent alors aussi bien parmi les communistes (qui ne veulent pas que la révolution s'engage actuellement en Algérie parce qu'elle s'y engagerait sans eux et qui redoutent en France même une radicalisation de la base parce qu'elle dérangerait les plans et l'extrême prudence de la direction) que parmi les non-communistes, qui ne veulent pas de révolution du tout.

« Ce que je crois quant à moi, c'est qu'un tel agrégat, s'il est nécessaire en tant que milieu ambiant (à la fois protecteur et nourricier), en tant que tampon et que réservoir de sympathisants, ne peut en aucun cas constituer le moteur de la lutte. Sur ce point, bien entendu, j'imagine que tu es d'accord avec moi. Et sans doute nos analyses ne diffèrent-elles qu'à partir du moment où il s'agit de désigner le véritable moteur de la lutte : car il me semble que pour toi c'est le Parti communiste, et si je suis théoriquement d'accord sur ce point de vue, je crois, quant à moi, que le Parti n'est pas

4. « Jack » est le pseudonyme que Curiel utilise au sein de son propre groupe politique. Jeanson, lui, signe « Vincent ».

encore en mesure de jouer ce rôle (qui en effet lui reviendrait de droit) et qu'il faut bien qu'une avant-garde le joue, assurant en quelque sorte une fonction intérimaire et s'efforçant de rappeler sans cesse aux militants du socialisme leur véritable rôle. A la condition qu'il n'y ait pas la moindre trace d'anticommunisme dans le cours de ce travail, et qu'elle ne se prenne pas elle-même pour la Révolution en marche : car elle n'est que *l'évocation*, de plus en plus insistante, *des exigences révolutionnaires...*

« ... *En second lieu*, et que je me trompe ou non sur la nature profonde de nos divergences, il me semble qu'elles t'ont conduit à engager un certain nombre d'activités en dehors de notre travail commun, dès avant les arrestations de février et plus encore, bien entendu, dans toute la période qui a suivi. En d'autres termes, je crois que tu as effectivement pris, à partir de février, une succession que tu t'étais préparé à prendre durant les mois précédents, et que l'inconvénient de cette attitude a été de créer – dans le contexte des militants français du soutien et du refus, ainsi que dans celui de nos rapports avec les Frères – une assez redoutable tension, qui ne pouvait pas ne pas prendre aux yeux de la plupart la forme d'une rivalité et qui a certainement coûté très cher à nos positions respectives vis-à-vis des Frères...

« ... Ce qui en tout cas me paraît évident, c'est que l'amitié – et même l'affection – qui avait été à mes yeux le climat constant de notre collaboration ne devrait pas avoir à souffrir d'un différend de cet ordre. J'ai entendu bien des calomnies à mon sujet, j'en ai entendu quelques-unes à ton sujet. Je n'ai pas attaché plus d'importance à celles-ci qu'à celles-là : les unes et les autres m'ont été fort pénibles...

« ... Je pense beaucoup à toi, je regrette la période où nous étions vraiment ensemble, et je te redis toute ma vive et profonde amitié.

Vincent[5]. »

La divergence entre eux ne va pas cesser d'obséder la génération qui se forme. Y a-t-il actualité de la révolution ? Y a-t-il interaction entre l'exemple du Tiers-Monde et ce dont rêvent les jeunes militants du vieux continent ? Y a-t-il possibilité de révolution dès lors que les plus puissants partis communistes européens marquent le pas à l'ombre des mausolées ? Jeanson refuse de se résigner à ce que le Parti français ne soit plus révolutionnaire et à ce que les insurrections d'Outre-Mer ne le soient pas encore. Curiel, sans illusions sur les mouvements de libération nationale et sur les avant-gardes « intérimaires », reste, par rapport au P.C.F., un orthodoxe de l'extérieur.

Le congrès de Saint-Cergue dote le M.A.F. d'un comité directeur de trente membres et précise ses buts : harmoniser les actions clan-

5. Archives personnelles de Francis Jeanson. Cette lettre est inédite.

destines individuelles, entretenir des liens étroits avec les partis et syndicats de gauche, mener une propagande anticolonialiste, enfin « orienter et contrôler l'activité du réseau " Jeune Résistance " ». La France est divisée en six régions : trois sur Paris, Lyon-Dijon-Grenoble, Marseille-Nice-Toulouse, Bordeaux-Poitiers-Bayonne. L'organisation de base du M.A.F. est la cellule qui comprend deux militants et un responsable. Deux cellules composent un groupe, deux groupes une unité, deux unités une section et ainsi de suite jusqu'à la région. La cotisation est fixée à dix (nouveaux) francs par mois. Il est prévu de recourir, si nécessaire, aux techniques modernes de l'espionnage : maquillage, microfilms, etc. Pour le réseau, pas de changement : il est cloisonné en services classiques (hébergement, finances, filières, information et propagande, service général, identité et camouflage). Toutefois, en matière de propagande, un « service Guillaume » dirigé par Curiel gère un fichier de six mille noms, tandis qu'un « service Martin[6] » est orienté plus spécialement vers les milieux chrétiens.

Manque un organe « officiel ». Innovation et continuité : il est décidé que *Vérités Anticolonialistes* remplacera *Vérités Pour*. Décision qui apparaît aux amis de Francis Jeanson comme un mélange contestable de détournement et de récupération[7]. Le numéro un de *Vérités Anticolonialistes*, en réalité un numéro zéro ronéotypé (il sera diffusé en septembre, la première livraison imprimée ne sera assurée que début 1961), est mis en chantier au lendemain du congrès. Deux « scoops » sont programmés au sommaire. D'abord, une déclaration de Ferhat Abbas à Maurice Maschino. Le président du G.P.R.A. y salue « l'efficacité » du réseau Jeanson et décrit son incidence sur le F.L.N. lui-même : « Du côté algérien, l'action du réseau Jeanson a été aussi très utile parce qu'elle a permis de placer notre lutte dans son contexte réel : une lutte contre le régime colonial et non pas contre le peuple français ; un combat national dénué de xénophobie et n'ayant aucun caractère religieux. Ces Français qui nous aident sont la preuve vivante qu'entre le peuple algérien et le peuple français, une coopération pacifique est toujours possible. »

L'autre « scoop », c'est une tribune libre rédigée par un groupe de militants du Parti communiste, qui ne mâchent pas leurs mots : « La vérité est que la direction du P.C.F., *dans sa majorité*[8], a éludé jusqu'à présent le véritable problème qui est le problème de l'alliance révolutionnaire entre le prolétariat du pays colonisateur et le mouvement national du pays colonisé... Que les couches sociales

6. « Martin » est le pseudonyme de Robert Davezies.

7. *Vérités Pour* paraîtra encore en juillet (n° 17) et en septembre (n° 18). Par ailleurs, nombre de groupes locaux continueront de reprendre le titre pour leurs bulletins ronéotypés.

8. Souligné par nous (N.D.A.).

jusqu'ici engagées dans l'action ne soient pas les couches décisives, que les activités anticolonialistes n'aient pas revêtu les formes politiquement les plus efficaces, celles de l'action de masse, c'est vrai, mais à qui la faute ? Qui n'a pas joué son rôle de guide, qui n'a pas mobilisé les masses laborieuses ? » Enfin, concernant les réfractaires, les intervenants interpellent directement leur secrétaire général : « Maurice Thorez dénature la pensée de Lénine en l'utilisant à contresens. En recommandant aux communistes de partir à toute guerre même réactionnaire, Lénine polémiquait avec un courant pacifiste qui prétendait aboutir à la suppression de la guerre par le refus de porter les armes ; solution de toute évidence utopique ou purement morale ; il n'entendait certes pas exclure par avance toute propagande pour l'insoumission ou pour la désertion dans une situation donnée. Aveugle qui ne voit pas la séduction que cette propagande exerce sur la jeunesse et sa portée révolutionnaire sur les jeunes soldats d'Algérie. » C'est là ce que pensent beaucoup de membres du Parti communiste. C'est aussi l'opinion qu'émet, en confidence, l'adversaire de Thorez, Laurent Casanova.

L'importance du M.A.F. n'est point tant son organigramme (les cellules, groupes, unités, sections, etc.) qu'il ne parviendra pas à étoffer sensiblement au-delà du réseau. Mais plutôt le support qu'il offrira à une fraction non négligeable de la mouvance communiste. Mais Omar Boudaoud, qui pour comble soupçonne Curiel d'avoir recherché l'aval de Ferhat Abbas par-dessus sa tête, et qui dépend financièrement des mécanismes élaborés par le militant égyptien, est résolu à mettre le holà dès qu'il en aura l'occasion.

Naturellement, une telle concentration de « personnes subversives » ne passe pas inaperçue. Les Renseignements généraux sont bientôt en mesure de décrire, dans une note, et avec maints détails, l'orientation du M.A.F. et sa structure (sans que soient cependant percés à jour les pseudonymes). Les conclusions du « conclave » de Saint-Cergue y sont soigneusement consignées. Et le rapport s'achève ainsi : « Les dirigeants des partis politiques de l'extrême gauche, du P.S.U. notamment, dans la filiation spirituelle desquels se situent les animateurs du M.A.F., disqualifient cette dernière organisation. Ils estiment que le M.A.F. ne compte pas plus de trois cents militants... Cependant, cette appréciation modérée ne doit pas amener à une sous-estimation du mouvement. Celui-ci possède, en effet, en France, des animateurs qui reproduisent à la ronéo des tracts et diffusent des brochures qui ne glorifient pas seulement les rebelles algériens, mais enseignement aussi les règles de la clandestinité et de l'illégalité [9]. »

Les espions du gouvernement, on le voit, se trompent quelque peu sur les inclinations politiques d'Henri Curiel, mais rendent hommage — sans le connaître — à ses vertus pédagogiques.

9. Source privée.

Une semaine après la création du M.A.F., c'est au tour de « Jeune Résistance » de réunir son premier congrès. Grâce, une nouvelle fois, à l'hospitalité des Falken (Jeunesses socialistes allemandes), les réfractaires français trouvent asile dans une auberge près de Darmstadt. Une discussion sérieuse est indispensable. Depuis qu'en mars, le noyau dirigeant a, dans sa majorité, écarté toute allégeance envers Curiel, les relations se sont violemment tendues. Et en cette fin du mois de juillet, une clarification ne saurait être différée. En juin déjà, à l'époque de l'assemblée parisienne clandestine – chez le pasteur Bosc – qui a précédé l'affaire Macaux, Martin Verlet, le lieutenant de Curiel chargé de suivre les déserteurs, et Louis Orhant, mandaté par l'équipe de Francfort pour représenter J.R. et travailler à son implantation, se sont découverts en situation de concurrence. Jean-Jacques Porchez, coordinateur du réseau des étudiants et lycéens, a subi de telles pressions contradictoires que, malgré son amitié pour Georges Mattéi et son admiration pour Henri Curiel, il a choisi la neutralité et le non-alignement. Pendant plusieurs semaines, Verlet et Orhant ont semblé s'appliquer à la construction de deux infrastructures distinctes sinon rivales. Le premier a bénéficié du support logistique du réseau, le second a enraciné des « filiales » dans des villes aussi importantes que Strasbourg, Aix et Lyon. Émulation désastreuse, propre à offrir le spectacle d'une consternante pagaille, au moment exact où les jeunes seraient le plus réceptifs à une propagande répandue à l'unisson. On est loin du compte.

Il s'agit donc, à Darmstadt, de définir un commun dénominateur, grand si possible. Mais dans son organigramme, anticipant sur le congrès de J.R., le M.A.F. s'est annexé le mouvement des réfractaires sans autre forme de procès. On a envisagé, à Saint-Cergue, un parrainage de J.R. et son éventuel dépassement (comparable au dépassement du réseau Jeanson dans le M.A.F.) sous l'appellation de « Jeunesses anticolonialistes ». Dès lors, une question unique résume l'ordre du jour : être ou ne pas être rattaché au M.A.F. Jean-Louis Hurst, fidèle au « Vieux », plaide le pour. L'opposition, toutefois, domine. Il y a, bien sûr, Jacques Berthelet, convaincu que Francis Jeanson a été piégé à Saint-Cergue et qui puise dans cette conviction une raison supplémentaire de tenir Curiel à distance. Il y a aussi Louis Orhant, pourtant communiste de souche, mais qui estime que trop de manipulations ont été utilisées pour réduire l'indépendance de J.R. La plupart des délégués de province se rangent à cet avis, et notamment Robert Bonnaud, « patron » du réseau marseillais, qui revient sur son adhésion au M.A.F.

Patriotisme d'organisation ? Rejet de l'autorité des aînés ? Tout cela joue. Mais la portée politique du congrès de J.R. lui est, en fait, donnée par Omar Boudaoud. Absent de Saint-Cergue (puisque s'y constituait un mouvement spécifiquement français), il est présent à Darmstadt. Son intervention est carrée : « Vous êtes bien gentils. Votre campagne pour l'insoumission, cela fait six mois que vous la poursuivez. Et vous êtes quinze. C'est un échec. Par contre, le sigle J.R. a un impact énorme sur les jeunes. Je propose de restructurer l'ensemble du soutien sous ce sigle[10]. »

L'objectif du responsable de la Fédération de France est transparent. Face au M.A.F., qui l'inquiète, il souhaite allumer un contre-feu. Et procéder en deux temps : d'abord, équilibrer la puissance d'Henri Curiel; ensuite, éviter une dispersion des résistants français à la guerre d'Algérie en féodalités antagonistes, d'autant plus absorbées par la polémique qu'incapables de prendre un réel essor. Surtout, avant de déterminer quelle stratégie politique il convient d'encourager, Boudaoud est comptable devant le G.P.R.A. du fonctionnement sans accroc du F.L.N. métropolitain. Sa proposition, sous réserve d'inventaire, est acceptée à la majorité. La direction de « Jeune Résistance » accepte aussi les subsides de la Fédération — ils seront particulièrement destinés à l'organisation de stages de formation en Tunisie et en Suisse. Et la résolution finale du congrès épouse une allure très « jeansonnienne » : « Notre mouvement est aujourd'hui à l'avant-garde de la gauche française. Il affirme sa solidarité avec tous ceux qui luttent pratiquement pour la paix en Algérie... Un tel mouvement porte en lui les germes d'un développement futur. Il ne pourra pas s'arrêter avec la fin de la guerre d'Algérie. » Voilà un ton très éloigné du discours développé à Saint-Cergue.

Francis Jeanson, de son côté, a rédigé un texte, un message destiné aux congressistes. Il analyse ce qui lui paraît être la rupture majeure de ce temps, l'entrelacs du conflit des générations et de la lutte des classes : « La jeunesse veut notre mort. La mort du Père, comme disent les psychanalystes. Nous avons été de mauvais pères, et notre seule chance est de devenir de véritables frères. Cela dépend de nous, de l'attitude — ou fraternaliste ou fraternelle — que nous adopterons à son égard. Ce qui est sûr c'est que nous ne pouvons rien sans elle, c'est que désormais tout passe par elle. Et nous devons souhaiter, pour nous-mêmes, que ces jeunes, après s'être voulus indifférents, soient désormais l'intransigeance même. » Diagnostic impitoyable. Le pronostic qui lui succède ne l'est pas moins : « Qu'on y prenne garde : c'est sérieux. Les vieux seront

10. Témoignage de Jacques Berthelet.

balayés par les jeunes. Ça commence, et ça ira vite, et ça ira loin. »

Le congrès de J.R. n'est pas une « revanche » de Francis Jeanson en termes de pouvoir. Au sein même du mouvement des déserteurs, Jeanson est perçu comme l'homme d'une autre génération. Et Omar Boudaoud continue de juger qu'il est définitivement grillé. Néanmoins si peu nombreux que soit l'état-major de J.R. (les participants au congrès sont, au juste, dix-neuf, ni plus ni moins), son refus de s'intégrer au M.A.F. en casse le caractère totalisant, grippe l'engrenage et laisse béant un débat qu'en principe la réunion de Saint-Cergue a tranché.

Tout au long du mois d'août, tandis que les porteurs de valises, harassés, courent les routes, comptent des liasses, fabriquent des faux papiers, impriment *F.L.N. Documents*, les responsables de la Fédération de France s'aperçoivent qu'ils n'ont pas à leurs côtés une seule organisation, le M.A.F., mais trois : le réseau Curiel (l'élément déterminant au niveau du soutien), « Jeune Résistance », et le groupe des compagnons de Jeanson à qui l'exil et l'inactivité pèsent terriblement – Jacques Vignes, qui a conservé ses filières et dont le talent d'organisateur n'est plus à démontrer, persiste à réclamer le feu vert pour les ranimer. Aux yeux des Algériens, cette diversité pose des problèmes techniques mais permet une grande souplesse politique.

Omar Boudaoud décide, début septembre, de vider la querelle. Il convoque à Düsseldorf une réunion au sommet où chaque composante – Curiel, Jeanson, J.R., la Fédération – est représentée par trois membres : soit douze personnes. Les porte-parole du F.L.N. avancent, comme base de négociation, deux idées directrices. Premièrement, les besoins du soutien sont prioritaires. Deuxièmement, les activités doivent être réparties en trois secteurs : 1. le soutien, soit le réseau Curiel enrichi d'antennes extérieures – Jacques Vignes entrevoit le terme de sa pénitence ; 2. les filières d'évasion, d'accueil et d'encadrement clandestins des insoumis et déserteurs ; 3. le M.A.F., secteur semi-légal consacré à la propagande et à l'agitation de masse. Enfin, la Fédération suggère que cette construction soit chapeautée par un comité de coordination comprenant trois membres de chacune des trois organisations primitives. Un triangle de direction se dégage : Curiel pour le soutien ; Orhant pour les réfractaires ; et Pierre Hespel – militant du P.S.U., d'esprit libertaire, engagé dans le réseau Curiel sans être lié à ce dernier et sans en partager l'orientation – pour le M.A.F. « remanié ».

Curiel, qui en a vu d'autres, ne bronche pas et enregistre le verdict. Il n'est pas nécessaire de lui répéter la proposition : c'est le M.A.F. qu'on assassine. Minoritaire à Düsseldorf, il se sait toutpuissant à Paris. Il estime n'avoir pas de leçons à recevoir du Front – qu'il aide efficacement nuit et jour – en matière de politique française. Il n'est pas un instant question, pour lui, de renier la ligne définie à Saint-Cergue : la demande d'aide est algérienne ; au-delà, pourvu qu'ils y répondent convenablement, les militants français sont libres de leurs options. Or, justement, Curiel, avec son inflexible constance, vise un but très proche : la publication d'un manifeste du M.A.F., dont la rédaction est en cours et rassemble le large éventail idéologique qu'il appelle de ses vœux – Victor Leduc, entre autres, ne dédaigne pas de tenir la plume. Non, décidément, Henri Curiel ne compromettra pas son œuvre politique parce que de l'autre côté du Rhin, on le lui conseille instamment.

Il est trop indispensable pour qu'on lui force la main. Deux logiques et deux structures sont condamnées à cohabiter. Désormais, les sigles M.A.F. et J.R. se chevaucheront, s'entrecroiseront sans que le public non initié s'y reconnaisse très bien.

□

Hormis les porteurs de valises, toute l'intelligentsia ne voue quand même pas son été au bronzage. Il y a des exceptions, rares mais fécondes. Quelques hommes, liés aux *Temps Modernes* et qui publient chez Gallimard, se résolvent à « faire quelque chose ». Ils ont en commun une certaine image de l'intellectuel, « séquestré positif d'une époque dont il a choisi d'assumer les contradictions[11] ». Maurice Blanchot, Dionys Mascolo, Claude Lanzmann, Marcel Péju, s'étonnent d'être aussi solitaires, depuis le printemps, dans leur appui à Francis Jeanson et aux déserteurs. Ce n'est pas cela qui les tracasse, c'est la certitude que cet isolement institutionnel est trompeur, qu'un gisement est enfoui et qu'il suffirait d'un coup de pioche. La meilleure façon de le vérifier est de procéder à un test d'ampleur nationale, de lancer à grand fracas un manifeste proclamant « le droit à l'insoumission », ratifié par les plus prestigieuses signatures.

Maurice Blanchot, l'auteur de *Thomas l'Obscur* et de *La Part du feu*, en est le premier rédacteur anonyme. Il expliquera le titre du manifeste dans une interview recueillie par Madeleine Chapsal pour *L'Express*, qui ne paraîtra pas : « Je dis bien Droit et non pas Devoir, comme certains, d'une manière irréfléchie, auraient voulu que s'exprime la déclaration, sans doute parce qu'ils croient que la formulation d'un devoir va plus loin que celle d'un droit. Mais cela n'est pas : une obligation renvoie à une morale antérieure qui la couvre, la garantit et la justifie ; quand il y a devoir, on n'a plus qu'à fermer les yeux et à l'accomplir aveuglément ; alors, tout est simple.

11. Francis Jeanson : *Un quidam nommé Sartre*, *op. cit.*

Le droit, au contraire, ne renvoie qu'à lui-même, à l'exercice de la liberté dont il est l'expression; le droit est un pouvoir libre dont chacun, pour lui-même, vis-à-vis de lui-même, est responsable et qui l'engage complètement et librement : rien n'est plus fort, rien n'est plus grave[12]. »

Le texte qu'écrit Blanchot ne « conseille » pas l'insoumission; il donne acte qu' « une résistance est née », que « beaucoup de Français en sont venus à remettre en cause le sens de valeurs et d'obligations traditionnelles ». Et il se termine par une triple profession de foi : « Nous respectons et jugeons justifié le refus de prendre les armes contre le peuple algérien. Nous respectons et jugeons justifiée la conduite des Français qui estiment de leur devoir d'apporter aide et protection aux Algériens opprimés au nom du peuple français. La cause du peuple algérien, qui contribue de façon décisive à ruiner le système colonial, est la cause de tous les hommes libres[13]. » Dionys Mascolo apporte à la mouture initiale certaines retouches, puis soumet le document à Péju et Lanzmann. Ceux-ci auraient préféré une déclaration plus concise (5 600 signes, c'est trop, quand ce sont les trois dernières phrases qui importent). Mais ils sont d'accord pour engager la campagne de signatures. Sartre appose la sienne avant de partir en vacances. Et la prospection commence...

Comme toujours en pareille circonstance, les démarcheurs éprouvent quelques surprises. « L'anar » Léo Ferré, par exemple, se défile. Morvan-Lebesque, au contraire, signe des deux mains puis annule son geste une semaine après, considérant que ses lecteurs ne le comprendront pas. Les artistes et les écrivains abondent, de Simone de Beauvoir à Pierre Boulez, d'André Breton à Michel Leiris, de Maurice Nadeau et Bernard Pingaud à Nathalie Sarraute et Alain Robbe-Grillet. Le cinéma fournit une copieuse délégation, d'Alain Resnais à Simone Signoret. Les sympathisants du réseau Jeanson et de « Jeune Résistance » étalent au grand jour leur sympathie : Robert Barrat, Jérôme Lindon, André Mandouze, François Maspero, Vercors, Pierre Vidal-Naquet, bref tous les anticolonialistes de choc, sont au rendez-vous. Florence Malraux, la fille d'André Malraux, et qui rend au réseau des services appréciables, accepte une publicité pour elle singulièrement inconfortable. «Va te faire tuer dans les djebels, mais pétitionner, ça non ! » : telle sera la réaction de l'auteur des *Conquérants*[14].

12. Cette interview, refusée par *L'Express*, a été reproduite dans le remarquable dossier, très complet et malheureusement épuisé : *Le Droit à l'insoumission* publié par François Maspero, en janvier 1961, dans sa collection « Cahiers libres » (n° 14).

13. On lira en annexe le texte intégral de la déclaration et la liste des signataires.

14. Rapporté aux auteurs par Jean Lacouture. Septembre 1978.

La difficulté, pour l'équipe des *Temps Modernes*, n'est pas de dénicher des gens célèbres et courageux. Un Jean-Louis Bory, un Roger Blin, un Alain Cuny, une Christiane Rochefort, on peut compter sur eux. De même, les anciens membres du P.C.F., les hérétiques notoires, sont libres de leurs mouvements. Le problème, c'est l'ouverture du compas. Quel adhérent actuel du Parti est capable, non pas de se suicider politiquement en un baroud d'honneur, mais de « mouiller » le P.C. et de représenter son aile combative sans être, illico, banni et dénoncé ? En cherchant bien, il existe quelques-uns de ces phénomènes. Les plus remarquables, par leur persévérance, leur humour et leur longévité militante, sont Hélène Parmelin, journaliste et romancière, et le peintre Édouard Pignon, frère d'atelier de Picasso. Ils signent. Hélène Parmelin : « Que ce texte était mauvais ! Édouard et moi, un jour durant, l'avons retourné dans tous les sens et l'avons trouvé plus mauvais d'heure en heure. Mais c'était le seul. Et il tombait bien[15]. » Ils signent et sont intouchables. Non parce que leur passé est « sans tache », mais parce qu'ils n'ont manqué, à l'inverse, aucun combat antistalinien (c'est Hélène Parmelin, en 1956, qui est allée distribuer, aux portes du Comité central, la fameuse lettre « des dix » protestant contre l'intervention soviétique à Budapest). Mithridatisés, ils marquent la permanence, dans le Parti communiste, d'un courant critique opiniâtre.

Si l'Université ne boude pas trop, la presse, en revanche, ne souscrit guère à l'entreprise. Au *Monde*, Hubert Beuve-Méry a interdit, purement et simplement, les tentations pétitionnaires — quelle qu'en soit la couleur[16]. A *France-Observateur*, la rubrique culturelle fournit des signataires mais la direction politique se récuse. Trois semaines avant la publication du manifeste, Gilles Martinet, à qui la déclaration a naturellement été soumise, vend même la mèche au détour d'un papier : « J'ai sous les yeux le texte d'un manifeste signé par un certain nombre d'écrivains (André Breton, Jean-Paul Sartre, Alain Robbe-Grillet, etc.) et qui est extrêmement révélateur. Ces écrivains commencent par dénoncer la carence des partis politiques face à la guerre d'Algérie. Et comment ne les applaudirions-nous pas, nous qui n'avons cessé, jour après jour, d'exposer les terribles responsabilités des partis traditionnels de la gauche française ! Mais ils ajoutent qu'il s'agit de créer, en dehors de *tous* les partis et, en fait, *contre*, un mouvement de protestation comparable à celui qui a réveillé les Français entre 1940 et 1944. » Où diable Gilles Martinet est-il allé pêcher ce « contre » ? Blanchot se borne à constater que les réseaux « se sont développés en marge de tous les partis officiels, sans leur aide et, à la fin, malgré leur

15. Entretien avec Hélène Parmelin. Octobre 1978.
16. Entretien avec Jean Lacouture.

désaveu ». Ce qui n'est pas un programme, mais une évidence.

Au fond, ce qui motive la critique de Gilles Martinet, c'est la conviction qu'une initiative de ce genre dessert « objectivement » une renaissance de la gauche dont le P.S.U. sera le fer de lance. Il accuse les auteurs du manifeste de « ressusciter le mythe de la résistance " pure " qui aurait contenu en son sein tous les espoirs de la révolution, mais qui aurait été, hélas ! trahie par les partis[17] ». Plaidoyer *pro domo* qui ne retient que le caractère concurrentiel du mouvement pour l'insoumission et néglige sa fonction stimulante, dans une relation dialectique avec les appareils structurés.

Gilles Martinet commente aujourd'hui ses réticences d'alors : « Il y avait là des relents de ma formation communiste, et aussi le souvenir du grand débat sur le pacifisme à la veille de la Seconde Guerre mondiale. J'avais combattu la non-intervention, j'étais allé moi-même en Espagne, j'avais assisté au naufrage de nombreux socialistes et syndicalistes pacifistes dans la collaboration, et tout ce qui était objection de conscience réveillait chez moi une réaction de rejet spontanée. Et puis j'étais irrité par la naïveté de Sartre et de son entourage, par cette sorte de transfert de la gauche française qui, ne pouvant participer à une révolution chez elle, rêvait celle des autres. Ils avaient été naïvement pro-communistes, ils étaient naïvement pro-F.L.N. Avec ce vieux réflexe masochiste, tellement sensible dans la préface d'*Aden-Arabie*. Après avoir dit, face aux communistes, " nous sommes des petits-bourgeois ", ils disaient, face au F.L.N., " nous sommes le vieux monde ". Bref, ils véhiculaient une notion – sous-jacente – de péché : on est coupable et on se rattrape en étant " au service de ". Au service de la classe ouvrière et de son Parti ou au service du Tiers-Monde et de ses représentants. Maintenant je tempérerais mon jugement parce que l'establishment politique a régulièrement besoin d'être secoué. Mais j'aurais souhaité que Sartre joue à gauche le rôle démythificateur que Raymond Aron jouait à droite[18]. »

Les journalistes, comme les « politiques » – à plus forte raison s'ils cumulent les deux statuts – possèdent un champ d'intervention, sont attelés à un travail dont ils vérifient l'impact et l'utilité. Tandis que les universitaires et les artistes, dans leur majorité, sont en quête d'instruments d'action, d'organisations où ils se reconnaissent, fatigués qu'ils sont de trimbaler leur conscience malheureuse sans décharger leur énergie. Ils saisissent cette occasion d'être, et de pallier par ce geste le manque d'être de la gauche institutionnelle. Au total, ceux qui signent la déclaration sont ou bien ceux qui depuis des années s'exposent avec le maximum de témérité, ou bien ceux qui depuis des années ruminent un mutisme involontaire.

17. *France-Observateur*, 17 août 1960.
18. Entretien avec Gilles Martinet. Mars 1979.

Et c'est ainsi que, soit divergence, soit malentendu, soit impossibilité tactique, nombre de ceux qui alors constituaient l'unique ballon d'oxygène entre un régime asphyxiant et une gauche asphyxiée, n'ont pas figuré à ce que l'Histoire transformera en une sorte de palmarès. Ni Jean Lacouture, ni Claude Bourdet, ni Gilles Martinet, ni Jean-Jacques Servan-Schreiber, ni Jean Daniel, ni Claude Estier. Une exception notable : Jean-François Revel[19].

Fin août, Mascolo, qui centralise les signatures, a cependant de quoi se réjouir. La liste « a de la gueule ». Jérôme Lindon, qui assure l'impression, l'arrête à 121 « parce que ça fait joli ». Ça va surtout faire du vilain...

□

Il reste une corporation pour qui les vacances sont brutalement abrégées : les avocats. Le procès des militants du réseau était prévu pour octobre. Mais, afin de sanctionner l'extrême gauche avant de juger Lagaillarde, on annonce qu'il sera appelé à la rentrée de septembre. Roland Dumas, suivant le vœu de Francis Jeanson, forme un groupe autonome afin de préserver la spécificité de la défense française. Il s'agit, et ce n'est pas commode, d'éviter tout clivage avec le F.L.N., d'exploiter la présence, dans le même box, d'Algériens et de Français, mais de veiller à ce que ces derniers, qui ont agi pour des raisons qui leur sont propres, bénéficient d'une défense distincte. Pour embrouiller encore les choses, le degré d'implication des Métropolitains est fort variable. Hélène Cuénat, Micheline Pouteau, Véra Hérold, Gérard Meier, Jean-Claude Paupert, etc., n'ont rien — ou peu — à perdre dans un procès politique où l'on referme les dossiers et où l'on plaide sur le fond. Mais le cas de Janine Cahen ou d'Yvonne Rispal est déjà d'un autre ordre, et il vaut la peine d'examiner combien l'accusation est décousue. Quant à Jacques Trébouta, André Thorent ou Paul Crauchet, ils ont l'intention de déployer tout leur talent dramatique pour nier leur complicité et obtenir l'acquittement. De même, Denise Barrat et Odette Huttelier — la première étant supposée avoir confié une valise à la seconde, qui en ignorait le contenu — ne sont sous le coup que de faibles conjectures.

Roland Dumas n'a été constitué que par les éléments les plus compromis. D'une certaine façon, cela l'arrange que le choix des autres se soit porté sur des confrères. Quant à lui, il mènera son

19. Encore convient-il de souligner que Jean-François Revel, s'il écrit beaucoup dans les journaux et les revues, n'est pas encore journaliste professionnel à cette époque.

train, qui sera vif. Ce qui l'arrange moins, c'est la désignation de Gisèle Halimi par Véra Hérold et Jacqueline Carré. Me Halimi possède du punch et de la présence. Elle a beaucoup plaidé pour le M.N.A. et ce procès lui fournit l'occasion de se rapprocher du F.L.N. Mais, ce n'est pas un secret, elle n'aime pas les seconds rôles.

Haddad Hamada et ses camarades, eux, sont automatiquement pris en charge par le « collectif F.L.N. ». Ce n'est pas un organisme banal. Voilà des années que les avocats qui le composent sèment la panique dans les prétoires. Ils ont admis un axiome clé : lorsque les inculpés, militants du Front, n'encourent pas la peine de mort, le procès est sans enjeu. Quelle que soit la gravité de la sentence, le condamné reste en l'état jusqu'à la fin de la guerre. Dès lors, le système consiste à provoquer le maximum d'incidents, à manier l'insolence, l'ironie, la dérision ; à rameuter la presse ; à muer toute plaidoirie en réquisitoire ; à susciter, avec un raffinement de moyens ultra sophistiqué, une kyrielle de motifs de cassation. Au sein de cette défense, on se renvoie constamment la balle. « Pour le jeu de passes, nous étions, dit Mourad Oussedik, les Harlem Globe Trotters du barreau[20]. »

La Justice, ils en connaissent l'endroit et l'envers. Ils n'ont pas seulement visité des prisons. Ils y ont couché. Récemment, en janvier, Mes Oussedik et Benabdallah, soupçonnés d'atteinte à la sûreté extérieure de l'État, ont été l'objet d'internements administratifs aux camps du Larzac et de Tholl. Craignant de subir le même sort, Mes Zavrian, Vergès et Courrégé se sont réfugiés en Suisse où ils ont produit, à l'intention de la Croix-Rouge, un rapport sur les méthodes judiciaires françaises, et, destiné aux Éditions de Minuit, un livre vengeur : *Le Droit et la Colère*. Remis en liberté ou rentrés d'exil, ils se savent en sursis. Ils ne sont à l'abri ni d'une perquisition (Me Zavrian, le 14 janvier 1960), ni d'une inculpation. Ni d'un assassinat.

La figure la plus saisissante est sans doute celle de Jacques Vergès. Un bulldozer. Georges Arnaud, qui fit sa connaissance à l'occasion de l'affaire Djamila Bouhired, évoque admirablement le personnage : « Je dois confesser que pour moi, je ne sus longtemps voir de lui que la férocité : servie par une intelligence hors de pair, une allègre propension à frapper l'ennemi à terre encore plus fort que lorsqu'il tenait sur ses jambes ; un persévérant enthousiasme à décrocher de leurs ciels de gloire, au gré des commodités de sa cause, les plus belles figures, et les plus incontestées, de notre patrimoine héroïco-folklorique ; un bel acharnement à piétiner l'adverse vieillard, juste en plein sur ses blessures de guerre ; une vaste prodigalité dans l'outrage, déversé à pleins seaux sur les parties nobles

20. Entretien avec les auteurs, novembre 1975.

des mamans à tête blanche et veuves illustres révérées par le camp ennemi ; le tout, il n'est que juste de le préciser, exclusivement commandé par les intérêts, grands ou petits, de sa cliente.

« ... En suite de quoi, jour après jour, à chaque rencontre, je découvris de lui quelque chose. Vint le moment où je sus que lui aussi faisait des cauchemars ; où je compris que dès le premier jour de sa défense il avait voué à celle que déjà on voulait tuer une affection fraternelle, de plus en plus exaspérée, désespérée[21]. » Djamila fut graciée.

Viscéralement meurtri par le colonialisme après une enfance à La Réunion, fils et frère de députés communistes, Jacques Vergès, trente et un ans, est la terreur des Cours. Désigné, en 1959, pour défendre Yacef Saadi, l'ennemi numéro un de Massu durant la bataille d'Alger, il est expulsé d'Afrique du Nord quarante-huit heures avant l'expiration de son permis de séjour[22]. Le 15 janvier 1960, il provoque en duel le commandant Girard, commissaire du gouvernement, qui a craqué à l'audience et s'est permis d'insulter des prévenus algériens. Le 3 mars, il est inculpé d'atteinte à la sûreté extérieure de l'État...

Au sein du collectif, les responsabilités sont tournantes. Pour 1960, Me Benabdallah est le coordonnateur (son prédécesseur, Ould Aoudia, a été assassiné en 1959), Mourad Oussedik s'occupe des finances, et Jacques Vergès des relations avec la presse. C'est ainsi qu'il se lie avec Marcel Péju. Rencontres d'abord informatives – *Les Temps Modernes* sont un excellent « émetteur-récepteur ». Puis amicales. Puis militantes. Le journaliste se mue peu à peu en collaborateur, il répercute à son tour de l'information en direction de confrères (notamment Pierre Viansson-Ponté). Il fait plus : hébergements, valises. Une fois, Benabdallah lui confie un condamné à mort évadé, qu'il faut planquer de toute urgence. C'est par l'intermédiaire de Simone de Beauvoir que le fugitif trouve, chez une amie du « Castor », un abri sûr[23].

Cependant, Marcel Péju est surpris, effaré même par le peu d'intérêt qu'accordent ses amis au procès du réseau Jeanson. Submergés, ils paraissent n'y percevoir qu'une affaire parmi d'autres. Péju les persuade qu'ils se trompent et les gros titres des journaux, quand le procès est appelé, renforcent ses arguments. Manifestement, ce sera, en Métropole, la plus formidable tribune offerte, en six ans de guerre, à la gauche « irrespectueuse ». Alors, quelques jours avant l'ouverture des débats, le collectif renverse complètement son attitude. Roland Dumas : « Ils débarquent soudain dans mon bureau et Vergès, très désinvolte, me lance : " Mon petit

21. *Mon procès, op. cit.*

22. La chose est relativement courante. Me Zavrian, par exemple, fut lui aussi victime d'une expulsion en décembre 1959.

23. « Le Castor » est le surnom de Simone de Beauvoir. Récit de Marcel Péju.

vieux, on a reçu des ordres du F.L.N., c'est nous qui prenons en main la défense du réseau. '' Je réponds calmement que mon équipe a préparé le travail et que, moi aussi, j'ai des consignes. » Dans la nuit, Dumas s'envole pour la Suisse où Jeanson réside depuis le 15 juillet. L'avocat et son « client » discutent jusqu'au matin dans une petite chambre de la banlieue genevoise.

Jeanson renouvelle ses instructions : « Pas de rupture avec le F.L.N., mais il faut garder la maîtrise du procès. » Parallèlement, Péju se déplace, lui aussi, à Genève, envoyé par Vergès. On transige. Jean-Claude Paupert accepte Mourad Oussedik pour codéfenseur. Et surtout, Dumas entérine la tactique de ses distingués confrères. Trois règles sont fixées : 1. faire durer – l'audience n'a été prévue que pour une huitaine ; 2. retourner le procès et terroriser le tribunal ; 3. démontrer, par l'absurde, que l'Algérie n'est pas la France. Les « maquisards de la procédure[24] » affûtent leurs armes. Le collectif, en plus de ses voltigeurs, s'est adjoint Me Likier, procédurier génial, pince-sans-rire au long bec emmanché d'un long cou, capable de vous déterrer les plus négligées des jurisprudences, depuis Hérode jusqu'à l'affaire Dominici. Ajoutez Michèle Beauvillard, Claudine Nahori, Marie-Claude Radziewsky, Nicole Rein, et vous tenez de quoi rendre chèvre le plus rassis des présidents.

Un moment, Francis Jeanson envisage de se constituer prisonnier. Christiane Philip : « Roland Dumas et moi avons passé deux jours à l'en dissuader. » L'avocat estime que « c'est un gros capital pour un petit rendement ». Les militants arrêtés font le poids. Les vacances s'achèvent pour tout le monde.

24. L'expression est de Jean-Marc Théolleyre, chroniqueur judiciaire du *Monde*, dans *Ces procès qui ébranlèrent la France*, Grasset, 1966.

Chapitre 18

LA COUR, PRENDS GARDE !

LUNDI 5 septembre 1960. Il est 13 heures. La salle étroite et miteuse de l'ancienne prison du Cherche-Midi – là où, jadis, le capitaine Dreyfus comparut devant une autre Cour militaire – va, dans quelques minutes, devenir la scène d'un fabuleux théâtre. Le box est bondé : six Algériens et dix-huit Français s'y entassent. Le Tribunal est présidé (après, semble-t-il, que plusieurs magistrats eurent pris la tangente) par le conseiller Curvelier, que Roland Dumas juge « le plus ânonnant homme en rouge de France ». Face à lui, derrière la barre, vingt-six avocats, vingt-six !, en rangs serrés. Le procès Jeanson, pardon : « L'affaire Haddad Hamada et autres... », s'engage. Ce même jour, le général de Gaulle tient une conférence de presse et déclare : « Tant qu'on donne la parole au couteau, on ne peut pas parler politique. »

Pourtant, tous les observateurs s'attendent que, sitôt expédiés l'interrogatoire d'identité et la lecture de l'acte d'accusation, on aborde la politique, la grande, avec flammes et décibels. Mais Mourad Oussedik se lève :

Me Oussedik : « Si l'on veut que tout ceci ait un sens pour mon client, Aliane Hamimi, qui ne parle pas français, peut-être serait-il bon de lui traduire ce qui vient d'être dit. Mais, avant que M. l'Interprète officie, je voudrais que vous lui posiez la question suivante : s'il parle et s'il comprend l'arabe littéraire. Je dis bien littéraire, car Aliane ne parle pas l'arabe dialectal, et, tout à l'heure, j'ai remarqué que M. l'Interprète était embarrassé pour traduire. »

Le président : « Le Tribunal appréciera s'il est gêné. »

Me Oussedik : « Monsieur le président, le Tribunal ne peut pas apprécier : il n'est pas diplômé d'arabe... »

Me Vergès : « Est-ce que l'interprète peut traduire maintenant ce que les deux greffiers ont lu depuis deux heures ? Si l'on veut juger

M. Aliane, encore faut-il que M. Aliane, comme tout Français à part entière, comprenne exactement ce qu'on veut de lui... »

Le président : « Parfaitement, monsieur l'Interprète, il faut que vous traduisiez à tous ces gens-là les faits retenus à leur charge. »

Me Oussedik : « Mais voulez-vous me donner acte de ce que l'interprète ne peut pas traduire en arabe littéraire ?

Le président : « Qu'est-ce qu'on entend par arabe littéraire ? »

Me Vergès : « Un arabe qui n'est pas dialectal, monsieur le président... »

Me Oussedik : « Je voudrais qu'il me soit donné acte que M. l'Interprète a traduit tout à l'heure les questions que vous avez posées à Aliane sans parler la même langue qu'Aliane, et qu'il vous a néanmoins répondu. »

L'interprète (timidement) : « C'est vrai, je ne comprends pas[1]... »

Après une suspension de quarante-cinq minutes, le Tribunal « décide » que quiconque parle l'arabe littéraire comprend l'arabe dialectal. On n'en reste pas là :

Me Vergès : « Il est bien évident qu'il existe des ressemblances entre l'arabe littéraire et l'arabe dialectal, comme il existe des ressemblances entre les différentes langues romanes, mais je ne crois pas que quelqu'un parlant français puisse faire traduire des textes allemands par un interprète roumain ! »

Le président : « Le Tribunal a décidé !... Je vous adjure, messieurs, de ne point parler tous ensemble. Il y a beaucoup trop d'hilarité dans ce débat, qui est grave et qui ne me paraît pas inciter à la réjouissance. Ce n'est pas un marché, ici ! »

Me Likier : « M. le président, même si vous admettez que celui qui comprend et parle l'arabe littéraire comprend l'arabe dialectal, c'est-à-dire l'arabe irakien, l'arabe marocain, etc., tous indifféremment, cela ne veut pas dire que celui qui ne parle qu'un dialecte comprenne l'arabe littéraire. Par conséquent, il ne peut pas comprendre les réponses qui sont faites et ne peut donc les traduire valablement. Or, c'est le cas de l'interprète qui vient de vous dire qu'il ne parle, lui, que l'arabe dialectal et ne comprend pas l'arabe littéraire. Alors, comment peut-il traduire les réponses ? C'est l'objet des conclusions que je dépose à mon tour... »

Le président (à l'interprète) : « Pouvez-vous traduire en langage dialectal ou kabyle ? Je vous ai chargé de traduire le document que vous avez sous les yeux en langage dialectal ou kabyle. »

L'interprète (décontenancé) : « ... ? »

Me Oussedik : « M. le président, viendrait-il à l'idée du Tribunal d'employer un interprète diplômé en auvergnat pour traduire le français ? »

1. En 1961, Marcel Péju a publié chez François Maspero un montage des meilleurs « moments » du procès. Nous avons pu, par ailleurs, utiliser le sténogramme intégral des débats grâce à l'obligeance de Me Dumas.

La salle se tord de rire ou de rage. Elle est composée pour moitié d'intellectuels « engagés », d'artistes, d'amis des accusés, et pour moitié de bretteurs farouches Algérie française. Aliane Hamimi est désarmant de candeur. Tout au long de l'instruction, il a répondu en français à M. de Rességuier... L'interprète, lui, gesticule, proclame son impuissance. Avec quelques efforts, il décrypterait la sainte et pure langue coranique. Mais des « Frères » très insistants l'en ont dissuadé[2]. Le Tribunal, complètement affolé, rejette en vrac les conclusions des avocats. Le dénouement (provisoire) est grandiose :

Le président : « M. l'Interprète, traduisez ce jugement... »

L'interprète : « Je ne parle pas l'arabe littéraire... »

Le président : « Traduisez-le en arabe, dans l'arabe dialectal que vous parlez. Le Tribunal a déjà statué sur ce point-là et a admis que ceux qui parlaient l'arabe littéraire devaient nécessairement comprendre l'arabe dialectal. Par conséquent, traduisez-le en arabe dialectal. »

L'interprète traduit...

Le président : « Pas de questions? Ils n'ont pas protesté? »

L'interprète : « Il a dit : " Je n'ai rien compris. " »

Le président : « Qui? »

L'interprète : « Aliane. »

Voilà. Ce procès qui devait être liquidé sous huitaine va traîner jusqu'au... 1er octobre! Et le ton de cette première audience, celui de la dérision et de la farce, va prévaloir durant une semaine, le temps pour les défenseurs de réduire en bouillie, de décomposer — comme on le dit d'un cadavre — l'autorité d'État soit par l'insolence soit par la procédure. L'extrême droite n'est pas dupe et reconnaît sa défaite sous la plume de François Brigneau : « J'ai appris hier qu'un tribunal militaire pouvait être bafoué, désarçonné, qu'il pouvait paraître envahi par le laisser-aller et même par une apparence de débraillé. Jusqu'à ce jour, je croyais qu'une affaire de complicité avec des assassins et d'atteinte à la sûreté extérieure de l'État était une affaire grave. J'ai appris hier[3] que l'aide au terrorisme donne l'œil brillant, le sourire fleuri, la démarche assurée. Tous ces jeunes gens et ces jeunes filles assemblés dans le box étaient farauds comme les copains des acteurs d'une " première " qui a un succès de scandale. Ils fumaient; ils se racontaient des histoires tordantes, à voir les rires qu'elles provoquaient. Ils faisaient de grands signes d'amitié à la salle. Et la salle répondait, saluait de la main, envoyait des baisers. » Titre de l'article, en caractères énormes : « Dans le box des accusés, le chef F.L.N. riait aux éclats ».

Ce n'est qu'un début. Le lendemain, 6 septembre, le président

2. Témoignage de Haddad Hamada.

3. Ce compte rendu d'audience paraît dans *Paris-Presse* daté du 6 septembre 1960.

Curvelier contredit son jugement de la veille en introduisant deux nouveaux interprètes. Mais cette concession accordée, et puisque maintenant Aliane Hamimi comprend légalement tout, il annonce *urbi et orbi* que le cirque, c'est fini : les « manifestations d'hilarité » sont inadmissibles « dans les circonstances où le sang coule sur les plages algériennes[4] ». L'imprudent ! L'air sombre, peiné même, Roland Dumas se déclare obligé de présenter une requête inhabituelle : il demande au Tribunal de récuser son président. Certes, le sang français coule, hélas ! Mais le sang algérien ? Onze avocats, au nom de leurs onze clients, exigent la récusation de M. Curvelier pour « grave manifestation d'opinion et de partialité ».

Jacques Vergès : « Vous avez eu raison de rappeler que ce procès a lieu dans une atmosphère tragique, que derrière ces accusés il y a toute une tragédie qui se poursuit en Algérie. Mais alors, quant à rappeler cette tragédie, il fallait la rappeler tout entière. » Le commissaire du gouvernement a beau juger ces conclusions irrecevables, en deux jours, deux évidences ont été assenées : l'Algérie n'est pas la France, donc les tribunaux français sont incompétents pour traiter de l'Algérie.

Dans les couloirs, l'après-midi, le public « intellectuel » feuillette *Le Monde*. En dernière page, un minuscule entrefilet signale que « cent vingt et un écrivains, universitaires et artistes ont signé une déclaration sur " le droit à l'insoumission dans la guerre d'Algérie " ». Du texte, rien, si ce n'est la phrase finale approuvant « le refus de prendre les armes contre le peuple algérien ». Prudence ou ratage ? Ou les deux ? En tout cas, l'actualité suggérerait une citation plus abondante : ce même 6 septembre, à Lyon, le déserteur Jean Crespi, arrêté dans la voiture de Diego Masson à la frontière suisse, est condamné à un an de prison.

Mais la police et la Justice, de gaffe en gaffe, n'ont cure de ces précautions. Le 7 septembre, le Parquet de la Seine ouvre une information contre X pour « provocation à l'insoumission et à la désertion ». Des inspecteurs, deux par deux, rendent visite aux signataires, en quête du ou des chefs d'orchestre. Au tribunal du Cherche-Midi, le greffier peut enfin énumérer les témoins. Les joutes procédurières sont-elles achevées ? Le président se plaît à l'imaginer. Mais non, trop tôt. La défense n'a toléré cette lecture que pour protester, par la bouche de Roland Dumas, contre les « pressions policières » dont sont victimes certains de ses témoins. Le Tribunal, prêt à tout pour avancer, donne acte de cette protestation. Alors ça y est ? On y va ? Minute : Me Zavrian revient sur le jugement d'hier, maintient que le Tribunal est compétent pour récuser son président, et maintient la demande de récusation. C'est

4. M. Curvelier fait allusion à l'assassinat, le 31 juillet, de douze touristes entre Alger et Cherchell (attentat qui répond à l'exécution de neuf militants du F.L.N.).

reparti. M. Curvelier s'époumone : « Il n'y a qu'un directeur des débats, ici, c'est moi ! » Le voilà contraint à délaisser le Code pour la méthode Coué.

Il en a besoin. Jacques Vergès, le 8 septembre : « Au terme de ces trois jours de débat, la preuve est faite que la défense peut, car elle est maîtresse du jeu, ordonner ce procès comme elle l'entendra, le faire durer six mois... Ce qu'on vous a demandé hier, depuis trois ans, depuis six ans que dure la guerre d'Algérie, c'est ceci : c'est condamner, revêtus d'uniformes, de robes rouges, des hommes qui sont des Algériens, des hommes dont la langue n'est pas le français, des hommes dont la religion est l'islam, des hommes qui frissonnent à une fraternité qui est la fraternité des peuples de Bandoeng[5], la fraternité des peuples d'Afrique, tous, aujourd'hui, les uns après les autres, indépendants. Ce qu'on vous a demandé, c'est de condamner ces hommes comme s'ils étaient des voleurs, des gangsters, des criminels. » Roland Dumas enchérit. Il qualifie le président de « récusé en sursis » et exige, en toute simplicité, le renvoi du procès. Pourquoi ? Parce que l'instruction a été menée « à la sauvette », parce que « des témoins sont frappés de suspicion par avance », parce que la date de ce procès s'explique par l'échéance prochaine de l'affaire Lagaillarde et « qu'il fallait donner quelques têtes au Minotaure exigeant ». Et de conclure : « Il se peut que ce procès soit devenu impossible. Vous en aurez la responsabilité par impréparation, par manque d'autorité, par partialité. »

Les murs du prétoire sont désormais perméables. C'est comme si ce box déjà saturé s'enflait de cent vingt et un prévenus supplémentaires[6]. L'intérieur et l'extérieur communiquent par osmose. L'après-midi, *Paris-Presse* affiche à la une : « Jean-Paul Sartre, Simone Signoret et cent autres risquent cinq ans de prison. » Le soir, André Thorent, inculpé libre, est en retard à l'audience : il joue la « première » de *La Petite Datcha*. Bertrand Poirot-Delpech, sagace critique, le félicite : « Au théâtre, vous n'étiez pas mal. Mais au tribunal non plus[7]. »

Il est vrai que ce soir-là, au tribunal, la troupe est en verve. Me Likier exhume un article du Code de justice militaire selon lequel « lorsque l'infraction poursuivie intéresse conjointement l'Armée de terre et l'Armée de l'air, le juge militaire du grade le plus élevé sera désigné parmi les officiers appartenant à l'Armée de

5. Cette ville de Java hébergea, du 18 au 24 avril 1955, une conférence internationale réunissant les représentants de vingt-neuf pays « non alignés » du Tiers-Monde.

6. D'ailleurs, pour souligner encore la conjonction des deux affaires, plusieurs signataires de la déclaration des 121 désignent Me Dumas comme avocat. Jean-Paul Sartre et Simone de Beauvoir, en particulier, précisent qu'ils tiennent à constituer le même défenseur que Francis Jeanson.

7. Relaté aux auteurs par André Thorent.

l'air ». Or le Tribunal du Cherche-Midi n'est pas ainsi composé : il y a donc motif à renvoi. Me Zavrian, la main sur le cœur, déclame : « Sous cet incident de procédure, il y a une question très, très grave. » Il retrace l'histoire des techniques militaires, depuis la marine à voile jusqu'à l'aviation en passant par les zouaves. Et s'indigne : « Enfin, messieurs, pourquoi dans un tribunal un aviateur n'aurait-il pas le droit de dire son mot alors qu'il a pourtant le droit de lâcher des bombes sur un village algérien ou de mitrailler les populations allant au travail? Pourquoi? Rien ne saurait justifier semblable discrimination! » Mourad Oussedik commence à raconter son service militaire dans l'infanterie de marine. Me Nicole Rein dissèque la notion de sûreté extérieure de l'État. Longtemps après minuit, ayant tout repoussé comme on refoule un mauvais rêve, le Tribunal chancelant se retire pour chercher le sommeil.

Évidemment, l'addition est lourde. En fin de matinée, vendredi 9 septembre, le commandant Lequime, commissaire du gouvernement, montre qu'il a récupéré. C'en est trop du « torrent d'outrages et de menaces qui déferlait à l'adresse du Tribunal ». Il requiert des sanctions — des interdictions temporaires — contre Mes Dumas et Vergès. Cependant les deux coupables sont absents de l'audience, et introuvables. C'est donc par défaut qu'on leur inflige respectivement quatre et six mois de suspension. Mais il y a un mais : la suspension prononcée par défaut est non effective. Si bien qu'à 16 heures, à la reprise, l'un et l'autre font une rentrée narquoisement triomphale. En réalité, sentant le vent du boulet, ils s'étaient abrités, le temps nécessaire, dans un café de la rue de Rennes. Un coup de téléphone de Me Oussedik les a avertis que la voie était à nouveau libre. Sur le pas de la porte, le président, furieux, apostrophe Jacques Vergès : « Enfin, maître, où étiez-vous donc? » Alors l'avocat réunionnais fournit la plus impertinente, la plus hilarante, la plus « vache » des explications, digne d'un Pierre Dac, et que Roland Dumas se reproche encore de n'avoir pas trouvée le premier : « Mais chez mon masseur, monsieur le Président! »

Le Tribunal, malgré lui, s'est habitué aux jets de boue. Jusqu'au lendemain soir, Me Likier, imperturbablement intarissable, lui en inflige un bain. L'enlisement : aucun terme ne décrit mieux ces débats qui s'étirent, s'enroulent, cette molle léthargie, cet ennui implacable et savant. « Ma fonction est d'emmerder », avoue en privé l'orateur. C'est-à-dire de coincer l'adversaire sans brusquerie, méticuleusement, avec un souci maniaque de la Loi. D'heure en heure, les juges dodelinent de la tête, se reposent des éclats précédents, s'abandonnent à cette tiédeur érudite, et se réveillent garrottés. Likier, dont les étudiants, émerveillés, sont dans la salle, emboîte les cas de nullité, conteste tels procès-verbaux d'interroga-

8. Raconté par Roland Dumas.

toires, telles perquisitions, invoque l'article 10 de la loi du 8 décembre 1897, la fameuse loi du 8 décembre 1897 dont l'interprétation, en soixante-trois ans, s'est enrichie de dix-neuf jurisprudences — à moins que ce ne soit vingt-trois — toutes plus éclairantes les unes que les autres. C'est dans ce système de défense le stade suprême du « dressage ». La vocifération n'est plus utile, la fascination la remplace.

Hors les murs, la rumeur grandit. A gauche, on n'approuve toujours pas, mais on ne désapprouve plus ou, du moins, plus sans marques de respect. *L'Humanité :* « Les communistes ont de la paix une conception différente » mais ils « sont pour la libération, l'acquittement ou le non-lieu des hommes et des femmes emprisonnés, traduits devant les tribunaux ou inculpés pour avoir, à leur façon, pris part à la lutte pour la paix[9] ». Le P.S.U. rend publiquement hommage au « courage et au désintéressement des inculpés » du réseau Jeanson, bien qu'ils « posent le problème entre la gauche française et le nationalisme algérien dans des termes qui ne sont pas les siens[10] ». Les pouvoirs publics découvrent un peu tard l'effet boomerang des poursuites judiciaires. Coïncidence : à Marseille, le procès d'Annette Roger et de Mohamed Daksi est renvoyé pour « vice de forme dans la citation des deux accusés »...

11 septembre. Huit jours se sont écoulés sans que M. Curvelier soit parvenu à interroger les inculpés. Le blocus n'est toujours pas levé. C'est que les avocats du collectif F.L.N. ne se battent pas seulement contre le commissaire du gouvernement. Ils veulent aussi établir, de manière irréfutable, que ce sont eux qui conduisent la danse. Dumas, pour y remplir son rôle, a dû y entrer. La veille de sa suspension par contumace, l'ami Vergès lui a bel et bien jeté un défi, haussant toujours la barre, histoire de vérifier jusqu'où s'aventure un avocat « bourgeois ». Dumas n'a pas flanché mais plusieurs de ses confrères s'impatientent. Et parmi ces confrères, une consœur qui déteste attendre contre son gré. Gisèle Halimi demande la parole pour une déclaration personnelle : « Après ces huit jours de débats, les intellectuels, les ouvriers, les démocrates de ce pays ne comprennent plus ce qui se dit dans ce prétoire. Certains attendaient de voir avaliser des idées qu'ils n'avaient pas encore exprimées. D'autres, et même des adversaires, souhaitaient des explications profondes et dignes... C'est parce que je crains que, dans les conditions ainsi créées, mes clientes ne puissent plus efficacement expliquer les raisons profondes de leur action que j'ai décidé de quitter la barre. »

Dommage! Gisèle Halimi se retire alors que, justement, s'épuisent les « hors-d'œuvre » — l'expression est de Jacques Vergès.

9. *L'Humanité,* 9 septembre 1960.
10. Communiqué du 12 septembre 1960.

Elle va manquer le festin. Jacqueline Carré désigne Me Dumas. Véra Hérold, qui déplore l'attitude de son défenseur, constitue Me Benabdallah. Et celui-ci, à l'audience suivante, épingle sa consœur « en mal de publicité ». L'incident est clos.

□

L'accusé Haddad Hamada dénie toute compétence à ce Tribunal. Pourtant, à titre exceptionnel, et à l'heure choisie par la défense, il prononce des mots qui, pour les porteurs de valises, justifient des années d'engagement anonyme. Ce lundi 12 septembre, aucun ne l'a oublié. Hélène Cuénat : « Être Français en 1960 et reconnu par un Algérien comme un frère de combat, c'était un bien grand privilège. »

Haddad Hamada : « Nous, Algériens, nous entrons bientôt dans la septième année de guerre, nous avons souffert et souffrons encore des méfaits de la domination étrangère. Le Front de libération nationale, auquel j'ai l'honneur d'appartenir, est un mouvement libérateur. C'est un vaste rassemblement de tout le peuple algérien. La présence dans ses rangs d'Algériens israélites, sans distinction de race ni de religion ou d'opinions philosophiques, en est un témoignage. Nous ne sommes ni des racistes, ni des chauvins et encore bien moins des fanatiques.

« S'il est exact que nous sommes les ennemis de l'envahisseur colonial, nous n'avons pas de haine pour le peuple français. Je salue très fraternellement tous ces Français qui ont poussé leur amour de la liberté jusqu'à nous aider. Nous n'oublierons jamais qu'ils ont accepté de souffrir pour notre liberté et, quand l'Algérie sera enfin indépendante, c'est le souvenir que nous emporterons de la France et non pas la haine de nos tortionnaires. Nous sommes persuadés que le sacrifice des Français poursuivis, emprisonnés ou contraints à l'exil pour leur soutien à la révolution algérienne, et le courage des Français insoumis ou réfractaires à une guerre aussi honteuse qu'homicide, seront le gage d'une amitié que ces pionniers auront malgré tout préservée entre les peuples algérien et français.

« Quant à l'accusation que vous portez contre moi, à savoir atteinte à la sécurité extérieure de l'État, en ma qualité d'Algérien, j'ai conscience de n'avoir jamais commis un tel délit pour la simple raison que l'Algérie n'est pas française et qu'elle ne l'a jamais été, n'en déplaise à ceux qui veulent entretenir le mythe d'une Algérie française par des arguments qui constituent un défi au bon sens. L'Algérie est une nation, elle en possède tous les attributs. Ce n'est pas parce que le sort de la guerre nous a été contraire au XIXe siècle que nous devons perdre notre qualité de nation ou le droit de recouvrer notre indépendance, car s'il en est ainsi, bien des nations aujourd'hui libres n'auraient pas le droit de l'être et, parmi elles, la France. Je voudrais bien savoir quelle aurait été la réaction d'un résistant français que les tribunaux allemands auraient accusé d'atteinte à la sûreté extérieure de l'État du Reich.

« En ma qualité de patriote algérien, je ne reconnais qu'une seule autorité valable et capable de me demander des comptes, c'est celle du gouvernement de mon pays. Je refuserai donc de répondre à toutes les questions. »

Haddad se rassied. La salle, pour une fois, est silencieuse. Les autres inculpés membres du F.L.N. calquent leur déclaration sur la sienne.

A la sortie de l'audience, des jeunes d'extrême droite vocifèrent, agressent des journalistes, insultent une Algérienne enceinte (« Il faudrait t'éventrer, salope! »). Déjà, le 9 septembre, une « manifestation » de ce style, aux cris de « Fellaghas au poteau! », a troublé les abords du tribunal. D'autres, moins bruyants, ont montré l'exemple : protégés par la police, débarquant de voitures à cocarde, quatorze conseillers municipaux U.N.R. conduits par MM. Devraigne, Griotteray et Pado ont déposé contre le mur du Cherche-Midi deux gerbes « à la mémoire des agents de la force publique victimes du terrorisme F.L.N. à Paris ». Dans le fourgon qui les transfère – elles ont obtenu, après menace de « grève », que les portes des compartiments intérieurs restent ouvertes –, les prisonnières perçoivent confusément, par-delà la cloison de tôle qui les isole du monde libre, ces bouffées de haine. Demain, c'est à leur tour d'entrer en lice.

Véra Hérold porte une singulière responsabilité. Elle est la première militante à expliquer publiquement l'action du réseau Jeanson : « En aidant le peuple algérien dans sa lutte pour l'indépendance, je n'ai fait que défendre les principes qu'on m'a appris dès les bancs de l'école à considérer comme des valeurs françaises. Comme beaucoup d'autres, j'ai d'abord essayé d'aider le peuple algérien par des moyens légaux. Ils se sont révélés inefficaces. Les lois soutiennent un régime. Quand un régime change, les lois changent. Le régime actuel perpétuait la guerre d'Algérie. Je ne pouvais, en luttant contre cette guerre, que contrevenir à ces lois... » Hélène Cuénat enchaîne. Comme Haddad Hamada, qui a rédigé lui-même sa déclaration et l'a soumise à ses compagnons de détention Daksi et Terbouche[11], elle a jeté des notes sur un papier, notes que le président prétend confisquer : « On dit qu'en agissant de la sorte nous alimentons la guerre, que nous tirons dans le dos des jeunes Français qui combattent en Algérie. C'est un argument moral auquel

11. Entretien avec les auteurs.

nous avons tous réfléchi mais qui ne m'a pas paru soutenable... Si je prends le parti de la guerre et de l'extermination du peuple algérien, je trahis la cause de la justice et de l'humanité. Si je prends le parti de la révolution, je trahis une politique éphémère. Et si je m'abstiens, je me rends la complice des deux camps à la fois. »

Avec Gérard Meier, le problème de la désertion descend du ciel des idées et la défense accule totalement M. Curvelier à la défensive :

Me Vergès : « Ma question est très simple. Meier, avez-vous dit, est déserteur. J'ai connu, au cours de la guerre, dans les Forces françaises libres, des déserteurs qui étaient fiers d'avoir déserté l'armée de Vichy et de se battre pour la liberté de la France. Je voudrais que la question soit posée à Meier de savoir si, lui aussi, est fier d'avoir déserté une armée dont il désapprouve les buts. »

Le président : « Le Tribunal refuse de poser la question. »

Me Oussedik : « Tout à l'heure, M. Meier nous a dit qu'il s'était fait une opinion sur les tortures en Algérie en prenant connaissance des déclarations dignes de foi qui ont été faites par des personnalités politiques françaises. Est-ce que, dans ces personnalités politiques françaises, il englobe M. André Malraux qui a fait des déclarations en ce sens ?

Le président : « Je refuse de poser cette question. »

Me Oussedik : « Qu'il m'en soit donné acte. »

Le président : « Je vous en donne acte. N'abusez pas des questions, je vais être obligé d'interrompre à nouveau les débats. »

Me Vergès : « C'est votre droit. »

Me Oussedik : « Est-ce que M. Meier sait qu'à part trois voyages éclairs faits par M. Debré, celui-ci n'a jamais mis les pieds en Algérie[12] ? »

Le président : « Je refuse de poser cette question. »

Me Vergès : « M. Meier est-il au courant des tortures en Algérie, non seulement par les déclarations de M. Malraux, ministre de la Ve République, mais par celles de M. Michelet, garde des Sceaux ? »

Le président : « Je refuse de poser cette question. »

Me Nicole Rein : « M. Meier sait-il que les tribunaux n'aiment pas entendre parler de torture ? »

Le président : « Je refuse de poser la question. »

Me Vergès : « Est-ce que M. Meier, au moment de déserter, n'a pas pensé à un exemple illustre, au mois de juin 1940, quand un général français a refusé de servir l'ennemi ? »

Le président : « Je ne poserai pas cette question. »

Jean-Claude Paupert, lui, « y » est allé. C'est, explique-t-il, symé-

12. Cela parce que le commissaire du gouvernement a pris l'habitude de demander aux accusés s'ils ont séjourné en Algérie.

triquement avec Meier, la raison de sa présence dans le box. « A Letourneux, à la gendarmerie, des soldats portant l'uniforme français ont obligé des Algériens à subir, sous menace de la torture, le rapport avec des chiens. » Calomnies! hurlera, le lendemain, la presse à gros tirage, sans oser en rapporter la nature. Gênant, ce Paupert. Même pour son parti, le P.S.U. : « Ma demande d'adhésion a été acceptée par ma section, par 72 voix contre 31. » Et avec ça, le sens de la formule : « J'ai envers mes camarades français qui se sont battus en Algérie et qui se battent encore, et envers mes camarades algériens, une lourde dette. Envers mes camarades algériens, j'ai porté les armes contre eux. En ce qui concerne mes camarades français qui sont morts dans cette guerre, je porte deux fois leur deuil : parce qu'ils avaient vingt ans et parce qu'ils sont morts trompés. »

Au vrai, ces « interrogatoires » n'en sont pas. Hormis les moins chargés qui guignent l'acquittement, les accusés plaident coupable « en général » et M. Curvelier redoute leurs réponses plus qu'il ne les espère. Apparemment, cela devrait durer quelques jours ainsi. Mais, dans ce prétoire, on ne s'ennuie pas ou alors on le fait exprès. Mercredi 14 septembre, à 13 h 20, c'est le branlebas de combat. Mourad Oussedik, glissant vers les aigus, révèle que la veille au soir, un juge titulaire et un juge suppléant, dont il attend qu'ils se dénoncent eux-mêmes, ont été vus trinquant avec Pierre Sidos, dirigeant du groupuscule fasciste « Jeune Nation ». Le nom des frères Sidos est associé à maintes « ratonnades ». Les fréquenter dans l'exercice de fonctions judiciaires est une offense à ces fonctions mêmes. Jacques Vergès se surpasse :

Me Vergès : « Vous n'avez pas été sans lire comme moi dans certains journaux[13] qu'à la sortie de l'audience d'avant-hier, des spectateurs et des spectatrices, dont une Algérienne enceinte, avaient été odieusement insultés et menacés, que des journalistes eux-mêmes avaient été pris à partie. La défense n'avait pas été non plus – car elle voit tout, même si elle n'en fait pas état immédiatement – sans remarquer que certains de vos juges, monsieur le Président, estimaient que leur qualité ne leur interdisait pas d'aller dans les cafés circumvoisins rencontrer un des frères Sidos, celui qui n'est pas encore l'objet d'un mandat d'arrêt (puisqu'un des frères Sidos est l'objet d'un mandat d'arrêt) et boire avec eux, aller, en somme, comme dit le Code, se faire " abreuver ", et par l'un des frères Sidos... Nous pensions que, tout au moins pendant le cours de ce procès, les juges auraient la pudeur de nous éviter le spectacle choquant de juges militaires en compagnie de quelqu'un qui appartient à une organisation dissoute pour appel au meurtre. »

13. Notamment dans *Libération*.

Et c'est la bévue. Le commissaire du gouvernement rétorque sous l'avalanche : « La demande de récusation présentée par les défenseurs n'entre pas dans le cadre des cas prévus limitativement par le Code de procédure pénale. » En vain, les avocats se relaient pour répliquer. Le Tribunal suit le commandant Lequime. Avec un bel ensemble, la défense se lève et quitte la salle. Le président, sur la suggestion du bâtonnier, commet d'office la totalité des défenseurs.

La presse la moins engagée, le lendemain matin, lâche ces magistrats décidément irrécupérables. *Le Figaro :* « Unanimement on déplorait le geste de ces deux officiers qui auraient dû s'abstenir de toute attitude traduisant une sympathie personnelle ou idéologique... » *L'Aurore :* « Et voilà le travail ! Du bien mauvais travail, et je suis obligé de dire et j'ai le droit de dire que la défense, hier, a eu raison et tort le Tribunal[14] ! » Qu'à cela ne tienne : à la reprise de l'audience, le 15 septembre, ledit Tribunal, non moins souverain et déterminé aujourd'hui que la veille, annonce sans broncher que le lieutenant Schupé et le capitaine Estève sont défaillants...

Sur cette lancée, la dernière fournée d'interrogatoires s'effectue à marches forcées. Micheline Pouteau en profite pour faire un sort aux suppositions graveleuses d'une presse qui ne vit que de ça : « Je n'ai aucune raison personnelle, je n'avais aucune raison sentimentale de m'engager dans cette lutte. Je veux dire que c'est dans la mesure où je me sentais davantage une place faite, une place confortable, des responsabilités dans la société, que je me suis sentie davantage tenue de m'engager moralement et politiquement. » Denise Barrat, de son côté, témoigne comme chrétienne : « En tant que catholique, je connais la doctrine de l'Église sur la guerre juste et la guerre injuste; et la guerre d'Algérie me semble être le type même d'une guerre injuste. »

Ce 15 septembre, on saisit *L'Express* et *France-Observateur*. Le premier pour avoir publié la lettre d'un soldat « non déserteur » mais désespéré. Le second pour avoir reproduit des témoignages de jeunes appelés qui se demandent s'il est possible, ou non, d'agir dans l'armée. Commentaire du *Times* : « Les mauvaises habitudes ne deviennent pas respectables avec l'âge, et il est difficile de trouver une logique quelconque derrière bien des saisies. »

Le deuxième acte du procès Jeanson se clôt sur ce dialogue ingénu :

Me Dumas : « Monsieur le président, est-ce que vous envisagez de nous faire siéger dimanche, comme dimanche dernier, ce qui, je crois, ne serait à la satisfaction de personne ? »

Le président : « Je ne peux rien dire dès à présent. »

14. L'article porte la signature de Jean Bernard-Derosne – qui a déposé en faveur de Georges Arnaud, au procès de ce dernier.

Me Dumas : « Nous avons les uns et les autres des obligations. »

Le président : « J'entends bien. Je ferai tout ce que je pourrai pour que vos obligations puissent être satisfaites. Seulement, je ne suis pas très libre du déroulement des débats... »

Pas très, non.

□

Le troisième acte, pourtant le plus grave, débute par un aimable divertissement. MM. Édouard de Rougemont, quatre-vingts ans, et Félix Michaux, soixante-dix-huit ans, experts graphologues, jurent sur tout ce qu'ils ont de sacré qu'une lettre signée E. Pfrimmer et trouvée chez Hélène Cuénat est de la main de Janine Cahen. Preuves à l'appui, sans compter cinquante ans de carrière, les deux hommes sont formels. Jusqu'à l'instant où la défense prie d'entrer M. Pfrimmer Edouard, professeur agrégé d'allemand, qui reconnaît sa propre écriture...

Mais trêve d'amuse-gueule. Le procès atteint son point culminant, celui où des témoins qualifiés, devant la presse aux aguets, s'apprêtent à développer, chacun selon sa conscience, les traits politiques majeurs esquissés par les inculpés. Cité par Jean-Claude Paupert, Claude Bourdet est admonesté par le président parce qu'il parle de « guerre » d'Algérie :

Claude Bourdet : « Nous savons, nous, journalistes, les efforts considérables que tous ces garçons ont déployés pour empêcher qu'en France les Algériens ne se livrent à certaines méthodes de guerre totale. »

Le président : « Vous estimez que c'est un élément modérateur ? »

Claude Bourdet : « J'estime que tous les Français qui collaborent avec le F.L.N. sont des éléments modérateurs, et lui spécialement. »

Me Oussedik : « Est-ce que M. Claude Bourdet, en tant que membre du P.S.U., pense que la guerre d'Algérie est injuste ? »

Le président : « Non ! Je ne peux pas ! »

Me Oussedik : « Qu'on m'en donne acte ! »

Me Vergès : « Peut-être pourrait-on dire la " guerre pacifique " d'Algérie ? »

Me Oussedik : « Je ferai respectueusement remarquer au Tribunal que le mot " guerre " a été employé par de Gaulle. »

Me Vergès : « Est-ce que M. le témoin pense que la guerre pacifique d'Algérie est injuste ? »

Le président : « Les opérations tendant à la pacification de l'Algérie, personne n'a à s'en faire juge, et pas un témoin surtout, à l'occasion d'une déposition qu'il fait pour un inculpé... »

Me Vergès : « Paupert est en prison. Il a adhéré au P.S.U. Nous avons aujourd'hui devant nous un représentant de ce parti. Il est intéressant pour nous de savoir si ses camarades du P.S.U. considèrent que Paupert, inculpé par l'État actuel, a sa place dans ce parti-là ! »

Claude Bourdet : « Du moment que ce jeune homme a été accepté dans le parti, cela signifie que nous considérons qu'il est digne d'en faire partie. Cela ne signifie pas que le parti fasse siennes l'ensemble des positions de ce jeune homme. »

Nous sommes le samedi 17 septembre. L'homme qu'on introduit à présent, et dont la déposition va secouer tout le pays, est maître des requêtes au Conseil d'État. Il se nomme Paul Teitgen, et a occupé les fonctions de secrétaire général de la police d'Alger depuis août 1956 jusqu'au 12 septembre 1957, date de sa démission...

M. Teitgen : « Il m'a été donné, dans l'exercice de mes fonctions, d'héberger à mon domicile, à la préfecture d'Alger, au su et au vu autant du ministre résidant que des autorités militaires, trois infirmières musulmanes. Le paradoxe de cette situation, c'est qu'elles étaient à la fois poursuivies par des instances du F.L.N. qui requéraient qu'elles prêtent leur concours, dans la Casbah, à des militaires blessés, cependant qu'elles étaient poursuivies d'autres assiduités par des Européens spécialement militaires. Je les ai prises à mon domicile, je les ai gardées pendant un mois et demi. Il y a là quelque chose de paradoxal, de scandaleux, et, en conscience, je n'ai pas pris une décision de ce genre — je ne l'ai pas prise clandestinement — sans qu'elle me pose un problème grave, non seulement à titre personnel, mais également dans l'exercice de mes fonctions.

« Je pense donc qu'il est normal qu'une partie de la jeunesse se soit interrogée. Et vous allez m'autoriser à dire, monsieur le Président, qu'il y a une erreur grave à ne pas appeler les choses par leur nom et à ne pas donner à ces combats le sens véritable que requiert là-bas la présence de l'armée française. Faire faire à cette armée une besogne de police qui n'est pas la sienne, c'est la priver de l'élément essentiel de son combat et de sa raison d'être. Et le fait qu'un certain vocabulaire ne peut pas être employé parce qu'il pourrait l'être avec excès [15], eh bien, cela pose tout le problème d'une certaine jeunesse sous les drapeaux. Que fait-elle là-bas ? Elle n'est pas chargée, elle, de fonctions de police, monsieur le Président ! A partir du moment où un certain nombre d'excès ne deviennent plus que des excès de police, ces jeunes gens se demandent ce qu'ils font sous les armes. Cela n'excuse pas — c'est ma conviction personnelle — un certain nombre de leurs attitudes ou de leurs choix, mais ces

15. Comme à Claude Bourdet, le président a interdit à Paul Teitgen d'employer l'expression « guerre d'Algérie ».

choix, dans le désarroi de leur conscience, peuvent leur être dictés par ce paradoxe.

« Je ne partage pas, je le répète, un certain nombre de directions qu'ils ont choisies, mais, en mon âme et conscience, compte tenu de ce que je sais et de ce que j'ai appris, moi, en Algérie, je les excuse... »

Me Vergès : « Paupert nous a dit : " J'ai été soldat en Algérie et, si j'ai aidé le F.L.N., c'est parce que j'ai vu là-bas trop d'horreurs. " Est-ce que le témoin peut nous dire, à partir des rapports qui lui ont été présentés par ses subordonnés dans l'exercice de ses fonctions : " Hélas, oui ! L'on a torturé à Alger, l'on a torturé tous les jours, l'on a torturé d'une manière systématique ! " ou bien : " Non, cela n'est pas vrai ! " »

Le président : « Avez-vous eu connaissance d'excès ou de tortures ? »

M. Teitgen : « Ces excès, ces tortures ont été la raison pour laquelle j'ai quitté mes fonctions, monsieur le Président. »

Me Vergès : « Deuxième question : le témoin a-t-il eu connaissance de gens qui, à Alger, sont morts alors qu'ils étaient détenus, ou qu'on les interrogeait ? Je pose cette question d'autant plus que le témoin, en tant que secrétaire général à la préfecture de police d'Alger, signait les assignations à résidence ou tout au moins les contrôlait. Tous les gens qu'il a assignés à résidence lui ont-ils été rendus ou ont-ils été rendus à la justice ? »

M. Teitgen : « J'ai juré de dire la vérité, monsieur le Président. J'ai le regret d'avouer que des disparitions ont été portées à ma connaissance, dont je suis certain ; et je souhaiterais, pour en finir avec des souvenirs qui sont pour moi pénibles, que la même rigueur, si elle doit frapper ceux qui ont le trouble dans leur conscience, frappe également ceux qui entachent l'honneur de mon pays et l'honneur de son armée. »

Les journalistes se précipitent vers les plus proches téléphones. Trois pleines colonnes dans *Le Monde*. Autant dans *Libération*. Des titres à la une. Les radios grésillent comme les magnétos d'Outre-Mer.

Paul Teitgen, très droit, la voix mate, n'épargne rien au Tribunal : « Monsieur le Président, lorsque j'étais déporté, figurait dans le camp de concentration une pancarte avec cette inscription : " Juste ou injuste, tu es ma patrie. " Je comprends qu'un certain nombre de gens, lorsqu'au nom de leur pays sont commises un certain nombre d'injustices, se trouvent dans une situation qui les conduit à commettre des erreurs. Je demande une nouvelle fois à la justice de mon pays de ne pas leur laisser le choix entre une patrie juste et injuste, mais de leur donner la certitude que cette justice est vraiment définitive. »

L'impact est terrible. L'homme qui s'exprime ainsi n'est pas un ami des « rebelles ». C'est un grand commis de l'État, modéré en politique et intransigeant en morale. Dans l'opinion, le procès exerce maintenant des ravages. Il suffit d'observer les réactions de la droite pour qui ces jours, de son aveu même, sont des jours noirs, et qui parle en assiégée. *Rivarol* analyse amèrement l'ampleur de la crise : « Si le camp des fellaghas de langue française se montre d'une telle arrogance et s'il ne rencontre en face de lui, dans les " sphères officielles ", qu'une opposition aussi molle, c'est parce que lesdits fellaghas ont, non sans raison, conscience d'incarner le véritable " esprit de la Résistance ", alors qu'en vertu même du climat créé dans notre pays par la lutte clandestine d'abord, par la Libération ensuite, et enfin par la décolonisation, les pouvoirs publics et leurs auxiliaires ne peuvent que se trouver en porte à faux quand ils défendent l'ordre, la fidélité et l'obéissance aux autorités établies [16]. »

D'Alger, le général Salan ose critiquer les contradictions de la politique gaullienne : « N'a-t-on pas dit aux musulmans qu'ils pourraient choisir de ne plus être français, et ne veut-on pas cependant condamner et faire taire ceux qui précisément se battent pour l'indépendance [17] ? » Le soir même de la déposition de Paul Teitgen, Salan est appelé à Paris. Le 23, le ministère des Armées lui notifie l'interdiction de retourner en Algérie.

Un malheur ne vient jamais seul. Après la bombe Teitgen, le 17, la bombe Sartre explose le 20. Toute la journée précédente s'est passée en combats corps à corps. C'est que la défense, qui voit grand, a cité à la barre l'intégralité des signataires du manifeste des 121 — manifeste qui défraye la chronique bien que le public n'ait toujours pas pu le lire. Le commissaire du gouvernement s'est interposé, arguant que la déposition de ces individus « serait une injure pour le Tribunal ». Naturellement, le Tribunal approuve. Naturellement, les avocats contre-attaquent : refusera-t-on d'entendre des gloires nationales telles que M. Vercors, compagnon de la Libération, ou le professeur Mandouze, dirigeant de la Résistance ? Naturellement, les conclusions de la défense sont repoussées. Et naturellement, à l'audience d'après, M. Curvelier défait ce qu'il avait fait la veille : il consent à ce que déposent vingt des pestiférés.

Vercors : « Lorsqu'on se bat pour l'indépendance de son pays, comme nous nous sommes battus [18], tout le respect est dû à ces résistants et non seulement tout le respect, mais toute l'aide qu'on peut leur apporter. » Claude Roy explique pourquoi, après s'être longuement interrogé sur le bien-fondé de l'action des prévenus, il en arrive quasiment à l'approuver : « Aujourd'hui, je sais qu'en politique le désespoir est une faute, mais permettez-moi de vous le

16. *Rivarol*, 16 septembre 1960.
17. Déclaration à l'agence *France-Presse*, 15 septembre 1960.
18. Contre les Allemands.

dire, j'en viens à désespérer et je pense que toute action qui peut permettre aux Français de prendre conscience de ce que représente, au passif matériel et moral de la France, la guerre d'Algérie, toute action, y compris celle de ceux qui sont ici, est une action que je respecte et que je trouve justifiée. »

Le président a renoncé à bouter hors du prétoire le vocable « guerre » d'Algérie. Claude Lanzmann est en train de célébrer les mérites de Paupert quand Me Dumas l'interrompt. Il déclare qu'il a reçu de Jean-Paul Sartre, « retenu au Brésil par une tournée de conférences », un télégramme et une lettre. Le télégramme prie le Tribunal d'excuser son absence et assure les prévenus de « l'entière solidarité » du philosophe. La lettre, longue et mordante et dense, comme Sartre aime à écrire, se ramène à une idée choc : je suis porteur de valises.

Roland Dumas lit :

« Mon cher maître,

« Me trouvant dans l'impossibilité de venir à l'audience du tribunal militaire — ce que je regrette profondément —, je tiens à m'expliquer de façon un peu détaillée sur l'objet de mon précédent télégramme. C'est peu, en effet, que d'affirmer ma " solidarité totale " avec les accusés : encore faut-il dire pourquoi.

« ... D'une part, les Français qui aident le F.L.N. ne sont pas seulement poussés par des sentiments généreux à l'égard d'un peuple opprimé ; et ils ne se mettent pas non plus au service d'une cause étrangère : ils travaillent pour eux-mêmes, pour leur liberté et pour leur avenir, ils travaillent pour l'instauration en France d'une vraie démocratie. D'autre part, ils ne sont pas isolés, mais ils bénéficient de concours de plus en plus nombreux, d'une sympathie active ou passive qui ne cesse de grandir : ils ont été à l'avant-garde d'un mouvement qui aura peut-être réveillé la gauche, enlisée dans une misérable prudence, et l'aura mieux préparée à l'inévitable épreuve de force avec l'armée, ajournée depuis mai 1958.

« Il m'est évidemment difficile, mon cher maître, d'imaginer, à la distance où je suis, les questions qu'aurait pu me poser le tribunal militaire. Je suppose pourtant que l'une d'elles aurait eu pour objet l'interview que j'ai accordée à Francis Jeanson pour son bulletin *Vérités Pour* et j'y répondrai sans détour. Je ne me rappelle plus la date exacte, ni les termes précis de cet entretien, mais vous les retrouverez aisément si ce texte figure au dossier. Ce que je sais en revanche, c'est que Jeanson vint me trouver en tant qu'animateur du " réseau de soutien ", et directeur de ce bulletin clandestin qui en était l'organe, et que je le reçus en pleine connaissance de cause. Je dois l'avoir revu, depuis, à deux ou trois reprises. Il ne me cacha pas ce qu'il faisait et je l'approuvai entièrement. Je ne pense pas qu'il y ait, dans ce domaine, des tâches nobles et des tâches vulgaires, des activités réservées aux intellectuels et d'autres indignes d'eux. Les professeurs de la Sorbonne, pendant la Résistance, n'hésitaient pas à transmettre des plis et à faire des liaisons. Si Jeanson m'avait demandé de porter des valises ou d'héberger des militants algériens, et que j'aie pu le faire sans risque pour eux, je l'aurais fait sans hésitation...

« Il importe de dire très clairement que ces hommes et ces femmes ne sont pas seuls, que des centaines d'autres, déjà, ont pris le relais, que des milliers sont prêts à le faire. Un sort contraire les a provisoirement séparés de nous, mais j'ose dire qu'ils sont, dans ce box, comme nos délégués. Ce qu'ils représentent, c'est l'avenir de la France. Et le pouvoir éphémère qui s'apprête à les juger ne représente déjà plus rien.

« Le 16 septembre 1960,

Jean-Paul Sartre. »

Pour un scandale, c'est un scandale. Dans *Le Monde*, Jean-Marc Théolleyre analyse : « Incendiaires propos. Et chacun s'est demandé si M. Jean-Paul Sartre ne sollicite pas ainsi une inculpation, et même une arrestation, par l'expression d'un tel engagement qui prend les allures d'un défi [19]. » Dans *Le Figaro*, Thierry Maulnier condamne : « En demandant à la gauche française, et plus particulièrement à la jeunesse, de collaborer avec le parti terroriste totalitaire qui veut imposer aux Algériens la loi des égorgeurs, et qu'il présente comme le vrai défenseur des libertés et de la démocratie, il encourage les rebelles à poursuivre la lutte, à refuser la paix offerte... Il semble que M. Jean-Paul Sartre lui-même n'ait plus rien d'autre à faire qu'à tirer la conclusion logique de la position qu'il vient de prendre publiquement et qu'à la défendre, le fusil ou la bombe en main, dans les rangs du F.L.N. [20]. »

M. Terrenoire, ministre de l'Information, gémit : « Sartre a remplacé Maurras et c'est une dialectique anarchique et de suicide qui prétend s'imposer à une intelligentsia égarée ou décadente [21]. » M. Duchet, secrétaire général du Centre national des Indépendants, écrit à Michel Debré : « D'une part, Jean-Paul Sartre peut violer et dénoncer les lois les plus fondamentales sur la sauvegarde et le service de la patrie. D'autre part, l'un de nos plus grands chefs militaires [le général Salan] et l'un des plus disciplinés est frappé pour avoir rappelé et maintenu ces mêmes lois fondamentales [22]. »

Le procès est terminé. Non pas formellement : dix audiences séparent encore les inculpés du verdict. Mais politiquement, la cause est entendue. Un à un, les témoins signataires du manifeste des 121 défilent à la barre et récidivent. Avant le réquisitoire et les

19. *Le Monde*, 22 septembre 1960.
20. *Le Figaro*, 21 septembre 1960.
21. Déclaration au congrès de la presse démocratique, 24 septembre 1960.
22. Lettre rendue publique le 26 septembre 1960.

plaidoiries, des propos très vifs sont échangés. C'est que, si les malpensants de gauche se bousculent au portillon, les hommes du pouvoir s'esquivent par la petite porte. Malicieusement, Roland Dumas souligne que le nom d'André Malraux (« abonné » à *Vérités Pour*) figure sur un carnet d'Hélène Cuénat saisi rue des Acacias. Le ministre serait-il l'allié occulte des alliés déclarés du F.L.N. ? Il est cité, on l'attend, il s'excuse. M. Michelet, de même, est requis ailleurs par sa charge. M. Buron, non moins débordé que ses collègues, ne saurait se libérer. M. Massu, chef de guerre, est de garde. M. Argoud, chef de guerre adjoint, considère que « l'honneur de l'Algérie » lui interdit de se présenter au tribunal. Ces dérobades inspirent à la défense et aux accusés quelques belles formules. Jacques Vergès : « M. Malraux est un ancien terroriste... Quand on rappelle qu'un ministre d'aujourd'hui a été ce que M. Malraux a été, c'est un hommage qu'on rend au ministre, sinon à l'écrivain. » Jean-Claude Paupert : « Moi, je dis que l'honneur de Jean-Claude Paupert, soldat de deuxième classe, exige que le colonel Argoud vienne ici ! » Etc.

Le 24 septembre, quand le commandant Lequime se lève pour requérir, on croit toucher au port. Mais le commissaire du gouvernement, usé par trois semaines de guérilla, cède à la tentation. « Les chiens aboient, la caravane passe », jette-t-il aux avocats qui se dirigent immédiatement vers la sortie. Le 25, M. Lequime invoque la science historique. Pourquoi la France, en 1830, a-t-elle monté une expédition contre l'Algérie ? « Il s'agissait de mettre fin aux exactions des corsaires barbaresques qui étaient devenues intolérables en Méditerranée. Elles étaient depuis longtemps de notoriété publique. Depuis Molière, elles étaient passées dans le domaine des expressions populaires : " Mais qu'allait-il faire dans cette galère ? " »

Dans le box, certains pleurent de rire. Ils n'éprouvent aucune anxiété. Pour eux, ce sera le maximum : dix ans. C'est-à-dire, espèrent-ils, la prison jusqu'à la fin du conflit. D'autres ne rient pas du tout. Crispés, noués d'appréhension, ils ont hâte de savoir. Les ultimes incidents – Me Vergès totalement interdit de parole –, les ultimes gags (une demande de renvoi parce qu'un lieutenant a été promu capitaine, ce qui modifie la composition du tribunal) leur paraissent interminables. A 23 h 15, samedi 1er octobre, le verdict tombe, sans surprise. Huit Français et un Algérien sont acquittés (Jacques et Lise Trébouta, Odette Huttelier, Paul Crauchet, André Thorent, Georges Berger, Yvonne Rispal, Denise Barrat, Lounis Brahimi). Trois membres du réseau subissent des peines de gravité diverse : Jacqueline Carré, cinq ans ; Jacques Rispal, trois ans ; Janine Cahen, huit mois. Tous les autres écopent, comme prévu, du plus fort tarif.

« Leur position exige beaucoup de courage et même parfois,

osons le mot : d'héroïsme. Ce ne sont pas les préposés à certains interrogatoires qui me démentiront sur ce point. Que ces Français et ces Françaises, parmi lesquels les jeunes dominent, aient été quelquefois imprudents dans leur comportement, je veux bien le concéder. J'accorderai même qu'ils ont pu, parfois, manquer de discernement. Mais quoi ? Quel est le critère exact, précis, infaillible qui permet de juger, de " discerner " – surtout à des jeunes – dans l'effroyable désordre des esprits consécutif à l'invraisemblable confusion des vocabulaires ? Ce sont ceux qui se disent nos gouvernants, ne le perdons tout de même pas de vue, qui, sur ce point, ont donné le plus étonnant spectacle de désordre, d'anarchie, de perversion... »

Ces lignes, qui excusent le soutien accordé par des Français au F.L.N. sur le sol algérien, ont été publiées par *Témoignage Chrétien* le 19 juillet 1957. Leur auteur n'était pas encore ministre. Son nom : Edmond Michelet.

□

L'histoire de ce procès ne manque pas de sel. Qu'on nous permette d'y ajouter un grain – qui excède, et de beaucoup, la simple anecdote. C'est que la lettre de Sartre, la fameuse lettre incendiaire, est un faux. Un faux commis avec l'aval de son auteur présumé, mais un faux. Ou, si l'on préfère, un remarquable pastiche.

En juillet 1960, Jacques Charby, détenu à Fresnes, réussit à s'évader légalement. Il triche sur son poids, s'inflige un régime redoutable et, conseillé par des médecins amis, simule les symptômes d'une maladie aussi grave et aussi peu vérifiable que possible : le diabète insipide d'origine posthypophysaire. Dûment expertisé et muni d'un certificat qui le condamne au supplice du trépan, il arrache au juge d'instruction quelques semaines de liberté médicale. Avec la ferme intention de prolonger ce provisoire jusqu'au définitif.

Mais s'il échappe au procès, c'est pour mieux se consacrer à sa préparation. Charby s'en entretient longuement avec André Mandouze et l'idée jaillit : Sartre ! Sartre à l'audience, Sartre réclamant son arrestation, Sartre en taule : quelle meilleure machine de guerre inventer à l'heure où la France de gauche s'éveille et où la proximité d'un débat à l'O.N.U. sur la question algérienne oblige le gouvernement – quoi que pense le Général du « Machin » – à surveiller son image internationale ? Un mois avant le procès, l'hypothèse est examinée lors d'une réunion au domicile de Claude Lanzmann. L'auteur de *La Nausée* est absent, mais Simone de Beauvoir est là. Le projet ne semble guère l'enthousiasmer. Elle explique que

Sartre et elle ont contracté des engagements en Italie puis en Amérique latine, et que leurs interventions à l'étranger ne sont pas sans incidence. Cela dit, ils sont disposés à manifester leur soutien aux militants emprisonnés. « Il ne s'agit pas de soutien moral, répond Jacques Charby, mais de déclarer : j'en étais. » Simone de Beauvoir demeure réticente. Alors André Mandouze pique une de ces saintes colères dont la patristique fournit d'illustres exemples. En termes (légèrement) plus châtiés, il reproche à son interlocutrice de jouer les belles âmes [23].

Sartre, de retour d'Italie et avant de s'envoler pour Rio, Recife et Manaus, se rallie au principe d'un témoignage choc. Les avocats, évidemment séduits, reçoivent sa promesse formelle qu'il déposera dans le sens souhaité [24]. Déposition qui symbolisera l'articulation entre le manifeste des 121 et l'affaire Jeanson. Mais les audiences se succèdent et, du Brésil, nulle nouvelle. Marcel Péju : « Claude Lanzmann a téléphoné une première fois à Sartre qui n'a pas voulu revenir, prétextant que Malraux l'avait précédé au Brésil et qu'il fallait faire contrepoids, mais qui a promis d'expédier un texte. En effet, il a envoyé un télégramme de trois lignes affirmant son " entière solidarité " avec le réseau. Les avocats étaient consternés. Ils se sont réunis et, par l'intermédiaire de Benabdallah, la Fédération de France s'est engagée à payer l'avion pour que Sartre se déplace à tout prix. J'ai rejoint Claude Lanzmann au journal où il travaillait, et de là, nous avons à nouveau appelé le Brésil. Tour à tour, nous avons pressé Sartre de rentrer. Mais il n'a rien voulu savoir, invoquant cette fois son zona (qui, d'ailleurs, était terminé). En désespoir de cause, je lui ai dit : donnez-moi l'autorisation de rédiger une lettre à votre place et en votre nom. J'ai obtenu son accord, sans autres indications. Nous nous connaissions suffisamment pour qu'il me fasse confiance [25]. »

Fort de ce blanc-seing, Péju relit l'interview de Sartre à *Vérités Pour* ainsi que ses principaux articles des *Temps Modernes*. Puis il écrit « à la manière de ». Il soumet son œuvre à Lanzmann qui apporte une ou deux retouches. Et tout le monde se retrouve, autour de la « lettre », dans le bureau de Roland Dumas. Reste à authentifier le message. Il est censé avoir traversé l'Atlantique, or l'enveloppe et le cachet de la poste manquent. D'autre part, le texte de Péju est manuscrit. Rien de plus facile que de le dactylographier. Paule Thévenin (liée à la personne et à l'œuvre d'Antonin Artaud), très engagée dans le combat des 121, s'y emploie immédiatement. Mais la signature ? On pense à Siné. Il accourt, étudie des « modèles » fournis par Lanzmann, et se met au travail. Pendant ce

23. Témoignages de Jacques Charby et d'André Mandouze.
24. Entretien avec Jean-Paul Sartre.
25. Rapporté par Marcel Péju.

temps, à défaut de cachet de la poste, on décide de joindre le télégramme à la lettre et de le mentionner dans la première phrase, chaque pièce authentifiant ainsi l'autre. Roland Dumas et ses confrères du collectif se disputent enfin l'honneur de brandir le document à l'audience du lendemain. Dumas, qui tient à ce que ce témoignage français ne soit pas cité par les défenseurs des Algériens, ne cède pas [26].

Sartre n'apprendra que quelques jours plus tard, par une coupure du *Monde*, la teneur exacte de sa fracassante déclaration. A la fin d'octobre, Simone de Beauvoir et lui regagnent la France via l'Espagne – Lanzmann est allé les attendre à Barcelone. Ils ne sont pas inquiétés. Rendu à Paris, Jean-Paul Sartre voit Péju en tête à tête. Il n'adresse aucune critique à son « alter ego ». Juste une réserve : la phrase concernant « les tâches vulgaires » que les intellectuels ne sauraient éviter. « Une phrase superflue : c'est une évidence... »

Sartre a-t-il eu le sentiment qu'on lui « tendait une embuscade » ? – l'expression est de Mourad Oussedik. Dans le box, les inculpés ont vécu l'absence du philosophe comme un lâchage. André Mandouze, dont ce fut aussi la première réaction, tire avec son francparler la leçon de cette aventure : « Sartre a failli faire tout capoter. Quand on est un écrivain, la responsabilité d'un acte, c'est d'écrire. Quand on est un homme public, si l'on n'a pas écrit et si l'on se sent un peu morveux, c'est d'entériner un écrit antérieur – ce qui est assez fort tout de même ! »

26. Témoignages de Marcel Péju et de Roland Dumas.

Chapitre 19

121 ET PLUS

121, 122, 130, 150, 200, 220... La courbe s'envole. Malgré l'information confiée au juge Pérez, malgré les inculpations qui pleuvent, la liste des signatures s'étire. Au générique, parmi cent autres, de nouveaux écrivains (Michel Butor, Françoise Sagan, Clara Malraux, Tristan Tzara), de nouveaux universitaires (François Châtelet, Madeleine Rebérioux, Laurent Schwartz), de nouveaux noms du spectacle (Danièle Delorme, Catherine Sauvage, François Truffaut), etc. Le 22 septembre, en Conseil des ministres, une ordonnance est adoptée qui aggrave les sanctions frappant la provocation à l'insoumission et le recel d'insoumis. Les peines s'élèvent jusqu'à trois ans d'emprisonnement et 100 000 nouveaux francs d'amende. Le cabinet de Michel Debré précise que « d'ores et déjà, quatre-vingts personnes ont été entendues par les services de la police judiciaire, dix fonctionnaires ont été suspendus, plusieurs inculpations ont été prononcées ». Au Conseil suivant, pour hâter la procédure, une seconde ordonnance autorise, en attendant qu'il soit statué disciplinairement et pénalement, la suspension provisoire de tout fonctionnaire coupable d'apologie de la désertion. « Personne n'oblige les fonctionnaires à entrer au service de l'État », commente M. Terrenoire.

Les artistes n'échappent pas à la vindicte gouvernementale. « La France bannit ses vedettes », titre en première page le quotidien conservateur anglais *Daily Mail* [1]. Effectivement, d'Arthur Adamov à Laurent Terzieff, le Gotha des planches est décimé. Les studios de la télévision et les micros de la radio sont subitement fermés aux indésirables. Roger Blin, qui assurait quatre ou cinq émissions par semaine à la R.T.F., est sommé de déguerpir. Danièle Delorme, qui devait présenter un Pirandello le 29 septembre, est rayée du pro-

1. *Daily Mail*, 29 septembre 1960.

gramme. Puis c'est l'équipe du *Masque et la Plume* qui cesse ses activités ; elle constate qu'il est rigoureusement impossible de ne pas citer certains des 121. Frédéric Rossif et François Chalais suspendent, pour la même raison, leur émission *Pour le cinéma*. Le syndicat C.G.T. des acteurs proteste dans une lettre ouverte au président de la République : « Nous n'avons pas à prendre parti pour ou contre ce texte *(la déclaration)*. Mais nous tenons à vous faire respectueusement remarquer que la Constitution de 1958, ayant adopté le préambule de la Constitution de 1946, affirme que " nul ne peut être lésé, dans son travail et dans son emploi, en raison de ses origines, de ses opinions ou de ses croyances " [2]. »

Mais la liste noire révoque sans appel. Catherine Sauvage : « Mon nom n'est pas paru dans la première fournée parce que j'étais la 125 ou 126e ; cela ne m'a pas empêchée d'être interdite d'antenne pendant deux ans [3]. » Des tournages sont interrompus, des contrats sont résiliés. Simone Signoret, qui vient de recevoir à Hollywood la plus haute distinction internationale, l'Oscar 1960, confie à Madeleine Chapsal : « Je sais que je vais à la rencontre d'ennuis et de publicité dont je me serais bien passée... J'ai bien réfléchi, pesé le pour et le contre. Et si la police me demande : " Qui vous a extorqué cette signature ? ", je pourrai leur répondre : " Moi-même, je me la suis extorquée à moi-même " [4]. »

La répression suscite, par-delà les divergences de fond, un réflexe de solidarité. Les fonctionnaires C.G.T. parlent de « déclaration de guerre », le S.G.E.N.-C.F.T.C. de « pur arbitraire », le S.N.E.S. [5] décrit « l'angoisse des enseignants devant le drame algérien ». Huit mathématiciens télégraphient à leur ministère : « Suspension universitaire sans jugement est acte d'arbitraire. Appliquée à Pierre Vidal-Naquet, alors qu'assassin Audin toujours en liberté, apparaîtrait comme insulte mémoire Audin et aurait conséquences graves parmi mathématiciens. » Le Bureau politique du P.C.F. « tout en ayant ses propres conceptions sur les formes de lutte les plus efficaces, à savoir la lutte des masses, ne saurait admettre que la répression s'abatte sur aucun partisan de la paix en Algérie, car cette répression a pour but de réduire au silence toutes formes d'opposition à la guerre colonialiste [6]. »

Les intellectuels étrangers s'émeuvent : Federico Fellini, Alberto Moravia, Henrich Böll, Gertrud von Lefort, Norman Mailer, Wright Mills, John Osborne, Sean O'Casey, Max Frisch se solidarisent avec les signataires français. De quoi inspirer à l'hebdomadaire *Carrefour* ces considérations sur le cosmopolitisme des progres-

2. 29 septembre 1960.
3. Entretien avec les auteurs, mai 1978.
4. Interview destinée à *L'Express* et non publiée par ce dernier.
5. Syndicat national de l'enseignement secondaire (F.E.N.).
6. *L'Humanité*, 30 septembre 1960.

sistes : « Ils comptent dans leurs rangs quelques Français de très fraîche date si l'on en juge à la consonance de leur nom. D'autres cachent sous un pseudonyme une ascendance étrangère qui excuse peut-être en partie leur peu d'attachement à la patrie française [7]. »

Justement, les patriotes, les vrais, descendent dans la rue. Le 1er octobre, alors que les avocats du réseau Jeanson achèvent leurs plaidoiries, six mouvements d'anciens combattants convient ceux qui souhaitent « honorer en silence les morts civils et militaires qui sont tombés sous les coups du F.L.N. » à manifester le surlendemain devant l'Arc de Triomphe. Et le lundi 3, ils sont six mille qui envahissent les Champs-Élysées. Le silence, en revanche, fait défaut : bruit de verre brisé quand volent en éclats les vitrines de *L'Express*, grondement de slogans batailleurs — « Algérie française ! », « Salan au pouvoir ! », « Fusillez Sartre ! » Le 11 octobre, l'Association des écrivains combattants « flétrit les agitateurs qui font consciemment le jeu des ennemis de la France... et adjure les pouvoirs publics d'empêcher le retour de ces actes de trahison en poursuivant leurs auteurs avec une implacable rigueur ». Aragon, vice-président de cet organisme, s'empresse de démissionner.

Il existe aussi des intellectuels de droite. Jean Dutourd, Rémy, Philippe Barrès, vouent aux gémonies les démoralisateurs d'en face. Le général Boyer de La Tour les dépeint comme « dévoyés et asexués ». M. Charles Richet, de l'Académie de médecine, les qualifie de « faux prophètes », de « charognards », de « collabos », de « désaxés ». Il devine la « sensation d'extase » qui étreint les femmes signataires à l'idée du sadisme musulman. « Chaque époque a ses excréments [8]. »

Dans ce même numéro de *Carrefour*, plusieurs centaines de personnalités publient « leur » manifeste, le « manifeste des intellectuels français » : « La guerre en Algérie est une lutte imposée à la France par une minorité de rebelles fanatiques, terroristes et racistes, conduits par des chefs dont les ambitions personnelles sont évidentes, armés et soutenus financièrement par l'étranger. » Outre celui du maréchal Juin, on relève les noms d'Antoine Blondin, Roland Dorgelès, André François-Poncet, Pierre Guillain de Bénouville, Henri de Monfreid, Roger Nimier, Pierre Nord, Jules Romains, Michel de Saint-Pierre... Gabriel Marcel y figure mais se rétracte aussitôt dans *Le Monde*. Ce contre-manifeste qui dénonce « les professeurs de trahison » ne rencontre pas le succès de son concurrent. Il traduit surtout l'exaspération d'une fraction significative de la droite qui se sent flouée par de Gaulle et qui inscrit au passif du Général l'irrésistible déclin du système colonial et de ses mythes.

7. *Carrefour*, 21 septembre 1960.
8. *Carrefour*, 12 octobre 1960.

Ce qui irrite le plus ces hommes, et qu'ils perçoivent comme un syndrome de dégénérescence, c'est le caractère finalement dérisoire de la riposte gouvernementale aux 121. Dérisoire non parce qu'elle ne gêne pas les intéressés – les professeurs suspendus et les artistes boycottés le sont réellement – mais parce que la sanction semble conférer aux sanctionnés un supplément d'autorité morale et d'audience politique. En vain Michel Debré s'écrie-t-il dans un discours, à Metz : « Ah! nous savons bien que c'est une des fâcheuses traditions de notre pays que de sécréter en tous temps des ennemis de soi-même! » Quand la prison devient un honneur, c'est que l'État se pervertit.

La péripétie la plus cocasse de cette période est probablement la grande rafle organisée par la police au siège de la revue *Esprit*, rue Jacob, le 1er octobre. Rafle qui permet aux inspecteurs de détecter des individus aussi inconnus du grand public que Jean-Marie Domenach, Paul Thibaud, Pierre Vidal-Naquet, Robert Barrat, Marcel Péju, etc. Jérôme Lindon nous conte l'aventure avec une évidente allégresse rétrospective : « Ce soir-là, nous avions une réunion du comité de direction de *Vérité-Liberté*. Je passe prendre Pierre Vidal-Naquet; les flics étaient chez lui. Le commissaire Matthieu, homme courtois à qui j'avais eu affaire à l'occasion de diverses saisies, demande à Pierre s'il détient quoi que ce soit. Que non, que non! Ses acolytes ouvrent un placard : il contient environ une tonne de documents. Matthieu n'insiste pas et nous glisse : " Vous avez une réunion, ce soir. N'y allez pas. " Naturellement, on y va. Et en arrivant à *Esprit*, nous voilà coincés dans une souricière avec déploiement d'effectifs, mitraillettes et tout le tintouin. Pierre, déjà inculpé, est autorisé à partir, mais je suis bouclé avec Domenach, Thibaud, Panijel, Barrat et quelques autres. Je trouvais ça plutôt marrant mais Barrat, lui, avait l'air embêté. Il m'explique qu'il a " des trucs " dans sa serviette et, pendant que le flic de garde lorgne ailleurs, il me refile sa paperasse. Nous étions dans la pièce du fond, le reste de la troupe perquisitionnait. J'ai feint de fouiner parmi les livres et, au fur et à mesure, j'ai écoulé les " trucs " de Barrat entre deux pages. Peut-être sont-ils encore dans la bibliothèque d'*Esprit*. Après, on nous a embarqués pour vingt-quatre heures quai des Orfèvres. La nuit durant, nous avons été enfermés dans le bureau d'un inspecteur. Léger oubli : le téléphone marchait. Barrat a contacté Michelet, nous avons joint *Le Monde*. Le lendemain matin, toute la presse était au courant avant que la ligne soit coupée. »

Blancs comme neige, les suspects sont relâchés. L'opération est difficile à comprendre. Les policiers espéraient-ils découvrir le noyau dirigeant de la conspiration des 121? Ce n'est guère sérieux : plusieurs membres du comité de rédaction de *Vérité-Liberté* n'ont pas signé. Auraient-ils cru surprendre une assemblée constitutive du M.A.F. [9]? L'hypothèse est plus absurde encore. S'agit-il d'une banale manœuvre d'intimidation au moment où la Fédération de France du F.L.N. salue, dans un communiqué, « les courageux défenseurs de la liberté et les artisans d'une véritable amitié entre les peuples algérien et français »? Ce serait fort balourd. Au total, les enquêteurs ont vérifié une chose: il y a osmose entre la rédaction d'*Esprit* et celle de *Vérité-Liberté*. Ce qui d'ailleurs est imprimé noir sur blanc dans chaque numéro de ce journal...

Tout le monde s'en sort en riant. Sauf Barrat. Il est maintenu sous les verrous. Motif: on a déniché dans son bureau des exemplaires de la « déclaration » et même une lettre en réclamant un. Tarif: seize jours de prison. Cent journalistes s'élèvent collectivement contre cette détention. Dans les milieux chrétiens, l'indignation est vive. Le cardinal Gerlier, dans *La Semaine religieuse de Lyon*, écrit: « De dures souffrances nous assaillent, nous aussi: la prolongation désolante de la guerre d'Algérie, les problèmes angoissants qu'elle pose à la conscience de beaucoup, notamment parmi les jeunes. Nous recueillons autour de nous les témoignages de l'anxiété de bien des âmes [10]. » Voilà une déclaration moins balancée que celle de l'Épiscopat français qui, le 17 octobre, réprouve du même pas l'insoumission, les « actes de terrorisme », et les « outrages à la personne humaine ».

A la mi-octobre, la plupart des fonctionnaires qui ont signé le manifeste ont été suspendus. Laurent Schwartz, mathématicien mondialement connu, révoqué de son poste à l'École polytechnique sur ordre du ministre des Armées, M. Messmer, réplique sèchement à ce dernier :

« Monsieur le ministre,

« Vous avez mis fin à mes fonctions de professeur à l'École polytechnique par un arrêté du 10 octobre 1960. Je regretterai d'abandonner mon enseignement et des élèves très intéressants. Mais ce n'est pas là la question. Vous avez cru devoir accompagner votre décision d'une lettre disant qu'il serait " contraire au bon sens et à l'honneur " que vous me laissiez occuper plus longtemps mes fonctions. Si j'ai signé la déclaration des 121, c'est en partie pour avoir vu, depuis plusieurs années, la torture impunie et les tortionnaires récompensés.

« Mon élève Maurice Audin a été torturé et assassiné en juin 1957; et c'est vous, monsieur le ministre, qui avez signé la promotion du capitaine Charbonnier au grade d'officier de la Légion d'honneur à titre exceptionnel et celle du commandant Faulques au grade de commandeur de la Légion d'honneur (je dis bien: hon-

9. Selon François Maspero *(Le Dossier des 121, op. cit.)*, il se pourrait que la police y ait songé.
10. Semaine du 3 au 9 octobre 1960.

neur). Venant d'un ministre qui a pris de telles responsabilités, les considérations sur l'Honneur ne peuvent que me laisser froid [11]. »

□

L'atmosphère maccarthyste qui s'abat sur la France soude, comme cela ne s'était pas produit depuis des années, une gauche diffuse, formelle ou informelle, qui reprend conscience d'elle-même. Les incidents se multiplient. Verra-t-on *La Conjuration de Cinq-Mars* réalisé par Stellio Lorenzi, *Les Tisserands* adapté par Marcel Bluwal ? Jean Vilar, salle Récamier, donnera-t-il *La Bonne Âme de Se Tchouan* traduit par Geneviève Serreau ? Jean-Louis Barrault pourra-t-il monter *La Sonate des spectres*, de Strindberg, mis en scène par Roger Blin ? Les comédiens décrètent la grève. De leur côté, cent quatre-vingt-quinze élèves de l'École normale supérieure contestent, dans une pétition, que le service de l'État les transforme en « citoyens de seconde zone ». M. Terrenoire, encore lui, est persuadé qu'« à peine caché dans l'ombre, le Parti communiste place beaucoup d'espoir dans l'agitation de ces tristes chevaliers de la crosse en l'air ».

Ce disant, le ministre de l'Information dit n'importe quoi. Le P.C.F., au contraire, est fort embarrassé. Son souci tactique constant est de ne pas perdre l'initiative — or elle lui échappe totalement. Sa visée stratégique, s'il en conserve vraiment une après les coups de boutoir que lui a administrés le phénomène gaullien, préconise l'action de masse — or la « masse », ou du moins sa frange militante, se mobilise pour l'instant contre la répression. Résultat : le Parti communiste est contraint de composer tout en s'efforçant de regagner du terrain. L'un des siens, Pierre Guyot, qui deux ans auparavant avait refusé de servir en Algérie, est libéré du pénitencier de Casabianca. Le lendemain [12], les Jeunesses communistes lancent un appel : « C'en est assez de combattre en " pacifiant ", de " pacifier " en combattant ! Nous ne voulons plus nous battre pour des phrases vides de sens. Nous ne pouvons plus attendre. La paix ne peut plus attendre. » Le Mouvement de la Paix invite ses comités à manifester pour la négociation et l'autodétermination. *L'Humanité* annonce [13] des meetings et démonstrations à Romilly,

11. Laurent Schwartz devient président du Comité Audin après la mort d'Albert Châtelet, le 30 juin 1960. Les vice-présidents sont le communiste Jean Dresch et le catholique Henri-Irénée Marrou.
12. 27 septembre 1960.
13. *L'Humanité*, 10 octobre 1960.

Malakoff, Ivry, Saint-Denis, Arcueil, dans le 19e arrondissement de Paris et à Gentilly.

Cela, c'est pour regagner du terrain. Quant à « l'ouverture », elle s'opère grâce à un article de Jean-Pierre Vigier, membre du Comité central, dont l'intitulé est explicite : « Soutenir les condamnés, défendre les 121. » : « Leur défense est l'affaire de tous les démocrates, de tous les républicains. Il est du reste caractéristique, et le gouvernement ferait bien d'y réfléchir, que les ouvriers, la jeunesse, l'immense masse des intellectuels et de l'Université entourent de compréhension et de sympathie les victimes toujours plus nombreuses de la répression organisée par le président de la République... Face au gouvernement, nous disons donc calmement que malgré notre désaccord avec certains moyens choisis par les inculpés ou proposés par les 121, nous considérons que leur appel a le mérite de contribuer au réveil de l'opinion et d'élargir le débat sur la nature de la guerre d'Algérie et les moyens d'y mettre un terme [14]. »

Cet éditorial est unique en son genre. Certes, les méthodes pratiquées par les militants du réseau ou le recours à la désertion sont critiqués, mais le ton chaleureux rompt avec des mois d'anathème. L'autorisation accordée à Jean-Pierre Vigier de s'exprimer sur ce mode — alors que ses attaches avec les éléments indociles du Parti ne sont pas un mystère — est révélatrice de flottements considérables au sein de la direction. Le courant le plus favorable au dégel de l'organisation marque un point. Et le courant « intégriste » juge, à l'inverse, que des concessions aussi voyantes sont propres à conforter les « gauchistes » dans leur goût pour la provocation.

Jean-Pierre Vigier : « Ce fut homérique. D'abord, j'avais voulu signer le manifeste des 121 aux côtés de la poignée de militants communistes qui s'y étaient risqués. Mais " Casa " et Servin n'étaient pas de cet avis : membre du Comité central, ouvertement lié à eux, ils considéraient que par ce geste j'entravais la bagarre interne plus qu'autre chose. J'ai donc renoncé. Mais restait à pousser, au moins, à ce que le Parti n'abandonne pas les réprimés. C'est Casanova qui a eu l'idée d'un papier clair et net dans L'Huma. Je l'ai rédigé et nous l'avons attentivement repris. Puis j'ai dû le négocier, un jour durant, mot à mot, virgule après virgule, avec Thorez lui-même. Enfin — Thorez était obligé, lui aussi, de transiger car l'issue de l'affrontement était encore incertaine —, je me pointe à L'Huma muni de l'Imprimatur. Et là, nouvel obstacle : je tombe sur Étienne Fajon et René Andrieu qui refusent l'article, m'engueulent avec la dernière énergie, et interviennent auprès de Thorez pour que la publication soit remise. Je râle farouchement. Thorez ne peut se contredire. Et le papier sort, intact à quelques

14. *L'Humanité*, 3 octobre 1960.

infimes retouches près. En le voyant imprimé, Fajon et Gaston Plissonnier ont piqué une véritable crise de nerfs [15]. »

Éphémère victoire. Bientôt, le balancier va repartir dans l'autre sens. Jean-Pierre Vigier expiera durement son audace.

Le mouvement des 121, par ce qu'il draine, par la détermination qu'il affiche, par le style offensif qu'il réinvente, rend un son neuf. Mais il ne faut pas se leurrer sur son homogénéité politique. Les promoteurs du manifeste ont, de manière au reste improvisée, couplé sa diffusion avec le procès du réseau. L'universalité de la répression a couvert du même opprobre l'ensemble des signataires. Cela ne signifie pas, et de loin, qu'ils sont tous des porteurs de valises, qu'ils souscrivent aux thèses de Jeanson sur la solidarité de fait entre la gauche française et le Front algérien, ni même qu'ils encouragent les jeunes à l'insoumission – beaucoup d'entre eux se contentent d'admettre le droit d'opter pour elle. Ficelant tous ces traîtres dans le même paquet, la droite et l'extrême droite en peignent un tableau abusivement monocolore.

Pierre Vidal-Naquet résume en trois catégories la gradation de ces attitudes : « Les uns, qui se reconnaissent dans les dernières déclarations de Francis Jeanson, estiment que la tâche primordiale de la gauche est la solidarité active avec le F.L.N. L'insoumission pour eux n'a de sens que si elle s'accompagne d'une aide effective à la révolution algérienne conçue comme le chemin le plus court qui mène à la révolution française. Tout naturellement, pratiquant une sorte d'intégration à rebours, ils sont amenés à servir dans les rangs du F.L.N. A l'autre aile, on trouve des hommes et des femmes qui, estimant que la guerre d'Algérie est une politique catastrophique pour la France, pensent qu'il existe un devoir de " refus " sans accepter pour autant l'alliance avec le F.L.N. A cette prise de position politique s'ajoute une prise de position morale qui a donné son retentissement au mouvement des Non-Violents. D'autres enfin, quand ils se prononcent sur la politique du " réseau ", distinguent la pratique du soutien au F.L.N. de la théorie qu'en ont donnée certains de ses exégètes, notamment autour de la revue *Les Temps Modernes*. S'ils admettent comme parfaitement fondée la critique de la " gauche respectueuse ", ils se refusent pour autant à voir dans le F.L.N. la chance du socialisme français [16]. » La préférence de Vidal-Naquet pour cette troisième interprétation est aisément décelable. Militant, il fonce. Historien, il saisit au travers du gaullisme non le déferlement fasciste mais la restructuration bourgeoise, et au travers du combat algérien non l'eschatologie révolutionnaire mais la revendication nationale.

Jeanson, y compris pour les 121, reste signe de contradiction. Le

15. Entretien avec les auteurs, janvier 1979.
16. *France-Observateur*, 6 octobre 1960.

11 août, deux militaires français, Clotaire Le Gall et Michel Castera ont été exécutés en Tunisie par le F.L.N. Dans une interview recueillie par Maurice Maschino, destinée à *L'Unitá*, et reproduite par la presse française en pleine bataille idéologique, les propos du porte-parole du réseau ne scandalisent pas que ses adversaires :

Maurice Maschino : « Ces exécutions ne risquent-elles pas, indirectement, de nuire à votre audience du côté français ? »

Francis Jeanson : « La récente exécution de deux soldats français par le F.L.N. n'a surpris que ceux qui se voulaient surpris et n'a indigné que ceux qui ont, en toute occasion, choisi de s'indigner à l'encontre des Algériens, en oubliant généreusement les innombrables crimes commis, là-bas comme en France, par l'armée et par la police françaises. Ce n'est pas, après plus de cinq ans de guerre et toutes les informations publiées sur la façon dont cette guerre est menée, qu'on peut raisonnablement douter de la culpabilité de deux soldats ayant appartenu à un *commando*. Ce qui est tragique dans le sort de ces deux soldats, c'est qu'ils ont été condamnés symboliquement pour beaucoup d'autres qui ne l'ont pas été mais dont la condamnation eût été tout aussi légitime. Quant aux répercussions sur notre audience en France, elle ne m'inquiète en aucune façon. Tous ceux qui sont réellement capables d'envisager une action aux côtés des Algériens sont, du même coup, parfaitement en mesure de poser correctement ce genre de problème et sont plutôt portés à admirer que les tribunaux algériens n'aient encore condamné, pour crimes de guerre, que ces deux soldats français. »

Pour septembre et octobre 1960, seize condamnations à mort sont prononcées contre des militants du F.L.N. Trois exécutions ont lieu. Une jeune musulmane, Houria Zerari, arrêtée depuis quinze jours, « disparaît » sans laisser de trace. Le 19 octobre, la presse comptabilise 326 Algériens tués en 96 heures. M. Messmer adresse au général Crespin un télégramme de félicitations.

L'arithmétique et la ferveur anticolonialiste penchent du côté de Jeanson. Néanmoins, son argumentation apparaît à ses amis eux-mêmes excessivement juridique. Elle divise les 121. Elle maintient à leur périphérie des hommes tels que Jean-Marie Domenach ou Paul Ricœur. Elle nourrit les reproches d'« avant-gardisme », d'inclination au tout ou rien. Ainsi s'élabore un troisième manifeste, après celui de Mascolo et celui du maréchal Juin : le manifeste des étudiants, enseignants et syndicalistes « pour une paix négociée en Algérie ». Le signent plusieurs responsables d'importantes centrales (F.E.N., S.N.I., S.N.E.S., U.N.E.F.) et une kyrielle d'intellectuels éminents : Roland Barthes, Jean Cassou, Robert Escarpit, René Etiemble, Jacques Le Goff, Daniel Mayer, Maurice Merleau-Ponty, Edgar Morin, Jacques Prévert, Jean Rouch et maints autres, tous grands dans leur spécialité. Le texte offre un son très « sage » par rapport aux précédents. Il constate « la crise de conscience ou même la révolte » des jeunes. Il avance un remède : supprimer le mal, c'est-à-dire la guerre elle-même.

François Maspero a la dent dure lorsqu'il suggère que cette démarche « a largement servi à apaiser les consciences troublées qui avaient quelque remords à ne pas mettre leur signature au-dessous de celles des 121, et par là même à opposer à l'expansion de la déclaration parmi les intellectuels un barrage autrement décisif que toutes les puérilités de la répression gouvernementale [17] ». Sans doute est-il exact que cette manifestation modérée a quelque allure « récupératrice ». Mais justement : cela ne traduit-il pas l'état réel de la maturation qui s'est effectuée ? Le tonnerre des 121 a longuement roulé, et bruyamment. Il a provoqué un sursaut. Mais pas l'insurrection. Il a tendu jusqu'à l'extrême limite les nerfs d'une gauche amollie. Mais la politique et la morale s'y sont entremêlées, en sorte que celle-ci l'a emporté sur celle-là ; en sorte que le discours s'est fait plus symbole que signe.

L'élan a été donné, magistralement. Mais la Révolution, pas plus d'ailleurs que la Terreur, ne sont à court terme prévisibles. Gilles Martinet n'a pas tort de décrire une gauche saisie par des sentiments contradictoires : « D'un côté la croyance en la guerre longue et en l'inévitable " fascisation " du régime. De l'autre, l'espoir qu'une situation pourra être néanmoins créée qui mettra en cause le régime lui-même [18]. » En tout cas, le seuil est atteint – grâce au procès et à la déclaration – où les organisations « de masse » sont sommées de bouger ou de mourir.

□

Ça bouge. Et ça part, en bonne logique, de l'U.N.E.F. Maintenant ou jamais. Pierre Gaudez, le 5 octobre, annonce que les étudiants manifesteront à la fin du mois. Il invite « les mouvements de jeunesse, les syndicats, les organisations démocratiques » à mobiliser également. A *Témoignage Chrétien*, il explique qu'il joue son va-tout : « Parmi les étudiants, le mouvement d'insoumission s'amplifie de jour en jour ; si l'action que nous avons entreprise venait à échouer, alors c'est en grand nombre que des jeunes choisiraient, faute d'autres possibilités, l'action clandestine, l'insoumission, le refus. Déjà la pression à l'intérieur de l'U.N.E.F. a atteint un point critique [19]. » Rue Soufflot, au siège du syndicat, des lettres affluent.

17. *Op. cit.*
18. *France-Observateur*, 6 octobre 1960.
19. *Témoignage Chrétien*, 14 octobre 1960.

Des lettres comme celle-ci : « L'U.N.E.F. a laissé, une fois le baroud juridique accompli, les militaires saccager les études de milliers d'étudiants, elle semble vouloir en laisser d'autres milliers face au dilemme : acte de désespoir sans soutien, obéissance accompagnée d'un reniement de soi dans l'indifférence générale. Une fois de plus, sous prétexte de prudence, vous laissez votre base se dépatouiller comme elle le peut. »

Dix-huit ans plus tard, Pierre Gaudez confirme aux auteurs qu'il était acculé : « Je menais une sorte de course de vitesse contre la généralisation de l'insoumission. Je la voyais venir. Et je doutais qu'elle déborde le milieu étudiant. Ce n'est pas l'insoumission comme telle que je craignais, mais ses conséquences : sans action de masse, des centaines et des centaines de types allaient stopper leurs études, se coller dans des situations personnelles inimaginables. J'ai réuni le Bureau et j'ai dit aux camarades : " Si nous ne créons pas un événement, nous allons à la fois perdre nos meilleurs militants et passer pour des porteurs de valises ; nous sommes condamnés ou à mener une action massive ou à entrer dans la clandestinité. " [20] »

Il est plus que temps. Le 7 octobre, parlant à Saint-Denis, Pierre Mendès France est vigoureusement chahuté pendant un meeting du P.S.U., aux cris de « désertion ». Des tracts, des papillons signés « Jeune Résistance » sont jetés en l'air. Oui, il n'est que temps. Finalement, au cours de cette année décevante où les aspirations à la paix ont été trahies, la seule démonstration unitaire a été l'heure de grève commune qui a répliqué aux émeutiers des barricades algéroises. Le 28 juin, « journée pour la paix », n'a guère pesé lourd. *France-Observateur*, *L'Express*, s'emparent aussitôt de la perche tendue par Gaudez [21]. La Fédération de l'Éducation nationale, touchée de plein fouet par l'affaire des 121, emboîte le pas sous réserve de négociation politique. La C.F.T.C. aussi, bien disposée envers l'U.N.E.F. – les catholiques et les militants du P.S.U. sont influents dans les deux formations –, et qu'intéresse beaucoup cette occasion de proposer une démarche unitaire à la C.G.T. dans un rapport des forces le moins inégal possible.

C'est là que le bât blesse. L'émulation est vive entre le secteur légal et les partisans de l'illégalité. Elle est vive aussi entre organisations légales. Dès le 8 octobre, la C.G.T. semonce vertement les étudiants : « Votre appel semble ne tenir aucun compte de tout ce qui est fait et prévu par nous et d'autres organisations. En ce sens, il peut entraîner la confusion et la dispersion des efforts... » Gaudez

20. Témoignage de Pierre Gaudez.

21. Pierre Gaudez, Gilles Martinet et Jean-Jacques Servan-Schreiber se rencontrent pour coordonner le « lancement » de l'initiative. Délibérément, *France-Observateur* et *L'Express* annoncent en couverture, la même semaine, l'appel de l'U.N.E.F.

ne s'inquiète pas trop. Il est normal, raisonne-t-il, que les communistes, passablement harcelés en cette époque inconfortable, regimbent avant de monter dans le train en marche. Mais il y a des éternités que Benoît Frachon réclame l'unité d'action syndicale à cor et à cri. Et les porte-parole des jeunes communistes, Philippe Robrieux (U.E.C.), et Paul Laurent (J.C.), sont enthousiastes [22]. Le président de l'U.N.E.F. n'ignore pas qu'il va devoir servir d'intermédiaire entre une F.E.N. que le mot F.L.N. hérisse, une C.F.T.C. qui frissonne encore à l'approche des bolcheviks, et des bolcheviks qui s'inquiètent d'être régulièrement tournés sur leur gauche, en particulier par « les petits-bourgeois du P.S.U. ».

Pierre Gaudez pèche par optimisme. Le Comité central du P.C.F., dont les travaux sont rendus publics le 15 octobre, annule l'effort d'ouverture inauguré par Jean-Pierre Vigier [23] et traite de très haut ce syndicat étudiant qui « décide unilatéralement d'organiser une manifestation nationale ». Philippe Robrieux et son tuteur, Serge Depaquit, sont effondrés. Ils entament une étrange navette entre l'U.E.C., l'U.N.E.F., et le Secrétariat du Comité central. Ils y apprennent que l'initiative de Gaudez est une provocation. Waldeck Rochet, qui dans son for intérieur n'en croit rien, est impuissant devant le tir de barrage déclenché par Jeannette Vermeersch et se réfugie dans le mutisme. Les jeunes suggèrent un compromis : au lieu d'une manifestation centrale, pourquoi pas plusieurs cortèges qui ne fusionneraient qu'en fin de parcours ? En vain.

Le président de l'U.N.E.F. s'obstine. Il part pour Moscou, invité par Jiri Pelikan au Festival mondial de la jeunesse : « J'en suis rentré le 19. Dans l'avion, il y avait près de nous la délégation communiste, avec Paul Laurent et des représentants de l'U.E.C. Tous m'ont assuré que cela allait s'arranger. »

Cela ne s'arrange pas. Ou plutôt, cela vire au psychodrame. Dans un premier temps, l'ensemble des organisations syndicales – avec même le ralliement de l'union départementale Force ouvrière dans la région parisienne – tombent d'accord pour convoquer leurs adhérents le 27 octobre, place de la Bastille. Mais le gouvernement interdit la manifestation. Protestations. Au sein du Parti communiste, la thèse de la provocation fleurit. Le 24 octobre, le P.C.F. déclare « qu'une manifestation limitée à une avant-garde favoriserait aujourd'hui les provocations du pouvoir personnel, la division des adversaires de sa politique et la réalisation des nouvelles menaces

22. Entretien de Philippe Robrieux avec les auteurs. U.E.C. = Union des étudiants communistes ; J.C. = Jeunesses communistes. Serge Depaquit est « l'œil du Parti » auprès des étudiants.

23. « Voilà le camarade qui veut organiser des manifestations de rue susceptibles de compromettre la sécurité de la direction du Parti », s'écrie J. Vermeersch (témoignage de J.-P. Vigier).

proférées par le chef de l'État contre ce qui reste de libertés ». En clair : on se débine. Gaudez persiste. Avec la C.F.T.C., F.O. et la F.E.N., il négocie au ministère de l'Intérieur le principe d'un meeting à la Mutualité.

Robrieux et Depaquit, affolés à l'idée d'ordonner à leurs adhérents de boycotter le meeting, formulent une dernière demande : se présenter en cortège à la Mutualité pour y appuyer un orateur de la C.G.T. Pas question. Thorez et son épouse sont inflexibles. Robrieux rencontre Gaudez, tente de lui signifier à demi-mot son désarroi et s'adresse, en désespoir de cause, à Benoît Frachon. Qui ne bronche pas. Pire : la C.G.T. explique que le meeting va se dérouler « en collusion avec le gouvernement ». On manifestera, mais pas dans le centre de Paris.

Pierre Gaudez se résigne à ce que deux mots d'ordre parallèles circulent. Lui aussi, pour en avoir le cœur net, frappe aux plus grandes portes. Il voit Waldeck Rochet — un mur. Il voit Frachon (jusqu'alors les conversations avaient été menées, côté C.G.T., par Marcel Caille) — démarche inutile. Le 26 octobre, les travailleurs, les militants, bref « les masses » sont priés d'obéir à des consignes rivales. Mais le test est facile à établir : y aura-t-il, ou non, du monde à la « Mutu » ?

Jeannette Vermeersch a tant besoin de croire à un échec qu'elle visite la salle bien avant l'heure et rentre précipitamment à *L'Humanité* en clamant : « Il n'y a personne. J'en reviens [24] ! » Erreur : il y a foule, une foule qui s'entasse, s'écrase, emplit les travées, occupe chaque mètre, chaque centimètre, puis se déverse sur les trottoirs. Une heure avant le discours prévu, l'unique discours — le président de l'U.N.E.F. doit le prononcer au nom de tous les organisateurs —, Pierre Gaudez reçoit de la visite au pied de la tribune : « Paul Laurent est là, qui réclame que l'U.E.C. intervienne. Je lui réponds que la C.G.T. est la bienvenue, mais que l'U.E.C. n'est pas un syndicat. Laurent insiste, je ne sais à quel titre ! » C'est que, dans la cour de la Sorbonne, le malheureux militant désigné pour exposer le point de vue communiste a reçu une rude bordée d'injures. Et qu'ils rappliquent, communistes ou non mais communistes aussi, qu'ils rappliquent par dizaines de milliers. Le syndicat C.G.T. des charpentiers a résolu de désobéir à Frachon et débarque, follement applaudi. Les états-majors de la C.F.T.C. et du P.S.U., les représentants du Comité Audin reçoivent le même accueil. Plus discrètement, des tracts « Jeune Résistance » volent de main en main.

27 octobre, 18 h 15... Quand Pierre Gaudez s'approche du micro, une formidable ovation s'élève. Elle salue moins la déclaration qu'il lit, texte de compromis par excellence, que l'unité retrouvée,

24. Cité par Philippe Robrieux.

retrouvée quand même, malgré Thorez (et sans parler de Mollet). Elle salue encore le rôle spécifique des jeunes, catalyseurs de ce succès. Elle est forte d'une longue colère et d'une longue solitude.

La cérémonie ne dure guère. Quarante-cinq minutes peut-être. Dehors, quatre mille policiers attendent, et aussi des contre-manifestants. Heurts. Trois anciens ministres, MM. Depreux, Mitterrand et Tanguy-Prigent (les deux premiers, pour comble, ont occupé l'Intérieur), sont sérieusement touchés. Partout, les matraques s'abattent, déchirent, fouaillent. Roland Dumas est agressé tandis qu'il relève Tanguy-Prigent, Gisèle Halimi et Madeleine Rebérioux rouées de coups. Rue Monge, autour de Saint-Nicolas-du-Chardonnet, rue Saint-Jacques, et jusqu'au boulevard Arago et aux Gobelins, c'est l'hécatombe. Les journalistes sont particulièrement visés, qu'ils appartiennent à *Paris-Presse* (André Halphen), à l'agence France-Presse (Alain Jérôme), à Radio-Luxembourg (Jean-Pierre Farkas, Guy Darbois, Christian Brincourt), etc.

Grave erreur : le lendemain, la manifestation s'étale à longueur de pages. La « manifestation » et pas seulement le meeting : en violant ses engagements, le ministre de l'Intérieur a restitué aux organisateurs leur entreprise initiale. Toute la presse ? Non. *L'Humanité*, imperturbable, se félicite de « l'excellente journée » du 27. Un peu partout en France, des cortèges se sont formés à l'appel de la C.G.T. et du P.C. « A ce tableau, une seule ombre ; dans la vague qui monte des actions unies, une seule manifestation séparée : celle de la Mutualité. »

Voilà une ombre qui porte loin. Par sectarisme, et plus encore sans doute par appréhension devant toute turbulence (avec ses prolongements internes), Thorez a manqué le coche. Il s'est mis la jeunesse militante à dos, alors qu'elle est en première ligne : il le paiera par une grave crise de l'U.E.C. Il a laissé le champ libre à la gauche nouvelle : politiquement, c'est le P.S.U. qui bénéficie de l'opération. Il libère pour la C.F.T.C. un espace dont elle saura tirer parti. Le 27 octobre 1960 est, à cet égard, une date clé. Non seulement parce que l'introuvable « mouvement des masses » s'esquisse enfin. Mais parce que cela se produit en dépit des réticences du Parti communiste. C'est la sanction d'une politique errante face à l'Algérie et au gaullisme, d'une incompréhension des mutations sociales et idéologiques qui vont marquer les années 1960.

Quant aux porteurs de valises, aux combattants de la désertion, aux anticolonialistes radicaux, ils sont en droit de penser que cet élan provient, pour une large part, de l'impulsion qu'ils ont imprimée avant quiconque, de l'érosion souterraine puis de la guérilla spectaculaire qu'ils ont nourries. Mais s'ils se figurent déceler dans la manifestation du 27 la première étape de leur projet révolutionnaire, ils se trompent. C'est tout le contraire. L'action de masse

Page ci-contre : Les affrontements au soir du 27 octobre 1960. Reproduit avec l'aimable autorisation de *France-Soir*.

E TÉMOIGNAGE DU REPORTER BLESSÉ :

La police était plus décidée que les manifestants

8 h. 20. Pour quatre mille policiers et quinze mille manifestants, c'est une chaude soirée qui commence. Devant le Palais de la Mutualité, trop exigu pour contenir tisans de la négociation en Algérie, des milliers de jeunes gens stationnent. Ordre de M. Papon : faites évacuer le square. On échange les premiers horions...

18 h. 30. Les contre-manifestants d'extrême droite déferlent vers la place Maubert. Sur le boulevard Saint-Germain, ils obligent les automobilistes à klaxonner : « Algérie française ».

dré HALPHEN :

“Ils savaient que j'étais journaliste”

'AVIS de notre reporter André Halphen, qui fut blessé et enanté, hier par des s, qui savaient qu'il un journaliste, est el : la manifestation tudiants de l'U.N.E.F. bâtarde, molle, et tout dire ratée. Quelphotos peuvent donner l'impression du contraire.

alphen : blessé à la tête

Mais les charges énergiques des agents ne butaient sur rien de solide, rien d'énergique, ni de déterminé à résister.

Quant aux contre-manifestants ils étaient relativement peu nombreux et le plus clair de leur activité fut d'incommoder les automobilistes plus que leurs « ennemis » pacifistes.

Les deux cortèges furent très rarement en contact et se firent heureusement très peu de mal.

En ce sens, c'est un succès pour la police et aussi pour le gouvernement. La preuve est faite, spectaculairement, que « les extrémistes nerveux » dont nous parlions hier, mobilisent relativement peu de troupes et des troupes qui, pour l'instant, sont peu décidées.

Mais la police connaît aussi un échec qui pour elle devient une habitude : ses violences les plus efficaces touchèrent des journalistes, des femmes et des passants qui étaient là par hasard.

LES CONTRE-MANIFESTANTS ONT SURTOUT INQUIÉTÉ LES AUTOMOBILISTES

Il est à présent 19 heures. Les anciens paras et les militants de "Jeune Nation", au coude à coude, descendent le boulevard Saint-Germain. Ils crient : « U.N.E.F. trahison. » A leur tête, était le député Jean-Marie Le Pen. Ce sont des spécialistes du combat de rue. Pendant trois heures, ils vont harceler la police. Par commando de cinquante, les gardiens de la paix, matraque au poing, les pourchasseront dans tout le quartier Latin. Les contre-manifestants disparaissent dans les portes cochères et reparaissent, dès que les pèlerines sont passées, en criant : « Algérie française. »

y avait trois sortes de matraques mais beaucoup plus de sortes de matraqués

Manifestants, passants, journalistes, contre-manifestants, cela faisait hier, autour de la Mutualité, des matraqués nombreux et divers. Des matraques, il y en avait de trois modèles : le « grand bâton », peu utilisé hier, la petite matraque de caoutchouc noir — la plus efficace — et la classique matraque blanche qu'on voit danser, au premier plan, sur notre photo.

Vers 19 h. 30, malgré tous les efforts de la police qui multiplie les charges, manifestants et contre-manifestants se rencontrent nez à nez place Maubert. Et l'on a vu cette scène étrange : deux colonnes de jeunes gens se croisant sur le boulevard Saint-Germain en hurlant des slogans contraires. Ils sont d'abord passés à se toucher, sans échanger un coup de poing. A cet instant, comme par miracle, il n'y avait pas un seul policier sur la place. Puis, chez les uns comme chez les autres, on a senti comme un remords. Les deux groupes sont retournés sur leurs pas. Et brusquement ils en sont venus aux mains. Le choc a été très bref. Quelques secondes seulement. Ceux qui se cherchaient depuis le début de la soirée n'ont pas su ou pas osé profiter de l'occasion. On a échangé quelques coups de poing. Quelqu'un a crié : « Attention, la police ! » Et ce fut une fuite générale dans l'obscurité des rues avoisinantes. La police restait maîtresse du terrain. Elle avait rempli sa mission : éviter un désordre sanglant au quartier Latin.

qui commence et qui finira par soulever le Parti communiste et la C.G.T. couronne, en un sens, leur courage. Mais leur apport politique propre est quasiment terminé. Ceux qui récoltent, en ce domaine, sont rarement ceux qui sèment.

Quatrième partie

VOYAGEURS SANS BAGAGES

(1961-1962)

Chapitre 20

LA RELÈVE

PENDANT que se déroule le procès, Francis Jeanson est en Suisse, à Nyons, où il réside à l'hôtel. Christiane Philip, toujours entre deux trains, l'informe minutieusement et lui transmet les observations et questions de Roland Dumas. Elle a même l'aplomb d'assister à l'audience. Comme Étienne Bolo, qui attend le verdict dans un café voisin, elle écoute les conversations autour d'elle et constate que les arguments employés depuis des mois et des années par les porteurs de valises courent maintenant sur beaucoup de lèvres. Jeanson, lui, est partagé entre cette satisfaction et l'intense frustration de n'être pas aux côtés de ses camarades – sentiment complexe où se mêle une pointe de culpabilité.

Mais sa tranquillité relative est bientôt perturbée. Le 6 octobre, la police helvétique l'arrête ainsi que Cécile Marion. Jacques Vignes est l'objet d'un troisième mandat mais il se trouve à Bruxelles, en compagnie de Dominique Darbois et de Gloria de Herrera, où il travaille à reconstituer ses filières. Jeanson et « Maria » sont interrogés par les inspecteurs fédéraux. La jeune femme applique avec un tel scrupule les consignes reçues qu'elle refuse de signer le procès-verbal certifiant... qu'elle n'a rien répondu aux enquêteurs ! Jeanson, dans le bureau voisin, entame une étrange négociation :

« Vous voulez m'expulser. Soit. Alors rendez-moi ma carte d'identité.

– Monsieur, vous n'y songez pas. Retirer des faux papiers du dossier pour vous les restituer ? C'est inconcevable !

– A votre guise. Les Allemands me refouleront chez vous. Or il me semble que je suis précisément un hôte encombrant. »

Le lendemain matin, l'inspecteur se dirige vers son « prisonnier » en brandissant une carte d'identité belge : « Ça y est, M. Esser, on est prêt à partir ? » Jeanson éclate de rire, récupère le document, monte dans une voiture avec Cécile Marion. Tous deux gagnent le territoire allemand sans encombre. Ils téléphonent à Vignes, qui les ramène en Belgique. Installation provisoire, sauf pour ce dernier qui a reçu l'accord et l'argent de Boudaoud pour créer une antenne extérieure. Le chef de la Fédération a confiance dans le sérieux technique de Vignes, même si ses nouvelles responsabilités suscitent des frictions avec le réseau Curiel.

Il est vrai qu'à Paris, on n'a guère le temps d'éprouver des états d'âme. La fin de l'été se révèle franchement démente. A force de fatigue, les militants n'observent plus qu'un cloisonnement rudimentaire. Le répartition des secteurs s'est modifiée depuis le printemps. Mattéi, qui s'est mis quelques semaines au vert en Suisse après l'affaire Macaux, assure les passages. Martin Verlet centralise les dépôts d'argent. De Wangen enregistre les demandes du coordonnateur F.L.N. Tout cela dans un tourbillon qui use les hommes et leurs nerfs. Et l'inévitable survient : des présences policières sont décelées. Les symptômes sont toujours les mêmes – ombres suiveuses, déclics téléphoniques, etc. Une fois, le « Baron » sort vivement d'une réunion pour acheter des cigarettes : il tombe nez à nez avec un photographe qui, aussitôt, mitraille furieusement la rue (laquelle n'offre rigoureusement aucun intérêt). Peu à peu, un faisceau de présomptions persuade les militants qu'ils sont dans le collimateur. Début octobre, une descente de police contraint Henri Curiel à s'enfuir d'une planque par les toits.

Cela sent trop le brûlé. Curiel est pressé par ses lieutenants de quitter la France. Il temporise. Mourad Oussedik, que Bolo fréquente à titre amical, glisse à ce dernier : « Un informateur bien placé m'a confié que la D.S.T. prépare une quinzaine d'arrestations. » Bolo avertit immédiatement Curiel qui réplique : « Il n'est pas question de s'envoler comme des moineaux à chaque coup de pistolet. » Néanmoins, le communiste égyptien consent à se cacher quelques jours chez un sympathisant belge, à la périphérie de la capitale. Le 20 octobre au matin, Georges Mattéi et De Wangen vont chercher Curiel. Le principe de son départ imminent est désormais acquis. Encore faut-il en prévoir toutes les conséquences organisationnelles. Sur le trottoir, les deux hommes décident de transporter le chef du réseau 176, rue de Grenelle, au troisième étage. L'appartement, au nom d'Arlette Denzler – jeune figurante de cinéma, elle est la doublure de Michèle Morgan –, est habité par deux couples. Outre la propriétaire, il y a son ami : Bernard Brumer, et des copains : Christian Mottier et Marie-Claude Bouchoux. De tous, le seul réellement « mouillé » est Christian, mais avec le consentement des autres. Le choix de Mattéi et du « Baron » se porte sur cet appartement parce qu'il n'a jamais servi de planque. Le téléphone, en revanche, a été abondamment utilisé comme relais et la consigne, depuis que l'ombre de la police se profile, est de n'y plus recourir, sauf en cas d'urgence.

Curiel s'installe dans la voiture que conduit de Wangen. Devant, dans un autre véhicule, Mattéi ouvre la voie. Il est convenu qu'en cas de pépin, il doit provoquer un accident. Mais tout va bien, la rue de Grenelle est calme. D'ailleurs Curiel n'a pas l'intention de s'y éterniser : son passage à l'étranger est pour le surlendemain, il s'agit de s'isoler quelques heures pour faire le point. A 15 h 30, le « Baron » est revenu et commence à examiner avec « Guillaume » les mesures les plus urgentes. Didar Fawzy a téléphoné, simplement pour rétablir le contact avec Curiel et de Wangen. Christian lui a brièvement répondu : « Viens, ils seront tous là. » Elle arrive, se joint à la discussion, mais repart rapidement car elle a rendez-vous avec Martin Verlet. Christian l'accompagne en voiture. Ils seront arrêtés à leur retour, au bas de l'immeuble.

Dans l'appartement, la conversation se poursuit. Jusqu'au moment où de Wangen descend, lui aussi, pour téléphoner d'une cabine. A peine jette-t-il un œil au bout du couloir : il a compris. Il escalade les marches quatre à quatre, referme la porte à clé et avertit Curiel que les flics sont là. L'un et l'autre, tandis qu'on sonne à l'entrée, brûlent le contenu de leurs poches. Ils ne possèdent pas de documents importants. Sauf un rapport « de conjoncture » sur la politique élyséenne établi grâce aux informations de divers journalistes. Curiel entrebâille la fenêtre et déchire posément les feuillets. Les confetti s'éparpillent, adhèrent au sol humide. En bas, des passants et – relate la presse – des commerçants du quartier recueillent quelques-uns des précieux fragments. De quoi exciter les folliculaires. Excitation stérile : Curiel, dont les contacts sont innombrables, en retire des notes de synthèse qui peuvent être utiles au F.L.N.

A la D.S.T., le ton est courtois. Les policiers sont convaincus de la culpabilité de leurs proies mais ils ne connaissent ni la structure globale du réseau ni les responsabilités spécifiques des suspects. En outre, au lendemain du procès Jeanson, le pouvoir n'est pas très chaud pour organiser de nouvelles joutes. Pendant un bon moment, les inspecteurs laissent entendre à Curiel et à Didar Fawzy (liée par une cousine à une haute personnalité française) qu'on se contentera de les expulser. Puis revirement complet : quatre jours d'interrogatoire par une vingtaine d'agents (les violents, les pères de famille, les intellectuels). Il y a même, la première journée, une ébauche d'intimidation (Didar Fawzy est abandonnée, sans témoins, aux bons soins d'un spécialiste d'origine égyptienne recruté par la D.S.T.). Ce sont ensuite le dépôt et la prison [1]. Pourquoi cette modification d'attitude ? La thèse admise par l'entourage d'Henri Curiel est l'intervention des Services américains qui détiennent un volumineux dossier sur le fondateur du M.D.L.N. Quoi qu'il en soit,

1. Il n'y aura pas de procès.

le coup de filet ne s'étend pas au-delà. Aucun des prévenus n'a sur lui de carnet, papier ou autre indication de nature à orienter les recherches. D'autre part, le soir même, Georges Mattéi est au courant. Inquiet de demeurer sans nouvelles, il se rend rue de Grenelle caché au fond d'une voiture que pilote un ami. Le déploiement des forces de police dissipe ses interrogations. Il déclenche tous les mécanismes de sécurité [2].

Il est probable que l'appel téléphonique de Didar Fawzy a incité les hommes de la D.S.T. à foncer précipitamment. Il est également probable que si Curiel s'était moins attardé en France, la D.S.T. l'aurait manqué. Les raisons de ses atermoiements ne sont pas difficiles à saisir. Ce n'est pas affaire de laxisme concernant la sécurité : militant éprouvé, Curiel a plus de « métier » que quiconque en cette matière. Ses motivations sont politiques. Depuis la réunion « au sommet », début septembre, où Boudaoud a tenté d'encercler le M.A.F. et de le réduire, les relations sont franchement mauvaises entre le communiste égyptien et la direction algérienne en Allemagne. Pierre Hespel a averti l'équipe de « Jeune Résistance » – à présent élargie – que Curiel ne dévie pas d'un pouce et continue de renforcer le M.A.F. C'est exact. Curiel n'est nullement un passionné de l'action clandestine. Il la mène, et il la mène bien, parce que c'est une nécessité du temps. Mais ce qui l'intéresse dans la vie, c'est le combat politique à ciel ouvert, c'est l'action « de masse ». Or sur ce terrain, qui est son terrain de prédilection, il avance : malgré les réticences des « jeansonniens » – dont la préoccupation majeure est l'expansion d'une extrême gauche unissant son sort à la révolution algérienne –, la rédaction du « Manifeste du M.A.F. » est pratiquement achevée avec le concours de militants communistes, en particulier de Victor Leduc.

Ce manifeste vise un public quantitativement large et qualitativement politisé. Dans l'esprit de Curiel, il s'agit d'abord de toucher les adhérents du P.C. qui n'entendent pas renier leur parti mais qui aspirent à l'action. Non seulement des gens comme Leduc, Pronteau, Vigier, Kriegel-Valrimont, Madeleine Rebérioux (bref, ceux qui approuvent l'initiative unitaire proposée par l'U.N.E.F. et qui manifestent à la Mutualité le 27 octobre malgré Thorez), mais des secteurs entiers de la « base » qui ne se satisfont plus de chanter « Marchons, marchons ! » en restant sur place. C'est pourquoi le texte du manifeste [3] est à la fois audacieux et mesuré. Audacieux parce qu'il préconise l'action illégale : « Il n'est pas possible de mener le combat anticolonialiste de façon conséquente... dans le cadre d'une " légalité " gaulliste réduisant de jour en jour les liber-

2. Témoignages de Didar Fawzy, Georges Mattéi, et de Jehan de Wangen.
3. Lire en annexe les principaux extraits de ce document.

tés individuelles et publiques. » Mesuré parce que la distinction entre le M.A.F. et les réseaux d'aide au F.L.N. ou à la désertion est fortement soulignée, et parce que le mot d'ordre central est la dénonciation de la guerre coloniale comme injuste et dangereuse pour la démocratie en France même, et non l'exaltation de perspectives révolutionnaires prochaines.

L'opération est mûre à l'instant précis où Curiel est menacé par la D.S.T. Il sait que, réfugié hors de France, son autorité politique est instantanément amoindrie. Ses jeunes adjoints, politiquement fragiles, ne sont pas capables de le relayer à ce niveau. En d'autres termes, l'exil lui paraît être beaucoup plus qu'un éloignement technique. Il provoquerait vraisemblablement l'avortement du M.A.F. Ce ne sera pas l'exil mais la prison. Les conséquences en seront légèrement atténuées mais finalement comparables.

□

Sitôt connue l'arrestation de Curiel, Omar Boudaoud convoque une assemblée plénière en Allemagne, le 1er novembre 1960. On y confirme la ligne définie en septembre contre l'avis du fondateur du M.A.F. : l'ensemble du dispositif est restructuré sous l'appellation « Jeune Résistance ». Le sigle doit désormais couvrir le soutien, la propagande « défaitiste révolutionnaire », le secteur semi-légal. Francis Jeanson espère, à cette occasion, renouer avec ses activités antérieures mais Omar, qui ne lui a pas pardonné son retour en France au mois de juin, impose, avec la plus grande fermeté, son veto. A l'extrême limite, libre à Jeanson de revenir à Paris, mais à la condition de se situer hors circuit et de se consacrer à ses chères études, par exemple à la rédaction d'un ouvrage sur le F.L.N., la guerre coloniale et l'avenir de l'Afrique du Nord. Le philosophe obtempère philosophiquement : de novembre 1960 à février 1961, il va séjourner dans la capitale à divers domiciles (dont un studio prêté par Marina Vlady), écrire et ne participer qu'aux réunions du mouvement des déserteurs.

Le soutien est réparti entre Vignes, à l'extérieur (basé à Bruxelles), et Mattéi dans l'Hexagone. Celui-ci, arrivé le dernier en Allemagne car la semaine précédente a été pour lui exceptionnellement chargée, entérine la chose mais n'envisage pas une coopération très étroite avec l'antenne belge. En pratique, les deux organismes cohabiteront et n'entretiendront que des rapports strictement indispensables. A cela plusieurs explications : un phénomène de concurrence qui affecte les clandestins d'autant plus qu'ils vivent dans un monde clos où les détails grossissent et où les relations personnelles revêtent fréquemment un caractère aigu ; et la perpétuation de la divergence M.A.F.-J.R. En effet, par fidélité envers le « Vieux », Mattéi est résolu à imprimer le manifeste du M.A.F.

Ce qu'il fait, une fois rentré. De Fresnes, Henri Curiel ne désarme pas. Par des moyens que l'on taira ici, il parvient à communiquer quotidiennement avec ses camarades libres et à déclencher le démarrage des publications officieuses du M.A.F. Le manifeste est diffusé. Le numéro 1 de *Vérités Anticolonialistes* (janvier-février 1961) sort bientôt sur quatre pages. Trois autres numéros suivront, jusqu'au mois de juillet. Le F.L.N. assiste impuissant à cette opération. C'est que l'aide technique apportée par Mattéi et son équipe reste extrêmement efficace. C'est aussi que les transferts de fonds, c'est-à-dire le problème vital, sont toujours effectués selon la « méthode Curiel ». Les Algériens se résignent à ce que les Français s'empoignent entre eux (au sujet, d'ailleurs, de l'Algérie), dans la mesure où ce conflit n'entrave pas la bonne marche des affaires du Front. Pour le public de gauche, hormis les communistes qui, au travers du M.A.F., ont un pied dans le réseau, la bataille des sigles n'est pas compréhensible. Réduite à ses justes proportions, elle deviendra, sous peu, imperceptible.

Quant au mouvement des insoumis et déserteurs, il reproduit en son sein – et aggrave – ces querelles. Autant le débat moral et politique sur l'insoumission a ébranlé la France, autant le processus réel auquel ce débat est censé renvoyer tend à perdre sa consistance. Certes, les effectifs ont progressé. J.R. organise des stages de formation, le premier en Suisse (du 26 septembre au 1er octobre), le second en Allemagne (du 29 novembre au 3 décembre). Jeanson est mis à contribution, ainsi que Davezies. Et surtout, le noyau dirigeant s'enrichit d'une recrue de qualité : Claude Glayman. C'est un communiste qui, comme tant d'autres, fut violemment choqué par le rapport Khrouchtchev et peu ému par le vote des pouvoirs spéciaux. Sous l'influence de sa femme, avocate engagée (comme pas mal d'autres jeunes membres communistes du barreau) dans la défense de militants algériens, il apprend la nature véritable des combats, et lorsque s'édifient les barricades d'Alger, songe à se mutiler pour ne pas partir. Il se plonge dans *Notre Guerre*, discute, pèse arguments et risques, et à la veille de son appel en Algérie – au mois d'août 1960 –, prend le bateau à Évian. C'est l'époque où les déserteurs affluent en Suisse, par dizaines (et non par milliers). Glayman a la malchance de manquer son contact à Genève où il erre un mois durant. Enfin, il profite d'une conférence de Jean Amrouche pour intervenir et citer le reportage qu'a effectué Robert Davezies à Tunis et à Rabat : *Le Front*. Le résultat escompté se produit. A la sortie, il est harponné par une jeune femme, Isabelle Vichniac, « spécialiste » de l'accueil des déserteurs, qui l'introduit auprès de Jean-Louis Hurst et de Jeanson [4].

Glayman est un « bosseur ». Il « descend » ses trente feuillets en une nuit. Mais il s'aperçoit vite que, autant sinon plus que par le travail de propagande – principalement à l'adresse des troupes françaises stationnées en Allemagne –, J.R. est absorbée par son psychodrame interne. Lui, qui ne fut pas jusqu'alors un communiste ardent, se solidarise avec Davezies, avec Hurst, avec ceux qui reprochent au mouvement un gauchisme proclamatoire et une certaine cécité devant l'état de la « France profonde », fût-ce de la France laborieuse. Ce n'est pas, estiment-ils, parce que Gilbert Barbier, ancien vice-président de l'U.N.E.F., s'est « insoumis » à la Toussaint, que l'Histoire bascule. Ce n'est qu'un indice.

« J'ai connu, raconte Glayman, de nombreux communistes qui avaient refusé la guerre selon les normes tolérées par le P.C.F, type Serge Magnien. L'un d'entre eux que j'ai bien fréquenté et qui a passé vingt mois ou plus en prison à Oran pour refus de porter les armes m'avait recommandé la désertion car le refus mode P.C., m'avait-il dit, ne sert à rien alors que la désertion nous laisse libres de nos mouvements. »

Libres, sans doute. Mais de quoi ? De vagabonder de Naples à Ostende ? Si les doctes adversaires (dans la gauche) de l'insoumission, au début de l'hiver, avaient pu explorer les reins et les cœurs de l'équipe allemande, ils y auraient trouvé pleine confirmation de leur sagesse. Le groupe est traversé par un double courant. D'abord, un climat de crise, plus vive que jamais, entre communistes et « mafistes » d'une part, promoteurs de la nouvelle extrême gauche de l'autre. Hurst et Berthelet ne se supportent plus. Hespel et Glayman se détestent. Ensuite, et c'est probablement le pire, le sentiment qui domine est celui d'une absence de fonction, si ce n'est symbolique. Quinze types courageux et divisés s'engueulent de toute leur âme devant un micro. Mais l'émetteur est en panne.

A Noël, ils décident en majorité de rompre le cercle de leur solitude et de leurs querelles. Avec chacun 150 francs en poche, ils rentrent en France. Leur intention est, dans leurs milieux respectifs, d'inciter leur entourage à les prendre en charge et de provoquer ainsi l'émergence de foyers subversifs. Ce qu'ils souhaitent pardessus tout, c'est aborder la terre ferme.

Ils abordent, et la découvrent inhospitalière. L'insoumission est dans le vent et tout homme de gauche qui se respecte camoufle dans sa bibliothèque deux ou trois libelles interdits. Mais les insoumis en chair et en os sont infiniment plus encombrants. Ils ont beau frapper à beaucoup de portes, peu s'entrouvrent. Omar Boudaoud, toutefois, ne s'est pas montré hostile à cette tentative de retour au

4. Entretien avec les auteurs, septembre 1978.

pays. Mieux vaut, considère-t-il, une démarche incertaine que pas de démarche du tout. Aussi est-ce avec l'aval de la Fédération de France qu'un nouveau triangle de direction est désigné, parallèle au réseau et rival du M.A.F. : Louis Orhant est promu secrétaire, assisté de Pierre Hespel qui nourrit maintenant contre les « curiéliens » une vindicte farouche, et de Simon Blumental qui, après pourparlers, représente *La Voie Communiste* (ou du moins sa fraction la plus active). La Fédération du F.L.N. promet une subvention. Un million de centimes versé comme acompte.

La tension est à son paroxysme. Les 6 et 9 janvier 1961, le « secrétariat restreint » siège à Paris dans l'appartement d'Olivier Revault d'Allonnes. Les nouvelles de province sont bonnes. Hurst, qui a choisi de s'implanter dans le Sud-Ouest, est optimiste. La région Rhône-Alpes, le Finistère, bougent. Mais à Paris, l'équipe craque. Glayman, resté en Allemagne et qui s'est déplacé pour la circonstance, donne sa démission. Davezies agit de même. Raison de ce retrait : l'intégration d'un groupe d'origine bordelaise, « Libération socialiste », qui s'est étendu et où ont pris pied des militants de la IVe Internationale tels que Michel Fiant et Gilbert Marquis [5]. « Cet " élargissement ", commente Robert Davezies, déclenchait en fait une dérive vers une action de type groupusculaire. Alors que le soutien était d'une certaine façon un phénomène de masse – n'importe quel Algérien détenu à Fresnes témoignait avoir été aidé par plusieurs Français –, le collectif s'acheminait vers un comportement de plus en plus marginal, anticommuniste, antisocialiste, anti-P.S.U., complètement décalé par rapport à l'histoire de la population de ce pays. »

Et voilà les démissionnaires sur le pavé, sans un sou. Glayman se fixe à Genève, via Trêves. En Suisse, notamment avec la fille de Pierre Cot, il s'occupe d'une filière pour Algériens à La Chaux-de-Fond. Ensuite, grillé, il gagne l'Italie, écrit dans *Avanti* à Milan, se réclame du M.A.F. auprès du Parti communiste italien qui s'y intéresse, et « rend des services » à Boulharouf, principal diplomate du F.L.N. en Europe et pré-négociateur (avec Georges Pompidou) des accords d'Évian.

Le sort de Robert Davezies est tout différent. Après la rupture, il entame un tour de France qui le conduit à Lyon le 29 janvier (le lendemain, il a rendez-vous avec Jean-Louis Hurst à Clermont-Ferrand). Chaque étape consiste en rencontres, généralement avec des jeunes, où l'on parle de la guerre, du F.L.N., du colonialisme. A Lyon, ce soir-là, Davezies attend Nils Andersson, directeur à Lausanne des Éditions de La Cité [6]. Andersson est la plaque tournante

5. Outre divers entretiens, nous nous reportons aux procès-verbaux de ces réunions dont nous avons pu prendre connaissance.

6. Comme François Maspero ou Jérôme Lindon à Paris, Nils Andersson publie les textes « indésirables ».

des insoumis en Suisse. Il les loge, il les dépanne, il les oriente, il s'efforce de leur fournir d'autres activités que la stratégie en chambre. Davezies lui a téléphoné pour qu'ils préparent ensemble plusieurs passages. Est-ce la voiture rouge de l'éditeur ou bien — plus certainement — l'appel téléphonique qui a retenu l'attention des autorités ? Toujours est-il qu'Andersson traîne la police à ses basques. Robert Davezies : « On mangeait une pizza quatre-saisons ; des malabars nous encerclent et demandent à Nils de les accompagner, puis à moi (bien que nous ayons prétendu ne pas être ensemble). Il leur a fallu une bonne heure pour me reconnaître : sur leurs fiches, je figurais en soutane... » L'éditeur est prestement réexpédié à l'étranger [7]. Robert Davezies commence une brillante carrière carcérale par quatre mois de détention à Lyon (pour... usage de faux papiers) avant de rejoindre les siens à Fresnes.

Les différends parmi les réfractaires n'affectent pas la D.S.T. pour qui un délinquant est un délinquant. A quarante-huit heures près, le triangle dirigeant de J.R. tombe dans la même trappe que Robert Davezies. Le 27 janvier 1961, Simon Blumental téléphone à Pierre Hespel au sujet d'un problème d'imprimerie. « Je passe te voir. » Quand Simon arrive 151, rue de Vaugirard, l'appartement est bourré de monde. Louis Orhant et son hôte ont été cueillis par la D.S.T. au moment où ils remontaient de la boucherie du coin. Pendant que ces messieurs perquisitionnent, ils cuisent paisiblement leur bifteck. Simon s'invite — du reste, il n'a pas le choix. Le quatrième convive, Michel Daliez, a perdu tout appétit... [8].

□

Récapitulons. Alors que la « popularité » des clandestins culmine, leurs situations concrètes sont difficiles et parfois acrobatiques. A l'hiver 1960-1961, l'impression dominante est celle d'une dispersion, d'un morcellement. Chez les « anciens », beaucoup sont condamnés à la retraite, en prison ou hors de France. Étienne Bolo, militant de la première heure, « tombe » lui aussi. Contrairement à Curiel, il a jugé sérieuses les confidences de Mourad Oussedik et s'est envolé pour Rabat où vivent sa femme et ses enfants. Mais lorsqu'il apprend l'arrestation de « Guillaume », il rentre par Lisbonne, Bruxelles (où Vignes le ravitaille en faux papiers) et Luxembourg. A Paris, il se spécialise dans l'évacuation d'agents de

7. Entretien avec Nils Andersson, septembre 1978.

8. Les dirigeants de J.R. seront acquittés, faute de preuves, à l'automne. Louis Orhant sera condamné pour désertion à deux ans de prison, le 18 août 1961.

l'O.S. Sa 403 est munie d'un récepteur qui capte les émissions de la police. Et puis c'est l'incident – bête par définition. Le 17 décembre, Bolo rend visite à Monique des Accords qui n'a plus d'activités illégales depuis un an. Lorsqu'il pénètre dans l'appartement, une amie commune est en train de téléphoner. « Tiens, mais c'est Bolo ! » Quelque part au bout d'une « bretelle » d'écoute, le message est reçu cinq sur cinq. Et le lendemain matin, avenue de Breteuil, sortant du logement de sa sœur pour acheter du beurre et du lait, Étienne Bolo est embarqué par les hommes de la D.S.T. calibre au poing.

Le diabète posthypophysaire de Jacques Charby, en revanche, a favorablement évolué. Durant le procès, le comédien donne la comédie à l'hôpital Beaujon et obtient la disjonction du cas de sa femme – les avocats plaident qu'elle ne saurait être jugée sans son mari. La question, désormais, est d'échapper au trépan. Avec le concours de ses amis médecins, voici Charby plongé dans une dépression telle qu'avant toute intervention chirurgicale, son transfert au pavillon des agités, dans l'hôpital psychiatrique de Ville-Evrard, est ordonné par la Faculté. Aline Charby bénéficie d'une libération provisoire « pour raisons humanitaires » et visite son époux, ou ce qu'il en reste. La visite produit un effet miraculeux. Sorti de sa prostration, le comédien consent à prendre l'air dans la cour. Il s'humanise, redevient sociable, joue à la balle au chasseur avec les autres malades. Et avec un tel entrain que pendant une partie très animée, il grimpe sur le toit pour y récupérer la balle. De là, un saut, des camarades qui guettent en voiture, une planque (à deux cents mètres de l'hôpital), des faux papiers, la Belgique, l'Allemagne, la Suisse, l'Italie, la Tunisie... [9].

Bolo ou Charby ont tenu longtemps, avec des périodes d'occultation. D'autres ont filé comme des comètes. Ainsi Christiane Zuber, « sévrienne », agrégée d'histoire dont *Paris-Presse* note le « regard fier et brûlant derrière ses lunettes d'intellectuelle [10] ». Dans l'attente d'une nomination au lycée de Compiègne, elle héberge à Paris, 1, place de l'Estrapade, un grand Algérien sympathique, Khaldi Abderhamane, l'un des responsables lyonnais du Front. Malheureusement, deux jours après l'ouverture du procès Jeanson, le militant revient un peu gai à la maison. Son retour n'est déjà pas discret, mais pour comble il se trompe de porte et fourrage avec acharnement dans la serrure du voisin. Le voisin, terrifié, appelle Police-Secours et Christiane échoue à la Roquette alors que sa vie clandestine n'en est qu'aux balbutiements [11].

Qu'on ne déduise pas de cette cascade d'arrestations ou de fuites

9. Récit de Jacques Charby.
10. *Paris-Presse*, 15 septembre 1960.
11. Entretien avec les auteurs, mai 1978.

(à Marseille, Annette Roger n'a pas attendu une seconde convocation à l'audience pour décamper !) que le soutien aux Algériens meurt avec l'année 1961. Vignes et Mattéi fonctionnent, mais avec un nouveau recrutement et sur un plan strictement technique, à l'écart des polémiques J.R.-M.A.F. et autres. Une sorte de partage du travail intervient entre « politiques » et porteurs de valises. Martin Verlet, par exemple, se sépare de Mattéi. Verlet, écorché vif et très attaché au M.A.F., ne peut que mal s'entendre avec un Mattéi très « condottiere » pour qui prime l'action clandestine.

Cela ne signifie évidemment pas que les membres des réseaux ne pensent pas politique, ni que les militants des partis sont tous hostiles au soutien. Les hommes sont quelquefois les mêmes mais les tâches sont distinctes. La manifestation du 27 octobre n'a pas eu pour effet de fondre en un seul corps les initiatives légales et illégales, mais plutôt d'inciter les plus combatifs des hommes de gauche à calculer leur investissement. Jusqu'alors, c'était Jeanson ou rien. La renaissance du mouvement de masse rétablit le second terme de l'alternative : ou bien œuvrer à la mobilisation populaire, ou bien aider les Algériens. Certes, les fondateurs du réseau se sont échinés à démontrer que l'alternative n'est qu'apparente et que l'objectif est le même. Certes, les plus jeunes porteurs de valises sont persuadés qu'ils forment une avant-garde. Mais la réalité est têtue : la solidarité internationaliste qui mobilise ceux qui aident le F.L.N. ne trouve pas, à l'extérieur des réseaux, d'assez larges supports. Elle ne rencontre, en écho, que la gestation d'une extrême gauche inchoative. Ni la prétention du M.A.F. à embrasser un vaste champ, ni celle de « Jeune Résistance » à dégager une élite révolutionnaire ne mordent sur la société française. Le P.S.U. en est troublé, le Parti communiste agacé : c'est un résultat non négligeable mais limité.

Écoutons l'un de ceux qui, en janvier 1961, assurent la relève. Gérard Chaliand, étudiant à « Langues O », voyageur insatiable, indigné par la passivité de la gauche, effectue au cours de l'année 1960 diverses missions à la demande de Georges Mattéi. Puis, après l'arrestation de Curiel, il devient l'un des « cadres » du réseau. Clandestin, il veille à la bonne marche des chaînes de transit sur les frontières belge, luxembourgeoise, allemande et suisse. Il a connu Curiel en 1959, quand ce dernier s'intéressait, comme lui, à la question kurde (le communiste égyptien se cachait alors sous le pseudonyme de Wassef).

Chaliand, avec le recul, porte sur le théâtre de ses exploits un regard critique : « Au total, nous touchions une cinquantaine de personnes. Mais je n'ai pas le sentiment d'avoir participé à des *débats* politiques. Franchement, dans notre équipe, il n'y avait aucune " tête " en dehors de Curiel (dont le communisme, simultanément orthodoxe et marginal, était une aberration au sens étymologique du terme). Plus on se rapprochait des jeunes, moins la construction idéologique était solide. Je ne me souviens que d'une accumulation de conneries : les Algériens nous permettront de liquider le fascisme, etc. Cela dit, autant nous étions des rigolos au niveau politique, autant nous fonctionnions convenablement au niveau pratique. Il n'y a jamais eu ni pépin ni forfanterie. Du beau travail de semi-professionnels : beaucoup de profs, beaucoup de femmes, pas mal de communistes. Quelques étrangers aussi, comme l'économiste hollandais Théo Stibbe. Le contact avec le Front passait par Mattéi et moi. Notre interlocuteur habituel était Zouaoui, alias " M. H " ou " Mustapha le noir " [12]. »

Avec Mattéi, avec Chaliand, des hommes comme François Maspero qui cumule une existence publique déjà fortement agitée et des occupations souterraines qui ne le sont pas moins (l'éditeur travaille en étroite liaison avec son confrère Andersson). Des femmes comme Michèle Firk, d'origine communiste et cinéaste de formation, qui sacrifiera sa vie aux élans révolutionnaires du Tiers-Monde [13]. Des militants-charnières, aux confins de la clandestinité et des batailles à découvert, tel l'universitaire Charles Malamoud.

Et encore des « solitaires » qui ne sont affiliés à aucun organisme. Certains noms nous sont familiers : Jérôme Lindon abrite des Algériens recherchés au presbytère de Notre-Dame-des-Champs ; Marcel Péju, pressenti par Jacques Vergès, devient l'un des courriers de Ben Bella soit auprès de Boudiaf (lorsque le premier est au château de Turquant et le second à Fresnes), puis auprès de Ben Khedda quand ce dernier remplace Ferhat Abbas à la présidence du G.P.R.A. André Mandouze, qui publie au printemps 1961 *La Révolution algérienne par les textes* (Maspero), permet pour la première fois au public d'accéder à la connaissance de l'histoire politique du F.L.N. D'autres noms jouissent d'une légitime célébrité mais pas au titre de complice des Algériens. Ainsi Catherine Sauvage : « J'ai fait la connaissance de Mourad Oussedik au procès. Il était en quête d'un chauffeur pour le conduire à l'île d'Aix où était alors enfermé Ben Bella. Je l'ai transporté à plusieurs reprises. Il craignait toujours un piège et m'ordonnait de démarrer seule, soutenant tranquillement : " Je suis plus important pour la cause que toi ! " J'ai recruté trois ou quatre copains pour trimbaler des enveloppes, des sacs ou des gens. C'était parfaitement artisanal. Ma maison, qui était un vrai moulin, offrait une excellente protection pour cette raison même. »

12. Entretien avec les auteurs, octobre 1978.

13. Michèle Firk s'est suicidée le 8 septembre 1968 à Ciudad de Guatemala. Au moment où la police frappait à sa porte, elle s'est tiré une balle de revolver. Militante des Forces armées révolutionnaires guatémaltèques, elle avait participé à l'attentat contre l'ambassadeur américain Gordon Pieg (en représailles contre l'arrestation du numéro deux des F.A.R., Camilo Sanchez).

Après l'arrestation de son triangle de direction, « Jeune Résistance » décline comme force organisée. Jean Paulette, Olivier Revault d'Allonnes, Michel Fiant, Henri Causse — toujours escortés par Jacques Berthelet dont la longévité est remarquable — endossent la succession de Louis Orhant, Pierre Hespel et Simon Blumental. Mais *La Voie Communiste* s'éloigne. Mais la Fédération de France les abandonne à eux-mêmes. Et la concurrence du M.A.F. continue à s'exercer pendant quelques mois. Sans doute, le sigle J.R. est repris un peu partout, aujourd'hui autant qu'hier, par de nombreux groupes spontanés. Pour autant, l'équipe, aujourd'hui autant qu'hier, se découvre incapable de les fédérer et de constituer l'assise, dans la jeunesse, d'un mouvement révolutionnaire clandestin. J.R., bon gré mal gré, renonce à ses ambitions premières et se mue en foyer d'agitation contre la « sale guerre » (Henri Causse, en particulier, orchestre plusieurs campagnes en direction du contingent). C'est finalement l'antifascisme qui va absorber le reste des troupes et des énergies du mouvement des déserteurs alors qu'une « seconde vague » d'insoumis submerge l'antenne suisse (Nils Andersson, Isabelle Vichniac, André Bösinger) et stagne, désœuvrée, de l'autre côté de la frontière. Au congrès de l'U.N.E.F., le rapport de Pierre Gaudez, président sortant, recueille 701 mandats contre 648 en 1960. Cette progression désigne le vainqueur de l'épreuve de l'automne.

Toutefois, un réseau, indépendant et qui protège jalousement cette indépendance, reste opérationnel en milieu étudiant et lycéen : c'est celui qu'a fondé Jean-Jacques Porchez et qui a survécu à l'affaire Macaux. A l'automne, il choisit le nom — éloquent — de « groupe Nizan [14] » et poursuit un travail régulier à l'écart des affrontements et manœuvres. Ses interventions sont de deux types. Politiques : le chahut infligé à Mendès France le 7 octobre n'a pas d'autre origine (qui plus est, Pierre Mendès France, adhérent du P.S.U., est victime de ses jeunes camarades, influents au sein du groupe). Clandestines : Porchez et ses camarades sous-traitent pour le compte de Curiel puis de Mattéi. Les frais de propagande sont couverts par cotisations, ceux qui proviennent de l'aide apportée aux Algériens sont remboursés par le réseau de soutien.

Porchez : « Fin 1960, le noyau comprenait une trentaine de personnes qui, autour d'elles, pouvaient en mobiliser cent cinquante. Nous avions des " correspondants " structurés à Lille, Dunkerque, Nice, Lyon et dans toute la région parisienne. » Et Porchez ajoute : « Un moment, j'ai planqué quatre cents millions chez moi. Eh bien, c'est très très lourd à porter... » Le groupe va « tourner » sans accroc jusqu'au cessez-le-feu. Cependant, en cours de route, les

14. *Aden-Arabie*, de Paul Nizan, vient d'être réédité par François Maspero avec une préface de Jean-Paul Sartre.

militants du P.S.U. quitteront leur parti, las des condamnations assenées par Gilles Martinet. Ils demeureront actifs à l'U.N.E.F. et n'ont d'ailleurs pas été étrangers à l'insoumission spectaculaire de Gilbert Barbier.

□

Le « morcellement » du soutien fin 1960-début 1961 ne revêt pas que des aspects négatifs. Si le centre subit des perturbations, la périphérie regorge de vitalité. 1961 est, pour les clandestins et assimilés, l'année de la « régionalisation » (selon une formule qui commence à faire fortune). Des syndicalistes – C.F.T.C. notamment –, des communistes qui n'ont pas digéré la ligne Thorez, des vicaires dont la cure est un asile de choix, des lecteurs de *France-Observateur* qui en contestent les éditoriaux, des libéraux francs-maçons ou démocrates-chrétiens qui ne tolèrent pas la perpétuation de la torture : dans chaque ville de quelque importance, dans chaque région où la population maghrébine est numériquement significative surgissent des petits réseaux avec ou sans emblème. Des bulletins ronéotypés s'emparent de tous les titres en circulation (*Vérités Pour*, *Vérités Anticolonialistes*, J.R., etc.) sans que cela implique une orientation très ferme; parfois même on les superpose.

La mobilisation des forces de l'ordre est un bon indice de cette effervescence et de l'exemplarité du procès. Dans le seul mois de novembre on dénombre trois offensives. Le 19, c'est la Normandie qui est visée : sept étudiants caennais sont inculpés d'atteinte à la sécurité de l'État. Le 23, cinquante arrestations démantèlent le F.L.N. à Nantes, Saint-Nazaire, Tours et Rennes. Trois Européens dont deux femmes sont emprisonnés pour collusion avec l'ennemi. Le même jour, à Lyon, les policiers coincent le nouveau chef de la willaya III, Tahar Temsi, lequel rendait (trop) fréquemment visite à un instituteur, Robert Augier, et à sa belle-mère, Mme Desvignes. Le 24, Claudie Duhamel, professeur de lettres soupçonnée de transporter mensuellement des fonds algériens entre Lyon et Paris (on cite le chiffre de 42 millions de centimes), est également interpellée.

Pour le réseau lyonnais, déjà éprouvé en février 1960 par la découverte d'une imprimerie à Chasselay – mais il s'agissait d'une branche distincte de la structure échafaudée par Jean-Marie Boeglin –, l'alerte est très sérieuse. Le secrétaire du Théâtre de la Cité est réduit à emprunter la sortie de secours : « Il y avait deux commissaires dans la loge que fréquentaient certains de nos militants francs-maçons. Nous étions avertis de l'imminence d'une opération. Pourtant, nous avons été pris de vitesse. Je rentrais de Paris et j'ai loupé mon train, ce qui m'a valu d'échapper au premier coup de filet. Parvenu à Lyon, le lendemain matin, je suis passé chez Claudie Duhamel, lui ai conseillé de filer tout de suite, et suis allé au théâtre. Claudie a voulu m'attendre et les flics l'ont cueillie. Au théâtre, ils sont venus arrêter ma secrétaire, Nicole Brochier. J'étais dans le bureau à côté et je me suis esquivé par l'entrée des artistes. Planchon, au courant des grandes lignes de mon action a téléphoné à Malraux qui lui a répondu : " Je donne des instructions, les frontières sont libres. " Je me suis réfugié en Suisse et ai profité du feu vert de Malraux pour emmener deux Algériens [15]. » Jean-Jacques Brochier, lui, subit le même sort que sa femme.

Et le 2 décembre, Jean Masson, chef des Routiers protestants et animateur du mouvement des non-violents, est coffré au grand scandale des populations. Ouvert dès le 6 avril 1961, le procès accentue l'esclandre. « Je me sens plus proche d'un révolutionnaire algérien que de M. Lagaillarde », proclame Claudie Duhamel. Pierre Vidal-Naquet, témoin à décharge, accable si fort l'armée que le commissaire du gouvernement exige le huis clos (mais n'est pas suivi par un président infiniment plus habile que M. Curvelier). Jean-Marie Domenach, évoquant son action dans la Résistance, déclare : « Leur devoir est beaucoup moins clair que pour ceux de notre génération... Le malheur a voulu que ceux-là aient été obligés de se dresser contre les lois de l'État. » Une obligation qui coûte cher : les plus chargés des militants français, dont Claudie Duhamel, Jean-Jacques et Nicole Brochier, et Boeglin (par contumace), sont condamnés à dix ans d'incarcération. Soit deux de plus que Tahar Temsi.

Ce n'est pas assez pour casser le flux qui entraîne des centaines de Français à partager les risques des rebelles. L'année qui s'amorce, année du décollage des négociations (alors que militairement l'A.L.N. est très mal en point), exacerbe la contradiction que vivent les porteurs de valises. Ils sont suffisamment nombreux, suffisamment efficaces et déterminés. Mais tandis que se dessine la perspective de l'indépendance, leur impact politique se restreint. Le 4 novembre 1960, le général de Gaulle prononce (sans en avoir averti son premier ministre) les mots de « République algérienne ». Le 22, Louis Joxe quitte l'Éducation nationale pour les « Affaires algériennes », autrement dit les préliminaires de la paix. Du 9 au 14 septembre, le chef de l'État traverse une Algérie divisée par le sang. Il découvre les « vraies » foules musulmanes, qui brandissent le drapeau vert et blanc, et se rallie « à cette loi du grand nombre qui est son intime conception de la démocratie [16] ». Le 8 janvier 1961, par 75 % des suffrages exprimés, les électeurs approuvent le

15. Témoignage de Jean-Marie Boeglin.
16. La formule est de Jean Lacouture. Entretien avec les auteurs.

principe de négociations dont le contenu est évasivement écarté. Les Français, selon le mot de Jeanson, se soucient plus *d'avoir* la paix que de *faire* la paix. Ils s'en remettent à leur guide. Le 7 avril, les premiers tracts signés O.A.S. sont distribués. Le 22, un « quarteron de généraux en retraite » – « 19 étoiles, pas une tête » comme aime à dire Jean Lacouture – tente vainement de renverser la République à partir d'Alger.

La gauche s'ébroue péniblement. L'action du Général, si floue soit-elle encore dans ses modalités sinon dans sa direction, lui fauche l'herbe sous le pied. Certes, la C.G.T., la C.F.T.C. et la F.E.N. imitent l'U.N.E.F. et rencontrent leurs homologues algériens. Mais les partis sont absorbés par leurs secousses internes. Thorez liquide, au Comité central du 24 février, le « groupe » Servin-Casanova-Pronteau-Kriegel-Vigier. La S.F.I.O. explore les voies d'une opposition qui ne serait plus « constructive ». Le P.S.U. joue du balancier entre son aile sage et son aile folle.

La gauche s'ébroue, oui. Mais contrairement à l'attente des porteurs de valises, c'est le « péril fasciste » qui va sensibiliser les Français. Et non la solidarité avec la révolution algérienne.

Chapitre 21

LES FEMMES NE S'ÉVADENT JAMAIS

« FRÈRE, il faut manger. » Après les interrogatoires rue des Saussaies, après la crasse du dépôt, après d'interminables journées d'isolement (ordonnées, en début de parcours, par le juge d'instruction), la détention algérienne de Fresnes apparaît comme une sorte de havre. On y est accueilli, nourri, choyé, ravitaillé en cigarettes. On vous réserve le meilleur lit de la cellule. Aucun militant du réseau n'évoque aujourd'hui cette expérience sans une émotion vraie de la voix et du regard. La prison n'est pas une fête ni un milieu niaisement homogène, préservé des conflits par ses murailles. Mais il règne là une qualité d'association dont la découverte est ressentie comme un privilège.

1 500 membres du F.L.N. occupent, sur cinq étages, la deuxième division. A part les serrures, rien ne leur échappe : la cuisine, l'hygiène, les études, le culte sont assurés par le Front. La discipline aussi : les « peines » s'échelonnent depuis la privation de tabac jusqu'à l'enfermement. Le matin, tous chantent l'hymne national algérien, une minute de silence est observée en mémoire des morts, et un journal intérieur commentant les nouvelles de France et du maquis est affiché sous les préaux. Chaque détenu est autorisé à se vêtir en civil, à garder sa montre, à écrire des lettres, à recevoir deux visites par semaine. Les portes des cellules sont ouvertes à l'heure des cours et tous les niveaux d'enseignement sont dispensés.

Cette organisation est l'aboutissement d'une longue lutte, ponctuée par d'épuisantes et massives grèves de la faim. En octobre 1958, les « chefs historiques » dont l'avion a été détourné lancent un premier soulèvement, sans résultat suffisant. La seconde offensive déferle en juillet 1959 : le jeûne est appliqué avec tant de persévérance que l'on craint pour la vie de nombreux prisonniers — d'autant que l'administration n'a rien trouvé de mieux que de leur couper l'eau. Gaston Gosselin, conseiller technique d'Edmond Michelet, en appelle à son ministre et négocie directement avec Mohammed Boudiaf. En trente minutes de tête à tête, le drame est évité : les Algériens cessent leur mouvement en échange du statut semi-politique qu'on vient de décrire[1]. Enfin, du 2 au 20 novembre 1961, une dernière grève arrachera le régime politique intégral, celui dont ont bénéficié sans autre formalité Ortiz et Lagaillarde (droit de réunion, transistors, parloir rapproché, etc.[2]).

Lorsque le réseau Jeanson est partiellement démembré, en février 1960, Bachir Boumaza et Moussa Khebaïli – auteurs de *La Gangrène* – sont les « patrons » de la détention. Mais l'entente entre les deux hommes n'est pas parfaite et Omar Boudaoud prie Haddad Hamada, dès que celui-ci intègre la deuxième division (après un séjour au quartier des condamnés à mort), de saisir les rênes. Khebaïli et Boumaza rejoignent les « huiles » de la Fédération de France pour qui a été aménagé un logement décent sinon confortable dans l'infirmerie annexe. Les privilégiés qui y sont installés se nomment Louanchi, Doum, Terbouche, Bensalem... Trois des « chefs historiques » sont enfermés, dans des conditions analogues, à l'hôpital de la prison : Lacheraf, Bitat, et bien sûr Boudiaf qui préfère ne pas cohabiter avec son frère ennemi, Ben Bella.

Les Français, dans ce monde parallèle, sont en quelque manière les invités d'honneur. Le seul incident notable est provoqué par Curiel quand ce dernier, appliquant même entre quatre murs la ligne du M.A.F., suggère que les détenus européens se dotent de leur propre coordination. Les Algériens s'en offusquent et la suggestion est annulée. Malgré cet impair et les réticences qu'éveille son marxisme apostolique, Henri Curiel s'impose parmi ses codétenus et exerce une vive influence sur les plus jeunes d'entre eux (Gérard Meier, en particulier, se « convertit » au communisme). Étienne Bolo raconte avec humour la vie carcérale du militant égyptien : « Rencontrer Henri Curiel sous les verrous, c'était tout un poème. Il vous recevait dans sa cellule comme dans un salon, vous offrait le café, aussi souriant, aussi courtois que si rien ne s'était passé. Henri s'était appliqué à supprimer tout ce qu'il y a de traumatisant dans cet univers. Tout était organisé, les tâches réparties. On voyait Curiel cheminer dans les coursives un volume à la main, un peu voûté, fragile, avec son éternel sourire. Il allait donner son enseignement dans une cellule comme il l'aurait fait à la Sorbonne.

« La vie de Curiel, juif et communiste au milieu de la détention musulmane, se résume bien dans l'histoire du ramadan. Les Algériens avaient obtenu de pouvoir respecter le ramadan : c'était une

1. Rapporté aux auteurs par Gaston Gosselin.

2. A l'instigation de Fernand Roman, appuyé par un large comité, paraît un bulletin . *La voix des prisons* qui transmet l'information entre la détention algérienne et l'extérieur.

victoire sur la direction de la prison. Et voilà Curiel qui nous invite, nous marxistes athées, à jeûner le jour et à nous passer comme les Algériens de cigarettes et de boisson ! J'ai refusé catégoriquement – il était indigné et m'a sommé de me rallier à la majorité. Inutile de dire qu'au bout de dix jours, il était l'unique non-Algérien à observer scrupuleusement le ramadan. Il entre dans ma cellule :

« Étienne, tu es peut-être un bon intellectuel révolutionnaire, mais tu es un jouisseur, avant tout un jouisseur !

– Moi, j'aime la vie sous toutes ses formes.

– Tu es un Danton !

– Et toi Robespierre ? Veux-tu que je t'adresse le même testament que Danton [3] ?

Nous avons tous deux explosé de rire... »

Un fait témoigne, plus que tout autre, de la confiance qui unit les Algériens aux Français. Quand l'O.A.S. commence à sévir, les détenus de la seconde division redoutent une opération contre la prison, accompagnée d'un massacre. Des précédents existent, à Alger, où des « fellaghas » ont été descendus dans leur cellule voire dans leur lit d'hôpital. Haddad décide de former un groupe de défense armée. Mystérieusement [4] et en pièces détachées, des pistolets, des pistolets-mitrailleurs, du plastic et des détonateurs sont introduits. Pour les camoufler, ainsi que leurs chargeurs, une méthode simple et subtile : on casse, à la base, quelques cuvettes de W.-C. ; et les maçons (prisonniers membres du F.L.N.) qui réparent les dégâts rehaussent le socle, dégageant ainsi un espace insoupçonnable. « Nous avions bien de quoi armer un commando de vingt hommes », dit en souriant le chef de la détention. Le plan est minutieusement étudié et Robert Davezies est associé à cette étude. En cas d'attaque, le commando doit riposter et couvrir le repli des détenus vers l'autre extrémité – l'édifice n'a qu'une entrée – où un groupe soigneusement entraîné dispose d'assez de plastic pour ouvrir une brèche. Le directeur de la prison s'est-il jamais douté qu'un arsenal y était entreposé et que s'ils l'avaient voulu, les Algériens étaient capables de déclencher une bataille rangée ? S'est-il douté que ce commando secret comprenait des militants français ?

En taule, naturellement, dès la porte franchie, on rêve de s'évader. A Fresnes autant et même un peu plus qu'ailleurs. Mille ébauches sont débattues. Deux sont approfondies. La première semble peu sérieuse : il s'agit, ni plus ni moins, de fuir par les airs – plus exactement par hélicoptère. Pas sérieux ? En tout cas, un jeune Français, H. Revinci [5], photographie sous toutes les coutures

3. « Je lègue mes couilles à Robespierre » : tel fut le joyeux et sobre testament de Danton.

4. Les auteurs se sont engagés à ne pas lever ce mystère.

5. Pseudonyme donné par les auteurs.

l'établissement pénitentiaire. La tentative sera ajournée. L'autre « belle » projetée procède de haut en bas et non de bas en haut : par les égouts, il serait concevable d'atteindre la Bièvre[6]. Les difficultés techniques sont solubles : Robert Davezies est chargé de se procurer des acides assez violents pour attaquer le contour des plaques soudé par la rouille. Pendant trois mois, des détenus creusent une galerie de dix-sept mètres de long qui part du boyau de l'égout et aboutit au-delà du deuxième mur d'enceinte. Une nuit, seize Algériens empruntent une dernière fois le tunnel et disparaissent dans la nature.

Il n'est pas interdit de risquer sa chance, mais par petits effectifs et avec l'accord du Front. A l'extérieur, certains militants français se consacrent à la préparation des cavales. Des jeunes qui vont vite grandir – et qui s'appellent par exemple Alain Krivine ou Bernard Kouchner[7] – rôdent dans les fossés de Fresnes et relèvent les horaires des rondes. C'est surtout l'équipe de *La Voie Communiste* (Denis Berger, Roger Rey, Fanny Spitzer, etc.) qui s'engage dans cette aventure. Elle s'illustre à plusieurs reprises.

Depuis 1960, Gérard Spitzer a l'honneur d'être logé à l'infirmerie annexe, en compagnie des responsables de la Fédération de France. Mohammed Boudiaf les rejoint fréquemment et Spitzer apprend que Bensalem, Doum et lui songent depuis longtemps à s'esquiver. Bensalem a une idée géniale : il a remarqué que les visiteurs abandonnent leurs papiers d'identité contre un jeton de métal en pénétrant dans la prison. A la sortie, on rend le jeton et on ne récupère ses papiers qu'à un autre guichet. Supposons donc que deux ou trois prisonniers parviennent à la sortie avec un jeton. Ils sont libres. La difficulté est triple : 1. se munir des précieux jetons; 2. accéder à la sortie; 3. s'assurer la complicité de visiteurs algériens.

Spitzer en glisse deux mots à sa femme. Des précisions suivent et l'on aborde les difficultés une par une. A partir d'un modèle dessiné, Gérard Lorne réussit à fabriquer d'assez bonnes imitations des jetons-sésames. Parallèlement, les candidats à la fuite observent que les visiteurs longent le bâtiment des douches. Il suffirait donc, un samedi (jour de visite), de réclamer l'accès aux douches, de sauter par la fenêtre et de se présenter innocemment à la sortie. Mais pour plus de sécurité, il est nécessaire que les évadés possèdent de vrais jetons et que des visiteurs, moins susceptibles d'attirer l'attention, écoulent les faux. C'est réalisable : il suffit qu'en longeant les douches, les visiteurs, déjà munis d'imitations fabriquées à l'extérieur par Lorne, jettent leurs vrais jetons aux détenus par le vasistas

6. Roger Rey, de *La Voie Communiste*, effectue des reconnaissances.
7. Entretien avec Alain Krivine. Janvier 1978.

du bâtiment. Cette fois, le scénario est au point. Boudaoud, consulté comme il se doit, est d'accord.

Pour recruter des « visiteurs » qualifiés, Fanny Spitzer contacte l'O.S. La direction de la branche spéciale du Front a implanté son quartier général au cœur d'un bidonville de Levallois. C'est là que la jeune femme a rendez-vous. « Là », c'est-à-dire un entassement bourbeux de baraques informes, une ville interdite que la police n'ose traverser, gardée en permanence par des militants en armes[8]. L'O.S. promet trois hommes.

Au jour dit, Bensalem, Boudiaf et Doum demandent à prendre une douche. Spitzer les accompagne comme « observateur ». Nous sommes le 7 janvier 1961. Et tout fonctionne à merveille. Sauf un détail : impossible d'ouvrir la fenêtre ! Bensalem se hisse jusqu'au vasistas, parvient à se faufiler au-dehors mais, en tombant, provoque un bruit épouvantable. Assez épouvantable pour alerter les gardiens. Boudiaf hésite, hésite une seconde de trop, et abandonne. « Tant pis, c'est fichu » : Doum et lui ont manqué la belle. Bensalem présente calmement son jeton et sort. A cinquante mètres, Roger Rey et Denis Berger attendent. L'Algérien, ancien responsable du F.L.N. pour le Nord et l'Est, s'engouffre dans l'automobile. « Près de la porte d'Orléans, raconte Berger, une voiture noire s'arrête à notre hauteur. Nous sommes coincés à un feu rouge. Le passager de devant, cheveux courts, cravate, descend sa glace et tape du doigt contre notre vitre. Je souffle à Bensalem : " Attention, c'est peut-être le moment. " Le type se penche et apostrophe Roger : " Eh ! Votre portière est mal fermée ! "[9] »

L'absence du fugitif n'est signalée que le lendemain. C'est l'affolement. Le directeur s'en remet à la D.S.T. qui s'en remet à ses chiens policiers auxquels on donne à renifler des vêtements de Bensalem. Mais c'est l'heure de la soupe et les chiens s'égarent de ce côté. « Après la guerre, vous m'expliquerez », dit sportivement le directeur à Gérard Spitzer.

□

M. Locatelli, ferrailleur de son état, se frotte les yeux, Il est six heures du matin, ce vendredi 24 février 1961. Et M. Locatelli n'est pas très bien réveillé tandis qu'il descend la rue Merlin dans une pénombre qu'obscurcit l'enceinte de la Roquette. A hauteur du numéro 10, une corde à nœuds pend le long du mur. « Sûrement des

8. Témoignage de Fanny Spitzer.
9. Témoignage de Denis Berger.

travaux, pense, toujours en se frottant les yeux, M. Locatelli. Les femmes ne s'évadent jamais... »

Le déclic s'est produit à la fin du printemps précédent. En grand mystère, Jacqueline Carré, l'ouvrière du réseau, invite Hélène Cuénat dans sa cellule et sort de sa manche deux petites lames collées l'une contre l'autre. Des lames de scie à métaux. Pour quoi faire ? On verra bien : dans une prison, il y a toujours quelque chose à scier. Le problème immédiat, c'est de les cacher. Les fouilles sont peu fréquentes mais systématiques. Alors les conjurées — car une conjuration commence — divisent les risques. Micheline Pouteau prend chez elle l'un des outils, l'autre est dissimulé sous le poêle installé dans le couloir, et qui chauffe l'hiver toute la cinquième division.

Ici, ce n'est pas Fresnes. Pas d'effectifs astronomiques : les « politiques », Françaises et Algériennes confondues, n'atteignent guère la vingtaine. Pas de matons : depuis Napoléon III, la surveillance des prisons de femmes est confiée aux religieuses sulpiciennes. Sœur Hermance et sœur Andréa ne sont pas des tortionnaires imaginatives. Pourvu que l'on tricote en cadence et que le carrelage soit propre...

Une fois les scies en réserve, les prisonnières affrontent une seconde épreuve. La Liberté majuscule, principielle, est un objectif lointain, à terme. Mais la liberté minuscule d'aller et de venir entre les murs de la prison n'est pas si minuscule que cela. Pouvoir entrebâiller sa porte, le soir, alors qu'on vous a solennellement bouclée pour la nuit, n'est pas seulement une commodité : c'est une protestation de l'esprit. Au mois d'août, la cause est entendue. Jacqueline Carré, de nouveau, exhibe sa technologie de pointe. Elle use et tord le manche d'une cuillère, farfouille dans la serrure. Mais le pêne reste immobile. Il s'agit d'un pêne « dormeur ». Avec beaucoup d'attention et de dextérité, il se réveille. Hélène Cuénat perfectionne la clé avec le fil de fer d'un cintre. Elle reconstitue l'ossature, les parties utiles. Et voilà les serrures abolies.

Abolies, certes. Mais pas au bon moment ni au bon endroit. A quoi sert d'être capable de forcer une serrure de l'extérieur quand vous êtes enfermée derrière une porte lisse comme la main ? Troisième station : Micheline Pouteau lime délicatement la grille de son judas, de sorte que cette grille soit discrètement amovible. Dotée d'un bras remarquablement long, elle atteint ainsi sa serrure ; elle se libère elle-même puis libère les autres. Pas toutes les autres. Ne sont dans la confidence que les militantes.

Après le procès, chacune est en mesure de calculer ses risques. En décembre, le but est fixé et dépasse les promenades nocturnes ou l'emprunt de matelas supplémentaires dans le dépôt. Six évasions sont décidées. A l'affiche : Jacqueline Carré, Hélène Cuénat, Didar Fawzy (qui vient de débarquer), Micheline Pouteau, Zina

Haraigue et une autre militante du Front, Fatima Hamoud. L'itinéraire retenu n'est pas de tout repos : d'abord scier un barreau dans la tour qui abrite les toilettes (et cela au travers d'un volet à jalousie qui n'est pas mobile et qu'il conviendra donc de détacher au dernier moment). Ensuite, descendre au moyen d'une échelle de corde en évitant un gros fil électrique. Enfin, traverser l'espace découvert qui sépare la prison de l'enceinte et franchir un mur de six mètres cinquante. C'est tout. Dieu merci les « politiques » sont logées au premier étage.

La confection de l'échelle n'est pas trop difficile. Hélène Cuénat proclame son intention d'orner sa cellule de coussins moelleux bourrés de bas usagés. La consommation de bas, dans la cinquième division, s'accélère à un rythme démoniaque. Tressés par trois puis par neuf et entourés de fil de nylon, ils fournissent de solides cordes à défaut de coussins vraiment moelleux (qui eux fournissent un excellent camouflage). Pour les échelons, les conspiratrices se permettent de faucher à l'administration pénitentiaire les barres transversales de leurs tables, débitées à la bonne longueur. Du reste, lors d'une visite impromptue, le directeur ne s'aperçoit de rien.

Mais le barreau ? Bien sûr, il y a les scies. Mais combien de temps cela prend-il ? Jacqueline Carré est optimiste quant aux délais et un test sur un barreau de lit semble confirmer son pronostic. Ce qui est certain, c'est qu'il faut agir en moins de trois jours. Les contrôles ont lieu le mardi et le vendredi. Plus tôt ou plus tard, le gardien qui pendant vingt ans a effectué sans fausse note sa ronde monotone sera prévenu par (peut-être en rêve-t-il ?) un son fêlé.

Et ce n'est pas fini : le mur, le haut mur. Pour l'escalader, il est indispensable que des amis, au jour et à l'heure fixés, trouvent moyen de balancer aux évadées une corde à nœuds. Cette sacrée corde ! Les responsables de « Jeune Résistance », contactés pour préparer l'affaire, suent sang et eau pour la dénicher. Précisément, le jour où Louis Orhant est arrêté chez Pierre Hespel, ils devaient discuter de ce bien rare entre tous. L'arrestation est un coup dur pour les filles de la Roquette. Près du but, elles sont brutalement coupées de l'extérieur. Le lien est renoué par Micheline Pouteau qui correspond avec plusieurs collègues. Parmi ceux-ci, Jacques D., professeur de lettres, ancien membre du Bureau fédéral du P.C.F. dans le Nord et proche de *La Voie Communiste*. Entre les lignes d'une banale missive, d'autres lignes, écrites au citron.

L'équipe dont Bensalem a pu apprécier la valeur entre aussitôt en action. Eux aussi cherchent une corde. Qu'y a-t-il de plus introuvable qu'une corde à Paris ? Ils songent aux magasins spécialisés dans la spéléologie, mais on n'y travaille que sur commande et les délais sont prohibitifs. Après de multiples tours et détours, ils se rabattent sur une solution d'une aveuglante simplicité : à tout hasard, Yvette P. prospecte au B.H.V. Et au B.H.V., rayon des agrès, on vend des cordes – lisses ou à nœuds ! L'euphorie règne et les choses se précisent. Message de la Roquette : soyez rue Merlin, passé minuit, mercredi 22 et jeudi 23 février. Message pour Micheline Pouteau : le point de chute prévu est 66, avenue de la République, à quelques centaines de mètres de la prison.

Mercredi 22. Trois voitures et une 2-CV camionnette (qui transporte la corde) stationnent autour de la Roquette. La 2-CV est stoppée face au numéro 10. Denis Berger guette au pied du mur le signal : une poignée de piécettes. Un camarade reste au volant. Les trois autres voitures, dont les mouvements sont coordonnés par Roger Rey, sont garées aux environs. Les heures de ronde ont été relevées : théoriquement rien à craindre entre une et cinq heures. Pas un bruit. Pas un signe. La nuit s'écoule, stérile. Jeudi 23. Toute la bande est de retour. Même disposition, mêmes consignes. Même ennui. Découragés, au petit matin, les militants de *La Voie Communiste* battent en retraite, bredouilles. Dommage, l'opération était convenablement concoctée. Le dossier était complet et J.R. avait même transmis un jeu de repérages et de photos.

Ce retard s'explique par la résistance du fameux barreau. Aussitôt après la tournée du gardien, le mardi, les prisonnières s'enferment à tour de rôle dans les W.-C. et commencent à limer. Mais l'entaille ne se creuse que très lentement car la latte du volet les oblige à scier de biais. Cela ne progresse guère. Par bonheur, c'est le ramadan et les Algériennes sont autorisées à manger tard, ce qui reporte d'autant le coucher. Pour mettre à profit ce délai, les évadées en puissance organisent un spectacle de marionnettes – Micheline Pouteau adapte un thème de Sean O'Casey. Le rideau est disposé entre les spectatrices et les lavabos, un transistor diffuse une musique agressive, la bonne sœur de service, dont la tisane tiédit sur le poêle, n'a pas senti le goût du léger soporifique qui y est mêlé : bref, trois heures de rang et à l'abri des « coulisses », on lime, lime, lime. Et pourtant, le mercredi soir, le barreau n'est qu'à demi entamé et en un seul point. Tant pis : force est de se risquer à travailler de nuit, malgré le bruit. Jusqu'alors, Véra Hérold et Christiane Zuber ont déployé des trésors d'improvisation pour protéger le secret. De toute manière, le lendemain, il sera indispensable d'avertir tout le monde.

Jeudi, à quinze heures trente, le barreau est scié. Il ne tient plus que par un millimètre de métal. Pour y arriver, il a fallu déplacer une latte du volet. Micheline Pouteau, par le truchement d'Andrée T., a prévenu Denis Berger et Roger Rey que cette nuit est la bonne. La division est survoltée. « Qu'est-ce que vous avez donc, ce soir ? » s'étonne sœur Andréa au moment du coucher. « C'est mon anniversaire ! », réplique Hélène Cuénat. Les « sortantes » embrassent Véra Hérold et Christiane Zuber.

Une heure et demie. Micheline Pouteau (cellule 76) frappe au mur d'Hélène Cuénat (cellule 77). Elle sort, délivre ses compagnes et referme soigneusement les portes – ce qui laissera pantois les enquêteurs. Les six femmes, en survêtement, se dirigent vers la tour. Avec le tisonnier chauffé à blanc, Jacqueline Carré découpe en pointillé le volet. Elle l'enlève, tire à elle le barreau qui cède, déroule l'échelle. Des couvertures qui enveloppent un balai sont censées isoler le fil électrique mais le dispositif est trop ample pour l'ouverture (Micheline Pouteau imagine un beau titre pour la presse à sensation : « Elles s'évadent sur un balai... »). Jacqueline Carré – « Jacky » – s'engage la première, les pieds devant, heurte quelques tôles à l'arrivée mais arrive à bon port. Elle court ! Les autres suivent. Les voici à l'aplomb du mur. Les pièces s'envolent et – merveille ! – d'autres pièces répondent.

De l'autre côté, Denis Berger se rue sur la camionnette, s'empare de la corde et la lance de toutes ses forces. Raté ! Il recommence. Cette fois, la corde s'élève et le filin qui la prolonge (au bout duquel le crochet est enrobé dans un savon de Marseille pour amortir le bruit) franchit le faîte. Mais la Roquette est une construction vétuste, prochainement vouée aux démolisseurs. Le sommet du mur s'effrite et la corde se coince dans une anfractuosité. Berger tire, s'énerve. Un seul recours : grimper. Il entame l'ascension quand un bruit d'auto gronde. Au coin de la rue Merlin surgit une voiture pie. Dans son rétroviseur, le conducteur de la 2-CV l'a également aperçue. Il cède à la panique et démarre en trombe, dans un hurlement d'embrayage et de boîte de vitesses. Les policiers, intrigués, accélèrent (mais seront semés). Ils ne voient ni la corde ni Berger qui, rasant le mur et jurant de rage, s'éloigne au plus vite.

Hélène Cuénat et ses compagnes n'y comprennent rien. Des bruits leur parviennent, impossibles à identifier. Et là, presque à portée, la cordelette se balance. Elles forment une pyramide mais c'est inutile : cinquante centimètres plus haut, le morceau de savon les nargue. Elles s'affolent, « cavalent en tous sens comme des chèvres » et, dans leur course, « lèvent un chien » qui aboie furieusement[10]. « Ma ballerine, j'ai perdu ma ballerine », répète Jacqueline Carré. Didar Fawzy : « Mais il y a une échelle dans un atelier à côté ! » Personne n'écoute plus personne. En tout cas, le chien n'est pas l'éclaireur d'une meute redoutable, ce n'est que le roquet des cuisines. Il est près de quatre heures. Après ces minutes d'égarement, elles se ressaisissent. Non loin du poste de garde, éclairé mais encore désert, un appentis assez bas jouxte le mur. Elles s'en approchent, raflant au passage le banc de la mère supérieure qui,

10. Les expressions sont d'Hélène Cuénat.

Paul Reynaud choisit la rééducation

Les indiscrétions de Jean-François DEVAY

Paris-presse l'intransigeant

Dernière édition

BOURSE : cours du jour
COURSES : les partants

Page 9 :
LE FEUILLETON LITTÉ[RAIRE] DE KLÉBER HAED[ENS]
Christiane Rochefort e[st suc]combé devant Karl

SAMEDI 25 FEVRIER 1961. — N° 5043 Prix : 0,25 NF Algérie, NF 0,30 — Maroc, 32 fr. mar., — Tunisie, 27 m., — Belgique-Luxembourg, 2 fr. 50. — Suisse, 0 fr. 25. Espagne, 3 pesetas 50. Italie, 50 lires. 37, rue du Louvre. — TUR. 96-80 - G

Grâce à une corde lancée de l'extérieur par des complices

6 FEMMES DES RÉSEAUX D'AIDE AU F.L.[N.]

S'ÉVADENT DE LA PETITE-ROQUET[TE]

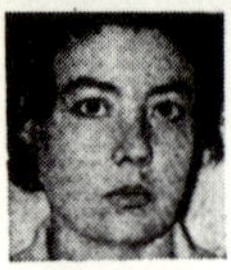

Hélène Cuenat

dite Claire Alard, 31 ans ; ex-membre du parti communiste et ancien professeur. Etait le bras droit de Francis Jeanson, chef du réseau.

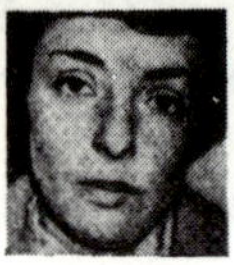

Jacqueline Carré

34 ans, est la plus modeste du groupe. Elle servait de « couverture » à Gérard Meier pour les voyages en Belgique et en Allemagne.

Micheline Pouteau

32 ans. Etait l'agent de liaison du réseau. A été à 21 ans la plus jeune agrégée de France. C'est la théoricienne du mouvement.

Le directeur de la prison est suspendu

SIX femmes, détenues à la prison de la Roquette pour soutien au F.L.N., se sont évadées cette nuit.

Ce n'est qu'au petit matin qu'on s'aperçut de leur absence. Toutes les recherches entreprises immédiatement pour retrouver leur trace sont restées vaines.

Le directeur de la prison de la Roquette, M. Conter, a été suspendu aussitôt de ses fonctions.

Ce sont trois métropolitaines, deux musulmanes et une Egyptienne qui ont réussi à prendre la fuite.

Quatre sont des vedettes de l'aide aux rebelles : Hélène Cuenat — dite Claire Alard —, maitresse de Francis Jeanson, dirigeait auprès de lui le réseau ; Micheline Pouteau, qui fut à 21 ans la plus jeune agrégée de France, était à ses côtés dans le « réseau Jeanson » ; Zina Haraigue, sœur d'Omar Haraigue, ex-chef de l'Organisation spéciale de sabotage, cachait à son domicile, il y a un an, une cinquantaine de mitraillettes ; Annie Rossano, l'Egyptienne, ancienne épouse du colonel Fawzi, attaché militaire de Nasser, dirigeait avec Henri Curiel le plus important des réseaux du F.L.N.

Les deux autres sont des personnages de moindre envergure : Jacqueline Carré était la « couverture » de Géo Meier ; Fatima Hamoud n'était qu'agent porteur de fonds.

Une voiture attendait

C'est à 6 h. 30 ce matin que l'aumônier de la prison, en allant dire sa messe, découvrit une corde à nœuds, longue de 10 mètres le long du mur d'enceinte donnant sur la rue Merlin.

Aussitôt les bonnes sœurs gardiennes entreprirent des fouilles : d'une fenêtre étroite du premier étage — celle des toilettes — pendait une autre corde tressée avec des bouts de draps, de fils électriques, d'autres débris. Un barreau de la fenêtre des W.C. à moitié corrodé par la rouille, avait été scié. (En ce moment même, on scelle des pla-

● *Lire la suite en page 7.*

Les Tunisiens croient à un prochain contact français avec le F. L. N.

LE principe « d'un contact immédiat et direct » entre la France et le « G.P.R.A. » aurait été admis par les deux parties.

Cette nouvelle, publiée par le journaliste américain Thomas Brady dans le *New York Times*, paraît confirmée par des informations de Zurich et de Tunis, où l'on fait preuve depuis hier d'un optimisme grandissant.

M. Bourguiba a demandé à maintes reprises que la France négocie rapidement avec le F.L.N. M. Masmoudi avait lui-même insisté auprès du chef de l'Etat pour que les négociations avec le « G.P.R.A. » — et même, si possible, une rencontre de Gaulle-Ferhat Abbas — se déroulent parallèlement aux entretiens de Rambouillet. Il reste une dizaine de jours avant que s'ouvre à New York la prochaine session de l'O.N.U., prévue pour le 7 mars.

Le général de Gaulle ne semble pas avoir accédé à la demande tunisienne — la rencontre avec Bourguiba ne devant, du reste, remplir qu'une journée. Mais, en revanche, on se serait mis d'accord sur le principe d'une rencontre à bref délai entre des représentants de la France et du F.L.N. : ces contacts seraient pris à des échelons intermédiaires (envoyés spéciaux ou ministres) avant d'arriver au sommet de Gaulle-Ferhat Abbas.

Ce serait des contacts officiels, mais secrets, qui permettraient de sortir de l'impasse dans laquelle on se trouve toujours à propos du cessez-le-feu.

Robert BOULAY.

600 arrestations en Afrique du Sud

LE CAP, 24 février. — Six cents Africains ont été arrêtés sous l'inculpation de possession d'armes dangereuses ou de non-paiement d'impôts dans la région de Pientami, en Afrique du Sud.

Beaucoup d'entre eux ont été libérés après versement d'amendes, mais quelques-uns sont toujours en prinson.

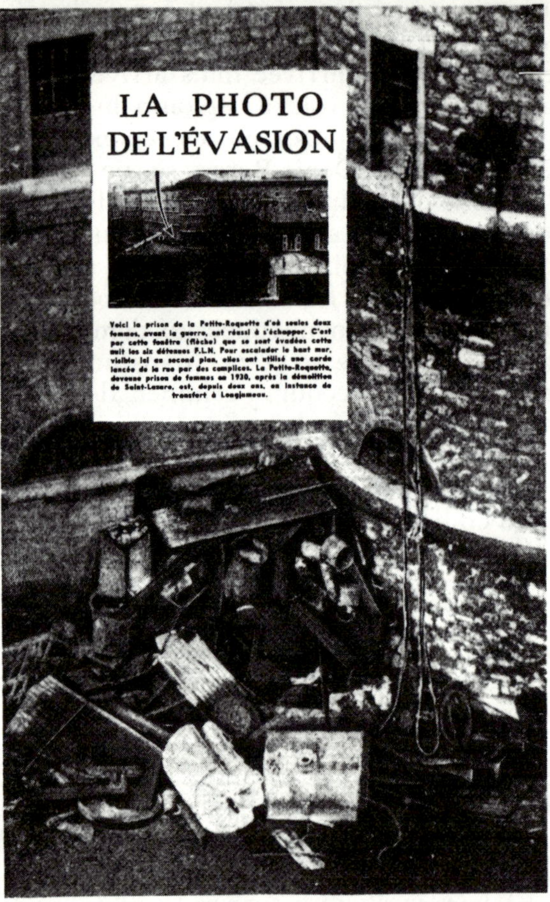

Voici la prison de la Petite-Roquette d'où seules deux femmes, avant la guerre, ont réussi à s'échapper. C'est par cette fenêtre (flèche) que se sont évadées cette nuit les six détenues F.L.N. Pour escalader le haut mur, visible ici au second plan, elles ont utilisé une corde lancée de la rue par des complices. La Petite-Roquette, devenue prison de femmes en 1930, après la démolition de Saint-Lazare, est, depuis deux ans, en instance de transfert à Longjumeau.

Par cette corde tressée avec des morceaux de couvertures, six femmes, cette nuit, se sont glissées sans bruit. Puis elles ont enjambé les morceaux de ferraille rouillée qui croupissent au coin de la tour... *(Photo Michel Robinet).*

A l'inaugur[ation] d'Orly

De Ga[ulle] dénon[ce] les « [...]gnoteu[rs] »

QUAND le [...] Gaulle entr[...] tin dans le [...] un cri hostile pa[...] foule. C'était un [...] forte taille, port[...] signe de parachu[...] boutonnière qu[...] poussé.

De Gaulle, im[...] marcha droit sur lui. [...]me avait déjà dispa[...]

● *Lire la suite [...]*

La marq[uise] de Cuev[as]

"Ils m'[ont] déjà c[oûté] trop ch[er]"

LA marquise [...] n'a pas l'i[...] poursuivre [...] son mari.

— Ils m'ont [...] trop cher, a-t-elle [...]

Le directeur de [...]racio Guerrico s'ef[...] der auprès de la [...] cause de la danse. [...] est demeurée ina[...] éloquence et para[...] aucune humiliation [...] point final à ce q[...] prestigieuse avent[...]phique de l'après-g[...]

Pour le moment, [...]rive à vivre par [...] moyens. Le ballet [...] au Bois Dormant [...] recettes de cinq [...]ciens francs par [...] succès n'est pas pr[...]

L'avenir immédi[...]suré. Mais il fau[...] maintenant, la tr[...] préparer un autre [...] parlé de « Casse-N[oisette] » il faudrait trouve[r] une centaine de m[...]

La marquise se [...] fléchir ? Le destin [...] danseurs dépend d[...]gnature au bas d'[...]

LE TE[...] EST EN P[...]

Mémento de ne[...]
Légèret[é] « REGIA [...] (Lire [...]

Kennedy lit Mao

WASHINGTON, 24 février

LE président Kennedy a découvert un nouvel auteur : Mao Tsé Toung lui-même. Il a été tellement intéressé par les œuvres du leader chinois qu'il a recommandé leur lecture aux chefs militaires américains, particulièrement les traités concernant les méthodes de guérilla et de contre-guérilla.

Collision monstre Cours-la-Reine

Un taxi et trois voitures particulières sont entrés en collision, cette nuit à 23 heures, sur le Cours-la-Reine, à l'entrée du pont Alexandre-III. La rencontre a fait trois blessés : M. Félix Cassan, sa femme Liliane, 25 ans, et une passagère, Mme Odette Fournier. Ils sont en traitement à Marmottan.

dressé debout, forme marchepied vers le toit de tôle. Elles décident de retrouver la corde « par le haut ». Jacqueline Carré : « Et si on ne la trouve pas, la corde, tu vas sauter peut-être ? » Hélène Cuénat : « Je vais me gêner ! » Didar Fawzy aide les autres à se hisser, puis se découvre seule. Les cloches et les prières commencent à retentir. Elle entend des pas. Le gardien ? Elle songe à retourner au bas de la tour pour concentrer sur elle l'attention. Mais les pas sont ceux de Zina Haraigue et de Jacqueline Carré qui sont redescendues. Jacqueline, poids plume, fait la courte échelle puis est happée par ses compagnes.

A la queue leu leu, les fugitives avancent à quatre pattes sur le mur. Les réverbères sont autant de pièges, des passants traversent la rue sans lever les yeux, les tessons de bouteille qui garnissent le faîte déchirent les vêtements et la peau. Elles ont ainsi deux cents mètres à parcourir et se sont séparées en deux groupes. Devant : Micheline, Hélène, Fatima ; derrière : Jacky, Zina, Didar. Elles respirent en cadence, comme des parturientes. Enfin, voici la corde, si solidement coincée qu'il n'y a plus qu'à se laisser glisser.

Les trois premières posent pied juste lorsque débouche un taxi. Elles possèdent vingt francs. Le chauffeur les a-t-il observées ? Non, il s'arrête. Il est « libre », dit-il. « Libre... » Micheline Pouteau, angliciste, feint d'être une étrangère en goguette avec deux amies. Hélène Cuénat demande au conducteur de leur indiquer un bar à Montparnasse pour finir la nuit. Tout au long du trajet, elle commente les monuments pour Micheline qui pousse des « Aoh ! » fort convaincants. Fatima bouge le moins possible : son pantalon s'est malencontreusement fendu. A Montparnasse, second taxi, cette fois pour l'avenue de la République. Au septième étage, un homme en pyjama ouvre la porte, apparemment peu amène.

« On s'cxcusc, on n'a pas pris le bon train. Mais on arrive quand même.

— Qui êtes-vous ? Qu'est-ce que vous voulez ? J'attends personne ! »

Les trois femmes redescendent, remontent par un autre escalier, sonnent à une autre porte. Catastrophe ! Le même type, déchaîné, les agonit d'injures... Elles ont de nouveau abouti à son appartement par l'escalier de service ! Cette fois, elles vérifient soigneusement qu'elles ont baissé d'un cran. Nouveau coup de sonnette :

« On vient de la part de Rey...

— Le docteur Rey ? Mais c'est en dessous ! »

Coïncidence extraordinaire : Roger Rey, de *La Voie Communiste*, et le docteur Rey, leur destinataire, sont homonymes. Elles connaissent Roger mais pas le docteur. Néanmoins, elles aboutissent au bon étage. Le docteur, ancien résistant de Haute-Savoie, est méfiant. Les évadées ne devaient pas se présenter ainsi, seules. Mais une demi-heure plus tard, la radio annonce la nouvelle. Tout le monde se détend. C'est gagné.

Les trois autres aussi ont reçu vingt francs et cherchent un taxi. Aucune d'entre elles n'est au courant de l'adresse, avenue de la République. Quand une voiture vide se range près du trottoir, Didar ordonne au chauffeur de les conduire au métro Blanche. Elle s'aperçoit en réglant que sa main est ensanglantée. A Pigalle, elles poursuivent à pied. Spontanément, elles adoptent le même scénario que leurs amies. L'Égyptienne parle bruyamment anglais. Au coin d'une rue, Zina Haraigue se souvient qu'une de ses compagnes de détention, récemment libérée, habite à deux pas. Elles s'y rendent, sont accueillies, se changent et sont dirigées sur un hôtel algérien où d'abord on les enferme comme des suspectes. Mais là encore, la radio dissipe tous les doutes. Et bientôt, le meilleur couscous de la maison fume dans la pièce. On les protège, mitraillettes au poing.

Le plus étonné est encore Denis Berger quand Roger Rey déboule chez lui, à Sceaux, en criant : « Mais si, ça y est, elles s'en sont quand même sorties ! » L'organisation reprend son programme interrompu. Dans les douze heures, tandis que les journaux impriment des éditions spéciales avec plans de la prison et portraits des filles de l'air (les lavabos de la Roquette deviennent aussi célèbres que la geôle de Monte-Cristo), chacune des évadées est « ventilée » dans la planque qui lui a été réservée. Trois semaines de purgatoire (mais pour M. Conter, directeur de la prison, c'est l'enfer : il est limogé le matin même de l'évasion). Puis c'est le passage, une à une, vers la Belgique. Auparavant, chaque héroïne est habilement grimée et photographiée sous de nouveaux traits pour ses papiers. Catherine Sauvage s'échappe d'un dîner pour orchestrer cette cérémonie.

La D.S.T. patauge. Un inspecteur est enfermé dans une cellule pour y étudier la façon dont ont procédé les prisonnières. De guerre lasse, il appelle son supérieur : « Je ne peux pas sortir, chef ! » Véra Hérold, impitoyable : « Elles, elles ont pu... [11]. »

□

« La prison, c'est reposant. » Étienne Bolo, à la deuxième division de Fresnes, redécouvre un plaisir oublié : le sommeil. Et un autre : le travail intellectuel paisible – il traduit le *Trotski* d'Isaac Deutscher.

11. Sources : souvenirs inédits d'Hélène Cuénat ; entretiens avec Hélène Cuénat, Didar Fawzy, Christiane Zuber, Denis Berger, Roger Rey, Catherine Sauvage.

N'empêche, ça le démange. Se barrer, s'esbigner, se tirer, se trisser... Six « frères » mitonnent une cavale délirante : survoler les deux murs d'enceinte au moyen d'une corde tendue entre le quatrième étage et les arbres plantés à l'extérieur. Soit une pente de quarante-cinq degrés sur plus de cent mètres. Le numéro serait digne de Médrano mais Bolo l'estime complètement loufoque. Il s'intéresse à une entreprise beaucoup plus raisonnable. L'idée est de s'inscrire, le mercredi, pour une visite d'ophtalmologie, de monter dans la fourgonnette qui assure le transfert entre la division et l'hôpital (distant d'environ trois cents mètres), et de braquer le chauffeur. On lui emprunte sa casquette et sa place. Normalement le poste de C.R.S. n'arrête pas les voitures de l'administration. Deux groupes de trois automobiles attendent les fugitifs, le premier à trois kilomètres, le second trois kilomètres plus loin. S'ils sont poursuivis, les voitures les plus proches s'interposent, permettant aux évadés d'atteindre l'autre groupe. Sinon, ils embarquent tout de suite et filent. Un plan séduisant et limpide. De quoi relever le défi lancé par les femmes de la Roquette !

Ils sont dix partants. Quatre Algériens de rang important : Belkaïd, Tlemsani, Fzeri et Benattig, l'un des auteurs de *La Gangrène*[12]. Et deux Français : Étienne Bolo et Louis Orhant. Les rôles sont distribués : à Tlemsani échoit une mitraillette ; à Bolo la casquette du chauffeur.

Benattig : « Avant d'arriver à la voiture, il fallait franchir quatre grilles avec fouille à chaque fois. Au lieu de passer au contrôle, en file indienne, nous sommes arrivés en groupe, feignant de plaisanter et de nous bousculer. Nous avons ainsi réussi, les quatre fois, à passer les armes sous le nez des gardiens. Arrivés dans la cour, surprise : ce jour-là, ce n'était pas l'ambulance mais un fourgon cellulaire qui faisait la navette. Un grillage séparait le chauffeur et les occupants. Nous savions que nous avions quarante-trois secondes devant nous[13]. »

Extrait du journal[14] d'Étienne Bolo, 17 mai 1961 : « Mahmoud s'est levé, a mis un genou sur le banc, a enfilé le canon de son arme dans un trou du grillage qui nous isolait de la cabine avant, juste dans le dos du conducteur. De sa grosse voix de saint-bernard, il a crié : " Allez, fais pas le con. Tourne à gauche et change pas de vitesse. " Le chauffeur a tourné la tête, puis tout son torse a pivoté : il avait des yeux effarés, des gros yeux ronds sous sa casquette de fonctionnaire. Il avait peur. Il a entrouvert la porte de la cabine et, tout en la retenant d'une main, il s'est penché et a jeté un coup d'œil

12. Promis respectivement aux fonctions de conseiller à la présidence de la République algérienne, directeur de la presse filmée, ambassadeur et haut fonctionnaire de la Sécurité sociale...
13. Témoignage de Hamid Benattig.
14. Texte inédit communiqué aux auteurs.

sur la route, pour voir, je suppose, si une voiture ne s'apprêtait pas à nous doubler. Il voulait obéir à l'ordre de Mahmoud. J'ai compris alors que Mahmoud s'était trompé. A vingt mètres devant la voiture, il y avait sur la droite une rue qui contourne la prison. Mahmoud avait dit : tourne à gauche; c'était à droite qu'il avait voulu dire. Le chauffeur ne pouvait faire un demi-tour à gauche sur cette route étroite et repartir en sens inverse sans arrêter son véhicule et effectuer au moins une marche arrière. Il a néanmoins essayé de tourner à gauche; il a donné un coup de volant, la roue avant gauche de la voiture est montée sur le trottoir. Mais il y avait un arbre qui nous empêchait de passer. Coup de volant à droite. La voiture redescend sur la chaussée. Sous la brutalité du choc, Belkaïd qui s'était mis debout tombe sur moi. Il y a des bruits de toutes sortes à l'arrière de la voiture. Mais je garde les yeux fixés sur le chauffeur. Il vient de jeter un coup d'œil à son chargement de détenus encagés, révoltés, armés. Il s'est aperçu que les zigzags et les soubresauts de la voiture nous avaient précipités les uns sur les autres. Alors il a repris son véhicule en main, il s'est ressaisi et nous emmène vers l'hôpital. L'un d'entre nous crie : " Ne tire pas. " Belkaïd est par terre. Il se relève, du sang lui coule sur le front et la joue. Il saisit sa mitraillette par le canon et frappe à grands coups de crosse contre la porte de la fourgonnette. Ça fait un bruit de forge. Sur le plancher de la voiture il y a des balles : le chargeur de Mahmoud s'est vidé de son contenu en tombant. Nous sommes maintenant devant la porte de l'hôpital. La voiture s'est arrêtée. Le grand portail s'ouvre lentement. Une tête passe. Le chauffeur lui crie : " Ils sont armés ! " La tête disparaît. Le portail se referme. Le chauffeur hurle : " Mais ouvre, bon Dieu ! Ouvre ! " Dans la voiture un grand silence pesant se fait soudain. Nous sommes tous assis, sagement, et nous attendons, figés, graves. A nos pieds, le champ de bataille après la fausse bataille : les mitraillettes impudiques et lamentables au milieu des balles intactes qui roulent sur le plancher, comme des billes, avec un tout petit bruit inoffensif. »

Tel est le récit que Bolo griffonne le soir même de l'occasion manquée. Vues de la fenêtre de Tlemsani, au quatrième étage de la division, la sortie, la liberté, se trouvaient à gauche. De la camionnette, elles étaient à droite... La sanction est sévère : quatre-vingt-dix jours d'isolement et de silence complets. Bolo se réfugie dans son journal. Feignant d'avoir été entraîné malgré lui dans une aventure à laquelle il était étranger, il exige le rétablissement du régime politique et n'obtient satisfaction qu'après vingt et un jours d'une grève de la faim solitaire.

Terriblement solitaire. Car la « direction algérienne » de la détention, qui n'avait pas été avertie, décrète la quarantaine contre ces camarades qui ont utilisé sans consigne des armes destinées à d'autres fins. Le 27 juin, Étienne Bolo note amèrement dans son journal : « Je suis un " frère " de lutte, un " frère " d'adoption, je ne suis pas tout simplement " un frère ". » La mesure de quarantaine est finalement rapportée. Mais la crise d'identité que traverse le militant français ne cessera jamais d'affecter nombre de porteurs de valises.

Dans la nuit du 26 au 27 juin 1961, six prisonniers algériens quittent, grâce à de fausses clefs, leur geôle et se regroupent dans la cellule 428 – 2e division –, située à l'angle du bâtiment. Les barreaux sciés à l'avance en biseau sont promptement enlevés. Un des détenus lance à l'aide d'un yoyo une petite ficelle en crin à laquelle est attachée une grosse corde. Un ami, trente mètres plus bas, récupère le brin. Il ne lui reste qu'à tirer et à fixer solidement le câble bien tendu. En haut, les uns après les autres, les six hommes se laissent glisser par-dessus les deux murs d'enceinte de Fresnes. De loin, Haddad Hamada, qui a donné son accord, les observe par la fenêtre. L'un d'entre eux se blesse à l'arrivée et est repris. Mais les cinq autres courent encore. Pas si fous que le croyait Bolo le sage...

Chapitre 22

MONNAIE DE SINGE

L'ÉTÉ débute par un procès complexe et retentissant. Du 21 au 28 juin 1961, le tribunal d'Amsterdam juge Michel Raptis – dit Pablo – et Salomon Santen, convaincus d'avoir assuré l'impression de faux papiers et de fausse monnaie pour le compte du F.L.N. Les inculpés sont des dirigeants connus de la IVe Internationale. Leur traduction devant la Justice consacre, en quelque sorte, l'engagement vigoureux qu'ils ont contracté de longue date aux côtés des Algériens.

L'affaire remonte au 10 juin 1960. Ce jour-là, à quatre heures de l'après-midi, une nuée de policiers hollandais, appartenant à différents services, interviennent, lors d'une vaste opération dont la phrase-code est : « Le veau est tué », au domicile de Michel Raptis et à celui de Santen. Une importante documentation est saisie. Dans le même temps, la police allemande perquisitionne à Osnabrück, en Basse-Saxe, chez un photograveur de nationalité hollandaise : Oeldrich. Là, c'est un véritable atelier qui est découvert : une presse offset, une presse mécanique de marque Mercedes-Glöckner, une machine à couper le papier, une grande quantité de papier, du matériel photographique, des clichés, des planches à clichés, des produits chimiques, bref tout ce qui est nécessaire, concluent les policiers ouest-allemands, pour la falsification de billets de banque. D'ailleurs le corps du délit est là : 960 000 faux billets de cent nouveaux francs français sont sagement empilés. Un tas équivalent de coupures attend l'impression. L'entreprise est d'envergure. Quel lien entre le photograveur Oeldrich et Pablo ? Une broutille : le premier fabrique des fausses cartes pour le second.

Vingt ans après, cette histoire trouble est malaisée à reconstituer. L'idée de contrefaire de la monnaie française provient, sans aucun doute, des Algériens. A la fin de 1958, ils soumettent le projet à ceux de leurs amis qui ont prouvé leur aptitude à résoudre les questions les plus complexes. Pablo, qui s'est fixé pour ligne de conduite de satisfaire les demandes du F.L.N., même si elles lui paraissent un peu folles, ne se dérobe pas lorsque les responsables du Front lui parlent monnaie de singe. Il s'en ouvre au photograveur hollandais Oeldrich, avec qui il est en cheville pour la fabrication des fausses cartes d'identité. Oeldrich, ancien résistant antinazi, accepte de s'atteler, malgré les risques, à cette nouvelle tâche. Il contacte un imprimeur d'Amsterdam, Joop Swart, qui met lui-même dans l'affaire un autre ouvrier imprimeur : Hompe. Les trois hommes parviennent en quelques mois à surmonter les difficultés techniques. Un local est loué à Osnabrück, Johannistrasse 19-20, par un comparse. En janvier et février 1960, les machines nécessaires, notamment la presse offset et la presse mécanique, sont commandées à la maison Frass à Düsseldorf qui livre en mars. Dans le même temps, le papier nécessaire est acheté.

Lorsque la police allemande investit l'atelier clandestin, les premiers billets viennent d'être imprimés. Cette coïncidence ne doit rien au hasard : Swart est lié au B.V.D., les services spéciaux néerlandais ; il « balance » toute l'affaire en s'abritant derrière Hompe, un individu falot qui semble être « tenu » depuis qu'il a été licencié, à la suite d'un vol, de l'imprimerie nationale hollandaise où il travaillait. En tout cas, Hompe devient le principal témoin à charge dans le procès qui s'ouvre en juin 1961.

A l'audience, le malheureux Hompe, pitoyable marionnette, cède aux assauts des avocats, reconnaît servir le B.V.D. et s'étonne : « Pourquoi me demande-t-on ces choses, puisque le B.V.D. c'est secret ? » Pablo se dresse, s'écrie : « C'est un pauvre homme, c'est Swart qu'il faut interroger ! » Convoqué à l'audience, l'agent nie ; il ignore tout de cette histoire. L'infiltration policière étant évidente, les autorités hollandaises souhaiteraient plus de discrétion dans la conduite des débats. Mais la presse internationale s'intéresse à ce curieux procès. Laurent Schwartz, Claude Bourdet et Michel Leiris se déplacent pour exprimer l'estime qu'ils portent aux inculpés. Pourtant l'acte d'accusation est sévère. Même dans le balourd langage juridique, la gravité des faits est aveuglante. Témoin ce passage, où il est reproché à Pablo et Santen d' « avoir fabriqué dans le bâtiment mentionné et avec l'usage des machines, des matériaux et accessoires mentionnés, une certaine quantité d'épreuves négatives agrandies de chacune des couleurs que l'on trouve sur les vrais billets de banque français, d'avoir fabriqué une planche en zinc pour la presse procédé offset, sur laquelle ils ont mis douze images montrant une ressemblance avec le filigrane qui se trouve dans lesdits billets de banque, d'avoir ajusté la presse offset avec l'aide de cette plaque afin de pouvoir munir le papier présent, qui était d'un poids égal au poids des vrais billets de banque français, d'un filigrane imité, ressemblant au filigrane desdits billets de banque français et enfin d'avoir pourvu une grande quantité dudit papier, à l'aide de la presse mécanique et de deux plaques de cuivre appropriées à cet effet, d'une structure de lignes et de pointillés qui ressemblent beaucoup au treillis qui se trouve dans les vrais billets de banque français [1] ». Ce n'est pas un chef-d'œuvre littéraire, mais tout y est, ou presque. Reste un détail : la preuve matérielle de la culpabilité de Pablo et Santen, qui jurent que les billets saisis sont le fruit d'une provocation. L'accusation ne repose en effet que sur le témoignage d'un agent infiltré. Est-ce pour cette raison que la sentence, en regard des faits reprochés, semble dérisoire : quinze mois de prison ferme (dont douze ont été effectués), c'est trop pour des innocents et trop peu pour des faux-monnayeurs !

Sans doute, les Algériens n'ont pas eu l'intention, comme l'écrit alors un peu sommairement la presse, de « ruiner l'économie française » avec du papier fantoche. Mais il y a bien eu anguille sous roche. Le témoignage de Jacques Vignes éclaire à point nommé l'affaire d'Amsterdam : « Installé à Bruxelles, j'y avais transféré Joseph et son laboratoire. Il est venu aux Algériens l'idée de tenter un coup fabuleux : lancer sur le marché un énorme paquet de faux billets français via des banques du Proche-Orient qui les injecteraient sous forme d'écriture. Il était question d'ouvrir un crédit de plusieurs milliards dans quatre ou cinq établissements. Joseph a réussi des prototypes impeccables. *In extremis*, les négociations se débloquant, j'ai reçu un contrordre et j'ai détruit moi-même les formes [2]. » La conclusion s'impose d'elle-même. Mais il n'est pas temps, encore, de mettre un point final à cette affaire qui en cèle une autre, encore plus extravagante. Si Pablo minimise ses activités de faussaire, c'est parce que les mobiles des services hollandais — sous la probable pression de leurs collègues français — procèdent d'une autre inquiétude : priver les Algériens de précieux intermédiaires pour leurs achats d'armes. Pablo est soupçonné de détenir un riche carnet d'adresses et de ne pas refuser des missions de cette nature.

Le soupçon n'est pas dépourvu de fondement, mais, plus secrètement encore, Pablo et ses camarades réalisent un incroyable projet : la construction d'usines d'armement. Le fin mot des relations entre le dirigeant trotskiste et Oeldrich tient peut-être à ce que le photograveur, salarié d'une firme étrangère, achète au nom de celle-ci, et avec de l'argent fourni par Pablo, du « matériel » en Hollande. La justice néerlandaise en a la preuve. Au début de 1960, Oeldrich a en effet passé commande à une entreprise de Vaasen d'un modèle de pied de mortier français de 50 mm. La société en a fourni près de cinq mille. Le même Oeldrich s'est fait livrer par la société

1. Rapport de l'officier de Justice Renesse, Amsterdam, 2 mai 1961.
2. Entretien avec les auteurs.

« Technische Handelsonderneming Canstra » de Rotterdam deux mille exemplaires du niveleur de ce même mortier. A qui et à quoi ces pièces d'armement sont-elles destinées ? Les autorités néerlandaises l'ignorent. Et pour cause. Cette affaire est inédite à ce jour.

Dès le début de la guerre, les Algériens ont cherché à se procurer des armes par l'intermédiaire de trafiquants internationaux. Mais rapidement, les services spéciaux français sont intervenus auprès des marchands par tous les moyens appropriés. Voitures piégées, attentats spectaculaires, morts subites, cargos arraisonnés constituent le lot de cette guerre secrète. Livrer des armes aux nationalistes algériens devient une entreprise risquée. Vers 1958-1959, l'approvisionnement s'avère difficile. C'est à cette époque que Pablo a l'idée de fabriquer des armes. Le projet, soumis à la direction de la révolution, est longuement débattu et finalement accepté. Le F.L.N. débloque des fonds pour commencer les études. Des ingénieurs et des spécialistes, membres de la IVe Internationale, travaillent pendant de longs mois. Des machines-outils, tours, fraiseuses, presses, sont achetés dans toute l'Europe et acheminés en pièces détachées vers le Maroc. Dans ce pays, en effet, le F.L.N. bénéficie de la complaisance bienveillante des autorités. Celles-ci ferment les yeux à condition que les Algériens soient discrets. De fait, toute cette opération s'entoure d'extrêmes précautions. Deux endroits ont été retenus pour installer les usines. L'une s'abrite dans une base de l'A.L.N., près de la frontière algéro-marocaine. L'autre atelier se cache dans la banlieue de Casablanca. Là, les conditions de sécurité sont draconiennes. Pour ne pas révéler une consommation anormale d'électricité, un branchement clandestin a été effectué directement sur le réseau urbain. Pablo raconte : « J'ai visité cette usine. Elle était indécelable de l'extérieur. Quand on entrait, on avait l'impression de pénétrer dans une fabrique de confiture d'oranges. Mais derrière des tentures se tenaient des hommes de l'A.L.N. en armes ; là étaient fabriquées les armes par plusieurs dizaines d'ouvriers. Les conditions de vie étaient très dures : certains sont restés six mois sans sortir [3]. »

Les usines sont « opérationnelles » à la fin de 1960. Pour faire tourner les machines, le F.L.N. a rapatrié ses meilleurs ouvriers métallurgistes qui travaillaient chez Renault ou Citroën. Des trotskistes aussi, Argentins, Grecs, Belges, Hollandais et même un Français, fabriquent les armes. La production se limite à trois types d'armement : le mortier d'infanterie, pour lequel Oeldrich s'est procuré les pièces trop difficiles à réaliser, un pistolet-mitrailleur de type Vigneron et des grenades quadrillées offensives. La mise au point est longue, plusieurs accidents surviennent au cours des essais, mais à la mi-1961, la production démarre. L'impact psycho-

3. Témoignage de Michel Raptis.

logique est énorme. Boumédiene, puis Boussouf, ministre de la Guerre du G.P.R.A., visitent les installations. Des photos sont prises, tirées en cartes postales pour les combattants de l'intérieur. L'A.L.N. fabrique elle-même ses armes. Pour Pablo et ses amis, c'est un beau succès.

Le procès d'Amsterdam, on le voit, recèle maintes surprises. Libéré en septembre 1961 (tandis que son compagnon Santen, Hollandais, réintègre la direction de l'organisation), Michel Raptis apprend que la police grecque est à ses trousses. Pendant la Conférence des pays non alignés, à Belgrade, les représentants du F.L.N. obtiennent pour lui un passeport du roi du Maroc. Pablo, par précaution, choisit un vol sans escale au départ de Londres. Dans la capitale anglaise, on l'enferme à la prison de l'aéroport. Le voici enfin dans l'avion. Mais le pilote annonce avant le décollage que l'appareil fera halte à Barcelone. « J'ai une crise cardiaque », hurle Raptis, qui redescend. L'avion s'envole sans lui. Le prochain sera le bon. Pablo ne va pas être sans influence sur les premiers temps de la République algérienne. Il incarne surtout le soutien précoce, total et méconnu de ce courant trotskiste au combat du F.L.N. [4].

□

L'autre affaire importante de cet été naissant se déroule sur le sol français, à Marseille. Le 26 juin, Robert Bonnaud, l'homme-orchestre du réseau phocéen, a rendez-vous avec un militaire, ex-insoumis, qui lui a été recommandé par Lucien Jubelin. Lors de rencontres épisodiques, le garçon remet à son interlocuteur des adresses de soldats sous les drapeaux intéressés par des envois de littérature subversive. Le militaire est ponctuel, il monte dans la voiture et tend à Bonnaud une enveloppe cachetée. Ce dernier la glisse dans sa poche de chemise, dépose le bidasse, et se dirige vers son domicile. Il n'y parvient pas. Plusieurs véhicules le coincent. La portière de sa 4-CV est brutalement ouverte ; on lui passe les menottes. Il se retrouve à la D.S.T. Dans un bureau, les policiers déchirent gravement l'enveloppe. Dedans, un schéma grossier. Avec une courte légende : « Comme promis, voici le plan du camp de Carpiagne. »

La ficelle est énorme. Mais à quoi bon s'embarrasser de vraisemblance ? Les inspecteurs sont sûrs d'eux. Bonnaud, à force de militer sous les projecteurs, en coulisse et dans la salle, est devenu une

4. Le P.C.I. organise également, en 1961, un réseau de médecins. Des praticiens recueillent les blessés du F.L.N. dans leur service hospitalier ou soignent les moins touchés dans des planques.

vedette involontaire. Comme il le raconte lui-même : « Un jour, un numéro de *Vérités Pour* circule à la terrasse du *Mondial*, un bistrot étudiant d'Aix. Quelqu'un demande : " Mais qui fait donc cela ? " Réponse d'un étudiant : " Bonnaud, évidemment ! " » Évidemment, ce genre d'anecdote a fini par tinter aux oreilles du préfet de région. Faute de pouvoir pincer le délinquant sur le fait, on invente un « fait » massif, palpable. Un collègue de Bonnaud, Deprun, qui enseigne la philosophie à la khâgne du lycée, est également interpellé. Mais le dossier est vraiment trop mince ; on le relâche. Il est communiste. La Fédération du P.C.F. le convoque et un camarade persuasif lui conseille de démissionner « pour ne pas compromettre le Parti ». Deprun, discipliné, obéit. Quelques jours plus tard, il est exclu car « on ne démissionne pas du Parti »...

Le commissaire Sauzon, qui interroge Bonnaud, appartient, lui, à la S.F.I.O. Ce qui ne l'empêche pas de cultiver quelques réflexions personnelles bien senties : « Moi, les révolutionnaires, je les colle au trou ! » Soit, mais pourquoi si vite ? L'arrestation intervient, en effet, à la veille de la distribution des prix où M. Bonnaud, agrégé de l'Université, brille par son absence. Si les policiers avaient patienté quatre ou cinq jours, le temps que s'égaillent collègues et parents, la nouvelle aurait éclaté moins violemment [5]. Mais là, l'effet est immédiat et considérable. Le syndicat des instituteurs (S.N.I.) fait écrire par chaque écolier à ses père et mère un communiqué réclamant la libération du détenu. Un des parents d'élèves proteste avec une énergie singulière. C'est l'un des inspecteurs qui a procédé à l'interpellation — situation cornélienne ! Pendant les quatre mois « d'isolement » infligés à Bonnaud, il n'est pas seul. Tracts, affiches, peinture (on voit encore aujourd'hui des « libérez Bonnaud » sur les murs de la ville), rassemblements : peu de porteurs de valises ont bénéficié d'un appui extérieur aussi considérable.

De la prison des Baumettes où il se livre « à une approche assez intime des bas-fonds de Marseille », Robert Bonnaud écrit à son ami Vidal-Naquet : « Quant à ma propre aventure, elle me paraît sans mystère : des dures Némentchas que je " pacifiais " il y a cinq ans, aux Baumettes où je suis aujourd'hui, il y a pour moi une continuité évidente. Est-il possible aussi bien, à un militant de la gauche sévère sur ce qu'elle est devenue, d'analyser le mal sans chercher le remède, de parler sans agir ? Il ne suffit pas de répéter après Rosa Luxemburg qu'un long recul devant une bataille devenue inévitable est mille fois plus néfaste qu'une défaite quelconque. Ni de rappeler avec Clausewitz que la passivité décourage, démoralise et que souvent une armée se retrouve battue pour avoir évité de se battre.

5. Un surveillant général de l'établissement où enseigne Robert Bonnaud avertit immédiatement Pierre Vidal-Naquet.

Encore faut-il, à la fin, rompre la discipline, quitter l'armée, jouer les francs-tireurs, préparer les éléments des contre-offensives futures. De l'acte de la critique à la critique des actes, il y a aussi continuité [6]. »

Mais un bruit, qui court la prison, interrompt ses méditations : « Paul est un flic. » Impossible. Paul, c'est Abdal Younsi, rescapé du sous-prolétariat, souteneur à l'occasion, intelligent, rusé, militant F.L.N. de la première heure, deux fois arrêté et torturé, en 1957 et 1959. Petit à petit, il s'est élevé dans la hiérarchie de la willaya III, témoignant un sens remarquable de l'organisation. Un type courageux, séduisant, un militant que le F.L.N. a tiré du ruisseau. Bonnaud et lui travaillent de concert depuis une éternité. Non, c'est impensable.

Pourtant, en se contraignant à y penser comme à une folle hypothèse, beaucoup de données intraitables, d'accidents s'ordonnent tout à coup. La « carrière » de Younsi, son ascension régulière dans le Front, ne se sont produites que parce que des postes, à un rythme terriblement rapide, se sont trouvés vacants. La willaya III n'a pas cessé, au cours des deux années précédentes, de subir accrocs et revers. A Lyon, il ne s'est pas écoulé un mois sans que soient repérés responsables algériens, porteurs de valises, passeurs d'insoumis. Et au-delà : presque toutes les opérations spectaculaires de la police ont, directement ou indirectement, un lien avec Marseille. Que ce soit la planque d'Aït El Hocine, le repérage d'Ould Younès et de Haddad Hamada, la mystérieuse dénonciation de Jubelin et de Macaux et, tout récemment, le démantèlement du réseau de Lyon et la fuite de Boeglin.

Cela se tient. Lentement, les pièces à conviction se raccordent. Alertée, la Fédération – Younsi est sur le point d'être coopté à l'échelon national – entame une enquête interne. Le résultat est accablant. « Paul », torturé en 1959, a accepté d'être « retourné » et de travailler pour la D.S.T. Il est devenu un véritable agent double, disposant d'un compte en banque au nom de l'inspecteur avec qui il était en relation. Et c'est bien lui qui a donné Aït El Hocine, Ould Younès, Lucien Jubelin [7], Daniel Macaux, Jean-Marie Boeglin. Celui-ci n'a reconstitué qu'après beaucoup d'hésitations l'origine du désastre de novembre 1960 : « Un agent de liaison me prévient en juillet qu'une étudiante de Marseille héberge chez elle le chef de zone. Il faut absolument l'évacuer. J'étais à Marseille pour un festival. Comme c'était urgent, j'y suis allé moi-même – ce que je ne faisais jamais. C'était l'erreur. Sur la table, il y avait *Le Provençal* avec

6. Lettre du 1er septembre 1961 reproduite dans *Itinéraire*, recueil d'écrits de Robert Bonnaud rassemblés par Pierre Vidal-Naquet, publié aux Éditions de Minuit en janvier 1962.

7. Pour comble, c'est Lucien Jubelin qui sera, un temps, soupçonné par le F.L.N.

ma photo prise pendant une conférence de presse de Planchon. Paul compare et me dit : " Ainsi c'est toi, Arthaud. " Je l'ai évacué. En octobre 1960 il m'a balancé aux flics et les filatures ont commencé. » Pour Bonnaud, les choses se sont passées différemment. Pour sa propre sécurité, Younsi n'était guère en mesure de livrer sans se compromettre le responsable français en pleine action. D'où la dérisoire mise en scène inventée par la D.S.T.

Robert Bonnaud et Abdal Younsi se reverront une dernière fois. Le militant marseillais est libéré en juin 1962 (suspendu de son enseignement avec quart de traitement, il sera réintégré en 1964 et amnistié en 1966). Younsi, lui, a été arrêté par ses « frères » au printemps. Mohammedi, l'un des chefs de la Fédération, conduit Bonnaud dans une maison. Le militant français, atrocement mal à l'aise, découvre Younsi attaché sur un lit, surveillé par quatre membres de l'O.S. armés jusqu'aux dents. Il tentera une dernière fois sa chance : la famille qui le « loge » est illettrée et lui demande de remplir un formulaire de Sécurité sociale. « Je suis séquestré, prévenez la police », écrit Younsi. « Encore une histoire de vieillard enfermé », pense l'employée qui traite le dossier. Elle envoie une assistante sociale, qui ne constate rien de tel. Peu après, le traître est garrotté et son corps jeté à la Seine [8].

□

Le 20 mai, à Évian, les pourparlers officiels se sont engagés entre le gouvernement français et le F.L.N. – dix mois séparent encore les négociateurs du cessez-le-feu. Et le 21, Ben Bella, Aït Ahmed et Khider ont été extraits du sinistre fort d'Aix et transférés au château de Turquant, sur des hauteurs près de Saumur. Les « rebelles » prennent du galon. Mais ils sont anxieux : cette « résidence surveillée » l'est trop pour qu'ils circulent à leur gré et pas assez pour dissuader d'éventuels assassins. Au mois de juillet, les Algériens s'adressent à Roger Rey et à Denis Berger. Le « service » qu'ils réclament défie toutes les lois de la clandestinité.

Le projet consiste à implanter à proximité immédiate du château un commando de vingt hommes, l'élite de l'Organisation spéciale, prêts à intervenir dans des délais records ; à imaginer un système de communication permanente entre les prisonniers et le groupe de protection ; enfin, à préparer pour Ben Bella et ses compagnons une « issue de secours » qu'ils puissent emprunter s'ils le désirent.

Berger, Rey et Jubelin (qui, sorti de prison et grillé à Marseille,

8. Témoignage de Robert Bonnaud, recueilli par les auteurs.

s'est joint à eux) s'arrachent les cheveux. Comment voulez-vous planquer vingt Nord-Africains dans un village qui a vu trois Arabes en quinze ans ? Jubelin, jouant les bourgeois surmenés, loue une luxueuse villa où « il se repose ». Tout y est paisible et les voisins sont même invités à prendre l'apéritif. Mais par une nuit sans lune, plusieurs voitures, tous feux éteints, déchargent devant le perron des grappes d'hommes qui se glissent à l'intérieur. Ils sont consignés au grenier, en silence, avec interdiction de poser le pied dehors. Entassés, chuchotant, ils sont bouclés près de leur râtelier d'armes pour une durée indéterminée. Les vrais prisonniers, ce sont eux.

Parallèlement, une amie de Denis Berger, Anne G., est régulièrement reçue par Ben Bella [9]. Un procédé sommaire est retenu : les trois « chefs historiques » sont pourvus de fusées (du même type que les fusées de détresse des navires). Il y a toujours un guetteur en alerte à la villa. Mais cette technique rudimentaire et voyante n'est qu'un pis-aller. A toutes fins utiles, Anne dessine un plan détaillé du château. Elle remarque, en particulier, que du grand salon il est possible d'accéder aux caves. La nuit, seul un valet de chambre reste enfermé avec les détenus. La police veille à l'extérieur et patrouille tout autour de la propriété.

Est-il concevable de sortir du château par une ouverture dérobée (au niveau des caves, par exemple) et de tromper la vigilance des gardiens ? Roger Rey et Denis Berger partent en reconnaissance aux abords de la demeure. L'expédition tourne mal. Les deux hommes tombent sur un détachement de C.R.S. qui, miraculeusement, ne les aperçoivent pas et s'éloignent. La leçon est claire : par là, le chemin est trop peu sûr. C'est l'impasse. Puis l'étincelle jaillit. Le pays est calcaire et toutes les falaises sont percées de champignonnières. On raconte même que sous les coteaux courent de véritables labyrinthes. Munis d'une carte, d'une boussole et de lampes électriques, les militants français explorent méthodiquement les galeries. Ils parviennent ainsi juste au-dessous du château, découvrent un muret de parpaings dont il est aisé de desceller quelques éléments. Les voilà dans les caves de la résidence...

Mission effarante mais accomplie. En cet été 1961, Ahmed Ben Bella, le plus important prisonnier de France, dont la liberté est âprement débattue à Évian, peut quand il le veut prendre la poudre d'escampette. Mais le veut-il ? Début septembre, il téléphone — il dispose en effet d'une ligne personnelle naturellement sur écoute — à Rabah Bitat, toujours à Fresnes : « Reviens avec nous. C'est le moment. » Le moment de quoi ? Les policiers qui enregistrent la

9. Ben Bella, à cette époque, bénéficie d'un statut spécial qui lui permet d'accueillir des visiteurs.

conversation sont perplexes. A tout hasard, les autorités renforcent la surveillance. Désormais, des gardes s'installeront la nuit dans le château. L'opération se complique.

L'équipe de *La Voie Communiste* décroche et se replie dans la région de Vierzon. Par un interne de l'hôpital lié à l'A.G.T.A. [10], ils entrent en contact avec le directeur de l'établissement qui est aussi le maire communiste de la ville. La conversation est brève : « On nous a dit que vous êtes disposé à soutenir les Algériens. Nous devons préparer des caches. Pouvez-vous nous aider sans en référer au Parti ? » L'autre, cinquante-cinq ans, ancien responsable de la Résistance dans le Cher, réfléchit quelques minutes. « D'accord. » Pendant qu'à Turquant les six « chefs historiques » sont à nouveau réunis malgré leurs dissensions, Berger repère des fermes avoisinantes susceptibles de les dissimuler avant leur évacuation, un à un, par la frontière.

Mais la grève de la faim observée par tous les détenus algériens de France – leaders compris – bouleverse tous les plans. Le 13 novembre, affaiblis, Ben Bella, Aït Ahmed et Khider sont transportés à l'hôpital de Garches. Ils n'en sortent pas pour regagner la Touraine mais sont conduits au château d'Aulnay, près de Melun. La rase campagne, un patelin de cent cinquante habitants, quadrillé par gendarmes et C.R.S. Il n'est plus question de souterrains ni d'évasions groupées. La Fédération de France fournit une grosse voiture américaine, de couleur bleue, à Anne G. qui continue ses visites. Dans le coffre, un double fond peut abriter deux hommes. Le scénario s'esquisse : Ben Bella et l'un de ses compagnons plongeront dans la cachette (la garde est stationnée plus loin, près des grilles du parc) ; deux véhicules plus discrets que l'américaine récupéreront les fugitifs et, au lieu de piquer vers l'est comme le supposeront les enquêteurs, fonceront sur Vierzon.

Ben Bella confie à l'ambassadeur du Maroc que certains coffres sont profonds comme des tombeaux. Coïncidence : trois jours plus tard, les véhicules des visiteurs sont systématiquement fouillés, dans les deux sens. A défaut de cavale historique, Anne G. procure aux « châtelains » un lot appréciable de pistolets et grenades qu'elle apporte dans un sac de sport. Aït Ahmed, jovial et inconscient, lance du perron : « On ne vous a pas fouillée ? » Verte, la jeune femme presse le pas sans répondre.

« Au fond, conclut Denis Berger, Ben Bella ne tenait pas tant que cela à s'évader. Son image d'homme d'État risquait d'en souffrir. Et aussi son image de martyr. »

10. Association générale des travailleurs algériens.

Rencontre-t-on, durant cette période, des porteurs de valises heureux ? Guère. Peut-être ceux qui « montent des coups », comme Denis Berger, dominent-ils la crise d'identité décrite plus haut par Étienne Bolo. Mais malgré la déroute des généraux factieux, l'O.A.S. sème la terreur. Les anticolonialistes en vue ne couchent plus chez eux. Dans le XIIIe arrondissement de Paris, et bientôt ailleurs, des harkis ratissent, enlèvent, torturent. Le commissariat de la Goutte-d'Or connaît une célébrité « méritée ». Le 7 mars, *L'Humanité* est saisie pour avoir relaté ce qui s'y déroule et *Témoignage Chrétien*, la même semaine, est absent des kiosques pour cause de vérité. Le numéro d'avril des *Temps Modernes* est interdit. Claude Lanzmann est coupable d'y dénoncer « l'humaniste et ses chiens ». Oui, ses chiens : ce que Pierre Vidal-Naquet appelle « la bataille de Paris » commence [11]. Maurice Papon, préfet de police, justifie le 18 mars l'emploi – grâce au corps des harkis – de tortionnaires parallèles : « J'ai été inspecteur général de l'administration, en mission extraordinaire à Constantine, au cours des années 1956-1958. J'y ai appris à connaître les ressorts de la guerre subversive. Or l'un de ceux-ci est la clandestinité. A défaut de celle-ci, qu'il est impossible d'observer à fond dans un pays comme le nôtre, où toute action doit se terminer par la saisine de la justice, du moins estimai-je qu'il fallait entourer de quelque discrétion nos opérations. » Le 9 mai, Roger Frey remplace son collègue Chatenet à l'Intérieur. Prochainement (le 24 août), celui-ci succédera à Edmond Michelet comme garde des Sceaux. Papon aurait alors rassuré les policiers : « Désormais, vous êtes couverts [12]. »

C'est à nouveau « la guerre en France ». Mais les assaillants ne sont plus les mêmes qu'en 1958. Et leurs objectifs ne sont pas des dépôts de carburant ou des usines à gaz mais cette architecture de nerfs, d'os et de chair qu'on nomme des humains. Les Algériens – les cibles – répliquent. Ils attaquent des postes de police. Cependant, les armes leur manquent et manquent à la détention de Fresnes qui souhaite grossir son commando. En Belgique, Jacques Vignes achète une caravane et fait construire un double fond. Un sympathisant liégeois dispose d'un garage privé avec une fosse. Les armes (mitraillettes et pistolets-mitrailleurs) viennent d'Allemagne et sont acheminées dans deux cabriolets Mercedes, cachées entre le siège arrière et le coffre. A Liège, la caravane est chargée. Un jeune couple belge la conduit jusqu'à Paris ou, plus précisément, jusqu'à

11. L'expression – qui renvoie à la « bataille d'Alger » commandée par le général Massu – est employée dans *Vérité-Liberté*. Pierre Vidal-Naquet la reprend dans *La Torture dans la République*.

12. *Op. cit.*, p. 110.

la propriété d'une comédienne d'origine soviétique, sur la commune d'Achères. Et c'est Michèle Firk qui procède au « dispatching ». En quatre voyages, deux tonnes de matériel sont ainsi importées.

La gauche « classique », qui depuis le manifeste des 121 et le meeting du 27 octobre suit péniblement une opinion qu'elle craignait tant de précéder, hésite encore, même lorsque, le 9 juin, la police de M. Papon appréhende Paul Thibaud, Pierre Vidal-Naquet (qui sont copieusement passés à tabac), Paul Ricœur, Jean Pouillon, Jacques Panijel. Même lorsque l'on perquisitionne dans les locaux de *Vérité-Liberté, Témoignages et Documents, La Voie Communiste* et *Le Bulletin d'informations maghrébines* (dirigé par Gaston Gosselin). « Opération équilibre », commente *Le Monde*. C'est plus grave que cela, rétorque *Vérité-Liberté* ; si les généraux du 22 avril ont échoué, les branches métropolitaines du complot n'ont pas renoncé : « Durant les premiers jours de juin, les services de sécurité avaient prévu l'interpellation et l'envoi en résidence surveillée au camp de Tholl de cent cinquante journalistes et intellectuels de gauche – parmi lesquels Marcel Péju, Philippe Bernier, Jean Daniel, Claude Krief, Albert-Paul Lentin, Robert Barrat, etc. Des fuites se produisirent et, devant des risques d'une mobilisation de l'opinion, la préfecture de police déclencha l'opération plus restreinte du 9 juin[13]. »

L'extrême droite, de son point de vue, a raison : les gens dangereux, pour l'heure, ce sont les intellectuels, les enseignants, les étudiants, les journalistes. Les avocats aussi : on le leur fait bien voir. Parce qu'a été saisi chez Sal Santen – complice de Pablo – un billet mentionnant le mot « collectif », les défenseurs des militants algériens sont poursuivis. Ils seront jugés et relaxés à l'automne [14], sauf Omar Oussedik condamné à six mois de prison avec sursis pour avoir été pris, le 6 février, au poste douanier d'Hirson en compagnie d'un « agent » du Front, Belkaïd.

Les jeunes, la « génération algérienne », apprennent à compter sur leurs propres forces. A la Sorbonne, des membres contestataires (et parfois trotskistes, comme Alain Krivine) de l'U.E.C. fondent le Front uni antifasciste avec l'aval de la F.G.E.L. Le mouvement se développe à toute vitesse, jusqu'à rassembler, à Paris et en province, plusieurs milliers de participants. « Nous contrôlions le Quartier latin », certifie Krivine. Face aux durs de « Jeune Nation », le test est significatif. Les communistes (officieusement) oppositionnels sont épaulés par des chrétiens, des sympathisants ou adhérents du P.S.U., des cadres de l'U.N.E.F., des inorganisés. Des « comités de base » surgissent dans la plupart des villes universitaires, en particulier Caen, Marseille, et Lyon. Lyon où Jean-Louis Hurst, qui a

13. *Vérité-Liberté*, numéro 10, juin 1961.
14. 6-15 novembre 1961.

quitté le Sud-Ouest pour pallier le départ de Boeglin, entretient en milieu étudiant une énergique campagne d'agit-prop animée par J.-L. Péninou. De ce creuset multiforme jailliront les composantes de mai 1968.

Les jeunes porteurs de valises, écœurés par la passivité des grands, rêvent de s'organiser eux-mêmes en groupes armés. Quelques séances d'initation ultra-secrètes au maniement des explosifs, des munitions et des armes, ont lieu, avec le concours d'ex-maquisards (alertés, plusieurs anciens chefs F.T.P. sont intéressés par les réseaux : Georges Guingouin, qui régna sur le Limousin jusqu'à la Libération, promet son concours à l'équipe de Turquant). Cela ne dépasse pas le stade du floklore[15]. Témoin ce rapport transmis à la direction du groupe Nizan et concernant le « sabotage » du train 53, Paris-Marseille, le 27 décembre 1961 : « L'endroit choisi pour cet arrêt était situé à environ quatre kilomètres au sud de Saint-Chamas et sept kilomètres au nord de Berre. Le moyen choisi pour la mise à l'arrêt des signaux était, suivant les directives, le court-circuitage de ceux-ci à l'aide d'un câble de métal tressé attaché aux deux rails mais dissimulé dans le ballast... Le dispositif de sabotage créant un train fictif a parfaitement fonctionné. A 23 h 05, cinq minutes après avoir trouvé le signal de ralentissement, le train a trouvé le signal d'arrêt. Après quoi il est reparti à vitesse réduite. J'ai pu distinguer au passage, en grandes lettres vertes :'' Libérez R. Bonnaud ! Jeune Résistance ! '' [16] » A l'évidence, l'opération « Pêche Melba – Équipe 2 » n'offre que peu de ressemblance avec la bataille du rail...

Des femmes et des hommes qui ne sont nullement des porteurs de valises réussissent, eux, des « coups » qui sortent de l'ordinaire. Ainsi, autour d'Olivier Chevrillon et d'Hubert Prévost, un petit noyau d'amis fort influencé par le Club Jean-Moulin se procure, grâce à des complicités, notamment à l'état-major de l'Élysée, la liste et le code postal des officiers en exercice sur le sol algérien. Et ils adressent à tous ces cadres de l'armée une lettre mensuelle parfaitement clandestine où ils accumulent le maximum d'arguments, d'analyses et d'informations susceptibles de contrebalancer la propagande des ultras – cela, bien sûr, au grand émoi des services de sécurité militaires [17]. Autre exemple : un haut fonctionnaire de la Sûreté, futur ministre, communique à Ida Bourdet les fiches de recherche des principaux animateurs et hommes de main de

15. Le P.S.U., qui a constitué quelques équipes armées, parvient à populariser le sigle G.A.R. (Groupes d'action et de résistance). La nuit du putsch, notamment, les murs de Paris se couvrent d'inscriptions donnant à croire qu'une véritable milice populaire est en gestation. L'effet n'est pas négligeable, mais l'état réel des « troupes » est infiniment plus fragile...

16. Source privée.

17. Rapporté aux auteurs par Hubert Prévost.

l'O.A.S. Utilisant cette « fuite », le P.S.U. sera en mesure d'imprimer une batterie de gigantesques affiches illustrées des photos des plastiqueurs, et d'envoyer à tous les maires de France un dossier remarquablement complet sur les méfaits, l'implantation et les structures de l'organisation secrète.

Les militants les plus mûrs des réseaux prennent leur mal en patience, espérant que la dénonciation du fascisme tendra à fusionner avec l'anticolonialisme actif. Les jeunes, eux, sont bouleversés. Ce peuple français qui tremble pour ses droits mais laisse piétiner ceux des autres n'est pas, n'est plus le leur. Leur monde, c'est l'autre monde. Celui de Castro, victorieux le 17 avril contre la désastreuse expédition de la baie des Cochons. Celui de Patrice Lumumba, assassiné le 13 février mais dont le fantôme n'a pas fini de hanter l'Afrique. Le monde de Frantz Fanon[18], théoricien de la révolution paysanne, chantre de la spontanéité des masses exploitées. Et, déjà, le monde de Mao. Le « tiers-mondisme », vecteur ultime des mythes révolutionnaires, n'est pas une mode exotique. Il est une nécessité vitale pour qui, à cet âge et en ce temps, fuit les eaux tièdes.

Ce désespoir, le voici tout entier dans une lettre qu'adresse Robert Bonnaud à *Vérité-Liberté* : « A l'automne dernier, dans le climat euphorique produit par le procès Jeanson, le manifeste des 121, etc., des amis jugeaient le moment venu de grouper dans un *mouvement* tous les sympathisants et militants de l'anticolonialisme pratique. Ils espéraient atteindre assez vite le chiffre de quinze mille. N'accusons personne...

« Et celui-ci, précurseur de tous, ou presque tous, organisateur efficace de " réseaux ", n'aime-t-il pas à parler des milliers et des milliers de Français qui ont aidé les Algériens dans leur lutte ? " Il y a quatre cent mille Algériens en France ; chacun de ces Algériens a au moins un camarade français qui lui rend des services. Quel genre de services ? Eh bien, par exemple, aller acheter un paquet de Gauloises au tabac du coin !... " Vrai ou faux, le propos est exquis : il se détruit lui-même.

« On fera un jour le compte des objections, parfois drôles, des faux-fuyants, toujours cocasses, employés pour éviter d'aller plus loin que le tabac du coin. On n'oubliera pas ces personnages lourds de secrets, pleins d'allures et d'allusions ; ils sont très au-dessus des Gauloises, et même des valises.

« Plus encore que la Résistance, la Nouvelle Résistance aura été le règne des mythes. Imaginer, laisser entendre : la clandestinité le permet, la mauvaise conscience y incite.

« " Si tu savais ce que le Parti fait pour le F.L.N., tu serais étonné ". " Le F.L.N. aussi... " Que dira l'historien sincère de ce

18. Frantz Fanon est mort le 6 décembre 1961.

temps ? Il dira que la gauche française n'a pas voulu prendre le risque de protéger de la police française les militants algériens, qu'elle a mis en garde contre le principe de cette protection, condamné ceux qui l'assuraient. Il dira qu'en sept ans de guerre, il s'est trouvé quelques centaines de Français, au plus, pour braver cet interdit... [19]. »

François Maspero et Georges Mattéi sont à Cuba. Gérard Chaliand les y rejoint en juillet. De leur volonté et de leurs fantasmes naît la revue *Partisans* dont la vente atteindra cinq mille exemplaires. Le premier numéro comporte une déclaration non signée – elle est de la plume de Mattéi – qui résume mieux que toute analyse l'adieu au vieux monde : « Nous croyons qu'il est faux d'affirmer que la classe ouvrière est plus révolutionnaire que la direction des partis qui l'expriment. Nous croyons aussi qu'il est des périodes de l'histoire du mouvement révolutionnaire où c'est autour des intellectuels – avec ou sans mitraillette – que se cristallise l'action d'avant-garde : l'action " partisans "... » Et, pour conclure, ce cri : « La génération algérienne ne se croit pas la génération perdue [20]. »

Perdue, peut-être pas. Mais, au regard de l'investissement, sûrement payée en monnaie de singe.

19. 3 octobre 1961.
20. *Partisans*, nº 1, septembre-octobre 1961.

Chapitre 23

LA MORT DES AUTRES

LA SCÈNE se passe à Knokke-le-Zoute, du 23 au 25 septembre 1961. Décor : une station déserte sur la mer du Nord. Sujet : constitution du C.S.R.A. (Comité de soutien à la révolution algérienne). Personnages : tout le monde ou presque. Francis Jeanson a beaucoup voyagé ces derniers mois. Le printemps en Allemagne, l'été à Anvers, un saut en Italie (son livre sur la révolution algérienne doit être édité par Feltrinelli). Fixé en Belgique, il jette les bases d'un regroupement destiné à reconvertir les porteurs de valises, à panser les plaies, et à orienter vers la construction du socialisme algérien les forces militantes légales et illégales qui veulent s'y consacrer. Les invitations ont été adressées à tous les secteurs qui se sont « mouillés » dans la bagarre : Mattéi et Vignes bien sûr, J.R., mais encore *Les Temps Modernes*, *La Voie Communiste*, *Vérité Liberté*, les éditeurs de pointe, les personnalités marquantes (Dumas, Mandouze), etc.

Tous ne sont pas là mais beaucoup sont représentés. Jeanson parle le premier, retrace les étapes du soutien, évalue l'enjeu : « Le capitalisme occidental ne manque certes pas de dynamisme, il est même d'une certaine manière florissant ; nous le voyons se battre pour réaliser ses objectifs dans l'optique nouvelle du Marché commun et décentrer l'économie européenne vers le Nord, vers les zones industrialisées – ce qui l'amène à négliger de plus en plus la zone sud de l'Europe au moment même où les problèmes économiques africains l'obligent à se sentir gravement concerné encore plus au sud. Il est donc pris dans une contradiction et le deuxième terme de cette contradiction ne peut être négligé par aucun régime d'un pays européen : il faut, bon gré mal gré, que le capitalisme se passionne pour le développement des pays sous-développés [1]. »

1. Procès-verbal inédit.

Le soutien au F.L.N., poursuit Jeanson (alias Thierry pour la circonstance), durera aussi longtemps que la lutte armée. Mais l'heure est venue de songer à « l'après », au nerf de la socialisation algérienne : « Recruter des hommes et des femmes qui seront disposés, si la Révolution algérienne le leur demande, à se mettre à son service pour une totale et loyale coopération – nous sommes en effet pratiquement les seuls à pouvoir entreprendre cette tâche dans l'optique qui convient. » Après discussion – le principe ne soulève guère d'objection –, un questionnaire est élaboré afin de centraliser par le truchement des divers courants et organismes associés au C.S.R.A. toutes les offres de service. Ainsi s'ébaucherait une sorte de fichier où puiseraient, selon leurs besoins, les bâtisseurs de l'État indépendant.

« Comité », cela sonne étriqué. Pour souligner l'ouverture du compas, le caractère non limitatif de la réunion constitutive, le mot « Front » paraît plus adéquat. Adopté. Le F.S.R.A. (Front de soutien à la révolution algérienne) est né. Il ne vivra pas vieux. Malgré la bonne volonté de *La Voie Communiste*, malgré l'intérêt prudent manifesté par Victor Leduc et ses amis, malgré quelques assemblées parisiennes où se côtoient trotskistes, socialistes unifiés, syndicalistes étudiants, rédacteurs des *Temps Modernes* et diffuseurs de *Partisans*, un constat définitif s'impose : la France, fût-ce la France de gauche, ne se soucie guère de l'Algérie future.

Elle ne se soucie même pas, ou si peu, de l'Algérie présente, de l'Algérie traquée, non de l'autre côté des mers, mais à quelques mètres. Elle ne se soucie pas du couvre-feu « conseillé » aux Nord-Africains après vingt heures, de la « chasse au faciès » où l'on dépiste le type arabe comme jadis le nez juif. Jusqu'au 17 octobre. Le 17 octobre, qui s'en souvient ? Personne. Et Charonne ? Tout le monde. Le dénouement de la guerre est dans cette mémoire et dans cet oubli.

Le 17 octobre, donc, jour rayé de l'histoire de France, trente mille Algériens, en cortèges désarmés et silencieux, défilent dans vingt quartiers de la capitale. Trente mille, soit quinze pour cent de la population algérienne à Paris et dans la banlieue. Hommes, femmes et enfants. René Dazy, un témoin qui n'a pas peur de ses souvenirs, raconte [2] : « 20 h 10. Il pleut faiblement. Tout est calme. Devant la Préfecture de police, un petit groupe de gardiens, à peine séparables de la nuit, veille. Je longe la Préfecture vers le pont Saint-Michel. Au loin, une colonne d'Algériens vient à ma rencontre. Ni cris, ni drapeaux, ni pancartes. Ils sont généralement jeunes, mais il y a aussi des adultes et même des vieillards et des femmes tenant leurs enfants à la main. Ils ont mis leur costume du dimanche, mais

2. Reportage publié dans l'indispensable dossier consacré par *Vérité-Liberté* (n° 13, novembre 1961) au 17 octobre.

d'aucuns sont franchement loqueteux... La colonne traverse le quai du Marché-Neuf et bloque la circulation. "Allez-y !" crie un policier aux automobilistes. " Allez-y, foncez dans le tas ! " ... Le cortège s'arrête. Flottement. Le suspens est bref. Un Algérien se sacrifie. Seul, il s'avance vers la ligne sombre des hommes en uniforme. Il tente de leur expliquer pourquoi ses frères et lui manifestent. " On va t'en foutre de la dignité, ordure ! " Il est assommé sur place. La charge ratisse le boulevard du Palais. Rabattue sur le café " Aux deux soleils ", une partie du cortège est matraquée sans pitié... Nouvelle charge massive devant le restaurant " La Source ". Un raffiné manie son bâton de taille pour mieux casser nez et dents. Un autre estoque au visage avec un bâton cassé, dentelé comme un tesson. Un gradé s'est posté en bordure du trottoir avec une longue trique qu'il manie des deux mains, comme une hache d'armes. Il cueille, juste sur l'œil gauche, un vieil homme enturbanné qui court, plié en deux sous la grêle des coups. Le gourdin s'abat. Impossible que l'œil n'ait pas éclaté. Le vieil homme porte la main à son visage et s'effondre d'un bloc. Vivement, le policier traîne par le bras la frêle carcasse jusqu'au car où elle est balancée sur le tas, puis retourne se choisir une autre victime. Un Algérien s'enfuit en hurlant, la mâchoire disloquée ; sa bouche bée comme un trou noir. Un second reste effondré sur le trottoir, le nez dans le ruisseau. Il saigne, saigne interminablement. Un policier qui passe lui laboure délicatement les côtes de la pointe de son soulier. Le corps ne tressaille pas ; le policier s'éloigne tranquillement. " It's disgusting ", dit une touriste anglaise qui se cache le visage des deux mains... »

Dans la nuit, dans cette seule nuit, 11 538 arrestations sont officiellement recensées. L'Inspection générale de la police estime à cent quarante le nombre des tués, mais le F.L.N. cite les chiffres de deux cents morts et de quatre cents disparus. Disparus dans la Seine où, le lendemain, les cadavres flottent encore au fil de l'eau. Pendus aux arbres. Étranglés ou noyés dans des caves. « Pogrom : le mot jusqu'ici ne se traduisait pas en français. Par la grâce du préfet Papon, sous la Ve République, cette lacune est comblée [3]. »

Parlons donc de M. Papon. Le 27 octobre, en séance publique, devant le Conseil municipal de Paris dont il est membre, Claude Bourdet accuse le préfet de police d'avoir été le témoin consentant du massacre de plusieurs dizaines d'Algériens dans la cour de la Préfecture : « Est-il vrai qu'au cours de cette journée il n'y a pas eu de blessés par balles au sein de la police ? Est-il vrai que les cars radio de la police ont annoncé, au début de la manifestation, dix morts parmi les forces de l'ordre, message nécessairement capté par l'ensemble des brigades et qui devait donc exciter au plus haut point l'ensemble des policiers ?... Est-il vrai que dans la " cour

3. *Les Temps Modernes*, novembre 1961. Numéro saisi.

d'isolement " de la Cité, une cinquantaine de manifestants arrêtés apparemment dans les alentours du boulevard Saint-Michel sont morts ? Et que sont devenus leurs corps ? Est-il vrai qu'il y a eu de nombreux corps retirés de la Seine ? » M. Papon se tait. Les propos de Claude Bourdet ne sont suivis d'aucun démenti. Le journaliste de *France-Observateur* est sûr de ses informations : ce sont des policiers qui, spontanément, les lui ont livrées. En outre, *Vérité-Liberté* produit le témoignage d'un gardien de la paix sur les violences commises dans la cour de la Préfecture : mécontents et très excités, « certains policiers eurent l'idée de faire une mauvaise plaisanterie à M. Papon ; ils ouvrirent aux Algériens la porte conduisant aux appartements privés de leur patron. Celui-ci crut à une mutinerie et à une menace contre sa personne ; il appela des renforts par téléphone. Il y eut alors un matraquage odieux où les policiers arrivés de l'extérieur et ceux qui étaient à l'origine de l'affaire conjuguèrent leurs coups, se servant notamment de bancs pour abattre les prisonniers. Il fallut " ramasser " de nombreux Algériens pour les charger dans les voitures. »

Des journalistes de tous bords racontent que l'initiative des violences est venue du camp des « forces de l'ordre ». Jacques Derogy, dans *L'Express* : « Un premier choc s'est produit au pont de Neuilly, où des harkis attendaient une immense colonne descendue de Nanterre et de Puteaux. Un harki tira une rafale de mitraillette, tuant un garçon de quinze ans. Une fusillade s'ensuivit pendant une demi-heure. Après la bataille, la chaussée de l'avenue du Général-de-Gaulle était jonchée de débris de toutes sortes, de landaus d'enfant renversés, de souliers de femmes, de grandes traînées de sang [4]. » Soit, dira-t-on, mais c'est *L'Express* ! Ouvrons donc *France-Soir*. Jean-Louis Quennessen y rapporte un témoignage : « Il était onze heures du soir près du pont du Château. Une trentaine d'Algériens sont ramassés. Roués de coups, ils sont jetés dans la Seine, du haut du pont, par les policiers. Une quinzaine d'entre eux ont coulé... D'autres essayaient de regagner le bord. Mais les agents tiraient dessus [5]. »

Ce n'est pas au Vel' d'Hiv', c'est au Parc des expositions, porte de Versailles, que l'on déverse les milliers d'hommes et de femmes raflés au hasard. « Vingt à trente policiers, relate un soldat du contingent, disposés en deux haies latérales derrière les véhicules sont chargés d'orienter les Algériens vers l'entrée : entre leurs mains, matraques en bois, en caoutchouc, planches de bois, nerfs de bœuf... Ceux qui, épuisés, tombent sur le ciment, ont droit aux coups de pied dans le ventre, dans les parties, sur la figure. Pour échapper aux coups, les Algériens se mettent à courir ; un croc-en-jambe les arrête. D'autres, précipités sur le ciment, ne se relèvent

4. *L'Express*, 19 octobre 1961.
5. *France-Soir*, 27 octobre 1961.

pas ; ils sont négligemment repoussés sur le côté. Nous en distinguons, grièvement blessés, qui se traînent sur les genoux sous la pluie des coups ; des jeunes se font casser les doigts et les avant-bras en se protégeant la tête ; une crosse de fusil se brise comme du bois sec sur le dos d'un Musulman ; le policier se retire avec un air déçu... Ces quinze mètres franchis, les Algériens sont fouillés par des " bâtons blancs " de la police parisienne. Briquets, lunettes, montres, ceintures, limes à ongles sont jetés pêle-mêle dans un coin. Souvent l'argent est subtilisé en douce. Aucun inventaire individuel n'est dressé. Les objets jetés, peu à peu recouverts de poussière, piétinés, deviennent rapidement inutilisables. Des brocanteurs amateurs apparaissent bientôt. Qui pourrait les empêcher d'opérer [6] ? »

Le 30 octobre, à l'Assemblée nationale où l'on débat du budget de l'Intérieur, c'est un député « modéré », M. Claudius-Petit, qui cite ces faits et s'insurge : « Les décisions prises par le préfet de police avaient placé l'ensemble des policiers sur le terrain d'une lutte fratricide. Chaque gardien de la paix ne pouvait plus se déterminer que d'après la couleur de la peau, l'apparence des vêtements, le quartier. Heureux les Kabyles blonds ! Après la honte de l'étoile jaune, connaîtrons-nous celle du croissant jaune ? Nous vivons ce que nous ne comprenions pas que les Allemands vivent après l'avènement d'Hitler [7] ! » M. Frey, ministre de l'Intérieur, répond sèchement : « Jusqu'à maintenant, je n'ai pas le début d'un commencement d'une ombre de preuve. »

Et la gauche ? Où est la gauche ? Elle réprouve, et le dit. Elle le dit avec une indignation maîtrisée, ceinte d'écharpes tricolores. Mais débraie-t-on dans les usines ? Réconforte-t-on les familles éperdues ? Rien. Quelque part à l'extérieur du ghetto, une voix s'élève, par instants, et cherche à toucher les emmurés dans la ville. Aucun écho. Pour l'honneur, à la veille du 1er novembre, quatre professeurs de faculté : Alfred Kastler, Laurent Schwartz, Jean Dresch et Robert Ricatte lisent une déclaration dans leurs amphithéâtres : « Si les Français acceptent l'institution légale du racisme en France, ils porteront dans l'avenir la même responsabilité que les Allemands qui n'ont pas réagi devant les atrocités du nazisme. » Le jour de la Toussaint, le P.S.U. d'une part, le Comité Audin, le Comité de vigilance universitaire, *Vérité-Liberté* et *Témoignages et Documents* de l'autre, réussissent à tenir de brèves manifestations. Pour l'honneur.

Ils sont terribles, ces deux reportages de Jean Cau qui sont publiés par *L'Express* à un mois de distance. Le premier est un voyage « chez les ratons », au plus profond des bidonvilles, juste

6. *Vérité-Liberté*, n° 13.
7. Extrait du *Journal des débats*.

après les manifestations. Voici une famille. Tous ont été matraqués. La mère s'est couchée sur le fils cadet lorsqu'elle a entendu les mitraillettes. Mais le jeune garçon – quatorze ans – a été arrêté et battu. Le fils aîné aussi a été embarqué : « Il a vu une mère qui portait son bébé dans le dos " à l'arabe ". Les policiers lui ont " décollé " le bébé du dos. Le bébé est tombé à terre. La femme a crié. Un remous l'a séparée de son enfant qu'une deuxième vague de policiers a piétiné. Au commissariat, on l'a raisonnablement frappé. Il a entendu un policier qui est entré, soufflant et transpirant, et qui a dit à ses collègues : " Y'en a déjà six de crevés. " » Jean Cau constate. Et provoque : « Oui, Parisiens, ces milliers de loqueteux, de sous-hommes, de bicots, de ratons et d'etc. que vous avez vus défiler sont " organisés ". Étonnez-vous : organisés et mieux que n'importe lequel de vos vénérables partis et mieux que votre police et mieux que votre Armée [8]. »

L'autre « papier », quatre semaines plus tard, s'intitule « Un miroir pour les Français ». Un syndicaliste algérien se confie à Jean Cau sans haine et sans crainte : « Nous avons évalué la solidarité des travailleurs et du peuple français. Nous savons qu'elle n'existe pas en dehors des communiqués, des pétitions et des appels. Nous en prenons acte. Aux syndicats, aux partis, à la gauche politique française d'être mis le nez sur leur pourrissement. Voici leurs troupes : ces chauffeurs d'autobus qui ne descendent pas de leur cabine lorsqu'on transforme leur autobus en car de police; les mêmes qui signalent aux policiers, à Neuilly, par des appels pharecode, la présence d'Algériens dans leur autobus; et des ouvriers de chez Renault qui voient retirer dans l'île Seguin un cadavre d'Algérien de la Seine, et qui regardent, et qui s'éloignent, indifférents. » Le journaliste avoue son trouble : « Non, cher Cau, tu es en train de te tasser sur la chaise. Tu n'es pas très flambant ! Tu es français et ces hommes te parlent de toi [9]. »

□

Pourtant, après un sommeil qu'on croyait éternel et un réveil qu'on croyait incertain, la « grande » gauche, la gauche « respectueuse » finit par se lever. Sans mouvements brusques, et houspillée sur ses ailes. Par exemple dans *Partisans* (immédiatement saisi) où François Maspero crache son dégoût : « Le fait que le courage, l'héroïsme même des familles algériennes de la région pari-

8. *L'Express*, 26 octobre 1961.
9. *L'Express*, 16 novembre 1961.

sienne, aient réussi à faire enfin éclater jusque dans les rues des quartiers bourgeois l'atroce vérité, l'atroce visage de nos chiens en uniforme, ne doit pas permettre à qui que ce soit de se donner le luxe de ces comédies où l'on répète : nous dénonçons, nous ne sommes pas du même monde. IL EST TROP TARD [10]. »

La chiquenaude provient, une fois de plus, de ces intellectuels et universitaires qui stimulent, quand l'espoir s'évanouit, l'encéphalogramme plat des appareils morts. Le 4 décembre, salle Debussy, deux cent cinquante d'entre eux fondent au cours d'un meeting la « Ligue d'action pour le rassemblement antifasciste. » Faut-il citer des noms ? Qui ne les devine : Barrat, Bourdet, Vidal-Naquet, Dresch, Schwartz, Vigier, Berque, Madeleine Rebérioux... La Ligue envisage des « meeting-pirates », des groupes d'autodéfense, la publication d'un Livre blanc sur la répression raciste, l'organisation de manifestations unitaires. Ce programme n'est pas rien, mais ce qui importe plus, c'est cette volonté d'action concourante (encore, par précaution tactique, les intellectuels communistes, pour ne pas paraître « déborder » leur parti, se contentent-ils de figurer au bureau provisoire sans signer l'appel qui est lancé).

Il faut aller vite. Certes, une journée d'action anti-O.A.S. est prévue pour le 6 décembre. Mais elle ne rassemble que le P.C.F., le P.S.U. (ainsi que leurs organisations de jeunesse), l'U.D.S.R. et la C.G.T. La C.F.T.C., la F.E.N. et l'U.N.E.F. n'en sont pas. Elles hésitent à s'associer à une initiative d'origine communiste. A leur décharge, force est de constater que la reprise en main par Thorez — que les Soviétiques, après avoir joué Casanova, n'ont pas lâché — n'offre du Parti qu'une image crispée, méfiante, et sectaire au sommet. Précisément, la Ligue qui vient d'être créée entend être une structure assez souple pour que les états-majors ne se sentent pas violés, et assez forte pour dépasser l'audience pétitionnaire [11].

Sur ce dernier point, les militants communistes qui se sont embarqués dans l'entreprise sont rapidement fixés. *L'Humanité* du 12 décembre leur administre une volée de bois vert. Elle fustige ces « manœuvres subalternes », dénonce ces intellectuels « sans mandat aucun » et leur reproche d'écarter du combat antifasciste les démocrates « d'accord pour y participer, mais en désaccord sur d'autres questions ». En termes moins codés : les citoyens qui ont la trouille de la police et de l'armée mais qui sont hostiles à l'indépendance algérienne.

Cette semonce, qui soulève l'indignation dans les milieux universitaires et qui révolte les étudiants, est l'aveu d'une faute. Une des règles du mouvement communiste veut qu'on pourchasse furieuse-

10. *Partisans*, nº 2, novembre-décembre 1961.

11. Sur cette période, nous nous reportons à l'article de Madeleine Rebérioux, Jean Dresch et le Comité Audin, dans *Hérodote*, juillet-septembre 1978.

ment ceux qui ont eu raison les premiers, avant de les imiter [12]. Effectivement, le 19 décembre, une nouvelle journée d'action mobilise quarante-neuf mouvements dont la C.F.T.C. et l'U.N.E.F. La dynamique est enclenchée, et s'accélère sous une double impulsion. D'abord la persistance des attentats de l'O.A.S. Ensuite la crise qui déchire la police elle-même : l'affaire Rouve éclate.

Le sous-brigadier François Rouve, cinquante ans, exerce son quinzième mandat à la tête du S.G.P. (syndicat qui rassemble les trois quarts des gardiens et gradés de la police parisienne). Rouve n'est pas exactement un extrémiste de gauche – il ne s'est pas élevé contre le couvre-feu imposé aux Algériens. Mais l'interdiction de la manifestation du 19 et les violences qui s'y produisent lui paraissent scandaleuses. Par pneumatique, il proteste auprès du chef de l'État et du ministre de l'Intérieur. Le jeudi 21, il est convoqué par M. Legay, directeur général de la police municipale, qui lui annonce qu'il est sanctionné et mis à pied pour cinq jours sans traitement. Outré, François Rouve accepte l'escalade. Il accorde une interview à Jacques Derogy pour *L'Express* où il accuse ses supérieurs, et singulièrement M. Legay, de témoigner d'une réelle mollesse à l'égard des factieux en général et de l'O.A.S. en particulier. L'article est saisi et le policier révoqué. Mais le 5 février 1962, dix mille de ses collègues manifestent leur solidarité.

L'année 1962, l'année de la paix, s'amorce au son des bombes. On ne décompte pas moins de dix-huit plasticages le 17 janvier et treize le 24. Les héros de ce livre sont en première ligne. Ainsi le fils de Jérôme Lindon a-t-il échappé de très peu à la mort quand a sauté l'appartement de l'éditeur. Malgré cette forte concurrence, le procès de Robert Davezies – qui s'ouvre le 9 – fait du bruit. Aragon adresse à la défense une lettre qui s'achève par un éloge: «Veuillez, je vous prie, transmettre à M. l'abbé Davezies, que je n'ai pas *l'honneur* [13] de connaître, l'expression de ma reconnaissance pour ce qu'il a fait, pour ce qu'il est et qui s'inscrit à l'actif de notre patrie, et risque un jour de faire oublier qu'il y eut des tortionnaires qui se dirent français. » Le cardinal Liénart, prélat de la Mission de France, publie une déclaration bienveillante : « Les actes et les intentions du père Davezies ne peuvent être appréciés indépendamment du contexte général dans lequel ils s'inscrivent. Le conflit algérien a créé une situation de violence extrêmement douloureuse

12. Cf. Roland Leroy : « Je crois – c'est là une chose facile à dire rétrospectivement – que nous avons eu des expressions trop sévères pour ceux qui selon la formule d'alors " portaient les valises du F.L.N. ". Il était indispensable de gagner ceux qui disaient au contraire n'être pas prêts à porter les valises. Mais cela n'aurait sans doute pas dû nous amener à traiter simplement tous les intellectuels tentés par la coopération directe avec le F.L.N. de gens irresponsables. » *Cahiers de l'Institut Maurice-Thorez*, n° 15, 1976.

13. Souligné par Aragon.

pour beaucoup, et dans laquelle nous nous trouvons tous impliqués à des degrés divers. » En dépit de la « qualité » (dans tous les sens du terme) du prévenu et de ses témoins, trois ans de prison ferme sont prononcés. Jacques Fauvet, sur un mode nouveau pour les porteurs de valises, conteste « un jugement qui surprendrait si depuis toujours l'histoire n'avait accordé qu'une valeur relative aux arrêts de la justice militaire [14] »...

Ce ton franchement favorable indique moins un revirement sur l'aide au F.L.N. qu'une certaine détente, non dans le climat de la France mais dans celui de la gauche. Il traduit le sentiment d'une sorte de réincarnation, de retour à la vie. La grande manifestation contre l'O.A.S., convoquée à la Bastille, le 8 février, malgré l'interdiction gouvernementale, mobilise toutes les organisations de l'opposition politique et syndicale (à l'exception de Force Ouvrière). Cette date-là est solidement inscrite dans la mémoire collective du mouvement ouvrier de ce pays. Comme y sont inscrits les huit morts [15], communistes pour la plupart, étouffés à la bouche du métro Charonne sous la pression sauvage des brigades d'intervention de la Préfecture de police.

Le 13, cinq cent mille Parisiens accompagnent les cercueils des victimes de la répression. En province aussi, de longs cortèges silencieux, comme on n'en avait pas vus depuis quinze ans, saluent la mort des manifestants antifascistes et la renaissance du combat commun.

Les martyrs du 8 février 1962 scellent la réunion de la gauche. Ils enterrent aussi l'horrible et culpabilisant souvenir du 17 octobre 1961 [16].

□

Les Français se sont empressés de dissocier les deux dates, et de camoufler l'immense charnier des Algériens anonymes derrière les stèles de neuf des leurs. Même après le 8 février, le F.S.R.A. de Francis Jeanson est voué au néant. Et peut-être plus qu'avant, à y bien regarder. Car l'élan de masse antifasciste, s'il ne peut que précipiter l'échéance de la paix — ce qui profite à tout le monde —, évacue simultanément et définitivement le problème des rapports entre la gauche française et le nationalisme algérien. Solidarité ou pas ? La question est maintenant sans objet. On règle ses comptes

14. *Le Monde,* 14-15 janvier 1962.

15. Un neuvième manifestant mourra par la suite.

16. Seul l'orateur de la C.F.T.C., dont la déclaration a été rédigée par Paul Vignaux, y fait allusion.

entre Français, on en termine; bref on liquide cette guerre et ce dont elle est politiquement porteuse au niveau le plus fruste et le plus défensif.

De solidarité, point. Et de révolution? L'eschatologie tiers-mondiste, avec tout ce qu'elle véhicule d'annexion idéologique inavouée, n'est pas, du moins pour les porteurs de valises, une inclination gratuite. Ils paient comptant, et au tarif maximum. Ils paient en années d'exil – beaucoup ne seront amnistiés et autorisés à rentrer en France qu'en 1966. Ils paient en mois de prison, certains longtemps après le départ des détenus algériens, face à face avec ceux de l'O.A.S. [17]. Ils paient en servitudes sans grandeur : les insoumis sont contraints, après un temps d'incarcération, de tout reprendre à zéro – encore est-ce une faveur [18]. Ils paient en carrières professionnelles brisées. A ce prix-là, les espoirs et les mythes ont de la consistance.

Tandis que les professionnels de l'internationalisme campaient l'arme au pied, une poignée d'amateurs se sont crus obligés de pallier leur carence. Des femmes, des intellectuels, des petits-bourgeois, des curés, des communistes en dissidence, des chrétiens en recherche ont fait ce que Billancourt n'a pas fait. Qu'on leur reproche tout ce que l'on voudra. Mais pas leur solitude. Ils ne l'ont jamais voulue, ils ne l'ont jamais cultivée. Qu'on ne les traite pas non plus en symboles éthérés. Ils ont agi et qu'on le déplore ou qu'on s'en réjouisse, cette action a été palpable, efficace. Leur initiative a révélé, pour une large part à leur insu, l'amorce d'une crise idéologique, sociale et institutionnelle dont nous ne sommes pas sortis. Ils ont dérangé. Dans nos cervelles engourdies où la guerre d'Algérie est taboue, ils dérangent encore.

Le 18 mars 1962, les accords d'Évian sont signés. Charby est à la frontière algérienne où il vient d'adopter un petit garçon, son fils, mutilé par les Français et recueilli par l'A.L.N. Didar Fawzy et Hélène Cuénat sont en Tunisie. Elles alphabétisent des travailleurs et préparent de jeunes immigrés à s'intégrer dans la future Algérie libre. Janine Cahen et Micheline Pouteau sont à Milan. Jeanson à Bruxelles. Le signal de la dispersion est donné.

Robert Davezies : « Nous étions réunis dans la cellule de Moussa Khebaïli, Mustapha Francis, Moussa et moi. Il était cinq heures de

17. Un an exactement après le cessez-le-feu, neuf personnes étaient encore incarcérées dont Véra Hérold, Claudie Duhamel, Jean-Jacques et Nicole Brochier, Gérard Meier et Jean-Claude Paupert. Cela, en dépit de campagnes et conférences de presse.

18. Pendant les négociations d'Évian, le F.L.N. a réclamé l'indulgence pour les déserteurs et porteurs de valises. Le gouvernement français a accepté de réintégrer les soldats réfractaires, mais rien de plus.

l'après-midi. Nous écoutions les flashes sur un transistor. La cellule donnait à l'ouest, la lumière commençait à baisser. Il y avait du soleil et des nuages. L'information est enfin tombée : le cessez-le-feu est signé. Moi, ce jour-là, j'ai compris que les hommes avaient le pouvoir de faire leur histoire, qu'elle était là, dans leurs mains. »

ANNEXES

Document I

PROCÈS-VERBAL DE LA RENCONTRE, LE 30 MAI 1958, ENTRE FRANCIS JEANSON ET LAURENT CASANOVA

Au lendemain du 13 mai qui ramène le général de Gaulle au pouvoir, le chef du réseau français, mandaté par le F.L.N., rencontre clandestinement Laurent Casanova, membre du Bureau politique du P.C.F. et mandaté par son parti. Nous reproduisons ici les notes détaillées prises par Francis Jeanson au cours de l'entretien et transmises aux Algériens. Casanova y est désigné par un L. *(Laurent), Jeanson par un* V. *(Vincent). Ce document, dont l'intérêt historique est manifeste, est inédit à ce jour.*

1. *L.* s'est d'abord livré à une assez longue analyse de la situation politique telle qu'elle se présente aujourd'hui. La bourgeoisie française a essayé, sous le couvert du gouvernement Pflimlin, de sauvegarder le plus longtemps possible quelque chose des institutions républicaines. Elle ne se tourne vers le fascisme qu'à contrecœur, car elle redoute les réactions du peuple français. Elle y est cependant contrainte dès lors qu'elle ne contrôle plus les leviers de l'État, ni la police, ni l'armée. Et le tournant décisif a été pris dans ce sens lors du discours de Pflimlin en faveur de la réforme de la Constitution (24 mai).

Le rôle des socialistes dans cet acheminement est assez complexe. Ils ont joué leur rôle de soutien de la bourgeoisie. On a vu Auriol, on a vu Mollet participer activement aux tractations destinées à mettre de Gaulle dans la place. Cependant certains socialistes se retrouvent, dans une affaire de cette sorte, aux côtés des communistes et prêts à défendre la démocratie.

Nous n'éviterons sans doute pas le gouvernement de Gaulle. Mais il ne pourra tenir. Sur qui s'appuiera-t-il ? Sur les généraux rebelles, les paras, les tortionnaires. Il ne trouvera pas d'appui dans le peuple. La réaction dans le pays se dessine déjà, pas seulement dans le Parti mais dans les masses — les informations que peut avoir *L.* vont toutes dans ce sens, et pas seulement à Paris. (De Gaulle prétend vouloir faire l'unité nationale mais sans s'appuyer sur le peuple : *L.* rappelle alors que déjà en 40 il condamnait la résistance qui s'appuyait sur le pays lui-même et les maquis, et était partisan d'une reconquête de la France à partir des forces armées stationnées à l'extérieur.)

2. Après avoir assez longuement développé ces thèmes, *L.* en vient au sujet même de l'entretien.

V. explique d'abord quelles sont les positions du F.L.N. et sur quelles bases il est chargé de prendre contact avec le P.C. Sans doute les camarades algériens auraient beaucoup de critiques à formuler sur l'attitude passée du P.C. et de la classe ouvrière française, si longue à se mettre en marche. Mais le moment des critiques est dépassé. Aujourd'hui plus que jamais il est clair que le peuple algérien et le peuple français se trouvent en présence d'un même ennemi. C'est un gouvernement républicain, s'appuyant sur la classe ouvrière, qui fera la paix en Algérie. *V.* demande d'ailleurs à cette occasion que le P.C. unisse les deux mots d'ordre : lutte contre le fascisme, et *indépendance* de l'Algérie (non pas *paix*). *L.* acquiesce : tout cela est dans la ligne politique actuelle.

V. Or, les Algériens ont actuellement en France deux cent mille militants formés, disciplinés et prêts. Ces militants représentent une certaine force, une force considérable, qu'il serait regrettable, absurde, de gaspiller en la jetant isolément dans la lutte; mais de plus en plus, dans les jours qui viennent, ces militants risquent d'être en butte à des provocations et d'être tentés ainsi d'entrer inconsidérément dans la bagarre. Ils sont capables d'actions considérables; s'ils sont isolés, elles seront vaines et négatives. Si cette force doit intervenir, pour être réellement efficace et positive, il faut que son action soit coordonnée avec celle du peuple français. Dans l'étape actuelle, on n'en est pas à la lutte violente : mais dans la préparation à cette lutte, il faut dès maintenant compter avec cette force et travailler à coordonner son action avec celle de la classe ouvrière.

L. Il est juste de chercher à coordonner les deux actions, française et algérienne. Il y a cependant, avant d'aller plus avant, un certain nombre de réserves à formuler à l'endroit du Front. 1. Le F.L.N. n'a pas suffisamment fait la clarté au sujet des manifestations truquées organisées par les ultras à Alger. Il ne les a pas dénoncées explicitement aux yeux du peuple algérien (pour ne pas parler du peuple français — ce n'était en effet pas son travail). 2. Il a laissé, quant à ses positions sur de Gaulle et un éventuel gouvernement fasciste, s'installer une certaine confusion. Non seulement il n'a pas paru de textes expliquant clairement les positions du Front, mais un certain nombre d'erreurs ont été faites là-dessus (voir la première déclaration d'Abbas) qui ont jeté le trouble en France au moment le plus grave; et ceci sera sans doute difficile à rattraper.

L. précise que les méthodes du Front et celles du P.C. diffèrent grandement; le Front travaille davantage selon les méthodes de la guérilla et de la lutte clandestine. Il n'explique pas publiquement ses positions et sa politique. Le Parti, lui, a le souci de rendre les choses publiques devant le peuple.

V. 1. Ce reproche n'a pas de sens. Il faut voir que le Front ne travaille pas dans les mêmes conditions que le P.C.F. Il est en guerre, et ne dispose pas des mêmes moyens d'information pour rendre les choses publiques. 2. Le Front d'ailleurs ne tardera pas à expliquer longuement ses positions sur ces différents points. Une prise de position a été amorcée dans le communiqué du F.L.N. publié par *L'Humanité* puis dans la deuxième interview d'Abbas *(L'Observateur)*. 3. Le moment n'est pas aux critiques. Pour les Algériens, la classe ouvrière française est ce qu'elle est, mais telle qu'elle est, elle reste l'alliée naturelle des Algériens. En ce sens, et sur cette base, *V.* est mandaté par les camarades algériens pour faire différentes propositions.

Il est d'abord souhaitable que cet entretien soit suivi d'autres entretiens, et que des contacts soient pris directement entre les responsables algériens et les responsables du P.C. Au cours de ces entretiens, les principes selon lesquels il faut envisager l'action unie du P.C. et du F.L.N. seront précisés.

L. D'accord.

V. Il est ensuite souhaitable, dans une phase de préparation, que les positions du F.L.N. soient précisées, et expliquées à la classe ouvrière, dans des textes diffusés avec l'aide du P.C. Enfin, les Algériens sont éventuellement prêts à accepter une aide matérielle des militants communistes, aide matérielle qui leur permettra de tenir le coup dans un contexte de plus en plus difficile, de plus en plus durci, au milieu des provocations auxquelles ils ne manqueront pas d'être en butte.

L. Cette dernière proposition reste à envisager. Elle ne semble pas actuellement réalisable.

Conclusion :

Les modalités pratiques de l'entretien suivant sont fixées. Cet entretien est positif en ce que :

– si les modalités restent à élaborer, le principe d'une action unie est acquis ;

– il y a tout à gagner à multiplier les entretiens de ce genre : le Parti semble encore mal informé des problèmes qui se posent aux Algériens et des conditions de leur lutte (voir les critiques de *L.* au sujet de l'absence de « démocratie » du Front).

Cependant, l'extrême « prudence » des dirigeants du P.C., et les difficultés réelles que le Parti affronte actuellement (même s'il en est pour une part responsable) définissent exactement les limites de cet entretien ; un gros travail reste à faire avant d'en venir à une véritable action unie.

Document II

DÉCLARATION DE FRANCIS JEANSON LORS DE SA CONFÉRENCE DE PRESSE CLANDESTINE LE 15 AVRIL 1960

Au printemps 1960, alors que toutes les polices le recherchent, Francis Jeanson parvient à réunir des journalistes en plein Paris pour leur expliquer son action. Voici le texte inédit de sa déclaration liminaire.

Le 24 février, la D.S.T. remettait entre les mains du juge d'instruction une dizaine de Français, hommes et femmes, qu'elle détenait *depuis cinq jours*, et annonçait à la presse la découverte d'un important « réseau européen de soutien au F.L.N. ».

L'affaire fit sensation. Ce n'était pas la première fois que des Français étaient arrêtés pour avoir, individuellement, apporté leur aide à tel ou tel membre du F.L.N. ; mais c'était la première fois qu'on mentionnait l'existence d'une véritable organisation française travaillant en tant que telle aux côtés du F.L.N.

A travers un amoncellement d'informations exactes et d'autres qui l'étaient beaucoup moins, les réactions de la presse ont été fort significatives. A quelques exceptions près, aucune hostilité ne s'est manifestée à l'égard de ces Français qui, selon les thèses de notre politique officielle, auraient dû apparaître purement et simplement comme des *traîtres*.

Il reste que les véritables raisons de leur engagement n'ont guère été mentionnées ; pareillement, les modalités concrètes de leur action et ses conséquences pratiques ont échappé à presque tous les commentateurs. Je m'efforcerai donc ici d'éclairer, tout ensemble, le *pourquoi* et le *comment*.

La trahison de Guy Mollet.

La guerre que nous faisons aux Algériens, disait M. Guy Mollet en 1955, est une guerre « imbécile et sans issue ». Si M. Guy Mollet l'a dit, c'est qu'il n'était pas seul à le penser. A une forte majorité, le corps électoral le porta d'ailleurs au pouvoir, en janvier 1956, sur la base de son programme de « Front républicain » : la paix par la négociation. C'était l'époque où les jeunes rappelés refusaient de partir. Un mois plus tard, M. Guy Mollet découvrait, sous les tomates algéroises, que l'Algérie devait rester française et qu'il fallait donc poursuivre cette guerre. Le Parti communiste, lui, vota les pouvoirs spéciaux, et son coéquipier, M. Mendès France, médita durant trois mois sur la question de savoir s'il devait ou non considérer comme rompu le contrat passé avec les électeurs. Quant aux électeurs eux-mêmes, ils avaient d'autres soucis en tête : ils préparaient innocemment leurs vacances d'été.

Pendant ce temps, de jeunes Français mouraient en vain et la tentative d'annihilation du peuple algérien se poursuivait jour après jour, à coups de séquestrations arbitraires, d'assassinats collectifs, de tortures et de déportations.

La gauche et l'opinion publique.

L'indifférence du grand public était un fait. Mais un fait n'est jamais qu'une donnée, à partir de laquelle il y a toujours quelque chose à faire. C'était le rôle de la gauche, ayant constaté ce fait, d'entreprendre de le dépasser. Par malheur, les différents leaders de la gauche, sans doute fascinés par les beautés du gallup, ont confondu l'action politique et le sondage d'opinion. C'est vers la mi-56, alors qu'on venait d'abandonner à leur sort des centaines de jeunes gens courageux et conscients (certains d'entre eux furent délibérément envoyés à la mort par leurs officiers dès qu'on les eut transportés de force en Algérie), c'est à ce moment-là que la gauche française réinventa le mythe de l'opinion publique : l'opinion n'était pas mûre, il y avait des vérités qu'elle n'était pas prête à entendre, il convenait donc de les lui cacher – afin de lui éviter des chocs qui eussent été préjudiciables à sa santé. En termes scientifiques, l'opinion étant au niveau *n*, les positions de la gauche devaient se maintenir au niveau *n-1*, cette marge de sécurité étant indispensable pour garantir que *n* ne risquerait pas d'être franchi par distraction.

Que faire?

Tel était le bilan : une guerre atroce et sans issue, des gouvernements successifs incapables d'y mettre fin, une gauche ayant perdu toute combativité et jusqu'au sens même de sa mission la plus fondamentale – information et formation des consciences. Que nous restait-il à faire ? Pleurer sur notre impuissance ? Écrire de temps à autre quelque article larmoyant et futile, où nous expliquerions gravement que la paix serait de beaucoup préférable à la poursuite de la guerre ? Coller des affiches dans les rues, en y résumant les mêmes profondes pensées ? Nous donner bonne conscience en critiquant la politique officielle dans toutes nos conversations quotidiennes ?

Les alibis.

En fait, la gauche trichait, elle se cherchait des alibis (outre celui de l'opinion publique, il y eut aussi celui du messalisme...), elle n'avait d'autre souci que de s'éviter les désagréments d'une lutte réelle. «Anticolonialiste», elle passait son temps à critiquer les comportements d'un peuple tout entier dressé contre le colonialisme. «Révolutionnaire», elle n'admettait pas qu'on pût l'être autrement qu'à sa suite: les Algériens n'avaient qu'à attendre; quand la gauche serait au pouvoir, ils n'auraient même plus besoin de se battre pour obtenir leur indépendance...

Nos objectifs.

Deux objectifs se sont alors imposés à nous :

– D'une part, à mesure que se creusait le fossé entre Algériens et Français, il devenait urgent de *sauvegarder la possibilité ultérieure de rapports amicaux entre les deux peuples,* en prouvant aux Algériens que la France officielle n'était pas toute la France.

– D'autre part, à s'en tenir aux données du moment, la situation politique était sans issue. Ou plutôt, la seule issue concevable était une négociation menée, un jour ou l'autre, par un gouvernement de droite sous la pression du grand capital (qui commençait à s'inquiéter des conséquences de la guerre) : positive puisqu'elle mettrait fin aux combats, une telle solution constituait par ailleurs, pour la classe ouvrière et pour l'ensemble de la gauche, un énorme danger – dans la mesure où elles n'auraient précisément pas été capables d'y participer, d'y faire sentir leur poids. Leur combativité en serait encore diminuée: dix années de mystification sociale, de fausse euphorie et de salazarisme étaient à redouter dans cette hypothèse. Il était donc urgent *de réveiller la gauche, de la susciter, de la provoquer à l'action.*

La seule méthode possible.

Aucun discours, aucun écrit n'y pouvait plus suffire. La tentative de progression insensible s'étant traduite par une très sensible régression, il ne restait plus d'autre recours que dans les thérapeutiques de choc. Il fallait que soient *mis en pratique* – ici ou là, et ne fût-ce, tout d'abord, que par quelques individus – les thèmes essentiels dont cette gauche anticolonialiste ne cessait de se réclamer. En particulier : celui de la solidarité avec les peuples coloniaux en lutte pour leur indépendance. Il fallait que l'honneur français soit sauvé quelque part, si modestement que ce fût. Il fallait que soit brisé, en un point quelconque, le cercle de cette atroce complicité selon laquelle quarante-cinq millions de Français acceptaient de massacrer et de torturer, par personnes interposées, dix millions d'Algériens.

Notre « trahison ».

Certains veulent nous renvoyer aux « conduites légales » et aux « devoirs communs ». Mais la légalité est morte, dans l'exacte mesure où il n'y a plus de communauté nationale française. Car la communauté française est à refaire sur de nouvelles bases, selon de nouveaux thèmes, en fonction de nouveaux objectifs. Nos gouvernants sont des irresponsables : bafoués en permanence par leurs propres agents d'exécution, ils ne gouvernent plus, ils ne raisonnent plus. Tout comme leurs prédécesseurs, dont ils se sont tant moqués, ils ne cherchent plus qu'à gagner du temps, à éluder les problèmes. Ils disent n'importe quoi, selon les circonstances et selon l'interlocuteur : ainsi se contredisent-ils sans cesse. Ils se réclament du Pays, mais ils ne tiennent plus aucun compte de sa réalité.

Qui trahissons-nous donc ? La communauté du bazooka, des tortures et des camps ? Celle de M. Debré et du général Massu ? Celle du lieutenant Charbonnier, qui tortura Henri Alleg, et de ceux qui ont osé le décorer ? Oui, celle-là, c'est vrai, nous la trahissons – et sans la moindre honte !

Peut-on dire que, ce faisant, nous tirons dans le dos des soldats français ? A coup sûr ce serait grave, si c'était vrai. Mais il faut, pour le prétendre, ne tenir aucun compte des éléments fondamentaux de la situation. Que nous soyons là ou non, que nous apportions ou non aux Algériens l'aide que nous sommes en mesure de leur apporter, cela n'influe que fort peu sur leur potentiel de lutte, cela ne change rien à leur détermination de se battre jusqu'à la victoire. Simplement, notre présence a quelque chance de les détourner des solutions extrêmes, et ce n'est sans doute pas par hasard qu'aucun terrorisme antifrançais n'a encore été déclenché en France même (à l'exception de quelques actions qui eurent lieu au mois d'août 1958 et qui visaient exclusivement des objectifs matériels).

Mais il faut renverser le problème : il faut songer à ce que serait aujourd'hui notre honte si nous avions hésité il y a trois ans, si nous nous étions dit que ça ne tarderait plus à s'arranger, que la gauche allait bientôt se mettre à l'œuvre ou que le Saint-Esprit allait visiter nos gouvernants... Car il y a trois ans que rien n'a bougé. Plus exactement, il y a trois ans que les choses ne cessent de s'aggraver : quinze pour cent des Algériens sont parqués dans des camps de concentration, où il meurt en moyenne (rapports officiels) *un enfant par jour sur un « regroupement » de mille personnes* : ce qui fait environ quinze cents enfants par jour, au total. Faut-il se consoler en retenant le fait qu'il n'y a, dans ces camps, ni chambres à gaz ni fours crématoires ? Des centaines de milliers d'autres Algériens mangent de l'herbe aux frontières tunisienne et marocaine. Il n'existe plus en Algérie une seule famille qui n'ait eu un de ses membres au maquis, ou torturé, ou tué par les Français. La moitié de la population algérienne a moins de vingt ans et n'a strictement connu de la France que la guerre qu'elle fait à leur pays.

C'est sans aucune joie que j'accumule ces charges contre mon pays : c'est seulement pour montrer qu'il était temps que nous tentions quelque chose *pour lui*. Nous avons fait ce que nous avons pu. Nous l'avons fait avec les moyens dont nous disposions. Nous avons longtemps manqué de monde, car nous ne pouvions évidemment pas passer des petites annonces dans la presse : mais les pouvoirs publics ont remédié à cet inconvénient en nous faisant, en février dernier, une publicité inespérée et prodigieusement efficace.

Il y a de grandes ressources en France. Des ressources en profondeur, à la base : et tout le problème est de les détecter, de parvenir jusqu'à elles, de leur fournir l'occasion de se manifester. Les directions des partis de gauche sont de plus en plus débordées par leurs propres militants. Le thème de la résistance à la guerre est sur le point de devenir un thème public. Trois mille déserteurs ont été jusqu'ici dénombrés par les services compétents. Un peu partout, des citoyens français qui ne sont plus d'âge militaire envisagent de s'organiser pour opposer un refus total à la politique gaulliste – qui n'est en aucune façon différente de celle des gouvernements précédents mais qui prépare chaque jour un peu mieux l'instauration du fascisme en France même. Réunis en congrès national, les étudiants français (l'U.N.E.F., organisation apolitique) ont dit ces jours-ci ce qu'il y avait à dire sur la gravité de la situation. Cela même est un signe positif : s'ils l'ont dit, c'est qu'ils envisagent déjà de lutter pour y porter remède.

Nous serons de plus en plus nombreux. Mais ce sera de plus en plus dur, et les moyens normaux d'expression nous feront de plus en plus défaut. Il faut que vous nous aidiez sans relâche, en publiant toutes les informations que vous pouvez obtenir sur la lutte en Algérie, sur la lutte en France, sur les mesures arbitraires qui tendent ici même à se généraliser (réforme judiciaire, loi sur la presse, etc.). Il faut que vous nous aidiez à éviter le pire dans notre pays, un chaos qui peut-être ne serait pas sans répercussions sur vos propres pays.

Les Algériens ne céderont jamais : le choix n'est plus qu'entre la guerre civile en France et l'amitié avec eux. Ce choix, c'est aux Français de le faire; mais il vous concerne aussi. Aidez-nous à le faire. A le faire *vite*.

Document III

DÉCLARATION SUR LE DROIT A L'INSOUMISSION DANS LA GUERRE D'ALGÉRIE

(dite « des 121 » – septembre 1960)

Un mouvement très important se développe en France, et il est nécessaire que l'opinion française et internationale en soit mieux informée, au moment où le nouveau tournant de la guerre d'Algérie doit nous conduire à voir, non à oublier, la profondeur de la crise qui s'est ouverte il y a six ans.

De plus en plus nombreux, des Français sont poursuivis, emprisonnés, condamnés, pour s'être refusés à participer à cette guerre ou pour être venus en aide aux combattants algériens. Dénaturées par leurs adversaires, mais aussi édulcorées par ceux-là mêmes qui auraient le devoir de les défendre, leurs raisons restent généralement incomprises. Il est pourtant insuffisant de dire que cette résistance aux pouvoirs publics est respectable. Protestation d'hommes atteints dans leur honneur et dans la juste idée qu'ils se font de la vérité, elle a une signification qui dépasse les circonstances dans lesquelles elle s'est affirmée et qu'il importe de ressaisir, quelle que soit l'issue des événements.

□

Pour les Algériens, la lutte, poursuivie, soit par des moyens militaires, soit par des moyens diplomatiques, ne comporte aucune équivoque. C'est une guerre d'indépendance nationale. Mais, pour les Français, quelle en est la nature ? Ce n'est pas une guerre étrangère. Jamais le territoire de la France n'a été menacé. Il y a plus : elle est menée contre des hommes que l'État affecte de considérer comme Français, mais qui, eux, luttent précisément pour cesser de l'être. Il ne suffirait même pas de dire qu'il s'agit d'une guerre de conquête, guerre impérialiste, accompagnée par surcroît de racisme. Il y a de cela dans toute guerre, et l'équivoque persiste.

En fait, par une décision qui constituait un abus fondamental, l'État a d'abord mobilisé des classes entières de citoyens à seule fin d'accomplir ce qu'il désignait lui-même comme une besogne de police contre une population opprimée, laquelle ne s'est révoltée que par un souci de dignité élémentaire, puisqu'elle exige d'être enfin reconnue comme communauté indépendante.

Ni guerre de conquête, ni guerre de « défense nationale », ni guerre civile, la guerre d'Algérie est peu à peu devenue une action propre à l'armée et à une caste qui refusent de céder devant un soulèvement dont même le pouvoir civil, se rendant compte de l'effondrement général des empires coloniaux, semble prêt à reconnaître le sens.

C'est, aujourd'hui, principalement la volonté de l'armée qui entretient ce combat criminel et absurde, et cette armée, par le rôle politique que plusieurs de ses hauts représentants lui font jouer, agissant parfois ouvertement et violemment en dehors de toute légalité, trahissant les fins que l'ensemble du pays lui confie, compromet et risque de pervertir la nation même, en forçant les citoyens sous ses ordres à se faire les complices d'une action factieuse ou avilissante. Faut-il rappeler que, quinze ans après la destruction de l'ordre hitlérien, le militarisme français, par suite des exigences d'une telle guerre, est parvenu à restaurer la torture et à en faire à nouveau comme une institution en Europe ?

□

C'est dans ces conditions que beaucoup de Français en sont venus à remettre en cause le sens de valeurs et d'obligations traditionnelles. Qu'est-ce que le civisme, lorsque, dans certaines circonstances, il devient soumission honteuse ? N'y a-t-il pas des cas où le refus de servir est un devoir sacré, où la « trahison » signifie le respect courageux du vrai ? Et lorsque, par la volonté de ceux qui l'utilisent comme instrument de domination raciste ou idéologique, l'armée s'affirme en état de révolte ouverte ou latente contre les institutions démocratiques, la révolte contre l'armée ne prend-elle pas un sens nouveau ?

Le cas de conscience s'est trouvé posé dès le début de la guerre. Celle-ci se prolongeant, il est normal que ce cas de conscience se soit résolu concrètement par des actes toujours plus nombreux d'insoumission, de désertion, aussi bien que de protection et d'aide aux combattants algériens. Mouvements libres qui se sont développés en marge de tous les partis officiels, sans leur aide et, à la fin, malgré leur désaveu. Encore une fois, en dehors des cadres et des mots d'ordre préétablis, *une résistance* est née, par une prise de conscience spontanée, cherchant et inventant des formes d'action et des moyens de lutte en rapport avec une situation nouvelle dont les groupements politiques et les journaux d'opinion se sont entendus, soit par inertie ou timidité doctrinale, soit par préjugés nationalistes ou moraux, à ne pas reconnaître le sens et les exigences véritables.

□

Les soussignés, considérant que chacun doit se prononcer sur des actes qu'il est désormais impossible de présenter comme des faits divers de l'aventure individuelle ; considérant qu'eux mêmes, à leur place et selon leurs moyens, ont le devoir d'intervenir, non pas pour donner des conseils aux hommes qui ont à se décider personnellement face à des problèmes aussi graves, mais pour demander à ceux qui les jugent de ne pas se laisser prendre à l'équivoque des mots et des valeurs, déclarent :

— Nous respectons et jugeons justifié le refus de prendre les armes contre le peuple algérien.

— Nous respectons et jugeons justifiée la conduite des Français qui estiment de leur devoir d'apporter aide et protection aux Algériens opprimés au nom du peuple français.

— La cause du peuple algérien, qui contribue de façon décisive à ruiner le système colonial, est la cause de tous les hommes libres.

Arthur ADAMOV
Robert ANTELME
Michel ARNAUD
Georges AUCLAIR
Jean BABY
Hélène BALFET
Marc BARBUT
Robert BARRAT
Simone de BEAUVOIR
Jean-Louis BÉDOUIN
Marc BEGBEIDER
Robert BENAYOUN
Yves BERGER
Maurice BLANCHOT
Roger BLIN
Dr BLOCH-LAROQUE
Arsène BONNAFOUS-MURAT
Geneviève BONNEFOI
Raymond BORDE
Jean-Louis BORY
Jacques-Laurent BOST
Pierre BOULEZ
Vincent BOUNOURE
André BRETON
Michel BUTOR
Guy CABANEL
François CHATELET
Simone COLLINET
Georges CONDAMINAS
Michel CROUZET
Alain CUNY
Jean CZARNECKI
Dr Jean DALSACE
Hubert DAMISCH
Adrien DAX
Jean DELMAS
Danièle DELORME
Solange DEYON
Jacques DONIOL-VALCROZE
Bernard DORT
Jean DOUASSOT
Simone DREYFUS
René DUMONT
Marguerite DURAS
Françoise d'EAUBONNE
Yves ELLÉOUET
Dominique ELUARD
ESCARO
Charles ESTIENNE
Jean-Louis FAURE
Jean-Paul FAURE
Dominique FERNANDEZ
Jean FERRY
Louis-René des FORÊTS
Dr Théodore FRAENKEL
Bernard FRANCK
André FRÉNAUD
Jacques GERNET
Louis GERNET
Édouard GLISSANT
Georges GOLDFAYN
Christiane GREMILLON
Anne GUÉRIN
Daniel GUÉRIN
Jacques HOWLETT
Edouard JAGUER
Pierre JAOUEN
Gérard JARLOT
Robert JAULIN
Alain JOUBERT
Pierre KAST
Henri KRÉA
Serge LAFORIE
Robert LAGARDE
Monique LANGE
Claude LANZMANN
Robert LAPOUJADE
Henri LEFEBVRE

Gérard LEGRAND
René LEIBOWITZ
Michel LEIRIS
Paul LÉVY
Jérôme LINDON
Eric LOSFELD
Robert LOUZON
Olivier de MAGNY
Florence MALRAUX
André MANDOUZE
Maud MANNONI
Jacqueline MARCHAND
Jean MARTIN
Renée MARCEL-MARTINET
Jean-Daniel MARTINET
Andrée MARTY-CAPGRAS
Dionys MASCOLO
François MASPERO
André MASSON
Pierre de MASSOT
Marie-Thérèse MAUGIS
Jean-Jacques MAYOUX
Jehan MAYOUX
Andrée MICHEL
Théodore MONOD
Marie MOSCOVICI
Georges MOUNIN
Maurice NADEAU
Georges NAVEL
Claude OLLIER
Jacques PANIJEL
Hélène PARMELIN
Marcel PÉJU
Jean-Claude PICHON
José PIERRE
André PIEYRE de MANDIARGUES
Roger PIGAULT
Edouard PIGNON
Bernard PINGAUD
Maurice PONS
J.-B. PONTALIS
Jean POUILLON
Madeleine REBÉRIOUX
Paul REBEYROLLE
Denise RENÉ
Alain RESNAIS
Jean-François REVEL
Paul REVEL
Evelyne REY
Alain ROBBE-GRILLET
Christiane ROCHEFORT
Maxime RODINSON
Jacques-Francis ROLLAND
Alfred ROSMER
Gilbert ROUGET
Claude ROY
Françoise SAGAN
Marc SAINT-SAENS
Jean-Jacques SALOMON
Nathalie SARRAUTE
Jean-Paul SARTRE
Renée SAUREL
Claude SAUTET
Catherine SAUVAGE
Lucien SCHELER
Jean SCHUSTER
Robert SCIPION
Louis SEGUIN
Geneviève SERREAU
Simone SIGNORET
Jean-Claude SILBERMANN
Claude SIMON
SINÉ
René de SOLIER
D. de la SOUCHÈRE
Roger TAILLEUR
Laurent TERZIEFF
Jean THIERCELIN
Paul-Louis THIRARD
TIM
Andrée TOURNÉS
Geneviève TREMOUILLE
François TRUFFAUT
Tristan TZARA
VERCORS
J.-P. VERNANT
Pierre VIDAL-NAQUET
J.-P. VIELFAURE
Anne-Marie de VILAINE
Charles VILDRAC
Claude VISEUX
François WAHL
YLIPE
René ZAZZO

Document IV

MANIFESTE DU MOUVEMENT ANTICOLONIALISTE FRANÇAIS
(extraits)

Animé par Henri Curiel, le M.A.F., dont le congrès de fondation s'est tenu en Suisse à la fin du mois de juillet 1960, se fait connaître par la publication d'un manifeste en décembre de la même année.

(...) La lutte anticolonialiste, ce fut d'abord l'aide apportée sur le plan individuel par tel ou tel Français aux militants algériens. Puis de petits groupes d'aide, dispersés dans tout le pays, travaillèrent en liaison avec des formations locales de militants algériens. Ensuite, un groupe central de Français s'est organisé pour aider en tant que tels la Résistance algérienne.

L'échec des courageuses manifestations de rappelés en 1955-1956, freinées par les dirigeants de la gauche, a débouché sur des formes d'opposition individuelles ; le refus d'obéissance, le refus de porter les armes ont amené des centaines de jeunes gens en prison ; l'insoumission et la désertion en ont conduit des milliers à l'étranger. Le mouvement « Jeune Résistance » s'est constitué pour organiser ces refus individuels en une résistance collective de la jeunesse à la guerre d'Algérie. Il propage l'idée de l'insoumission, il rassemble les réfractaires et exprime la force politique qu'ils représentent.

L'héroïsme des combattants algériens, unis dans le F.L.N., tenant tête aux forces militaires les plus considérables qui aient été jusqu'ici engagées dans l'histoire d'un pays colonisé, amenait un grand nombre de Français à comprendre la véritable nature de cette guerre ; les arrestations de Français de toutes origines sociales et de toutes appartenances politiques contribuaient également à cette prise de conscience.

Dès juillet 1960 étaient jetées les bases du Mouvement anticolonialiste français.

La prise de conscience a été brusquement accélérée par le procès du « réseau Jeanson », la Déclaration des 121, la lettre de J.-P. Sartre et les multiples manifestations de soutien qui ont suivi les sanctions et les inculpations.

Ce bref rappel montre déjà suffisamment que le combat anticolonialiste en France a une ampleur plus grande que ne l'imaginent la plupart des Français, même parmi ceux qui participent à ce combat. Il est aussi prouvé que ce que l'on nommait l'impuissance de la gauche n'était, en réalité, que la carence de ses dirigeants. Au fur et à mesure que les militants comprennent que la lutte anticolonialiste n'est pas stérile, ils manifestent un désir croissant de s'y engager plus résolument.

Devant cette situation nouvelle, il devient urgent de procéder à une réorganisation générale de toutes les forces anticolonialistes, à un regroupement sur une plate-forme commune de tous les Français décidés à intensifier le combat pour en terminer avec la guerre d'Algérie et le régime colonialiste, et à instaurer la collaboration du peuple français avec tous les peuples libérés de la domination coloniale.

C'est la raison d'être du M.A.F., constitué par des hommes et des femmes qui ont déjà une expérience concrète de la lutte anticolonialiste et par d'autres qui sont décidés à mettre en accord leurs principes et leurs actes.

Afin que soit bien différencié l'anticolonialisme conséquent de l'anticolonialisme verbal, sont membres du M.A.F. tous ceux et celles qui ont participé à un moment quelconque, et ceux qui sont prêts à participer, à une action anticolonialiste, en acceptant les risques de l'illégalité et la discipline de la clandestinité.

Le M.A.F. est une organisation clandestine parce que son action est illégale.

Cela non par goût, ni par principe, mais par nécessité. Il n'est pas possible de mener le combat anticolonialiste de façon conséquente en restant dans le cadre d'une « légalité » gaulliste réduisant de jour en jour les libertés individuelles et publiques.

C'est pour n'avoir pas voulu jusqu'ici sortir de ce cadre que les partis de gauche se sont pratiquement condamnés à l'impuissance.

Pour un mouvement comme le M.A.F. qui se propose d'animer la propagande et l'action anticolonialistes sans reculer devant les formes d'expression et de lutte qui sont ou qui peuvent être frappées par le pouvoir gaulliste ou, en général, par l'État colonial, la clandestinité de l'organisation est la seule garantie de sécurité pour ses membres, d'efficacité pour son action et de fidélité à ses principes.

S'il a pour principe de base la solidarité de la lutte du peuple français avec les forces combattantes du peuple algérien, *le M.A.F. est une organisation française qui détermine son orientation et son action de façon indépendante et autonome.*

Le M.A.F. mène cette lutte solidaire dans la perspective du *rétablissement intégral de la démocratie en France et de son développement.*

Le M.A.F. n'est pas un parti politique et n'entend pas se substituer aux partis.

Il demande à ses membres militant dans des partis ou organisations de gauche d'y poursuivre leur action et de la développer dans le sens d'une lutte effective contre la guerre colonialiste.

Le M.A.F. n'entend pas se substituer aux groupes d'aide pratique, au mouvement « Jeune Résistance », ou à d'autres organismes qui pourraient se former. Il espère seulement, en leur donnant une plate-forme commune, favoriser une coordination croissante de leur action.

Le M.A.F. conçoit la *propagande de l'insoumission* comme la façon actuellement la plus claire de répondre aux problèmes que se pose la jeunesse, mais il n'exclut pas les autres formes de refus massif qui pourraient être décidées par les jeunes ou toute autre forme d'opposition à la guerre.

Le M.A.F. *ne prétend pas au monopole de l'action anticolonialiste*, mais, en menant le combat suivant le principe de la solidarité active et concrète avec la lutte du peuple algérien, il est le ferment de l'action des masses et la garantie qu'elle sera conduite sans défaillance jusqu'à la victoire commune des deux peuples.

Le M.A.F. *se propose donc de soutenir et d'intensifier toutes les actions de masse* qui pourraient être décidées contre la guerre d'Algérie par les partis, les syndicats, les groupes et organisations quelconques et de les provoquer toutes les fois que ce sera possible.

Le M.A.F. donnera son appui à *tout mouvement* décidé à *lutter contre l'oppression politique, militaire ou économique dont sont victimes les pays sous-développés*.

Le M.A.F. diffusera ses plates-formes et ses mots d'ordre, des informations sur la Révolution algérienne et sur la lutte contre la guerre d'Algérie, des principes de sécurité et des règles d'action clandestine dans un *organe périodique*...

Travailleurs, fonctionnaires, intellectuels, enseignants, étudiants, *constituez partout des comités locaux du M.A.F.! Pas une usine, pas une faculté, pas un lycée, pas une entreprise, pas une unité, pas une caserne sans un comité de lutte anticolonialiste.*

Le refus n'est pas un acte de lâcheté, mais de suprême courage. Votre action peut être décisive. Sans vous, le colonialisme ne peut rien.

Étudiants et étudiantes français, poursuivez le plus résolument l'action d'avant-garde que vous avez commencée en rétablissant les liens avec l'U.G.E.M.A.

Paysans, comme au temps de la Résistance, aidez les jeunes dans leur lutte contre la répression.

Femmes de France, dressez-vous contre le départ de vos enfants. Venez en aide aux familles des travailleurs algériens victimes de la répression, aux orphelins de la Résistance algérienne.

Français, Françaises,

Plus un homme, plus un sou pour le colonialisme!

Plus de morts à vingt ans !

Guerre à la guerre coloniale !

Vive la solidarité de lutte du peuple français et du peuple algérien pour la paix dans l'indépendance et la liberté!

Le M.A.F.

La presse « parallèle »
de la guerre d'Algérie.

La presse clandestine.

VB 217853
Nom
Naam
ALLARD
Prénoms
Voornamen
Eric François
Etat civil
Burg. staat
époux Bélanger
Luce Marie Alice
Né (e) à
Geboren te
Bruxelles
Le
Op
7 juillet 1922
Profession
Beroep
Décorateur
Caisse de retraite
Lijfrentekas
Compte n°
Rekening n°
Signature du porteur.
Handtekening van houder.
VB 217853
RÉSIDENCES SUCCESSIVES — ACHTEREENVOLGENDE VERBLIJFPLAATSEN
COMMUNES
GEMEENTEN
RUE
STRAAT
N°
N°
DATE
DATUM
Vol. Fol.
Boek Blad
Bruxelles
St.Bernard
44
2.3.57
43/39
صورة صاحب الجواز وان اقتضى الحال
صور الأطفال الذين يرافقونه
Photographie du titulaire et, le cas échéant, photographies des enfants qui l'accompagnent.
PASSEPORTS
امضاء صاحب الجواز
(Signature du titulaire)
Riffi
المملكة المغربية الشريفة
EMPIRE CHÉRIFIEN
Ahmed ben Mohamed
Riffi
Marocaine
1919
Tanger
(Maroc)
Transporteur
Derb Chorfa. Rue 56
001675
Le passeport contient 32 pages
№ 006815 C

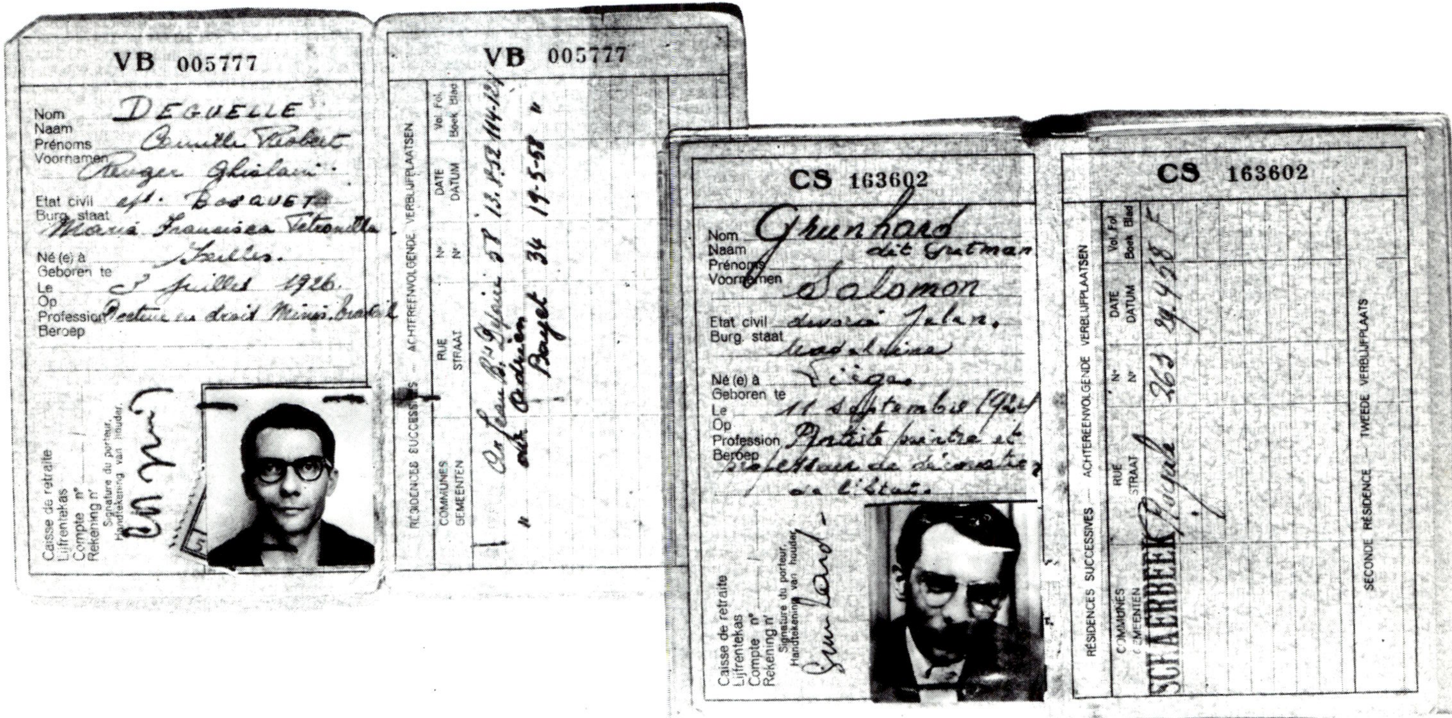

Les faux papiers de Francis Jeanson.

Repères chronologiques

1954

juin	*17*	Pierre Mendès France président du Conseil.
novembre	*1er*	Insurrection en Algérie. Naissance du F.L.N.
	5	Dissolution du M.T.L.D.

1955

janvier	*13*	Articles de Claude Bourdet (*France-Observateur*) et François Mauriac (*L'Express*) dénonçant la torture en Algérie.
février	*1er*	Jacques Soustelle nommé gouverneur général en Algérie.
	6	Chute du gouvernement Mendès France.
	23	Edgar Faure, président du Conseil.
mars	*2*	Rapport Wuillaume sur la torture remis à Jacques Soustelle.
	20	Premier rapport Mairey sur le comportement policier en Algérie.
	31	L'Assemblée nationale vote une loi instituant l'état d'urgence en Algérie.
avril	•	Début de l'aide de Jean-Jacques Rousset au F.L.N.
juillet	•	Contact entre la IVe Internationale et le F.L.N.
	•	Jean Urvoas, prêtre-ouvrier, apporte son soutien aux Algériens.
août	*20*	Insurrection dans le Constantinois.
	24 & 28	Décrets ordonnant le rappel sous les drapeaux des classes démobilisées.

septembre	*6*	Saisie de *France-Observateur* pour un article de Claude Bourdet : « Ne jetez pas le contingent dans la guerre. »
	11	Manifestation de rappelés à la gare de Lyon.
	13	Interdiction du P.C.A.
	15	Dans *France-Observateur*, reportage de Robert Barrat sur le maquis.
	29	Messe contre la guerre pour trois cents rappelés à l'église Saint-Séverin de Paris.
	30	La question algérienne discutée à l'O.N.U.
octobre	*7*	Manifestation de rappelés à Rouen ; graves incidents.
	•	Création du Comité contre l'envoi du contingent en Afrique du Nord.
novembre	•	Création du Comité d'Action des Intellectuels contre la poursuite de la guerre en Afrique du Nord.
décembre	*2*	Dissolution de l'Assemblée nationale.
	13	Deuxième rapport Mairey.
	•	Sortie de *L'Algérie hors la loi.*

1956

janvier	*2*	Élections législatives ; succès du Front républicain.
	27	Rencontre secrète entre Mandouze, mandaté par le F.L.N., et Mendès France.
	31	Formation du gouvernement Guy Mollet. Catroux ministre résident en Algérie.
février	*5*	Journée nationale d'action contre la guerre, à Montreuil.
	6	Manifestation à Alger contre Guy Mollet ; démission de Catroux.
	9	Robert Lacoste ministre résident.
mars	*12*	Vote de la loi sur les « pouvoirs spéciaux ».
	31	Arrestation de Claude Bourdet pour « démoralisation de l'armée ».
avril	*5*	Désertion de l'aspirant Maillot.
	10	Perquisition chez Henri Marrou qui a publié dans *Le Monde* du 5 un article : « France, ma patrie. »
	12	Décret portant rappel sous les drapeaux des disponibles.
mai	*3*	Manifestation contre le départ des rappelés à Lézignan.
	18	Violente manifestation à Grenoble.
		Une patrouille de rappelés tombe dans une embuscade à Palestro : dix-huit morts.

	23	Démission du gouvernement de Pierre Mendès France.
	•	Départ de Jacques Berthelet en Suisse pour créer un réseau d'accueil aux déserteurs.
juin	*2*	Mort de l'aspirant Maillot.
	5	*Le Monde* publie le rapport Khrouchtchev. Le P.C.F. s'abstient dans le vote de confiance à la politique du gouvernement Mollet.
	19	Premières exécutions, à Alger, de membres du F.L.N.
juillet	*2*	Alban Liechti, militant communiste, refuse de partir en Algérie.
	18	Ouverture du XIVe Congrès du P.C.F. au Havre.
août	*19*	Désertion de Noël Favrelière, sergent parachutiste.
	20	Début du Congrès du F.L.N. dans la vallée de la Soummam. Création du Comité national de la révolution algérienne (C.N.R.A.) et du Comité de coordination et d'exécution (C.C.E.).
	•	Francis Jeanson commence à rendre des services au F.L.N.
septembre	*1er*	Rencontre à Rome entre Pierre Comin, Khider et Yazid.
	•	Arrestation de Jean-Jacques Rousset.
	•	Désertion de Louis Orhant, militant communiste.
	•	Début de l'aide au F.L.N. à Lyon et à Marseille.
octobre	*22*	Arraisonnement en vol de l'avion transportant Ben Bella et quatre autres chefs du F.L.N.
	23	Insurrection à Budapest.
	31	Début de l'intervention franco-britannique à Suez.
novembre	*4*	Les chars russes entrent à Budapest.
	9	Arrestation d'André Mandouze, de Cécile Verdurand et d'Anne-Marie Chaulet.
décembre	*19*	Libération de Mandouze, de Cécile Verdurand et d'Anne-Marie Chaulet.

1957

janvier	*2*	Troisième rapport Mairey sur la « pacification ».
	7	Le général Massu reçoit tous les pouvoirs de police dans Alger.
février	*26*	Arrestation à Paris des chefs du F.L.N. en Métropole.
	•	Publication du dossier Jean Muller par les *Cahiers de Témoignage Chrétien.*

mars	*23*	« Suicide » d'Ali Boumendjel.
	28	Le général de Bollardière demande à être relevé de son commandement.
	•	Publication de la brochure *Les rappelés témoignent.*
	•	Publication de *Contre la torture* de Pierre-Henri Simon.
	•	Création d'un Comité de défense des libertés et pour la paix en Algérie, à l'initiative d'enseignants du secondaire.
avril	*5*	Création de la Commission de sauvegarde des droits et des libertés individuelles.
	•	Publication dans *Esprit* de « La paix des Némentchas », de Robert Bonnaud.
mai	*21*	Chute de Guy Mollet.
	28	Massacre de Mélouza.
juin	*11*	Arrestation de Maurice Audin.
	12	Arrestation d'Henri Alleg.
	17	Maurice Bourgès-Maunoury président du Conseil.
	21	Mort de Maurice Audin.
juillet	*11-15*	Procès de Djamila Bouhired.
	•	Article de Georges Mattéi, *Jours Kabyles*, dans *Les Temps Modernes*.
août	*13*	Louis Martin-Chauffier publie dans *Le Figaro* le rapport de la commission internationale d'enquête.
septembre	*12*	Démission de Paul Teitgen.
	30	Chute de Bourgès-Maunoury.
	•	Organisation du réseau dirigé par Francis Jeanson.
octobre	•	Création d'un Centre d'information et de coordination pour la défense des libertés et de la paix, par Robert Barrat et Maurice Pagat.
novembre	*6*	Félix Gaillard, président du Conseil.
	•	Publication de *Pour Djamila Bouhired*, de Jacques Vergès et Georges Arnaud.
	•	Création du Comité Maurice Audin.
décembre	*2*	Soutenance « in absentia » de la thèse de Maurice Audin.
	8	Création de l'Union de la gauche socialiste.
	14	*Le Monde* publie le rapport de synthèse de la Commission de sauvegarde.

1958

janvier	*8*	Dissolution de l'U.G.E.M.A.
	•	Premier numéro de *Témoignages et Documents.*
	•	Premier numéro de *La Voie Communiste.*
février	*8*	Bombardement du village tunisien de Sakiet-Sidi Youssef.
	•	Contact entre *La Voie Communiste* et le F.L.N.
mars	*27*	Saisie de *La Question.*
avril	*15*	Chute du gouvernement Gaillard.
mai	*12*	Publication de *L'Affaire Audin.*
	13	Des manifestants s'emparent du gouvernement général à Alger. Massu prend la tête d'un Comité de salut public. Pierre Pflimlin investi.
	28	Manifestation de la gauche à la République. Démission de Pflimlin.
	30	Rencontre clandestine entre Jeanson et Casanova.
juin	*1er*	Le général de Gaulle reçoit l'investiture de l'Assemblée nationale.
	5	Rencontre Jeanson-Waldeck Rochet.
août	*2*	Arrestation de Cécile Decugis pour aide au F.L.N.
	13	Reconstitution de la Commission de sauvegarde sous l'autorité de Maurice Patin.
	25	Le F.L.N. attaque des objectifs industriels en Métropole.
septembre	*15*	Attentat manqué contre Soustelle.
	•	Fondation du Parti socialiste autonome.
	19	Création du G.P.R.A.
	20	Premier numéro de *Vérités Pour.*
	28	Référendum ; la Constitution de la Ve République est approuvée par 79 % des suffrages exprimés.
	•	Désertion de Jean-Louis Hurst et Gérard Meier.
octobre	*13*	Arrestation de l'abbé Boudouresques.
	17	Trois prêtres du centre du Prado, à Lyon, sont accusés de gérer les fonds du F.L.N.
	23	Le général de Gaulle offre la « paix des braves ».
décembre	*3-5*	Des militants algériens arrêtés sont torturés au siège de la D.S.T.
	21	Le général de Gaulle est élu président de la République.

1959

janvier	*8*	De Gaulle entre en fonction. Michel Debré nommé premier ministre.
février	*2-6*	Procès du commando Soustelle.
mars	*7*	Ben Bella est transféré à l'île d'Aix.
avril	*18*	*Le Monde* divulgue le rapport Rocard sur les camps de regroupement.
mai	*2*	*Vérités Pour* publie une interview de Vercors.
	•	Fondation du mouvement « Jeune Résistance ».
juin	*2*	*Vérités Pour* publie une interview de Jean-Paul Sartre.
	16	Sortie de *La Gangrène.*
	19	Saisie de *La Gangrène.*
juillet	•	Arrestations dans le réseau lyonnais.
septembre	*16*	Discours sur l'autodétermination.
	30	Arrestations de Gérard Spitzer et Gérard Lorne, responsables de *La Voie Communiste.*
octobre	*15*	Attentat contre François Mitterrand.
novembre	*5*	Arrestation d'Annette Roger, du réseau marseillais.
décembre	*2*	Révélations sur la mort de Maurice Audin.

1960

janvier	*5*	*Le Monde* publie le rapport de la Croix-Rouge sur les tortures en Algérie.
	24	Début de la semaine des barricades à Alger.
février	*20*	Premières arrestations dans le réseau Jeanson.
mars	*8*	Arrestation de Diego Masson et de l'abbé Corre à Annemasse. Découverte du sigle « Jeune Résistance ».
	13	Ouverture du procès de Cécile Decugis.
	•	La brochure *J.R. s'explique* est diffusée.
avril	*3*	Fondation du Parti socialiste unifié.
	11-13	Congrès de l'U.N.E.F. à Dijon ; Pierre Gaudez élu président.
	15	Conférence de presse clandestine de Francis Jeanson à Paris.

	23	Arrestation de Georges Arnaud.
	•	Publication du *Déserteur* de « Maurienne » et du *Refus* de Maurice Maschino.
mai	*10*	Arrestation de Laurence Bataille.
	30	Ouverture du procès de Gérard Spitzer.
	•	Premier numéro de *Vérité-Liberté*.
juin	*6*	Rencontre à Lausanne entre représentants de l'U.N.E.F. et de l'U.G.E.M.A.
	6	Arrestation de Daniel Macaux.
	10	Arrestation de Jean-Paul Ribes et Marie-Madeleine Dubois.
	10	Arrestation en Hollande de Michel Raptis.
	17	Ouverture du procès de Georges Arnaud.
	25-29	Pourparlers de Melun.
	29	Saisie de *Notre Guerre* de Francis Jeanson.
	29	Josette Augay condamnée à deux ans de prison.
	•	L'affaire Djamila Boupacha éclate à l'initiative de Simone de Beauvoir.
juillet	*20*	Fondation du Mouvement anticolonialiste français (M.A.F.) en Suisse.
	29	Ier Congrès de « Jeune Résistance ».
septembre	*5*	Discours du général de Gaulle : « L'Algérie algérienne est en marche. »
	5	Ouverture du procès du réseau Jeanson.
	6	Manifeste des 121.
	17	Déposition de Paul Teitgen au procès Jeanson.
	20	Lecture de la lettre de Sartre à l'audience.
octobre	*Ier*	Verdict au procès du réseau Jeanson.
	6	Manifeste de 200 intellectuels pour l'Algérie française.
	20	Arrestation d'Henri Curiel et de Didar Fawzy.
	27	Meeting à l'appel de l'U.N.E.F., de la C.F.T.C. et de la F.E.N. pour la paix en Algérie.
novembre	*4*	Le général de Gaulle évoque la « République algérienne ».
	23-24	Arrestations dans le réseau lyonnais.
	•	Diffusion du manifeste du M.A.F.
décembre	*18*	Arrestation d'Étienne Bolo.

1961

janvier	*8*	Référendum ; le principe de l'autodétermination est adopté par 75% des suffrages exprimés.
	27	Arrestation de la direction de « Jeune Résistance ».

	29	Arrestation de Robert Davezies.
	•	Premier numéro de *Vérités Anticolonialistes.*
février	*24*	Condamnation, au Comité central du P.C.F., du « groupe » Servin-Casanova.
	24	Évasion de six femmes de la prison de la Petite-Roquette.
avril	*6*	Ouverture du procès du réseau lyonnais.
	7	Premiers tracts O.A.S.
	22	Putsch à Alger.
	•	Naissance du Front universitaire antifasciste (F.U.A.).
mai	*20*	Début des pourparlers à Évian ; Ben Bella transféré au château de Turquant.
juin	*9*	Arrestations et perquisitions dans les milieux de gauche.
	21	Ouverture du procès Raptis à Amsterdam.
	26	Arrestation de Robert Bonnaud à Marseille.
août	*17*	Ben Khedda remplace Ferhat Abbas à la tête du G.P.R.A.
septembre	*23-25*	Réunion de fondation en Belgique du Comité de Soutien à la Révolution algérienne (C.S.R.A. devenu F.S.R.A.).
	•	Sortie du premier numéro de *Partisans.*
octobre	*17*	Manifestations algériennes à Paris ; douze mille arrestations ; des centaines de morts.
novembre	*24*	Ouverture du procès Hespel-Blumental-Orhant.
décembre	*4*	Création de la Ligue d'action pour le rassemblement antifasciste.
	6	Manifestation anti-O.A.S. à l'appel du P.C.F. et de la C.G.T.
	•	Ouverture du procès intenté aux Éditions de Minuit pour la publication de *Déserteur.*
	19	Manifestation syndicale contre l'O.A.S. (49 organisations).

1962

janvier	*9*	Ouverture du procès de Robert Davezies.
	26	Création du Comité national d'action contre l'O.A.S. et pour une paix négociée.

février	*8*	Manifestation unitaire anti-O.A.S.; huit morts au métro Charonne.
	13	Obsèques des victimes.
mars	*18-19*	Signature des accords d'Évian et cessez-le-feu.

Repères biographiques

Cette liste n'est en aucun cas un « annuaire des porteurs de valises ». Ce n'est pas une quelconque hiérarchie dans « l'importance » des tâches accomplies qui a guidé notre choix. Notre seul souci est de permettre au lecteur de retrouver des personnages qui apparaissent et disparaissent tout au long de ce livre.

JACQUES BERTHELET. – Séminariste. Membre du groupe « Coopération ». Joue un rôle actif au sein du Comité contre l'envoi du contingent en Afrique du Nord (1955). S'installe en Suisse, en mai 1956, et y organise un réseau d'accueil aux déserteurs. Participe au lancement de « Jeune Résistance ». Expulsé de Suisse en janvier 1960. S'oppose vivement à la constitution du M.A.F.

JEAN-MARIE BOEGLIN. – Journaliste à *L'Union de Reims*, « couvre » les manifestations de rappelés en 1956. Secrétaire du Théâtre de la Cité, à Villeurbanne, en 1958. Réorganise à la mi-59 le réseau lyonnais. Quitte la France après les arrestations de novembre 1960 à Lyon et gagne le Maroc. Se fixe en Algérie après l'indépendance. Condamné en avril 1961 à dix ans de prison par contumace. Amnistié en 1966.

DENIS BERGER. – Militant trotskiste. Crée en 1956 *Tribune de discussion*, participe à la fondation de *La Voie Communiste*. Arrêté par la D.S.T. le 5 décembre 1958, relâché dix jours plus tard. Se spécialise dans la préparation d'évasions. Actif jusqu'au cessez-le-feu.

ÉTIENNE BOLO. – Professeur de philosophie, membre du P.C.F. Participe au premier noyau du réseau Jeanson en 1956. Quitte la France en octobre 1958, vit au Maroc, revient en mars 1960 et travaille avec Curiel. Arrêté le 18 décembre 1960. Jamais jugé. Libéré après le cessez-le-feu.

ROBERT BONNAUD. – Agrégé d'histoire, communiste, rappelé en 1956, participe aux manifestations. Envoyé en zone opérationnelle, en ramène un témoignage: *La paix des Néméntchas* publié dans *Esprit* en avril 1957. Adhère à l'U.G.S., s'intègre en 1959 au réseau de Marseille animé par Lucien Jubelin, et le développe. Arrêté en juin 1961. Jamais jugé, libéré en juin 1962, amnistié en 1966.

SIMON BLUMENTAL. – Communiste, secrétaire de la section de Montreuil, écarté de ses fonctions à cause de son désaccord sur la politique algérienne du P.C., puis exclu en 1959. Délégué de *La Voie Communiste* à la direction de « Jeune Résistance ». Arrêté en janvier 1961, acquitté en novembre de la même année.

JACQUES CHARBY. – Comédien, militant de l'U.G.S., s'intègre au réseau Jeanson en 1958 en même temps que sa femme Aline. Arrêté en février 1960, obtient la liberté médicale, s'évade, se réfugie à Tunis où il travaille pour le G.P.R.A. Condamné par contumace à dix ans de prison. Se fixe à Alger après l'indépendance. Bénéficie de la loi d'amnistie en 1966.

HÉLÈNE CUÉNAT. – Professeur de lettres, communiste, s'intègre au réseau Jeanson en octobre 1957. Arrêtée en février 1960. Condamnée en octobre à dix ans de prison. S'évade de la Petite-Roquette en février 1961. S'installe en Algérie après l'indépendance.

HENRI CURIEL. – Égyptien, fondateur du M.D.L.N., expulsé d'Égypte en 1951, s'installe en France. Travaille avec Jeanson à partir de 1957 et prend sa succession, en 1960, avec son propre groupe. Fonde le M.A.F. en juillet 1960. Arrêté en octobre de la même année. Jamais jugé, libéré après le cessez-le-feu. Assassiné à Paris en mai 1978.

DOMINIQUE DARBOIS. – Résistante, exploratrice et photographe, membre du réseau Jeanson à partir de 1958. Recherchée après les arrestations de février 1960, poursuit ses activités jusqu'à la fin de la guerre. Condamnée à dix ans de prison par contumace, amnistiée en 1966.

ROBERT DAVEZIES. – Prêtre de la Mission de France, physicien. Travaille avec le réseau Jeanson à partir d'octobre 1957. Contraint de fuir la France en octobre 1958, continue ses activités en Suisse et en Allemagne. Arrêté en janvier 1961, condamné en 1962 à trois ans de prison. Libéré après le cessez-le-feu.

DIDAR FAWZY. – Communiste égyptienne. Travaille avec Henri Curiel. Arrêtée en octobre 1960. S'évade de la Petite-Roquette en février 1961.

JEAN-LOUIS HURST. – Instituteur communiste, déserte en septembre 1958, travaille en Suisse avec le réseau Jeanson. Est l'un des fondateurs de « Jeune Résistance ». Responsable régional dans le Sud-Ouest puis à Lyon. Jamais arrêté.

FRANCIS JEANSON. – Philosophe, gérant des *Temps Modernes;* écrit avec sa femme Colette *L'Algérie hors la loi* (1955). Commence à rendre des services au F.L.N. en 1956. Organise un réseau en 1957. Activement recherché à partir de 1960, publie *Notre Guerre.* Crée le F.S.R.A. (Front de soutien à la révolution algérienne) en 1961. Condamné en octobre 1960 à dix ans de prison par contumace. Amnistié en 1966.

CÉCILE MARION. – Comédienne. S'intègre au réseau Jeanson en 1958. Recherchée à partir de février 1960. Poursuit ses activités jusqu'à la fin de la guerre. Jamais arrêtée. Condamnée par contumace à dix ans de prison en octobre 1960. S'installe en Algérie après l'indépendance.

GEORGES MATTÉI. – Rappelé en 1956. Participe aux manifestations. Publie à son retour *Jours kabyles* dans *Les Temps Modernes* (juillet 1957). Fonde avec Jean-Jacques Servan-Schreiber la Fédération des anciens d'Algérie dont il démissionne après sa déposition au procès du « commando Soustelle » (février 1959). Travaille avec Jeanson puis devient un des principaux lieutenants de Curiel (1960). Jamais arrêté. Actif jusqu'à la fin de la guerre.

LOUIS ORHANT. – Ouvrier communiste, déserteur en septembre 1956. Fondateur de « Jeune Résistance » dont il devient le secrétaire général. Arrêté en janvier 1961. Condamné à dix-huit mois de prison pour désertion.

JEAN-CLAUDE PAUPERT. – Rappelé en 1956, milite contre la guerre à son retour. Entre dans le réseau Jeanson en 1959. Agent de liaison. Arrêté en février 1960, condamné à dix ans de prison en octobre. Libéré en même temps que Gérard Meier, en décembre 1963.

JEAN-JACQUES PORCHEZ. – Jeune mendésiste, animateur du Comité étudiant anticolonialiste, rejoint le P.S.U. et organise en 1960 un groupe clandestin indépendant, essentiellement étudiant et lycéen, qui prend le nom de groupe Nizan. Compromis dans l'affaire Macaux, séjourne en prison à l'été 1960. Libéré en juillet, poursuit ses activités jusqu'au cessez-le-feu.

ROGER REY. – Officier de carrière, exclu de l'armée en 1952. Responsable du travail clandestin de *La Voie Communiste.* Établit le contact entre celle-ci et le F.L.N. Spécialiste des évasions. Jamais arrêté.

MICHEL RAPTIS, dit PABLO. – Dirigeant de la IVe Internationale, lié dès 1955 au F.L.N. Se fixe en Hollande après le 13 mai 1958. S'occupe de l'installation d'usines clandestines d'armement au Maroc. Arrêté en juin 1960 à Amsterdam. Condamné en juin 1961 à quinze mois de prison. Après l'indépendance, exerce une influence non négligeable sur Ben Bella.

GÉRARD SPITZER. – Résistant, communiste, participe en 1956 à la création de *L'Étincelle* qu'anime Victor Leduc. Exclu du P.C.F., fonde *La Voie*

Communiste. Arrêté en septembre 1959, condamné à dix-huit mois de prison en juin 1960. Les accomplit intégralement.

JACQUES VIGNES. – Journaliste. Participe au réseau Jeanson en 1957. Devient le responsable des filières. Recherché à partir de 1960, poursuit ses activités depuis Bruxelles jusqu'au cessez-le-feu.

Sources

• **Personnes interrogées par les auteurs :**

Nils Andersson, Georges Arnaud, Laurence Bataille, Michèle Beauvillard, Hamid Benattig, Denis Berger, Georges Berger, Jacques Berthelet, Clara Benoits, Henri Benoits, Simon Blumental, Jean-Marie Boeglin, Étienne Bolo, Robert Bonnaud, Bernard Boudouresques, Claude Bourdet, Gérard Chaliand, Jacques Charby, Jacques Chatagner, Paul Crauchet, Hélène Cuénat, Henri Curiel, Jean Daniel, Robert Davezies, Monique Des Accords, Jehan de Wangen, Roger Dosse, Roland Dumas, Didar Fawzy, Pierre Franck, Pierre Gaudez, Claude Glayman, Gaston Gosselin, Hamada Haddad, Jean-Louis Hurst, Colette Jeanson, Francis Jeanson, Jacques Julliard, Jean Lacouture, Victor Leduc, Albert-Paul Lentin, Jérôme Lindon, André Mandouze, Cécile Marion, Gilbert Marquis, Gilles Martinet, Georges Mattéi, Gérard Meier, Pierre Meyers, Mourad Oussedik, Hélène Parmelin, Marcel Péju, Christiane Philip, André Pierrard, Jean-Jacques Porchez, Hubert Prévost, Jean Pronteau, Michel Raptis, Madeleine Rebérioux, Roger Rey, Jacques Rispal, Philippe Robrieux, Jean-Paul Sartre, Catherine Sauvage, Lotfallah Soliman, Fanny Spitzer, Gérard Spitzer, André Thorent, Olivier Todd, Jacques Trébouta, Cécile Verdurand, Pierre Vidal-Naquet, Jean-Pierre Vigier, Jacques Vignes, Christiane Zuber,

... et tous ceux qui ont préféré conserver l'anonymat mais qui ont consenti à faire confiance aux auteurs en livrant leur témoignage.

• **Sources écrites :**

– Ouvrages :

Les auteurs ont notamment consulté, outre les ouvrages de référence sur la période mentionnés en note de bas de page, toutes les publications saisies des Éditions de Minuit, des Éditions François Maspero, et des Éditions de la Cité.

– Presse :

Les auteurs ont dépouillé les collections des quotidiens *Le Monde, L'Humanité, Le Figaro, Libération, France-Soir, Paris-Presse;* celles des hebdomadaires *France-Observateur, L'Express, Témoignage Chrétien, France Nouvelle, Le Canard Enchaîné;* celles des revues *Les Temps Modernes, Esprit, Partisans.*

Ils ont porté une attention spéciale aux publications « parallèles » : *Témoignages et Documents, Vérité-Liberté, Le Bulletin, La Quinzaine, La Lettre, La Voie Communiste, Voies Nouvelles, L'Étincelle, Tribune du Communisme, Tribune Socialiste, La Vérité des travailleurs, IVe Internationale,* plus d'innombrables tracts et brochures.

— Archives :

Les auteurs ont eu accès aux archives privées de Francis Jeanson (*Vérités Pour*, correspondance, manuscrits d'articles, procès-verbaux de rencontres notamment avec la direction du P.C.F., sténogrammes de réunions de « Jeune Résistance », notes sur la fondation du F.S.R.A. et procès-verbal de sa réunion constitutive, études personnelles de Francis Jeanson sur la révolution algérienne) ; à celles du « groupe Nizan » et de dirigeants de « Jeune Résistance » (rapports d'activité, correspondance, tracts, bulletins); à celles de Robert Davezies (en particulier des lettres inédites d'Aragon, de Maurice Thorez, de Laurent Casanova et de Jean-Paul Sartre) ; à celles de Claude Bourdet (documentation sur la répression des manifestations algériennes d'octobre 1961 et sur l'action anti-OAS) ; enfin à celles de Roland Dumas (correspondance de détenus, procès-verbaux des interrogatoires d'instruction, sténogramme du procès Jeanson). Par ailleurs, d'anciens militants du M.A.F. et l'entourage d'Henri Curiel ont communiqué aux auteurs divers documents dont le Manifeste du M.A.F. et la collection de *Vérités Anticolonialistes*.

— Souvenirs inédits :

Étienne Bolo, Hélène Cuénat et Jacques Rispal ont bien voulu confier aux auteurs les manuscrits inédits qu'ils ont rédigés soit en prison soit au lendemain de leur libération.

Index des noms cités

Table

QUATRIÈME PARTIE

Voyageurs sans bagages (1961-1962)

ANNEXES

IMPRIMERIE AUBIN, 86240 LIGUGÉ
D.L., 4e trim. 1979. — Edit., 6666. — Impr., L 11947
Imprimé en France.